POLEN - DIE VERLORENE HEIMAT.

ZUR HEIMATPROBLEMATIK BEI HORST BIENEK, LEONIE OSSOWSKI, CHRISTA WOLF, CHRISTINE BRÜCKNER.

Inaugural-Dissertation
zur Erlangung des Doktorgrades
der Neuphilologischen Fakultät der
Ruprecht-Karls-Universität
Heidelberg

vorgelegt von

Elwira Pachura

Eingereicht bei

Prof. Dr. Friedrich Strack

Heidelberg 2001

Elwira Pachura

POLEN - DIE VERLORENE HEIMAT.

**ZUR HEIMATPROBLEMATIK BEI
HORST BIENEK, LEONIE OSSOWSKI,
CHRISTA WOLF, CHRISTINE BRÜCKNER.**

ibidem-Verlag
Stuttgart

Die Deutsche Bibliothek - CIP-Einheitsaufnahme:

Ein Titeldatensatz für diese Publikation ist bei
Der Deutschen Bibliothek erhältlich

Gedruckt auf alterungsbeständigem, säurefreien Papier
Printed on acid-free paper

ISBN: 3-89821-205-X
© *ibidem*-Verlag
Stuttgart 2002
Alle Rechte vorbehalten

Das Werk einschließlich aller seiner Teile ist urheberrechtlich geschützt. Jede Verwertung
außerhalb der engen Grenzen des Urheberrechtsgesetzes ist ohne Zustimmung des
Verlages unzulässig und strafbar. Dies gilt insbesondere für Vervielfältigungen,
Übersetzungen, Mikroverfilmungen und elektronische Speicherformen sowie die
Einspeicherung und Verarbeitung in elektronischen Systemen.

Printed in Germany

Für die Gespräche, die Einfluß auf den Inhalt oder die Form dieser Arbeit hatten, möchte ich mich bei Prof. Dr. F. Strack ganz herzlich bedanken.
Mein besonderer Dank gilt Frau Erika Miess, die mir mit kritischen Anmerkungen nicht nur während meiner persönlichen, sondern auch während der wissenschaftlichen Auseinandersetzung mit der Heimatproblematik zur Seite stand.
Die Arbeit an der vorliegenden Dissertation wurde von der Friedrich-Naumann-Stiftung mit Mitteln des Auswärtigen Amtes gefördert.

Heidelberg, im Mai 2001

                                                              Elwira Pachura

INHALTSVERZEICHNIS

EINLEITUNG — 9

I POLITISCHE HEIMAT – LITERARISCHE HEIMAT — 15

II HEIMAT VERZAUBERT IM WORT. ZUR HEIMATPROBLEMATIK BEI HORST BIENEK — 23

II.1. Die Entstehung der Gleiwitzer Tetralogie — 24
II.2. Aufbau des oberschlesischen Romanzyklus — 28
II.3. Die Bedeutung der Einführungszitate in den Romanen — 34
II.4. Annäherung an die Heimat — 42
  II.4.1. Kindheit und Heimat — 42
  II.4.2. Die Landschaftsbilder der Heimat — 43
  II.4.3. Die lebendige Heimat — 46
  II.4.4. Heimat in der Sprache — 49
  II.4.5. Heimat – ein unsichtbares Gepäck — 51
  II.4.6. Im Zauberkreis der Heimat — 52
  II.4.7. Heimatverlust — 58
  II.4.8. Wiederbegegnung mit der Heimat — 59
II.5. Oberschlesien – ein Grenzland — 61
  II.5.1. Oberschlesien und seine Religion — 62
  II.5.2. Oberschlesische Identität — 65

III HORST BIENEKS REISE IN DIE KINDHEIT — 69

III.1. Polnisches Oberschlesien — 81
III.2. Literarische und persönliche Heimat — 84

IV HISTORISCHE WAHRHEIT UND SCHRIFTSTELLERISCHE ERFINDUNG. — 87

IV.1. Historische Wahrheit in der Gleiwitzer Tetralogie — 87
IV.2. Historische Gestalten der Gleiwitzer Tetralogie — 96
  IV.2.1. Wojciech Korfanty — 96
  IV.2.2. Arthur Silbergleit — 98
  IV.2.3. Gerhart Hauptmann — 100

V HORST BIENEKS ERZÄHLTECHNIK IN DEN OBERSCHLESISCHEN ROMANEN   105

V.1. DIE DARSTELLUNG DER PERSONEN   106
V.2. GLEIWITZER ROMANE ALS KRITISCHE HEIMATROMANE   113
V.3. ERZÄHLFORM DER ERINNERUNGEN   116
V.4. HAUPTHANDLUNG UND NEBENHANDLUNG   121
V.5. GEORG MONTAG UND HORST BIENEK   125
V.6. GLEIWITZER ROMANE – EINE AUTOBIOGRAPHIE   128

VI HEIMAT NEU ENTDECKEN. REISEN IN DIE HEIMAT – CHRISTA WOLFS "KINDHEITSMUSTER" UND LEONIE OSSOWSKIS "WEICHSELKIRSCHEN"   131

VI.1. WIEDERBEGEGNUNG MIT DER HEIMAT   132
VI.1.1. LANDSBERG AN DER WARTHE UND GORZÓW WIELKOPOLSKI – HEIMAT VON CHRISTA WOLF   132
VI.1.2. UJAZD UND ROHRDORF ALS HEIMAT   138
VI.2. GENERATIONSGRENZE IN DER HEIMATERFAHRUNG   143

VII SCHILDERUNGEN VON POLEN IN DER LITERATUR ÜBER DIE VERLORENE HEIMAT. CHRISTA WOLFS "KINDHEITSMUSTER" UND LEONIE OSSOWSKIS "WEICHSELKIRSCHEN"   145

VII.1. POLEN – ZWISCHEN WIRKLICHKEIT UND IMAGINATION   146
VII.2. POLEN IN DEN 70ER UND 80ER JAHREN.   150
VII.3. DIE POLEN AUS CHRISTA WOLFS "KINDHEITSMUSTER" UND LEONIE OSSOWSKIS "WEICHSELKIRSCHEN"   157
VII.4. POLEN IN DEN AUGEN DER JÜNGEREN GENERATION   160
VII.5. POLEN – EIN LAND MIT GESCHICHTE   164

VIII BEDEUTUNG DER POLENBESCHREIBUNGEN IN DEN ROMANEN "WEICHSELKIRSCHEN" UND "KINDHEITSMUSTER"   167

IX HEIMAT ZWISCHEN WIRKLICHKEIT UND IMAGINATION. HEIMAT IM SCHAFFEN VON CHRISTINE BRÜCKNER — 187

IX.1. Entstehung der Poenichen-Romane — 188
IX.2. Das pommersche Land — 190
IX.3. Die Heimatvorstellung in den Poenichen-Romanen — 194
IX.3.1. Die Bedeutung der Romantitel — 194
IX.3.2. Die prägende Kraft der Landschaft — 197
IX.3.3. Namentlich gefaßte Heimat – Menschen — 201
IX.3.4. Heimatverlust — 208
IX.3.5. Recht auf Heimat — 211
IX.3.6. Auf der Spur von Heimat — 214
IX.3.7. Heimat – geistige Nahrung — 216
IX.3.8. Heimat – Wurzel des Lebens — 219
IX.4. Christine Brückners wahre Heimat — 220
IX.4.1. Heimat – der Raum der Kindheit — 220
IX.4.2. Heimat in der Fremde — 221
IX.4.3. Heimat – Ursprung und Rückhalt des Lebens — 223
IX.4.4. Zerstörte Heimat — 225
IX.4.5. Heimat – Reichtum und Aufgabe — 227

X POENICHEN ROMANE – EIN ZEUGNIS DER ZEITGESCHICHTE — 229

X.1. Umgang mit der Geschichte — 230
X.2. Realität der Romane und Wirklichkeit — 236

XI DIE ERZÄHLTE WELT DER POENICHEN-ROMANE — 249

XI.1. Die Darstellungsweise von Christine Brückner — 252
XI.2. Rückwendungen und Vorausdeutungen — 257
XI.3. Das epische Präteritum und das historische Präsens — 262

XII HEIMAT – VERGANGENHEIT, GEGENWART, ZUKUNFT? 265

XII.1. Die Diskontinuität in der Heimaterfahrung 266
XII.2. Die verlorene Heimat 268
XII.3. Heimat – das Eigene und das Fremde 272
XII.4. Natur als Heimat 274
XII.5. Die Menschen als Heimat 276
XII.6. Sprache als Heimat 277
XII.7. Heimat – eine Erinnerung 280
XII.8. Die innere Heimat 283
XII.9. Weitergeben der Heimat 285

PRIMÄRLITERATUR 287

SEKUNDÄRLITERATUR 291

EINLEITUNG

Im Mittelpunkt der vorliegenden Arbeit steht die Heimatauffassung[1] der deutschen Schriftsteller: Horst Bienek, Christine Brückner, Leonie Ossowski und Christa Wolf. Außer Christine Brückner stammen diese Schriftsteller aus den ehemaligen deutschen Ostgebieten. Während oder nach dem II. Weltkrieg verließen sie ihre Heimat. In ihren Romanen thematisieren sie ihre Verbundenheit mit der Heimat und ihre Heimatvorstellung. Sie beschreiben, wie sie ihre Heimat erlebt haben und immer noch erleben. Gegenstand dieser Arbeit ist deswegen weder der juristische noch der politische Heimatbegriff, sondern ein literarischer.

Die Heimatvorstellung von Bienek, Brückner, Ossowski und Wolf hängt eng mit der deutsch-polnischen Geschichte zusammen. Demgemäß sind die folgenden Analysen der literarischen Heimatauffassung vor dem Hintergrund der gemeinsamen Geschichte der beiden Staaten, Deutschland und Polen, zu verstehen. Es wird insbesondere auf die geschichtlichen Zusammenhänge des 20. Jahrhunderts eingegangen, die für die Heimatproblematik relevant sind. In dieser Arbeit handelt es sich also nicht um die Analyse eines generellen Heimatverständnisses, das für jeden Menschen und für jedes Volk der Welt gelten würde, sondern um ein spezifisches Verständnis von "Heimat". Schon der Titel "Polen – die verlorene Heimat" deutet auf den besonderen Zugang zu der Heimatproblematik hin. Mit dem Titel wird zum Ausdruck gebracht, daß es sich um die verlorene Heimat handelt und daß diese Problematik aus der deutsch-polnischen Perspektive dargestellt wird. Es ist jedoch vorweg einzuräumen, daß der Titel der vorliegenden Arbeit bewußt provozierend formuliert wurde. Obwohl Gliwice, der Geburtsort von Horst Bienek, Gorzów Wielkopolski, der Geburtsort von Christa Wolf, Osowa Sień, der Geburtsort von Leonie Ossowski und Peniczyn, die erschriebene Heimat von Christine Brückner, polnische Orte sind, ist Polen nicht die Heimat dieser deutschen Schriftsteller. Ihre Heimat sind Gleiwitz, Landsberg an der Warthe, Ober-Röhrsdorf und Poenichen. Sie haben ihre Heimat in der Außenwelt verloren, weil sie aus ihrer Heimat entweder

---

[1] Unter "Heimatauffassung", sowie "Heimatvorstellung" und "Heimatgefühl", verstehe ich das persönliche Verständnis des Heimatbegriffs.

vertrieben worden oder geflüchtet sind. Die Orte, die jetzt in Polen liegen, sind im gewissen Sinne die Heimat dieser Schriftsteller geblieben, weil Heimat sich nicht durch die äußeren Grenzen festlegen läßt. Aus politischen Gründen blieb den Schriftstellern der Zugang zu ihren Geburtsorten lange verschlossen. Sie haben jedoch einen anderen Weg gefunden, sich ihrer Heimat zu nähern, und das ist die Literatur.

Alle die Schriftsteller, deren Romane Gegenstand der Analyse sind, haben eine Reise in ihre Heimat, nach Polen, unternommen. Auffallend ist, daß Horst Bienek mit seiner Reise nach Gleiwitz solange gewartet hat, bis er seine Gleiwitzer Tetralogie abgeschlossen hatte. Desto interessanter ist es zu ergründen, warum die literarische Auseinandersetzung mit der Heimatproblematik für diesen Schriftsteller wichtiger ist als eine wirkliche Reise nach Gliwice. Christa Wolf und Leonie Ossowski sind zuerst nach Polen gefahren, und erst infolge dieser Erfahrungen sind die Romane "Kindheitsmuster" und "Weichselkirschen" entstanden. Die Reisen in die Heimat stehen im Vordergrund der Handlung dieser Romane. Die Heimat Christa Wolfs und Leonie Ossowskis erschließt sich durch die Beschreibungen der Reise nach Polen. Die aufgehobene Heimat[2] scheint die sich während der Reise erschließenden Bilder zu trüben, dennoch steht die Gegenwart dieser Gebiete vor der Vergangenheit. Horst Bienek dagegen beschreibt seine Heimat so wie er sie sich in seiner Erinnerung bewahrt hat. Daher thematisieren seine Romane die im Gedächtnis festgehaltene Vergangenheit, die durch die Literatur zu einer immerwährenden Wirklichkeit wird.

Christine Brückner hat sich mit den Poenichen-Romanen eine Heimat erschrieben. Diese Schriftstellerin ist keine Heimatvertriebene und ihre eigentliche Heimat[3] ist Waldeck in Hessen. Für die Analyse der Heimatvorstellung dieser Schriftstellerin ist entscheidend, daß ihre Heimat nicht in Hinterpommern liegt und sie sich trotzdem mit der Problematik der Heimatvertriebenen auseinandersetzt. Bei der Gegenüberstellung des Heimatgefühls von Bienek und Brückner, das sie in ihren Romanen zum Ausdruck bringen, ist die Ähnlichkeit im Verständnis von "Heimat" von großer Bedeutung.

Für die Analyse der Romane "Kindheitsmuster" von Christa Wolf und "Weichselkirschen" von Leonie Ossowski ist bedeutsam, daß die Ich-Erzählerin aus "Kindheitsmuster" aus der Deutschen Demokratischen Republik nach Polen reist, Anna, die Hauptgestalt in Leonie Ossowskis Roman, dagegen aus der Bundesrepublik Deutsch-

---

[2] "Aufgehobene Heimat" wird als die eventuell von der Wirklichkeit abweichende Heimat in der Erinnerung verstanden.
[3] Unter "eigentliche Heimat", sowie "realistische Heimat" verstehe ich die in der Wirklichkeit existierenden Heimatorte.

land. Daraus entspringen die Unterschiede in der Wahrnehmung der beiden Gestalten. Auffallend ist auch, daß das objektivierte Ich aus "Kindheitsmuster" sich in Polen nur 48 Stunden aufhält und Anna aus "Weichselkirschen" einige Monate in Polen verbringt. In beiden Fällen werden die Hauptgestalten auf ihrer Reise von ihren Töchtern begleitet, was einen Generationsunterschied in der Wahrnehmung deutlich macht. Für die Auswahl der Romane war die zeitliche Übereinstimmung ihres Erscheinens vorrangig. Beide Romane sind 1976 erschienen und die Reisen der Schriftstellerinnen wurden auch in kurzer Zeit nacheinander unternommen. Diese Tatsache macht die Gegenüberstellung der Romane "Kindheitsmuster" von Christa Wolf und "Weichselkirschen" von Leonie Ossowski besonders interessant. Es ist indessen anzumerken, daß auch der erste Teil der Gleiwitzer Tetralogie von Horst Bienek und der erste Teil der Poenichen-Romane von Christine Brückner fast zur gleichen Zeit erschienen sind wie die Romane von Christa Wolf und Leonie Ossowski. Christine Brückners "Jauche und Levkojen" ist in demselben Jahr erschienen wie Bieneks "Die erste Polka", nämlich 1975. Dasselbe Erscheinungsjahr der Romane weist auf die geschichtliche Entwicklung der deutsch-polnischen Beziehungen hin. 1970 unterzeichneten die Bundesrepublik Deutschland und die Volksrepublik Polen einen Vertrag über die Grundlagen der Normalisierung ihrer gegenseitigen Beziehungen. Obwohl die Koinzidenz des Erscheinungsjahres der Romane "Jauche und Levkojen" (1975), "Die erste Polka" (1975), "Kindheitsmuster" (1976) und "Weichselkirschen" (1976) in den geschichtlichen Zusammenhängen begründet liegt, ist den Romanen ihre Eigenständigkeit nicht abzusprechen.

Das I. Kapitel der Arbeit, "Politische Heimat – literarische Heimat", ist als Einführung in das Thema gedacht. Es werden kurz einige Aspekte der Heimatproblematik dargelegt. Hauptsächlich wird auf die Unterschiede im Verständnis des Heimatbegriffes eingegangen, die sich aus dem unterschiedlichen Zugang zu diesem Begriff ergeben.

Den Gegenstand des II. Kapitels bildet die Analyse der Gleiwitzer Tetralogie von Horst Bienek im Hinblick auf den Begriff "Heimat". Für die richtige Ausarbeitung dieses Begriffes erscheint eine kurze Darstellung der Geschichte der Entstehung des Romanzyklus unerläßlich. Die Mottoworte der jeweiligen Bände sind auch nicht ohne Bedeutung, so daß versucht wird, die Einführungszitate bezüglich des Heimatbegriffes zu analysieren. Im weiteren wird genauer auf die unterschiedlichen Aspekte der Heimatauffassung eingegangen, die in den Romanen, "Die erste Polka", "Septemberlicht", "Zeit ohne Glocken" und "Erde und Feuer" offenbar werden.

Die Gleiwitzer Tetralogie ist jedoch nicht das einzige Werk Horst Bieneks, in dem er sich mit der Heimatproblematik auseinandersetzt. 1988 unternimmt der Schriftsteller eine Reise nach Gliwice. Aus den Erfahrungen der Wiederbegegnung mit der Heimat entstehen zwei Reisebeschreibungen. Es ist zu fragen, ob die Heimatauffassung, die im oberschlesischen Romanzyklus vermittelt wird, sich von der der Reiseberichte "Reise in die Kindheit. Wiedersehen mit Schlesien" und "Birken und Hochöfen. Eine Kindheit in Oberschlesien" unterscheidet. Im III. Kapitel wird auf Horst Bieneks persönliches Heimatgefühl eingegangen, das aus den Beschreibungen seiner Reise nach Gliwice zu erschließen ist.

Horst Bienek beschreibt in seinen Romanen einige Tage des II. Weltkrieges im oberschlesischen Gleiwitz. Die Handlung der Romane hängt unmittelbar von der Weltgeschichte ab. Das IV. Kapitel enthält eine Gegenüberstellung der historischen Wahrheit und der schriftstellerischen Erfindung, die die Gleiwitzer Tetralogie bildet. In Horst Bieneks Romanen sind nicht nur historische Ereignisse zu finden, sondern in die Handlung des Romanzyklus werden auch historische Gestalten eingebaut, so daß die Gleiwitzer Tetralogie nicht ohne die geschichtlichen Zusammenhänge zu analysieren ist.

Das V. Kapitel der vorliegenden Arbeit ist eine Analyse von Horst Bieneks Erzähltechnik in den oberschlesischen Romanen. Untersucht wird, wie Bienek seine Romangestalten darstellt, inwieweit die Gleiwitzer Romane als kritische Heimatromane zu betrachten sind, welche Erzählform die Erinnerungen haben, und wie die Handlung des Romanzyklus aufgebaut wird.

Da der Haupttenor der Romane "Kindheitsmuster" von Christa Wolf und "Weichselkirschen" von Leonie Ossowski auf der Beschreibung der Reise in die Heimat liegt, werden diese Romane in gesonderten Kapiteln analysiert. Die Romane von Horst Bienek und die von Christine Brückner stellen vor allem die Vergangenheit Oberschlesiens und Hinterpommerns dar. Die Heimat erschließt sich nicht aus den Vergleichen, die in "Kindheitsmuster" und "Weichselkirschen" allerdings ein Mittel sind, sich der Heimat zu nähern. Deswegen werden diese Romanzyklen unabhängig von den Romanen von Christa Wolf und Leonie Ossowski behandelt. Im VI. Kapitel werden die Heimatbilder dargestellt, die während einer Reise in die Heimat wahrgenommen werden. Die Gegenüberstellungen von Damals und Heute spielen bei der Wiederbegegnung mit der Heimat eine entscheidende Rolle. Auch werden die Differenzen in der Heimatauffassung aufgegriffen, die durch die unterschiedliche Wahrnehmung der Generationen bedingt sind.

Während der Reise in die Heimat wird jedoch nicht nur die Heimat erfahren, sondern auch Polen, weil die Heimat der Romangestalten jetzt hinter der östlichen Grenze Deutschlands liegt, sowohl der der Bundesrepublik Deutschland als auch der der Deutschen Demokratischen Republik. Die Heimatreisen sind nicht nur eine Annäherung an die Heimat, sondern auch an Polen. Die Romane "Kindheitsmuster" und "Weichselkirschen" liefern viele Eindrücke vom Polen der 70er Jahre. Die Wahrnehmung dieses Landes ist jedoch nicht nur durch die sozialistische oder kapitalistische Perspektive bedingt, sondern die verschiedenen Generationen sehen Polen anders. Auf diese Art und Weise werden nicht nur unterschiedliche Völker miteinander konfrontiert, sondern auch Generationen und Ideologien.

Die Eindrücke von Polen während der 70er Jahre sind sowohl für die Auseinandersetzung mit der Vergangenheit als auch mit der Gegenwart der Romangestalten besonders wichtig. Das objektivierte Ich und Anna werden durch den Anblick des heutigen Polen mit ihrem Damals konfrontiert. Die Bilder des Landes fordern diese Gestalten auch zu einer Auseinandersetzung mit der Gegenwart heraus. Bei dieser Auseinandersetzung spielen die Mitreisenden eine entscheidende Rolle, sie helfen dem Ich und Anna sich der Gegenwart zu öffnen und das Vergangene auf sich beruhen zu lassen, ohne es zu verdrängen. Die Funktion der Beschreibungen von Polen ist Gegenstand der Analyse im VIII. Kapitel.

Die Poenichen-Romane von Christine Brückner stellen die Geschichte einer hinterpommerschen Familie dar. Obwohl die Schriftstellerin selbst keine Heimatvertriebene ist, hält sie es für notwendig, sich mit diesem Abschnitt der deutschen Geschichte auseinanderzusetzen. Deswegen werden die biographischen Zusammenhänge ausgearbeitet, die für die Entstehung der Romane von großer Bedeutung sind. Für die Heimatauffassung dieser Schriftstellerin sind also nicht nur ihre Romane relevant, sondern auch ihre biographischen Schriften, in denen sie Stellung zu "Heimat" nimmt. Daher wird in diesem Kapitel nicht nur das Heimatgefühl der Romangestalten herausgearbeitet, sondern auch die Heimatvorstellung der Schriftstellerin. Diese Gegenüberstellung macht deutlich, daß sich bei Christine Brückner eine gewisse Leichtigkeit im Umgang mit dieser Problematik zeigt.

Die Handlung der Poenichen-Romane ist zwar eine Erfindung von Christine Brückner, sie ist jedoch auch in der Geschichte des 20. Jahrhunderts angesiedelt. Das Leben der Romangestalten wird durch die Geschehnisse des II. Weltkrieges so festgelegt, daß die Schriftstellerin nur eine gewisse Freiheit im Umgang mit der Weltgeschichte hat. Die fiktiven Personen dringen in das Leben der Schriftstellerin und ihrer Familie ein. Die imaginäre Realität beeinflußt die Wirklichkeit so stark, daß die Schriftstellerin selbst nicht mehr ihre Imagination von der Wirklichkeit unterscheiden kann. Im X. Kapitel wird auf das Zusammenspiel der Wirklichkeit mit der Imagination eingegangen, wobei sowohl der Einfluß der Wirklichkeit auf die Erfindung als auch der Einfluß der Realität der Romane auf das wirkliche Leben der Schriftstellerin analysiert werden.

Das XI. Kapitel bietet eine Stilanalyse der Poenichen-Romane. Im besonderen wird die Haltung des Erzählers herausgearbeitet. Die Leser der Romane von Christine Brückner werden vom Erzähler zu einer aktiven Mitarbeit eingeladen. Er wendet sich direkt an den Leser und stellt ihm einige Fragen, die ihn zum reflektierenden Lesen auffordern.

Das XII. Kapitel stellt eine Zusammenfassung der in den vorhergehenden Kapiteln ausgearbeiteten Aspekte der Heimat dar. In diesem Kapitel wird die literarische Heimatauffassung aufgegliedert, und deren Aspekte werden an Zitaten aus Romanen derjenigen deutschen Schriftsteller aufgezeigt, die aus Ostpreußen, Pommern, Schlesien stammen. Insbesondere wird auf den Begriff "verlorene Heimat" eingegangen und es wird gefragt, ob dieser Begriff seine Berechtigung hat.

I
POLITISCHE HEIMAT – LITERARISCHE HEIMAT

"Die Auffassung von Heimat als einer abgeschlossenen Struktur birgt in sich die Gefahr, daß die Heimat eher als ein ungelüftetes Loch statt als Sprungbrett der menschlichen Entfaltung betrachtet wird."
Vaclav Havel

"Ubi bene ibi patria." In dieser lateinischen Sentenz wird zwar vom Vaterland und nicht von der Heimat gesprochen; doch ist das Gefühl der Geborgenheit und des Wohlbefindens in der Moderne eher mit der Heimat als mit dem Vaterland zu verbinden. Viele Menschen bezeichnen ihre Heimat als den Ort, an dem sie sich wohl fühlen und wo es ihnen gut geht. Das Vaterland ist dagegen der Staat, in dem man lebt, arbeitet und demgegenüber man Rechte und Pflichten hat. Das Vaterland ist größer als die Heimat, die ein Erfahrungsraum des Menschen ist, der unmittelbar mit dem Individuum zusammenhängt. Die Politiker verzichten in ihren Reden immer häufiger auf das Wort "Vaterland". "Vaterland" wird durch "Heimat" ersetzt, weil sie einen wichtigen Bezugspunkt im Leben eines Menschen darstellt. Bundeskanzler Gerhard Schröder bringt in seiner Rede anläßlich des 50. Jahrestages der Charta der deutschen Heimatvertriebenen seine Überzeugung zum Ausdruck, *"dass der Nationalstaat im Zeitalter von Globalisierung und immer wichtiger werdenden supranationalen Zusammenschlüssen keineswegs ‚verschwinden' oder unbedeutend wird. Aber wir müssen gleichwohl erkennen, dass die Vorstellung eines möglichst homogenen Staatsgebildes weniger denn je die Identität der Menschen ausmacht."* [4] Die Deutschen verbinden "Heimat" mit dem Gefühl der Geborgenheit, die durch Landschaft, durch vertraute Menschen, die vertraute Sprache entsteht. In der Heimat fühlen die Menschen sich angenommen. Heimat ist auch der Ort, der den Menschen für sein ganzes Leben prägt und zu seiner Identität entscheidend beiträgt.

"Heimat" ist ein emotional beladener Begriff, der aber trotzdem in der Politik und in juristischen Auseinandersetzungen benutzt wird. Sowohl Juristen als auch Politiker

---

[4] Gerhard Schröder, Rede anläßlich des 50. Jahrestages der Charta der deutschen Heimatvertriebenen am Tag der Heimat am Sonntag, 3. September 2000, in Berlin, Pressemitteilung Nr. 419/00, in: http://text.bundesregierung.de/nurtext/dokumente/Pressemitteilung/ix_17202.htm , S.9.

haben jedoch Schwierigkeiten, "Heimat" zu definieren. *"Wie ein Gemälde einen Rahmen braucht, um seine vorgestellte Kunst gegen die Welt abzusetzen, so braucht Heimat eine Grenze, eine hermetische Sphäre, eine Abgeschlossenheit, ein kollektiv geteiltes Geheimnis, das sie von den Lebenserfahrungen anderer Lebensräume abtrennt und in ihren räumlichen Grenzen eine Einheit entstehen läßt."* [5] So sehr ein Lebensraum, um Heimat zu sein, Grenzen braucht, so sehr entzieht sich der Heimatbegriff eindeutigen Abgrenzungen. Jeder Mensch definiert "Heimat" auf seine eigene Art und Weise. Obwohl die Heimatvorstellungen vieler Menschen Ähnlichkeiten aufweisen, sind sie nie gleich. Deswegen ist es schwierig, Heimat als einen rechtlichen Begriff zu fassen.

Die juristischen und politischen Versuche, Heimat begrifflich zu bestimmen, berücksichtigen an erster Stelle den räumlichen Aspekt. Heimat wird als der Raum angesehen, der jedem Menschen zusteht. Von diesem Verständnis wird auch das Recht auf Heimat abgeleitet. Jeder Mensch soll ein Recht auf eine Heimat haben. Joachim H. Eisert weist jedoch darauf hin, daß es sich nicht um irgendeine Heimat handeln darf, sondern um eine bestimmte Heimat. *"Es geht also nicht darum, ob der oder die Staaten verpflichtet sind, dem Menschen grundsätzlich und überall eine wirtschaftlich-soziale Existenzgrundlage zu schaffen. Eine solche allgemeine Beheimatung ist mit dem Recht auf die Heimat nicht gemeint. Dies würde zu einer unkontrollierbaren Flut von Ein- und Auswanderungen führen, je nachdem wo die Menschen ihr wirtschaftliches Auskommen momentan für am günstigsten hielten. (...) Vom menschenrechtlichen Verständnis geht es daher beim Recht auf die Heimat um eine ganz bestimmte Heimat, die der Mensch ‚hat', sei es, daß sie ihm angestammt ist, sei es, daß er sie durch freien und rechtmäßigen Zuzug mit nachfolgendem dauernden und rechtmäßigen Verbleib erworben hat."* [6] In diesem Sinne wird dem Begriff "Heimat" seine emotionale Bedeutung genommen. Das juristische Verständnis von "Heimat" berücksichtigt die emotionale Bindung des Menschen nicht, der sich mit der Heimat in einer besonderen Weise verbunden fühlt. "Heimat" bedeutet für einen Juristen Existenzgrundlage eines jeden Menschen.

Warum spielen dann Emotionen eine so große Rolle in den Diskussionen um die Heimat und um das Heimatrecht? Viele Menschen fühlen sich von diesem Thema angesprochen, weil sie entweder selbst Heimatvertriebene sind oder weil sie das Leid des Heimatverlusts durch Literatur und Kunst, durch Fernsehen und Rundfunk und vor allem durch die Berichte der Betroffenen kennengelernt haben. Viel wichtiger ist es jedoch, daß "Heimat" als ein juristischer Begriff von der kulturell-geistigen Dimension

---

[5] Martin Hecht, Das Verschwinden der Heimat. Zur Gefühlslage der Nation, S. 25.
[6] Joachim H. Eisert, Das Menschenrecht auf die Heimat in der Landesverfassung von Baden-Württemberg, S. 10-11.

nicht befreit werden kann. Heimat setzt sich aus den Dimensionen Mensch – Raum – Zeit zusammen. Zwischen den einzelnen Größen bestehen besondere Beziehungen, die bei jedem Menschen anders sind, weil es nicht vorkommen kann, daß die drei Größen bei verschiedenen Menschen deckungsgleich sind. Heimat entsteht aus der Vielfalt der Beziehungen, die dem Mensch-Raum-Zeit-Gefüge entspringen. *"Ein so komplex definierter – oder eigentlich: umschriebener – Begriff ist juristisch kaum verwertbar. Die strenge Einteilung der juristischen Begriffswelt in Rechtsobjekte und Rechtssubjekte setzt ein Denkschema voraus, in dem jeweils Gegenstand und Träger des Rechts klar bestimmbar sind."* [7] Deswegen macht Otto Kimminich in seinem Buch "Das Recht auf die Heimat" deutlich, daß *"die Heimat ein Rechtsobjekt"* ist, *"dessen äußere Manifestation zwar auch nur ein Stück Land ist, das aber seinen juristischen wie nichtjuristischen Bedeutungsinhalt erst durch spezifische Beziehungen zu bestimmten Menschen erlangt. Diese Beziehungen gehören daher zur Definition der Heimat."* [8] Die wissenschaftlichen Versuche, "Heimat" näher zu bestimmen, heben in besonderer Weise die Unterschiede hervor, die sich zwischen der erlebten Heimat (individuell erfahrene Heimat)[9] und der realistischen Heimat (Heimatbegriff in der Wissenschaft) zeigen. Die realistische Heimat wird als *"ein Stück Land"* aufgefaßt, die erlebte Heimat dagegen bezieht sich auf die Beziehungen des Individuums zu seiner Umgebung.

Da die Politik im Dienste des Rechts steht, übernimmt sie für ihre Zwecke den juristischen Heimatbegriff. Die Parteien verpflichten sich in ihren Grundsätzen, allen Menschen ihr Recht auf die Heimat zu gewähren. Das immer mehr zusammenwachsende Europa soll sich auch diesem Menschenrecht verpflichten, und wie viele Politiker der CDU/CSU und die Heimatvertriebenen fordern, das Recht auf Heimat in seine Grundrechte-Charta aufnehmen.[10] Das Recht auf die Heimat wird in Deutschland allgemein anerkannt. Auffallend ist jedoch, daß die Heimatvorstellung, die mit dem Recht auf Heimat unmittelbar zusammenhängt, bei jedem Menschen anders ist. Obwohl die Politiker sich der juristischen Definition von Heimat anschließen, gehen sie in ihren Reden viel genauer auf die Bedeutung dieses Begriffes ein. Ihre Heimatdarstellungen beziehen sich auf die realistische Heimat, die erlebte Heimat gewinnt jedoch immer mehr an Bedeutung. Die Heimat der Politiker scheint viel differenzierter zu sein als die Heimat der

---

[7] Otto Kimminich, Das Recht auf die Heimat, S. 40.
[8] Ebenda, S. 45-46.
[9] "Erlebte Heimat" wird als die subjektiv erfahrene Heimat eines Individuums verstanden.
[10] Vgl. dazu: Altmaier, Peter/ Koschyk, Hartmut, Recht auf die Heimat in EU-Grundrechtecharta! Zu den Überlegungen zu einer Grundrechtecharta der EU, in: htpp://www.cducsu.bundestag.de/texte/altm1i.htm, S.1.

Juristen. *"Heimat ist dort, wo wir Land und Leute kennen, wo die Wege und Plätze vertraut sind. Heimat ist dort, so wird mitunter gesagt, wo man nicht erklären muß, wer man ist und was man ist. Heimat bedeutet Geborgenheit. Mit ihr verbinden wir Eindrücke der Verbundenheit, Verbundenheit auch mit der Natur: in der Heimat erkennen wir Gerüche und Geräusche und verbinden damit ganz bestimmte Erfahrungen. Heimat ist in der Kindheit angelegt. Wir haben Erinnerungen an Wohnungen, Häuser und Gärten, an Plätze und Gegenstände, die mit Eltern und Vorfahren verknüpft sind."* [11] Es mag ein wenig verwundern, daß in der Politik solche Ausdrücke wie Geräusche, Gerüche, Geborgenheit vorkommen. Die Politik muß sich jedoch, um den Menschen für sich zu gewinnen, um ihm ihre Anliegen nahezubringen, der Sprache des einfachen Menschen bedienen. In diesem Sinne steht die Politik auch der Literatur nahe, die den Leser in einer Sprache anspricht, die er verstehen kann.

So weicht die Heimatauffassung vieler Politiker nicht von der, die in der Literatur zu finden ist, aber nur so lange wie die Heimat nicht für die Zwecke eines Machtkampfes instrumentalisiert und auf ihre räumliche Dimension begrenzt wird. Die deutschen Schriftsteller aus Schlesien, aus Ostpreußen und aus Pommern erheben in ihren Romanen keine Forderungen auf das Zurückgewinnen ihrer Heimat. Sie haben für sich einen anderen Weg gefunden, sich ihre Heimat zu erhalten und das ist eben die Literatur. Im Zuge ihrer literarischen Auseinandersetzung mit der Heimatproblematik haben Horst Bienek, Christine Brückner, Leonie Ossowski und Christa Wolf ihre Heimat nicht nur nicht verloren, sondern vielmehr gewonnen, gewonnen für immer. Das zu würdigen weiß Bundeskanzler Gerhard Schröder, wenn er sagt: *"Wer könnte auf dem Weg Deutschlands zu einer selbstbewussten Kulturnation den unschätzbaren Beitrag leugnen, den Schriftsteller wie Siegfried Lenz oder Günter Grass, wie Horst Bienek oder Johannes Bobrowski oder die Publizistin Marion Gräfin Dönhoff geleistet haben. Sie und andere haben uns die Sprache, die Mundarten und die Kultur-land-schaften Masurens, Danzigs, Schlesiens oder Königsbergs nahegebracht und wachgehalten, im Geist der Menschlichkeit, der wie kein anderer das Wesen einer Kulturnation ausmacht."* [12]

Die Schriftsteller berücksichtigen in ihrer Heimatauffassung alle Dimensionen des Heimatbegriffs. Sie weisen darauf hin, daß Heimat nicht nur als ein Raum verstanden werden darf, sondern daß zu diesem Raum Menschen gehören, zugleich ist sowohl der Raum als auch der Mensch in einer bestimmten Zeit verankert. Für die Heimaterfahrung

---

[11] Dr. Wolfgang Schäuble, Heimat als Gegengewicht zur Globalisierung. Festansprache in Buchhagen zum "Tag der Heimat" 13.09.1998, in: htpp://www.cducsu.bundestag.de/texte/schae431.htm, S. 1.
[12] Gerhard Schröder, Rede anläßlich des 50. Jahrestages der Charta der deutschen Vertriebenen am Tag der Heimat am Sonntag, 3. September 2000, in Berlin, Pressemitteilung Nr. 419/00, in: htpp://text. Bundesregierung.de/nurtext/dokumente/Pressemitteilung/ix_17202.htm , S.7.

sind die Beziehungen maßgebend, die zwischen den einzelnen Größen bestehen. Den Schriftstellern ist bewußt, daß sie ihre Heimat in der Realität nicht mehr finden können, weil das Mensch-Raum-Zeit-Gefüge nicht das gleiche geblieben ist und nicht das gleiche bleiben kann. Heimat bleibt dem Menschen als eine Wirklichkeit erhalten, die zu einer bestimmten Zeit gehört. Für die Schriftsteller scheint irrelevant zu sein, ob Heimat in der Außenwelt zu finden ist oder im Gedächtnis für immer aufgehoben wird. Dennoch kann nicht außer acht gelassen werden, daß die Menschen, die ihre Heimat in der Außenwelt nicht mehr finden können, viel mehr um den Wert ihrer Heimat wissen als diejenigen, deren Heimaterfahrung keine Unterbrechungen aufweist.

Die Literatur übernimmt die Aufgabe, die Heimat der Schriftsteller wachzuhalten. Sie schreiben jedoch ihre Romane nicht für sich selbst, deswegen wird ihre Heimat nicht nur ihnen zuteil, sondern auch die Leser ihrer Romane lernen sie kennen und erleben sie immer aufs Neue. *"Denn das literarische Objekt ist ein seltsamer Kreisel, der nur in der Bewegung existiert. Um es entstehen zu lassen, bedarf es eines konkreten Akts, der Lesen heißt, und es bleibt nur solange am Leben, wie dieses Lesen andauern kann. Darüber hinaus gibt es nur schwarze Striche auf dem Papier."* [13] Ohne Leser wäre die Heimat, die Horst Bienek, Christine Brückner, Christa Wolf und Leonie Ossowski beschwören, in ihren Romanen eingeschlossen und könnte nicht auch anderen Menschen zur Heimat werden. Horst Bienek weist darauf hin, daß Heimat ein Begriff ist, der mit den Emotionen, der Erinnerungskraft und der Phantasie des Menschen eng zusammenhängt. *"Wir können sie* (die Kindheit) *beschreiben und auf diese Weise festhalten."* [14] Horst Bienek setzt die Kindheit mit der Heimat gleich, und beschreibt seine Kindheit, die zugleich seine schlesische Heimat ist und hält sie so fest. Er selbst hat in seinen Romanen seine Heimat wiedergefunden: *"In diesen Büchern der Kindheit habe ich so etwas wie Heimat gefunden."* [15] Die Literatur übernimmt eine Kompensationsfunktion für die verlorene Heimat.

Wesentlich ist, daß Literatur erst durch den Leser ihren eigentlichen Sinn erhält. Der Leser ist derjenige, der eine Welt, die in einem Roman dargestellt wird, immer wieder zum Leben erweckt. Die Realität der Romane wird durch die Phantasie des Lesers für eine gewisse Zeit zur Wirklichkeit, mit der der Lesende sich identifizieren kann. Deswegen kann Heimat, die verloren, verlassen oder vergangen ist und in einem Roman festgehalten wird, eine neue Wirklichkeit werden. Heimat ist aber auch ein Begriff, für

---

[13] Jean Paul Sartre, Autor und Leser, in: Peter Uwe Hohendahl (Hrsg.), Sozialgeschichte und Wirkungsästhetik. Dokumente zur empirischen und marxistischen Rezeptionsforschung, S. 168.
[14] Horst Bienek, Reise in die Kindheit. Wiedersehen mit Schlesien, S. 181.
[15] Horst Bienek, Das allmähliche Ersticken von Schreien. Sprache und Exil heute, S. 105.

den der Dialog unentbehrlich ist. Sie wird dem Menschen oft erst bewußt, wenn er sie verlassen oder verloren hat. Dann kann sich der Mensch an seine Heimat erinnern und eine Art Dialog mit seiner Heimat führen. Die Literatur kann aber dem Leser den Wert der Heimat aufzeigen. So kann die Literatur den Leser dazu ermutigen, sich mit dem Heimatbegriff auseinanderzusetzen.

Die Leser der Werke werden zu einer versöhnlichen Auseinandersetzung mit der Heimat eingeladen. Da die Schriftsteller nicht auf Rache und Vergeltung bedacht sind, vermitteln sie auch ihren Lesern diese Einstellung, dank derer man auf die Heimat verzichten und sie trotzdem behalten und sogar wiedergewinnen kann. Die Schriftsteller erkennen, daß die Vertriebenen, die aus dem Osten kamen, sich in Deutschland ein Leben aufgebaut haben, das mit den Verhältnissen in ihrer Heimat nicht zu vergleichen ist. *"Die Menschen in Pomorze sind so arm, wie man früher selber war. Wer früher im Osten Landarbeiter war und heute im Westen Fabrikarbeiter ist, der hat es zu etwas gebracht: Haus und Garten und Farbfernsehgerät. Warum sollte man zurückkehren wollen? Besitz scheint ein gutes Mittel gegen Heimweh zu sein."* [16]

Die Heimatvertriebenen sehnen sich aber immer noch nach ihrer Heimat; deswegen treffen sie sich alljährlich, um miteinander ihrer Heimat zu gedenken. Sie schauen in ihre Vergangenheit zurück und wollen sich in der Welt heimisch fühlen. *"Sie geben sich zufrieden mit Heimatzeitung und Heimatabend, Heimatmuseum und Schallplatten mit pommerschen Gedichten und Liedern. Vielleicht werden sie den Kindern und Enkelkindern die verlorene Heimat einmal zeigen, Pommerland ist abgebrannt, die Pommern sterben aus."* [17] Das Heimweh ist nicht mit Besitz zu stillen. Die Gegenwart ist zwar einfacher anzunehmen, wenn sie besser ist als die Vergangenheit. Heimweh ist jedoch vielmehr die Sehnsucht nach dem Ursprung, nach der Kindheit und ihrer Geborgenheit, deswegen ist das Heimweh nicht mit Wohlstand und finanziellen Gütern zu stillen.

Heimat bedeutet auch Geschichte und kulturelles Erbe eines Landes. So wird auch die deutsche Literatur zur Heimat vieler Deutschen. Wie Gerhard Schröder sagt, halten die Schriftsteller die Sprache, die Landschaften, eine ganze Welt in ihren Werken fest, so daß diese Welt nicht verloren geht. Die Heimatromane scheinen eine immer größere Rolle zu spielen, weil die Menschen, die sich noch an den deutschen Osten, an ihre Heimat in Schlesien, Ostpreußen und Pommern erinnern, alt sind. Viele Heimatvertriebene sind schon gestorben, und Horst Bienek stellt fest: *"Eines Tages wird es uns*

---

[16] Christine Brückner / Otto Heinrich Kühner, Erfahren und erwandert, S. 131-132.
[17] Ebenda, S. 132.

Oberschlesier nicht mehr geben."[18] Dann kann nur die Literatur die Erinnerung an Heimat, an Ober- und Niederschlesien, Ostpreußen und Pommern wachhalten und den Menschen näherbringen.

"Das Bedürfnis nach Heimat ist keine anthropologische Konstante, es bildet sich vielmehr im Laufe der Subjektwerdung des Menschen, in Auseinandersetzung mit kulturellen und religiösen Symbolen sowie unter bestimmten gesellschaftlichen Bedingungen aus."[19] Der Mensch ist nicht von Anfang an mit einem Heimatgefühl ausgestattet, dieses Gefühl, dieses Bedürfnis bildet sich vielmehr im Laufe seiner Individualisierung, seiner Menschwerdung. Genauso wie die Menschwerdung jedes einzelnen von der Außenwelt abhängt, unterliegt auch sein Heimatgefühl den gesellschaftlichen und geschichtlichen Einflüssen. Dadurch wird verständlich, daß man das 20. Jahrhundert das Heimatjahrhundert nennen kann. *"Erst der Riß im Vorhang des Selbstverständlichen, die Entfernung öffnet den Blick und das Herz"*[20]. Sowohl die Distanz zur Heimat, die durch eine innere Auseinandersetzung gewonnen wird, als auch die Vertreibung öffnen den Blick und das Herz des Menschen für die Heimat.

Die wissenschaftliche und die literarische Aussage sind keine Gegensätze, sie bekräftigen sich gegenseitig. Auch die Feststellung: *"Zwar wird Heimat mit jedem Kinde neu geboren, als ein Element seiner Möglichkeiten zum Glück oder Unglück, und allmählich wächst sie ihm zu. Aber es weiß nichts davon."*[21] schließt die andere nicht aus: *"Keine Heimat entspringt einem anthropologischen oder natürlichen Bedürfnis nach Heimatlichkeit, sondern eine jede – wie immer lieblich ihr Bild ausgemalt sei – stellt die Reaktion auf konkrete geschichtliche Herausforderungen dar".*[22] Heimat ist in diesem Sinne keine Urgröße, sondern eine Antwort; sie ist nicht das Primäre, sondern das Sekundäre, eine Reaktion des Menschen auf die Welt, auf die Geschichte. Die Reaktion der Schriftsteller ist ihr literarisches Schaffen, das Beschwören der Heimat und das literarische Zurückkehren in die Heimat. Da die Schriftsteller diejenigen sind, die auf die Geschichte und auf die gesellschaftlichen Herausforderungen antworten, kann man von Heimatliteratur und von einem Heimatbegriff sprechen, der von dem politisch mißbrauchten Sinngehalt losgelöst ist. Es ist aber zu beachten, daß, obwohl die Schriftsteller

---

[18] Horst Bienek, Beschreibung einer Provinz, S. 109.
[19] Peter Biehl, Heimat in theologischer und religionspädagogischer Perspektive. Plädoyer für ein eschatologisch gebrochenes Heimatverständnis, in: Jahrbuch der Religionspädagogik, Bd. 14, Heimat – Fremde, S. 31.
[20] Christian Graf von Krockow, Heimat. Erfahrungen mit einem deutschen Thema, S. 16.
[21] Ebenda, S. 16.
[22] Thomas E. Schmidt, Heimat. Leichtigkeit und Last des Herkommens, S. 70.

eine bestimmte Vorstellung von Heimat in ihren Werken vermitteln, der Leser derjenige ist, der den Heimatbegriff mit Inhalt füllt.

Das Wort "Heimat" (ahd. heimôti, mhd. heimôte und heimoute neben heimôt und heimouot) bedeutete ursprünglich:

"1) heimat, das landt oder auch nur der landstrich, in dem man geboren ist oder bleibenden aufenthalt hat(...)

2) heimat, der geburtsort oder ständige wohnort(...)

3) selbst das elterliche haus und besitzthum" [23]

Das Wort "Heimat" bedeutet dem Christen das ewige Leben – die ewige Heimat *"im gegensatz zur Erde, auf der er als gast oder fremdling weilt"*.[24]

Die ursprüngliche Bedeutung des Wortes – Heimat als Geburts- und Wohnort – behält ihren Sinngehalt bis zum heutigen Tag. Man spricht auch gegenwärtig von Heimat als von dem Geburtsort. Zu dieser Urbedeutung kommen jedoch neue Aspekte, die den Heimatbegriff erweitern, so daß man unter "Heimat" zwar immer noch den Geburts- oder den Wohnort versteht, zu diesem Ort jedoch sowohl die Landschaft als auch die Menschen mit ihrer Sprache und die Sinneseindrücke gehören. Alle diese Aspekte werden unmittelbar dem Ort zugeordnet und differenzieren den Heimatbegriff als ein Raum-Zeit-Gefüge.

Für Ernst Bloch ist Heimat jedoch eine Wunschvorstellung, die bis jetzt kein Mensch erleben durfte. „*Hat er (der Mensch) sich erfaßt und das Seine ohne Entäußerung und Entfremdung in realer Demokratie begründet, so entsteht in der Welt etwas, das allen in die Kindheit scheint und worin noch niemand war: Heimat.*" [25] Wie die vorliegende Arbeit zeigen wird, haben Horst Bienek, Leonie Ossowski und Christa Wolf eine Heimat erfahren dürfen. Daher kann Heimat nichts Utopisches sein sondern etwas Reales. Auch bei Christine Brückner, die sich eine Heimat in Hinterpommern erschrieben hat, ist Heimat keine Utopie, weil ihre Heimat Waldeck in Hessen ist.

---

[23] Grimm, Jacob und Wilhelm, Deutsches Wörterbuch, Bd. 10, S. 865.
[24] Ebenda, S. 866.
[25] Ernst Block, Das Prinzip Hoffnung, Bd. 5. S. 1628.

II
HEIMAT VERZAUBERT IM WORT.
ZUR HEIMATPROBLEMATIK BEI HORST BIENEK

> "Heimat kann man bloß haben in dem Maß, als man von ihr 'gehabt wird',
> als man sich mit ihr wiederfindet in der irrationalen Verbindung des Glaubens und der Treue,
> als man sich mit dem Gewissen an sie gebunden und ihr verpflichtet fühlt."
>
> Anton Heinen

Die Menschen haben ihre Heimat, gleichzeitig gehören sie der Heimat an. Sie besitzen und sind selbst Besitz. Die Menschen stellen den Besitz der Heimat dar, nicht nur weil sie zur Heimat der anderen Menschen gehören, sondern auch weil Heimat ihr ganzes Leben prägt und einen immerwährenden Einfluß auf den Menschen hat. Der Mensch findet seine Heimat viel öfters in der *"irrationalen Verbindung"*[26] mit ihr als während einer wirklichen Reise oder durch eine Rückkehr in das Land, das dem Menschen Heimat ist oder war. Eine Verbindung des Glaubens und der Treue, die Anton Heinen grundlegend für ein Heimatgefühl hält, bilden die literarischen Zeugnisse der Heimat.

Das Schaffen der deutschen Schriftsteller, die ihre Heimat verloren haben, deutet auf die Verbundenheit der Autoren mit ihrer Heimat hin. Zugleich weisen die Werke darauf hin, daß die Schriftsteller sich ihrer Heimat verpflichtet fühlen. Daraus kann man nach Anton Heinen schließen, daß die Schriftsteller diejenigen sind, die eine Heimat haben. Die Frage, ob sie in ihrer Heimat leben oder sie verloren haben, ist nicht so bedeutsam. Grundlegend ist die irrationale innere Verbindung mit der Heimat, sie entscheidet über den Verlust oder über den Besitz.

---

[26] Anton Heinen, in: Was man liebt, kann nie vergehen. Gedanken über Heimat, S.111.

II.1. Die Entstehung der Gleiwitzer Tetralogie

Im oberschlesischen Gleiwitz geboren und aufgewachsen ist Horst Bienek ein Schriftsteller, der sich zu seiner Herkunft, zu seiner Kindheit und Heimat in seinen Romanen bekennt und sie beschreibt. Seinen oberschlesischen Romanzyklus, "Die erste Polka", "Septemberlicht", "Zeit ohne Glocken" und "Erde und Feuer", widmete er *"diesem dunklen Land,"* [27] das ihn *"geboren hat."* [28] Obwohl die Widmung ganz klar ist – Oberschlesien ist dieses Land – vermißt man in den Romanen den Begriff "Heimat". Es wird kaum von Heimat gesprochen. Der Grund dafür liegt nicht nur darin, daß man eine Heimat haben muß, *"um sie nicht nötig zu haben"* [29], sondern in der Tatsache, daß Horst Bienek bewußt nicht von der Heimat, sondern vielmehr von seiner Kindheit erzählt. Er vermeidet in seinen Romanen das Wort "Heimat", *"dieses im Deutschen so bedeutungsschwere und –belastete Wort"*, weil er *"immer noch nicht schlüssig zu sagen"* weiß, *"was Heimat ist."* [30] Seine Romane sind jedoch eine Annäherung an diesen Begriff, sie sind ein Versuch zu sagen, was Heimat bedeutet. Daß sie etwas ganz wichtiges für diesen Schriftsteller ist, kann man allein daraus schließen, daß die Konfrontation mit der Heimatproblematik nicht nur das Motiv der oberschlesischen Tetralogie ist, sondern daß dem Zyklus zwei Beschreibungen einer im Jahr 1988 von Horst Bienek unternommenen Reise in die Heimat folgen: "Reise in die Kindheit. Wiedersehen mit Schlesien" und "Birken und Hochöfen. Eine Kindheit in Oberschlesien".

Die Entstehung der beiden Reisebeschreibungen läßt sich ohne Zweifel auf eine wirkliche Reise nach Gliwice, in den Geburtsort und das Heimatland des Schriftstellers zurückführen. Die Geschichte der Entstehung der Tetralogie scheint komplexer zu sein, einerseits weil es mehrere Gründe für die Auseinandersetzung mit der eigenen Kindheit gab, andererseits weil es vielleicht dem Schriftsteller zunächst nicht klar war, warum gerade die Kindheit in seinem Schaffen eine so große Rolle spielt.

In der "Beschreibung einer Provinz" nennt Horst Bienek für seine Arbeit an der epischen *"Chronik dieser ehemals österreichischen, ehemals preußischen, und jetzt muß man sagen: ehemals deutschen Provinz Oberschlesien"* [31] folgende Gründe: *"die Rekonstruktion einer Provinz,*

---

[27] Bienek, Erde und Feuer, S. 5.
[28] Ebenda
[29] Bienek, Beschreibung einer Provinz, S. 167.
[30] Bienek, Reise in die Kindheit. Wiedersehen mit Schlesien, S. 180.
[31] Bienek, Beschreibung einer Provinz, S. 9.

Nicht nur romanhaft und mehr oder weniger spannend, interessant, aufregend, die Schicksale einiger Menschen im Krieg zu erzählen, die aus der vielleicht ungewöhnlichsten, seltsamsten, fiebrigsten, ja, verrücktesten Provinz des alten Deutschland stammen, (…) sondern diese Provinz selbst." [32] In der Tat schwebt Horst Bienek vor, *"ein Requiem für diese Provinz zu schreiben."* [33] Er versteht es als seine Aufgabe, *"eine Welt zu beschwören, die vergangen ist; diese Welt sozusagen neu erstehen zu lassen."* [34] Und wirklich beginnt vor den Augen des Lesers die alte Welt Oberschlesiens in den Romanen zu leben, mit allen ihren Farben und Schattierungen.

Dieser Entstehungsgrund für den Zyklus scheint jedoch zweitrangig zu sein. Das literarische Festhalten der vergangenen Welt für die Nachkommen ist zwar von großer Bedeutung, trotzdem schenkt man dieser Erklärung kaum Glauben. Das Äußere ist für die Auseinandersetzung mit dem eigenen Ursprung nicht ausreichend, es sind *"alles Umwege, Ausflüchte, Ausweichmanöver".* [35] Was ist dann der eigentliche Beweggrund für den oberschlesischen Romanzyklus? Die Antwort darauf gibt Horst Bienek selbst innerhalb einer Reihe von Münchner Poetik-Vorlesungen. Er spricht über das Thema "Sprache und Exil heute", den Haupttitel dieses Vortrags nennt er "Das allmähliche Ersticken von Schreien". In dieser Poetik-Vorlesung bekennt er sich zu den zutiefst inneren und persönlichen Gründen für die Entstehung der Romane. Wie er schon früher andeutete, ist die Beschreibung der Provinz nur ein Umweg, ein Ausweichmanöver, um den eigentlichen Anlaß für den Versuch der Annäherung an sein Kindheitsland zu verschweigen. Horst Bienek räumt dennoch ein, *"daß er von seiner Kindheit nicht loskam. Er schrieb darüber beinahe zweitausend Seiten. Im Grunde war alles eine Wiederholung. Die erste Polka und das stechende Septemberlicht, die Zeit ohne Glocken und die Erde im Feuer. Im Grunde war nämlich alles Religion, Trieb und Unterdrückung. Alles war anders. Und alles war gleich. Schon André Gide hatte geschrieben: 'Jeder Autor ist auf der Suche nach seiner Kindheit.'"* [36]

Über 14 Jahre war Horst Bienek auf der Suche nach seiner Kindheit. Hunderte von Seiten geben dem Schriftsteller Raum zu dieser Auseinandersetzung mit der eigenen Lebensgeschichte. Die innere Konfrontation ist anscheinend nicht ausreichend. Der imaginäre Raum, die erdichtete Welt verlangt nach einer Bestätigung in der Wirklichkeit. Der Schriftsteller reist nach Polen, nachdem er den Romanzyklus abgeschlossen hat. Nach vielen Jahren der literarischen Arbeit, die *"nichts anderes als die Suche nach dem Schatz*

---

[32] Bienek, Beschreibung einer Provinz, S. 9.
[33] Ebenda, S. 65.
[34] Ebenda
[35] Bienek, S. 10.
[36] Bienek, Das allmähliche Ersticken von Schreien. Sprache und Exil heute, S. 14.

Heimat"[37] war, begibt sich Horst Bienek auf die weitere Suche nach der Heimat. Es ist ihm lange nicht bewußt, wonach er sucht. *"Er reiste viel. Er suchte nach etwas. Wonach? Er wußte es selbst nicht. (...) Immer auf der Suche nach etwas Neuem. Aber nach was?"*[38] Der Schriftsteller versucht sich mit Hilfe seiner Werke in der Welt wiederzufinden, sehnt sich aber nach dem Gefühl *"begriffen und geliebt zu werden."*[39] In seiner Kindheit findet er dieses Gefühl nicht, aber auch in seiner Gleiwitzer Heimat während seiner Reise bleibt ihm die Erfahrung des Aufgenommen- und Verstandenwerdens fremd. Im heutigen Gleiwitz findet Horst Bienek keine Heimat mehr, obwohl die alte Landschaft noch da ist, *"die Steine, die Wälder, die Flüsse. Aber die vertrauten Menschen fehlen, die für mich zur Heimat gehören. Tradition, Aura, Sprache, das alles ist verloren."*[40] Für die innere Heimaterfahrung ist die Landschaft nicht ausschlaggebend, sie kann nur das aufgehobene Bild bestätigen oder auch die Veränderungen verdeutlichen. Die lebendigen Aspekte der Heimat, die Sprache und vor allem die Menschen, sind für den Schriftsteller in seiner Heimaterfahrung entscheidend.

Die oberschlesischen Romane von Horst Bienek verdanken wir seiner Erkenntnis, *"daß seine Heimatlosigkeit, sein Exil aufgehoben war in der Kindheit."*[41] Das Wiederfinden der Heimat und die neue Heimat hängen von der Aufarbeitung der eigenen Lebensgeschichte ab. Ohne das Einverständnis mit dem Vorher kann man sich nicht auf das Kommende vorbereiten. Ein sehr wichtiger Gesichtspunkt und ein das Einverständnis förderndes Mittel ist die Zeit. Erst *"nach so langer Zeit"* spürt Horst Bienek *"den Verlust nicht als Verlust, jetzt nicht mehr."*[42]

Die literarische Beschäftigung mit der Heimatproblematik, die eine innere Konfrontation mit sich selbst ist, durch eine wirkliche Reise vervollständigt, macht einen langjährigen Prozeß aus, einen Prozeß der Suche nach der eigentlichen Heimat. Heimat ist aber auch ein Ort der Identität des Menschen. Die grauenhaften Ereignisse im Leben können jedoch dazu beitragen, daß die Menschen nicht mehr um ihre Identität wissen und sich in der Welt fremd fühlen. Horst Bienek, der 1951 verhaftet wurde und einige Jahre Häftling im Arbeitslager Workuta war, wurde 1955 freigelassen und kam wieder nach Deutschland. *"Nach seiner Freilassung (...) versuchte er, seine makabren Erlebnisse in den*

---

[37] Bienek, Reise in die Kindheit. Wiedersehen mit Schlesien, S. 180.
[38] Bienek, Das allmähliche Ersticken von Schreien. Sprache und Exil heute, S. 14.
[39] Ebenda, S. 96.
[40] Bienek, Reise in die Kindheit. Wiedersehen mit Schlesien, S. 180.
[41] Bienek, Das allmähliche Ersticken von Schreien. Sprache und Exil heute, S. 97.
[42] Bienek, Reise in die Kindheit. Wiedersehen mit Schlesien, S. 180.

DDR-Gefängnissen und im Archipel Gulag künstlerisch zu bewältigen."[43] Nicht nur im "Traumbuch eines Gefangenen" und in "Die Zelle", sondern auch in der Gleiwitzer Tetralogie versucht Horst Bienek seine Gulag-Erlebnisse literarisch zu bewältigen. Es könnte entgegengehalten werden, daß die schlesischen Romane dieses Schriftstellers das Thema der Gefangenschaft nicht thematisieren. Wenn man jedoch Heimat als Ort der Identität ansieht, scheinen diese Romane ein Versuch zu sein, seine eigene Identität zu finden, sich ihrer zu vergewissern, sie vielleicht neu zu entdecken. Denn *"Ein unlösbares Problem für jeden Häftling, noch mehr für den Einzelhäftling ist die Zeit. Da, wo die Dimension der Zukunft, der Erwartung fehlt, sagte Toller einmal in seinen Gefängnisbriefen, verliert auch die Vergangenheit ihre Lebendigkeit."*[44] Demnach hört die Vergangenheit auf zu existieren. In der Vergangenheit gründet jedoch die Identität, der Prozeß der Identitätsbildung setzt in der Kindheit an, in der Vergangenheit also, und in der Gegenwart wird er vollzogen. Die Annäherung an die Kindheit ist ein Mittel, an das eigene Ich heranzukommen, nachdem man es in der Haft verloren hat.

"Ich weiß nicht mehr, wie lange ich mich schon in diesem Gefängnis befinde, aber ich weiß, daß ich nicht mehr Mensch bin. Ich bin ein Tier. Ein Hund vielleicht. Noch eine Zeit und ich werde ein Reh sein, und noch eine Zeit und ich werde eine Ratte sein."[45] Der Häftling spürt, daß er seine Identität verloren hat und weiß nicht mehr, ob er ein Mensch ist. Die Kindheit ist auch verlorengegangen, weil er sich an sie nicht mehr erinnern kann. *"Alle Räume sind leer im Haus der Kindheit".*[46] Um seine Kindheit und seine Identität zu retten, versucht Horst Bienek sich zu erinnern. Er erinnert sich schon in seinen Gedichten an sein Kindheitsland. Er überlegt sich:

"Ist die Kindheit Erinnerung
Oder Erinnerung Kindheit?"[47]

Die Erinnerung an die Kindheit erweist sich als dürftig.

"Das ist alles
    ein paar Bilder
        aus einem überbelichteten Film
manchmal Schatten

---

[43] Karol, Sauerland, Horst Bienek, in: Kritisches Lexikon zur deutschsprachigen Gegenwartsliteratur, S.2.
[44] Ebenda, S. 5.
[45] Bienek, Aus dem "Traumbuch", in: Gleiwitzer Kindheit. Gedichte aus zwanzig Jahren, S.9.
[46] Ebenda, S. 10.
[47] Bienek, Gleiwitzer Kindheit, in: Gleiwitzer Kindheit. Gedichte aus zwanzig Jahren, S. 73.

> *vielleicht ein Gesicht*
> *wenn ich lange hinstarre*
> *eine Bewegung*
> *eine Geste*
> *ein Lächeln manweißnichtvonwem"* [48]

Die Bilder der Vergangenheit sind ganz verschwommen, die Gesichter der bekannten Menschen sind nicht mehr zu erkennen, denn *"Jeder Tag köpft eine Stunde der Kindheit".*[49] Nicht nur die Zeit nimmt uns die Vergangenheit, sondern auch die grausamen Erlebnisse lassen die Vergangenheit nicht zu. Die Haft, die unmenschlichen Lebensumstände, die Arbeit, die über menschliche Kräfte geht, rauben dem Menschen sowohl die Vergangenheit als auch die Zukunft; nur die Gegenwart bleibt, die Gegenwart jeder Sekunde des Lebens. Um seine Kindheit nicht zu vergessen, bemüht sich Horst Bienek sie festzuhalten und schreibt Gedichte und Romane, in denen er sich seiner Kindheit, seiner Heimat und seiner Identität zu nähern versucht.

> *"Jeder Tag köpft eine Stunde der Kindheit*
> *-ich rück näher den Stuhl*
> *an den Schreibtisch heran*
> *rauch eine Marlboro*
> *die Bilder erzittern auf meiner Netzhaut*
> *verwischen*
> *ich will sie festhalten*
> *ich schreibe."* [50]

II.2. Aufbau des oberschlesischen Romanzyklus

Den oberschlesischen Romanzyklus bilden vier Romane, die Gleiwitzer Tetralogie genannt werden. Die Handlung der ersten drei Teile spielt jeweils an einem Tag. Der 31. August 1939 ist der Tag, an dem die Hochzeit von Irma Piontek gefeiert wird und Andreas "Die erste Polka" seines Lebens tanzt. Es ist aber auch die Nacht, in der der Gleiwitzer Sender überfallen wird. Valeska Piontek, eine der Hauptgestalten des oberschlesischen Romanzyklus, trifft letzte Vorbereitungen für die Hochzeit ihrer Tochter Irma.

---

[48] Bienek, Gleiwitzer Kindheit, in: Gleiwitzer Kindheit. Gedichte aus zwanzig Jahren.
[49] Ebenda, S. 76.
[50] Ebenda, S. 83.

Am Morgen des 31. August 1939 überlegt sie sich, was ihr an diesem Tag bevorsteht: *"Der Besuch beim Erzpriester Pattas, der Verkauf der aufgelassenen Ziegelei in der alten Ziegeleistraße, die Überschreibung des Dressler-Ausgedinges, die Trauung ihrer Tochter auf dem Standesamt, die Einladungen zur Hochzeitsfeier im Hotel Haus Oberschlesien – für heute wenigstens hatte sie alle Klavierstunden abgesagt."* [51] Bei so vielen Aktivitäten scheint die Hochzeit der eigenen Tochter im Hintergrund zu stehen. Auf dieses Ereignis läuft jedoch die Handlung des Romans hinaus. Sowohl das Gespräch mit dem Erzpriester als auch den Verkauf der Ziegelei unternimmt Valeska im Hinblick auf Irmas Hochzeitsfeier. Irma weigert sich, sich kirchlich trauen zu lassen, deswegen versucht Valeska den Erzpriester friedlich zu stimmen und ihn zu einem Besuch bei der Hochzeitsfeier zu überreden. Vom Verkauf der Ziegelei sollen die Kosten für die Feier in dem besten Hotel in Gleiwitz gedeckt werden. Valeska ist mit ihren Tätigkeiten allein gelassen. Ihr Mann leidet an starkem Asthma und kann und will sein Bett nicht verlassen. Josel, Irmas Bruder, flieht vor seiner Mutter und verbringt den Tag lieber in der Stadt oder an der Klodnitz als daß er seiner Mutter zur Seite stünde. Ein Cousin von Josel kommt nach Gleiwitz. Josel zeigt Andreas seine Heimatstadt. Josels Freundin Ulla, die die begabteste Schülerin von Valeska ist, radelt mit Andreas zu Frau Zoppas, um ihr die Einladung zum Hochzeitsfest zu überbringen. Auf dem Rückweg werden Ulla und Andreas Zeugen des Überfalls auf den Gleiwitzer Sender. Einige Stunden später tanzen die Jugendlichen bei der Hochzeit die erste Polka ihres Lebens und berichten dem im Haus Oberschlesien stationierten Generalmajor von dem Vorfall beim Gleiwitzer Sender. Der Generalmajor *"sagte mehr zu sich selbst: eine seltsame Geschichte. Eine ganz seltsame Geschichte!"* [52] Leo Maria Piontek, Valeskas kranker Mann, erfährt von dem Überfall aus dem Rundfunk und wartet ungeduldig bis seine Frau, sein Sohn und das frisch getraute Ehepaar nach Hause kommen, um ihnen von dem Überfall zu berichten. Josel kommt jedoch nicht nach Hause. Er meint den Feldwebel umgebracht zu haben, der seine Freundin Ulla vergewaltigen wollte. Nur dem Halbjuden Georg Montag erzählt Josel von dem Vorfall nach der Hochzeitsfeier. In der Nacht flieht er Richtung Westen und bleibt drei Tage weg von zu Hause. In die Haupthandlung des Romans ist eine Nebenhandlung eingeflochten. Georg Montag arbeitet an einer Korfanty-Biographie. Von seiner Arbeit und auch von seinen Schwierigkeiten beim Verfassen dieser Biographie wird in gesonderten Passagen des Romans berichtet, so daß die Leser einen Entstehungsprozeß eines literarischen Werkes mit verfolgen können. Die Georg Montag-Passagen thematisieren aber auch die Problematik des Judentums im

---

[51] Bienek, Die erste Polka, S. 7.
[52] Ebenda, S 242.

deutschen Oberschlesien der 30er Jahre des letzten Jahrhunderts. Georg Montag lebt an der Grenze zwischen Judentum und Katholizismus. Er ist getauft und bekennt sich zur katholischen Kirche, trotzdem spürt er seine jüdischen Wurzeln, so daß er seine Identität nicht mehr erkennen kann und nach dem Gespräch mit Josel Selbstmord begeht.

Die Handlung des zweiten Teils ist am 4. September 1939 angesiedelt. An diesem Tag im Septemberlicht, im *"Licht des sterbenden Sommers"* [53] werden Leo Maria Piontek und Georg Montag beerdigt. Leo Maria Piontek erliegt seiner Krankheit, Georg Montag erschießt sich. Beide Männer werden am gleichen Tag und auf dem gleichen Friedhof beerdigt. Allerdings wird die Beerdigung des Juden heimlich gefeiert. Am Tag der Beerdigung seines Vaters kommt Josel nach Hause. Er wurde von der Bahnpolizei aus Twardawa entdeckt, und sein Onkel holte ihn mit dem Auto ab. Josel hat dann noch Gelegenheit, allein am Sarg seines Vaters zu stehen. Er führt ein Gespräch mit seinem verstorbenen Vater und entschuldigt sich: *"Glaub mir, Papusch, ich wäre nicht weggelaufen, ohne vorher mit dir zu reden, wenn ich alles gewußt hätte (...) Vielleicht war es nur, damit ich von hier wegkam, aber du, Papusch, hast mich mit deinem starren Holzgesicht wieder eingeholt, ich bin zurückgekommen, ja, und ich spüre auch, wie du mich hier festhältst mit deinen Augen, auch wenn sie jetzt geschlossen sind, geschlossen für immer (...) aber ich weiß es und ich sage es dir jetzt, ich werde nicht mehr lange hier bleiben, (...) Ich werde weggehen, und dann wirst du in der Erde liegen und mich nicht mehr halten können, niemand nich."* [54] Josel wünscht sich, von der Bindung an die Heimat befreit zu werden, Arthur Silbergleit dagegen kommt in seine Heimatstadt zurück, denn *"wenn ein Krieg ausbricht, gehört der Mensch dorthin, wo er zu Hause ist."* [55] Das Zuhause dieses jüdischen Schriftstellers ist Gleiwitz. Er sucht in der Stadt nach alten Freunden und Bekannten. Silbergleit kommt auch ins Haus der Familie Piontek, er sucht Georg Montag, der in einem Gartenhaus bei Pionteks gewohnt hat. Valeska *"wußte nicht, wie sie ihm beibringen sollte, daß Montag heute begraben worden war. Sie ging voraus und war eigentlich froh, daß jemand zur Begräbnisfeier von Montag gekommen war."* [56] Die Gäste im Haus Piontek sind zum Leichenschmaus von Leo Maria Piontek gekommen. Obwohl die meisten auch den Landgerichtsrat Montag gekannt haben, wird von diesem Mann erst gesprochen, nachdem Silbergleit gekommen ist. 1939 durften Juden und Deutsche noch an einem Tisch zusammensitzen und Valeska traut sich eine Begräbnisfeier für Montag zu organisieren. Silbergleit bleibt jedoch nicht gerne bei Pionteks, er verläßt dieses Haus ziemlich rasch

---

[53] Bienek, Septemberlicht, S. 247.
[54] Ebenda, S. 15-16.
[55] Ebenda, S. 121.
[56] Ebenda, S. 301.

und sucht weiterhin nach Gleichgesinnten, nach Juden. Erst bei ihnen wünscht er sich, in seiner Heimatstadt zu bleiben. Neben der Familie Piontek wird in "Septemberlicht" eine andere oberschlesische Familie dargestellt. Anna und Franz Ossadnik mit ihren Kindern gehen zur Beerdigung von Leo Maria Piontek. Sie sind keine Verwandten von Valeska. Sie ist jedoch die Klavierlehrerin der begabten Ulla Ossadnik.

Vier Jahre später, am 23. April 1943, werden die Glocken der Peter-Pauls Kirche in Gleiwitz beschlagnahmt und die Gleiwitzer erleben "Zeit ohne Glocken". Der Krieg wird auch in Gleiwitz immer schmerzlicher, das Grenzland wird immer mehr zu einem Kampfland. Valeskas polnisches Dienstmädchen Halina wird verhaftet, weil sie sich in einen Ostarbeiter verliebt hat. Alle Juden der Stadt werden verhaftet und in einem Transport nach Auschwitz geschickt. Die Deutschen bleiben untereinander, alle anderen Völker haben in Deutschland nichts mehr zu suchen. Die Jugendlichen ahmen die Intoleranz der Erwachsenen nach und bewerfen die Siedlung, in der Menschen des evangelischen Glaubens wohnen, mit Steinen. Und obwohl viele Oberschlesier keine Unterschiede zwischen den Menschen verschiedener Völker erkennen, befolgen die Jugendlichen die neuen Gesetze, die von den Nationalsozialisten bestimmt werden. Am Kirchenplatz treffen sich nur Frauen, alte Männer und Jugendliche. Die Familienväter und viele junge Männer wurden schon längst eingezogen. *"Der Krieg hatte auch"* Josel *"eingeholt. Er hatte seinen Einberufungsbefehl in der Tasche. Gleich nach Ostern mußte er zum Militär. Zuerst in eine Kaserne nach Liegnitz, wo er ausgebildet würde, und von dort an die Front. Der Krieg war es, der die Entscheidungen traf, über Ullas und seinen Kopf hinweg."*[57] Josel sucht Ulla, weil er sich von ihr verabschieden möchte und fährt nach Beuthen, wo Ulla in einem Konservatorium lernt. Josel findet Ulla nicht, sie ist nach Warschau zum Herzen von Chopin gefahren, um ihren gemeinsamen Traum zu erfüllen.

Arthur Silberglit, der in Gleiwitz Zuflucht suchte, wird verhaftet. Auch nach der Verhaftung und während des Transports nach Auschwitz träumt dieser Dichter von seiner Heimat und verteidigt seine Kostbarkeiten. Ohne seine Bücher kann er nicht leben und er geht mit ihnen in den Tod. Franz Ossadnik ist Lokführer. Er ist einer der wenigen, die die nationalsozialistische Propaganda durchschauen, und er erkennt, daß die Züge, die er nach Birkenau fährt, mit Juden gefüllt sind. Franz weigert sich weiterhin bei der Vernichtung der Juden behilflich zu sein und meldet sich freiwillig an die Front.

Das Ende des II. Weltkrieges bedeutet das Ende der alten Welt. Um das Ausmaß der Zerstörung der Welt und der menschlichen Seele und die verschiedenen Menschen-

---

[57] Bienek, Zeit ohne Glocken, S. 72.

schicksale besonders hervorzuheben, beschließt Horst Bienek, den vierten Teil seines Zyklus nicht mehr an einem einzigen Tag spielen zu lassen. Die Familie Piontek entscheidet sich zur Flucht. Irma weigert sich ohne ihren Mann aus Gleiwitz fortzugehen. Viele Gleiwitzer befinden sich schon auf der Flucht. Andere möchten ihre Heimatstadt nicht verlassen. Da sie Angst vor dem Ungewissen haben, bleiben sie in Gleiwitz. Traute Bombonnek, eine Lehrerin, freut sich, ihre Heimat verlassen zu dürfen, sie freut sich auf die große Welt. Auf der Flucht kommt sie nach Agnetendorf, wo der alte Dichter wohnt. Es gelingt ihr Gerhart Hauptmann persönlich kennenzulernen. Der alte Dichter und seine Frau verlassen aber auch Agnetendorf und fahren zu einem Kuraufenthalt nach Dresden. Die Pionteks versuchen nach Dresden zu kommen. Ulla Ossadnik arbeitet im Sanatorium Weidner als Krankenschwester. Josel Piontek liegt verwundet im Friedrichstädter Krankenhaus. *"Josel war bei den Kämpfen um Strehlen von einer Granate der linke Arm abgerissen worden. Man hatte ihn gleich danach notdürftig amputiert, aber es war Brand entstanden und es mußte noch einmal etwas höher angelegte Amputation vorgenommen werden. (…) Er war glücklich, daß er Ulla Ossadnik so rasch wiedergefunden hatte."* [38] Nachdem die Oberschlesier vor dem Unheil in Gleiwitz geflohen sind, kommen sie nach Dresden, wo auf sie ein anderer Schicksalsschlag wartet. Viele der deutschen Flüchtlinge kommen 1945 während der Luftangriffe auf Dresden um. Die in Gleiwitz gebliebenen Oberschlesier werden durch die Ortskommandantur *"zum Arbeitsdienst mobilisiert."* [39] Die Ossadniks kämpfen um ihr Dasein und wie viele andere wird auch Kotik ausgeschickt, um etwas Eßbares in seinem Rucksack zurückzubringen. Auch unter dem russischen Kommando bleiben in der Stadt nur Frauen und Kinder. Die Männer werden abgeholt und verhaftet. Gleiwitz wird besetzt, *"jetzt wird nicht mehr gekämpft. Jetzt ist alles entschieden".*[60]

Bienek entscheidet sich für die einfache Schreibweise. Die Autonomie des Erzählens ist für ihn ein Prinzip, das er in seiner Tetralogie verwendet. Man kann aber nicht sagen, daß seine Romane eine Chronik des II. Weltkriegs sind, die sich mit den punktuellen Ereignissen befaßt und das menschliche Leben außer acht läßt. Der Schriftsteller sucht sich bestimmte für ihn wichtige Ereignisse aus dieser Zeit, an deren Beispiel er die Geschichte der Provinz Oberschlesien, die Geschichte von Gleiwitz und dessen Bewohnern erzählt. *"Keine gemächliche Chronologie. Kein konventionelles Heruntererzählen."* [61] Das Un-

---

[38] Bienek, Erde und Feuer, S. 307.
[39] Ebenda, S. 318.
[60] Ebenda, S. 253.
[61] Bienek, Beschreibung einer Provinz, S. 17.

konventionelle der Tetralogie macht die Tatsache aus, daß die Handlung der drei Romane jeweils an einem Tag spielt.

Da "Die erste Polka", "Septemberlicht", "Zeit ohne Glocken" die Einheit der Zeit bewahren, kann man diesen Romanen formale Geschlossenheit zuschreiben. Diese drei Romane bilden aber nicht den ganzen Romanzyklus, der letzte Teil beschränkt sich nicht auf einen Tag. Den Romanzyklus kann man dennoch als ein geschlossenes Werk betrachten, denn jeder Roman ist vom Inhalt her eine Fortsetzung des vorhergehenden Romans. Die Gestalten, die in "Die erste Polka" vorkommen, treten auch in den anderen Romanteilen auf. Es kommen zwar auch neue Gestalten hinzu, im Mittelpunkt des Romangeschehens stehen jedoch immer die beiden oberschlesischen Familien Piontek und Ossadnik. Die Geschichte der einzelnen Personen wird im ganzen Zyklus fortgeführt. In "Erde und Feuer" weitet sich Gleiwitz *"zur Provinz, die Provinz mündet in die Welt."* [62] Die Angst vor der russischen Armee zerstreut die Oberschlesier, sie werden gezwungen ihre Häuser zu verlassen. Der Leser beobachtet die Gleiwitzer auf der Flucht, in Agnetendorf und in Dresden. *"Der formale Kanon kann aufgelöst werden. Der Ort ist verloren. Die Zeit ist verloren. Die Personen sind verloren."* [63] Obwohl es dem Schriftsteller schwer gefallen ist, *"die Perspektive des einen Tages ohne Rückblenden durchzuhalten"* [64], gibt er die Zeitklammer nicht auf, weil er sie nicht durchhalten kann, sondern weil sie für das Erzählte nicht mehr entscheidend ist. Die Einheit der Zeit kann die endgültige Zerstörung der alten Welt nicht wiedergeben. Die Auflösung der Perspektive des einen Tages zerstört die formale Geschlossenheit des Romanzyklus nicht, sie bewahrt vielmehr die inhaltliche Geschlossenheit der Gleiwitzer Romane.

Die Handlung in "Die erste Polka" fängt an einem Morgen an. Valeska Piontek erwacht *"zu der Stunde, in der das Morgenlicht die Gardinen sanft bewegt und violette Schatten in die Fenster zeichnet."* [65] Eine gewisse Ähnlichkeit ist zwischen diesem Abschnitt und dem Anfang des letzten Romans der Tetralogie festzustellen. In "Erde und Feuer" liebt es Valeska, *"an Nachmittagen, wenn die Dämmerung einfiel, allein in ihrem Zimmer zu sitzen, nichts zu tun und an nichts zu denken, einfach nur so dazusitzen und zu warten und die Dinge in ihrer Umgebung zu betrachten, wie sie langsam ihre Konturen und Farben verlieren, in einem schattigen Grau verschwimmen und nach und nach von der Dunkelheit aufgesogen werden."* [66] Die Ähnlichkeit zwi-

---

[62] Bienek, Das allmähliche Ersticken von Schreien. Sprache und Exil heute, S. 104-105.
[63] Ebenda, S. 103.
[64] Ebenda, S. 102.
[65] Bienek, Die erste Polka, S. 7.
[66] Bienek, Erde und Feuer, S. 7.

schen den beiden Romananfängen besteht nicht nur darin, daß der Schriftsteller mit Licht und Schatten arbeitet, sondern daß es sich im ersten Zitat um einen Morgen und im zweiten um einen Abend handelt. *"Anfang und Ende. Der Anfang vom Ende der deutschen Provinz Oberschlesien war der Überfall auf Polen. So hat es seine Richtigkeit, daß ich den Romanzyklus mit dem 31. August 1939 beginne. Aber wann ist das Ende? Wenn die Russen im Januar 1945 die Stadt besetzen? Oder am 8. Mai, mit der Kapitulation des Reiches? (...) Ich hätte einen dramatischen Abschluß, wenn ich die Erzählung hinführte bis zum Februar-Bombardement auf Dresden, wo mehrere Tausend schlesische Flüchtlinge umgekommen sind"* [67] Der Abend ist als Anfang des Untergangs und als dessen endgültiger Abschluß zu verstehen. Ein Morgen und ein Abend bilden eine Einheit innerhalb eines Tages, so sind also auch der Morgen und der Abend ein Mittel, um die Geschlossenheit des Romanzyklus zu bewahren und hervorzuheben.

II.3. Die Bedeutung der Einführungszitate in den Romanen

Jeder Roman der Tetralogie fängt mit einem Zitat an, das als eine Art Einführung in die in dem jeweiligen Band erdichtete Welt zu verstehen ist. In den wenigen Worten faßt Horst Bienek den Inhalt und die Aussage seiner Werke zusammen. Er bedient sich der Worte verschiedener Autoren, die so prägnant sind, daß er sie sich für seine literarische Arbeit zu eigen machen kann.

"Gewesen, sagte das Unkraut,
Vergangen, sagte der Himmel,
Tot, sagte der Wald..."

"Gewesen", "vergangen" und "tot" sind Ausdrücke, die auf etwas in der Vergangenheit Liegendes hindeuten. Das Gewesene hat seine Existenz, sein Leben abgeschlossen. Das Vergangene gehört der zurückliegenden Zeit an, das Tote hat in der Gegenwart keinen Platz. Das Zitat, das Horst Bienek als eine Vorausdeutung für den ersten Teil seiner Tetralogie benutzt, stammt aus dem Roman "Andere Stimmen, andere Räume" von Truman Capote.[68] Die Natur klagt über die Vergänglichkeit der Menschen und der Zeiten. Sie ist die einzige, die sich an die guten Zeiten erinnert und davon berichten kann. Die

---
[67] Bienek, Beschreibung einer Provinz, S. 151.
[68] Truman Capote, Andere Stimmen, andere Räume, S. 207.

Natur ist dem Menschen überlegen, weil sie die Beständigere ist. *"Gewesen, sagte das Unkraut, Dahin, sagte der Himmel, Tot, sagte der Wald, doch die ausführlichste Klage um die Vergangenheit war der Nachtschwalbe überlassen."*[69]

Trübsinn und Schwermut schwimmen in diesen Worten und bereiten den Leser der Gleiwitzer Tetralogie auf ein trauriges Ereignis vor. Desungeachtet scheint die Stimmung des ersten Teils der Tetralogie gar nicht so traurig zu sein. Vor den Augen des Lesers entsteht ein Bild einer intakten Welt kurz vor dem Ausbruch des II. Weltkrieges. Der Krieg ist schon zu spüren, die Soldaten werden in Gleiwitz und Umgebung stationiert. Die Jugendlichen haben zusätzliche Unterrichtsstunden – den HJ-Dienst. Alle sprechen zwar allezeit vom Krieg, die Angst vor dem kommenden Unheil bleibt jedoch aus. *"Seit Tagen warteten sie schon auf den Krieg, von dem überall die Rede war, abends um acht fanden sie sich ein, um es endgültig zu erfahren, und um zwölf Uhr, (…) für zehn Minuten, um nicht den Krieg zu verpassen. (…) Es gab keinen Jubel in diesen Tagen wie im August 1914, es gab keine Angst wie bei der Abstimmung im Mai 1922, was es gab, war eher Gleichgültigkeit und Fatalismus".*[70] Das Leben kurz vor dem Kriegsausbruch unterscheidet sich nicht allzu sehr von dem Leben in der Friedenszeit. Junge Menschen heiraten auch in ungewissen Zeiten. Man sehnt sich nach Freundschaft und Liebe. Die meisten Gespräche kreisen jedoch um das eine Thema – Krieg. Es klingt wie eine Neuigkeit, die man sich weitergeben soll. Die oberschlesische Bevölkerung zeigt eher Desinteresse gegenüber den politischen Ereignissen. So lange man selber nicht in die Ereignisse involviert ist, braucht man sich keine Gedanken darüber zu machen. Die Jugendlichen betrachten den Krieg eher als ein neues Spiel, in dem man etwas gewinnen kann. Die Neugierde schenken die jungen Menschen immer dem Neuen, ungeachtet dessen, was es ist.

Das bevorstehende Fest – die Hochzeit von Irma Piontek – beeinflußt die Stimmung des 31. August 1939. Die ganze Handlung läuft auf dieses Ereignis zu, das Mittelpunkt des Geschehens ist. Umso überraschender ist das Motto des Romans. Die schwermütige Stimmung, die die einleitenden Worte heraufbeschwören, überschattet die fröhliche Feier der Hochzeit. Das Hochzeitsfest erweist sich als eine Flucht vor der Welt, als ein Sich-Zurücknehmen aus dem Leben. Der Untergang eines Menschen, seine Flucht in die Ehe spiegelt den Untergang der bisherigen Welt, der Provinz Oberschlesien, wider. Irma Piontek sucht jemanden, der sich die Wahrheit über ihr Leben anhören will. Irmas Mutter Valeska ist diejenige, der Irma erzählt: *"Begreifst du denn nicht, ich habe mich von dem blöden Kaprzik duppen lassen! (…) Ich weiß nicht, warum ich es getan habe, (…). Ich*

---

[69] Truman Capote, Andere Stimmen, andere Räume , S. 207-208.
[70] Bienek, Die erste Polka, S. 312-313.

wollte wissen, wie es ist." [71] Dann läßt sich Irma verheiraten, um sich selbst vergessen zu können, um ein normales Leben führen zu können. Sie spürt jedoch kein Leben in sich. Die Hochzeit ist Irmas Versuch weiter zu leben, obwohl sie sich wünscht, tot zu sein.

Parallel zu den Hochzeitsvorbereitungen nähert sich der Krieg, bis schließlich die beiden Ereignisse – Hochzeitsfest und Kriegsausbruch (Überfall auf den Sender Gleiwitz) – zur gleichen Zeit stattfinden. Je gespannter die Atmosphäre um die Hochzeit ist, desto mehr spitzt sich die politische Lage in Europa zu. Das eine aus dem privaten Leben stammende Vorkommnis faßt die Geschehnisse des Jahres 1939 zusammen. Um den Zusammenhang der individuellen Menschheitsgeschichte mit der Weltgeschichte zu verdeutlichen, stellt Horst Bienek dem Titel "Die erste Polka" die Worte von Truman Capote gegenüber. Schon der Titel und das Motto des Romans weisen darauf hin, daß die Lebensfreude nicht andauern kann. Der erste Tanz im Leben von Josel und Andreas wird zugleich als ihr letzter Tanz vorausgedeutet.

Das Motto ist als ein Hinweis auf das bevorstehende Verhängnis zu verstehen, es ist das Verhängnis des Todes. Wenn man die Erklärung für die Entstehung der Romane (ein Requiem für die Provinz) berücksichtigt, stellt sich heraus, daß mit den Begriffen: gewesen, vergangen und tot die oberschlesische Provinz gemeint ist, somit auch die Heimat von Horst Bienek. Das Motto ist eine Vorwegnahme der Trauer um den Verlust. Der Leser wird auf das Zugrundegehen des Landes mitsamt den Menschen vorbereitet. Sein Blick richtet sich dann nicht mehr auf die Hochzeit. Er bemüht sich herauszufinden, was zum Untergang verdammt ist. Festzuhalten ist, daß das Motto auf ein trauriges Ereignis hindeutet, eigentlich auf etwas, was schon geschehen ist. Oberschlesien geht nicht nach dem Krieg verloren. Dieses Land wird während des Krieges verspielt, es geht mit dem Kriegsausbruch zugrunde. Schon da fängt der Untergang und der Verlust dieses Heimatlandes an.

"Wenn man sich nur in die Zeit
hineinweben könnte.
Es wär schön, wenn man sich einfach
In die Zeit hineinweben könnte."

Die Worte voll Sehnsucht führen den Leser in den zweiten Teil der oberschlesischen Tetralogie ein. Sie drücken die Sehnsucht nach dem Vergangenen aus und sind ein Mittel, um das Untergegangene in Erinnerung zu behalten, es der Vergessenheit zu entrei-

---

[71] Bienek, Septemberlicht, S. 346.

ßen. Horst Bienek stellt sich der Aufgabe, die vergangene Welt festzuhalten, *"diese Welt sozusagen neu erstehen zu lassen."* [72] Hineinweben kann man sich nur in eine zurückliegende oder bevorstehende Zeit. Es ist ausgeschlossen, sich in die Gegenwart zu begeben, weil man ja einzig und allein in dem Jetzt sein kann. Unter der Berücksichtigung des ersten Mottos wird deutlich, daß der Schriftsteller die vergangene Zeit betreten möchte. Die von Bienek zitierten Worte stammen aus dem Roman "Als ich im Sterben lag" von William Faulkner. [73] Allerdings beziehen sie sich in diesem Roman auf die Zukunft. Ein Vater befindet sich mit seinen Kindern auf dem Weg, seine Frau in ihrer Heimat begraben zu lassen. Sie nehmen die Strapazen einer weiten Reise auf sich, weil es der Wunsch der Verstorbenen war, die ewige Ruhestätte in ihrer Heimat zu haben. Heimat ist der Anfang und das Ende des menschlichen Lebens. In der Heimat entsteht ein Leben und dieses Leben gehört auch der Heimaterde, wenn es endet. Auffallend ist, daß diese Worte den Wunsch darstellen, die Zukunft voraussehen zu können, um das Unglück zu verhindern. Horst Bienek scheint sich jedoch sowohl in die Vergangenheit als auch in die Zukunft hineinweben zu wollen. Wenn auch der Schriftsteller die Zukunft voraussehen möchte, versetzt er sich mit seinen Romanen nur in die Vergangenheit, er erzählt in der Gleiwitzer Tetralogie die vergangene Welt. Deswegen sind die Worte *"Wenn man sich nur in die Zeit hineinweben könnte. Das wär schön. Es wär schön, wenn man sich einfach in die Zeit hineinweben könnte"* [74] so zu deuten, daß sie den Wunsch darstellen, sich der Vergangenheit zu bemächtigen, sie festzuhalten.

Das Beschwören der Vergangenheit dient häufig der Auseinandersetzung mit dieser Zeit. Der Raum für die Suche nach etwas Gewesenem wird freigegeben. Die Suche kann anfangen. Der Konjunktiv dieser Worte weist jedoch darauf hin, daß es in Wirklichkeit gar nicht möglich ist, in das Vorher einzudringen. Es ist nur ein Traum, und wahrhaftig ist es nur im Traum, es ist nur in einer imaginären Welt möglich, sich in eine vergangene oder zukünftige Zeit zu begeben. Die Wunschvorstellung geht in der erdichteten Welt des Romans in Erfüllung. Nicht nur mit "Septemberlicht", sondern auch mit "Die erste Polka", "Zeit ohne Glocken" und "Erde und Feuer" war es Horst Bienek möglich, in seine Kindheit zurückzukehren. Das Vergangene soll festgehalten werden. Das geschieht mit Hilfe von Aufzeichnungen. Der Schriftsteller will seine Provinz weiterleben lassen, er beschwört sie in seinen Romanen. Geforscht wird nicht nach der Zeit,

---

[72] Bienek, Beschreibung einer Provinz, S. 65.
[73] William Faulkner, Als ich im Sterben lag, S. 172.
[74] Ebenda.

sie ist nur ein Mittel, um dem Raum näherzukommen. Untersucht wird ausschließlich der Raum. Die zeitliche Dimension geht in die räumliche über.

Das Licht der Septembertage dringt in das Leben der Oberschlesier ein. Trotz des Krieges ist es ein warmer und sonniger September, als ob die Natur von dem Leid der Menschen nichts wissen wollte. *"Gestern war Frieden und heute Krieg. Gestern war Hochzeit und heute Beerdigung. So war das nun einmal."* [75] Das Leid und die Freude liegen nah beieinander. Oft geht das eine – der Schmerz – in das andere – den Frohsinn – über. Im Krieg kann man jedoch mit fröhlichen Ereignissen kaum rechnen, höchstens, daß man sich über jeden neu geschenkten Tag freut. Gleich mit dem Krieg kommen der Tod, die Verwüstungen des Landes und vor allem der menschlichen Seelen. Den Schnitt im Leben jedes einzelnen, der durch den bewaffneten Konflikt verursacht wird, stellt Horst Bienek am Beispiel des natürlichen Todes von Leo Maria Piontek dar. Sowohl die Hochzeit, die sich schließlich als ein Todestanz erweist, als auch der Tod und die Beerdigung fallen mit dem Kriegsausbruch zusammen. Im Mittelpunkt des Romangeschehens steht die Trauerfeier von Leo Maria Piontek, der 4 Tage nach der Hochzeit seiner Tochter einem seiner asthmatischen Hustenanfälle erliegt. Die Trauer über den Verlust eines lieben Menschen wird zu einer Trauerfeier um den Verlust der Heimat.

Der Tod von Leo Maria Piontek ist mit dem Untergang der oberschlesischen Provinz gleichzusetzen. *"Jetzt, nach dem Begräbnis von Leo Maria Piontek, waren sie auf verschiedenen Wegen unterwegs zu ihrer neuen Bestimmung."* [76] Die Beerdigung dieses Menschen spiegelt das Zugrundegehen des Landes wider. Merkwürdig scheint jedoch die Tatsache zu sein, daß die Trauerfeier schon zu Anfang des Krieges stattfindet. Verständlich wird sie, wenn man bedenkt, daß das Land schon mit dem Kriegsausbruch verloren und untergegangen ist. Deswegen sind die Oberschlesier bereits im September 1939 zu ihrer neuen Bestimmung unterwegs.

Die Worte, die als Motto verwendet werden, weisen auf die Sehnsucht der Menschen nach der vergangenen Welt, nach der Zeit des Friedens und des glücklichen Zusammenlebens verschiedener Nationen hin. Es wird zwar getrauert, doch zugleich richtet man den Blick auf das Neue, auf das Bevorstehende. Die Menschen träumen von dem Vorher, ohne vor dem Jetzt fliehen zu können: *"Wenn man sich nur in die Zeit hineinweben könnte. Es wär schön, wenn man sich einfach in die Zeit hineinweben könnte."* Die Oberschlesier sehnen sich nach der Vergangenheit, zugleich möchten sie ihre Zukunft voraussehen können. Der Krieg macht ihre Existenz unsicher, sie können ihr Leben nicht

---

[75] Bienek, Septemberlicht, S. 140.
[76] Ebenda, S. 157.

mehr planen, denn sie haben kaum Einfluß auf ihre Zukunft. Der Krieg hat die Macht über Leben und Tod der Oberschlesier gewonnen.

*"Erzählen Sie mir nicht von den Helden und Opfern.
Erzählen Sie mir von den einfachen Menschen und
von dem gewaltigen Leben, wie es ist."*
Der dritte Teil des Romanzyklus bringt eine ganz andere Perspektive ins Spiel. Die Worte von Witold Gombrowicz lenken die Aufmerksamkeit auf das Jetzt. Die Gegenwart und das gegenwärtige Leben der Oberschlesier treten in den Vordergrund. Nachdem es sich als unmöglich erwiesen hat, zum Alten zurückzukehren, wechselt der Schriftsteller seinen Blickwinkel. Die Helden und die Opfer bleiben im Hintergrund, zum Vorschein kommen die einfachen Menschen mit ihrem gewaltigen Leben. Das heißt aber nicht, daß die vorherigen Teile des Zyklus von großen Taten erzählt haben. Sie haben nur insofern von großen Taten erzählt, als diese von einfachen Menschen vollbracht wurden. Zum Alltag eines Menschen gehören weniger große Taten als dem Anschein nach belanglose, vielleicht öde Tätigkeiten.

1943 sind die Oberschlesier (nicht nur sie) müde, der Krieg drängt in alle Lebensbereiche. Man wird zu bestimmten Opfergaben zugunsten des Reiches verpflichtet. Der äußere Unfriede nimmt überhand. Allerdings wird vielen Menschen erst jetzt klar, was der Krieg bedeutet und vielleicht gerade deswegen können sie sich der Gegenwart widmen. Man ist der Zukunft nicht mehr sicher, die alte Welt ist verlorengegangen, dem Menschen bleibt nichts anderes übrig, als sich mit der Gegenwart abzufinden und im Jetzt zu leben.

"Genießet den Krieg, der Friede wird furchtbar sein!" [77] Die Angst vor der ungewissen Zukunft beherrscht die Menschen. Die Ungewißheit des nächsten Tages macht möglich, den heutigen Tag zu leben. Man könnte es auch anders sagen: Genießet das Heute, wer weiß, was morgen kommt.

Auch das Geschehen der anderen Zyklusteile findet in der Gegenwart der fiktiven Realität statt. Die immer größeren Verwüstungen des Krieges machen jedoch den Oberschlesiern erst jetzt bewußt, daß das einzige, das sie haben, die Gegenwart ist. Auf das Untergegangene, das in den ersten beiden Teilen zum Ausdruck kommt, kann man sich nicht verlassen. Die Existenz der Oberschlesier ist gefährdet. Immer mehr Männer ver-

---

[77] Bienek, Zeit ohne Glocken, S. 383.

lassen ihre Familien und müssen an die Front. Die Zukunft bleibt unsicher, allzu viel kann man sich von ihr nicht versprechen. Den Lebenshalt gibt einzig und allein die Gegenwart, sie entscheidet über den Menschen und sein Leben. Die Aussage ist jedoch nicht frei von Sehnsucht. Das Verlangen, sich in die Vergangenheit zu versetzen, ist immer noch zu spüren. Erzählen und Träumen stillen die tiefe Sehnsucht des menschlichen Geistes, die die Wirklichkeit nicht erfüllen kann.

Die Worte des Einführungszitats haben jedoch noch eine andere Bedeutung. Zuerst weist Horst Bienek darauf hin, daß die Provinz und ihre Zeit gewesen, vergangen und tot ist. Dann möchte er sowohl die Zeit als auch den Raum aufs Neue entstehen lassen, durch seine Romane ins Leben rufen und auf diese Art und Weise festhalten. Dank der imaginären, erdichteten Welt gelingt es ihm, sich in die Zeit und in den Raum hineinzuversetzen. Jetzt, in der imaginären Welt, möchte er vom Jetzt dieser Welt erzählen. Die Gegenwart dieser Welt macht sie noch faßbarer, in bestimmter Weise wird sie unsterblich. Anhand der Worte, die als Motto verwendet werden, kann man den Entstehungsprozeß der Romane beobachten und den Reifeprozeß des Schriftstellers nachvollziehen, der zu der Entstehung der Romane führt. Die Trauer über den Verlust, die Sehnsucht nach der Heimat, die literarische Reise in die zurückliegende Zeit und den verlorenen Raum bilden Schritte der Entwicklung der Romanidee bis zu deren Entfaltung. Nachdem diese neue und zugleich alte Welt lebt, kann man von ihr als von etwas Gegenwärtigem sprechen.

"Wir können nicht der nächsten Stunde auf den Grund sehen,
ebenso wenig wie auf den Grund des Flusses,
und ebenso wenig können wir die Zeit aufhalten,
wie wir nicht das Fließen des Wassers aufhalten können."

Für den Leser überraschend wechselt Horst Bienek wieder seinen Blickwinkel. Auf einmal erweist sich das ganze literarische Vorhaben als Fehlgriff. Der Schriftsteller vertritt jetzt die Meinung, daß man die Geschichte und vor allem die Vergangenheit nicht festhalten kann, daß man den Lauf des Geschehens nicht aufhalten kann. Einerseits läßt diese Meinung ein friedliches Einverständnis des Betroffenen ahnen, andererseits öffnet sie den Blick nach vorn in die Zukunft. Erst jetzt ist die Provinz wirklich gewesen, vergangen und tot. Nun ist es eine andere Art des der Vergangenheit Angehörens, ein innerer Friede des Betroffenen wird vermittelt. Ein Augenblick des Innehaltens macht möglich, daß der Protagonist aus dem Roman "Große Erwartungen" von Charles Dickens sagen kann: *"Ja, ich denke, ich glaube es, mein Junge. Wir können schwerlich ruhiger und behaglicher beisammensein, als wir jetzt sind. Aber – vielleicht gibt einem das sanfte und angenehme Fahren auf dem Wasser solche Gedanken ein – ich habe mir soeben bei meiner Pfeife Tabak gedacht, wir können ebensowenig den nächsten Stunden auf den Grund sehen, wie wir auf den Grund dieses Flusses sehen können, in den ich jetzt meine Hand halte. Und ebensowenig können wir die Zeit aufhalten, wie ich das Wasser da festhalten kann. Sieh, da rinnt es durch meine Finger und ist dahin!"* [78] Der Fluß entspricht der laufenden Zeit, die weder zu durchdringen noch festzuhalten ist.

Das Land Oberschlesien als Raum gehört einer bestimmten Zeit an, dadurch kann man es nicht als ein genau festgelegtes und unveränderliches Gebilde aufrechterhalten. Mit diesen Worten wird der Verlust als solcher endgültig zur Kenntnis genommen und akzeptiert. Das neue Leben kann anfangen. Es ist nicht nur ein Leben, das ausschließlich aus der Gegenwart Kräfte schöpft, sondern aus der Vergangenheit und Zukunft in gleichem Maß. Das Hinnehmen des Vergehens des Heimatlandes, der Provinz, befreit den Menschen für die Gegenwart und die Zukunft.

Das Bewußtsein, daß alles vergeht, erleichtert dem Leser, sich in das Geschehen des letzten Teils der oberschlesischen Tetralogie hineinzuversetzen. Die Einführungsworte bereiten auf den Verlust und die Flucht vor, indem sie diesen Vorfall relativieren. Gegen den Lauf der Geschichte kann man nichts machen. Den Menschen bleibt nichts anderes übrig als sich damit abzufinden, und dafür hatten die Schlesier Zeit genug. Gleich mit dem Ausbruch des Krieges hätten sie wissen müssen, was ihnen bevorsteht. Die Oberschlesier glauben jedoch sehr lange an Deutschland und an den Sieg, *"diesen Krieg werden die Deutschen gewinnen, daran kann überhaupt kein Zweifel bestehen."* [79] Sie glauben daran und hängen an ihrer Heimat, die ihnen das Gefühl der Geborgenheit verleiht. Unter diesen Voraussetzungen will man den Verlust und die Niederlage nicht so einfach wahrhaben. Die oberschlesische Erde ist den Menschen fast ein Heiligtum, als solches gibt sie Schutz. Erbarmungslos weist Horst Bienek auf die Vergänglichkeit und auf die Hilflosigkeit des Menschen der Geschichte gegenüber hin. Die große Politik läßt dem Menschen keinen Spielraum für eigene Entscheidungen. *"Heute konnte man ja nicht mehr über seine eigenen Kinder bestimmen, heute waren ja diese Organisationen und diese Partei viel mächtiger."* [80]
Das Einführungszitat macht jedoch deutlich, daß die Zukunft genauso unsicher und undurchdringlich ist wie die Vergangenheit. Dabei spielt es keine Rolle, ob man an das Schicksal oder an Gottes Vorsehung glaubt. Das Ungewisse kommt schon im zweiten

---

[78] Charles Dickens, Große Erwartungen, S. 553.
[79] Bienek, Die erste Polka, S. 180
[80] Ebenda, S. 17.

Teil des Romanzyklus zum Ausdruck. Der durch den Krieg entstandene Schnitt im Leben jedes Menschen ist von Anfang an zu spüren oder mindestens zu erahnen. Mit dem herannahenden Kriegsende und den heranrückenden russischen Truppen ist die Angst vor der ungewissen Zukunft stärker geworden. Je näher die feindlichen Siegertruppen sind, desto deutlicher und greifbarer wird die Niederlage und mit ihr die Flucht. Zuerst wollen die Menschen und der Schriftsteller in die Vergangenheit fliehen. Diese Flucht gelingt ihnen nur, wenn sie an Deutschland glauben können. Das Jahr 1943 scheint einen Bruch darzustellen. In "Zeit ohne Glocken" kippt alles von der Vergangenheit in die Gegenwart um. Jetzt, am Ende des Krieges, versuchen die Menschen der Zukunft auszuweichen. Der Mensch kann eher der Ungewissheit und der Fremde entfliehen, die auf ihn in seiner Heimat zukommt, als daß er der Zukunft ausweichen kann.

Der oberschlesische Romanzyklus von Horst Bienek stellt einen Versuch dar, *"auf den Grund des Flusses"* zu sehen, *"das Fließen des Wassers"* aufzuhalten. Außerhalb der Wirklichkeit, auf einer imaginären Ebene und auch in den Erinnerungen der Menschen lebt die vergangene Welt, die damalige oberschlesische Provinz weiter. Aufgehoben und in das Wort verzaubert verleiht der Schriftsteller seiner Heimat neues Leben. Mit jedem Leser und für jeden entsteht sie immer neu. *"In diesen Büchern der Kindheit* (Gleiwitzer Tetralogie) *habe ich so etwas wie Heimat gefunden"*[81], sagt Horst Bienek.

II.4. Annäherung an die Heimat

II.4.1. Kindheit und Heimat

In der Gleiwitzer Tetralogie sucht man beinahe vergebens nach dem Wort "Heimat". Die Romangestalten benutzen dieses Wort kaum. Sie geben zu, daß sie mit der oberschlesischen Erde verbunden sind, bezeichnen sie aber nicht als Heimat. Diejenigen Romangestalten, die in ihre Heimat zurückkommen, sprechen davon, daß sie in das Land ihrer Kindheit kommen. Für Arthur Silbergleit, einen Juden, bedeutete die *"Fahrt nach Gleiwitz (...) eine Reise in die Geborgenheit seiner Kindheit."*[82] Gleiwitz ist die Heimatstadt dieses Menschen. Er spricht jedoch nicht von der Reise in die Heimat, sondern von der Reise in die Kindheit. Die Kindheit scheint eine Größe zu sein, die greifbarer ist als die Heimat. Schon zu Anfang seines Aufenthalts in Gleiwitz erkennt Silbergleit, daß man

---

[81] Bienek, Das allmähliche Ersticken von Schreien, S. 105.
[82] Bienek, Septemberlicht, S. 122.

"nie mehr in seine Kindheit zurückkehren" [83] kann. Das Wiedererleben der zurückliegenden Zeit und des Raumes stellt sich als eine Wunschvorstellung dar, die in Wirklichkeit nicht zu erfahren ist.

Der Raum scheint dennoch dauerhafter und von festerem Bestand zu sein als die Zeit. Eine andere Protagonistin, die nach Gleiwitz zurückkehrt, freut sich über jede Kleinigkeit, die dem aufgehobenen Bild von ihrer Kindheit entspricht. *"Ach, die Klekotka, sagte die Zoppas, sich dankbar erinnernd. Das gibt es also auch noch! Wie in meiner Kindheit."* [84] Die alten, aber aufs Neue entdeckten Dinge verleihen dem Menschen das Gefühl von Sicherheit und von Kontinuität, das für die Heimaterfahrung konstituierend ist.

Alle Heimaterfahrungen der Gleiwitzer Tetralogie beziehen sich auf die Kindheit und sie werden als deren Aspekte dargestellt. Viele Beschreibungen des Landes setzen sich aus heimatlichen Aspekten zusammen. Das Land, mein Land, unsere Erde sind Synonyme, die Horst Bienek seinen Protagonisten als Alternative für "Heimat" anbietet. "Heimat" kommt jedoch immer häufiger vor, je näher das Kriegsende und damit die Vertreibung heranrückt. Es ist jedoch wissenschaftlich nicht festzuhalten, ob das nur ein Zufall ist, ob man der Häufigkeit seines Vorkommens wirklich eine Bedeutung zuschreiben kann oder ob dieses Wort vermieden wird, um keine Fehlschlüsse aufkommen zu lassen.

II.4.2. Die Landschaftsbilder der Heimat

Ein Industrieland als Heimat wird von vielen Menschen nicht anerkannt. Zu den Heimaterfahrungen gehören unberührte Naturlandschaften und nicht Kohlenhalden. Für diejenigen, denen das Industrieland ein fremdes Land ist, scheint es unmöglich, in einer solchen Gegend zu leben: *"das hier, das ist der Arsch der Welt, ich weiß nicht, was dich hierher treibt, aber in deinem Alter gehört man woanders hin als hier in dieses verräucherte Industriegebiet. Glaubst du, einer von uns würde freiwillig hierherkommen, da gibt es doch nichts als Gruben und Hüttenwerke, (...) und außerdem Wälder, einsame, riesige angstmachende Wälder und sonst nichts, sonst nur ringsum die Polackei, brrrrrr..."* [85] Und doch kann diese verräucherte Gegend dem Menschen Heimat sein. Die Hüttenwerke und Kohlengruben gehören zur Landschaft Oberschlesiens genauso wie Wälder und Seen. Josels Heimat ist vielmehr die Stadt mit

---

[83] Bienek, Septemberlicht, S. 331.
[84] Bienek, Zeit ohne Glocken, S. 257.
[85] Bienek, Die erste Polka, S. 49.

allen ihren Gebäuden als die Wälder und die Natur insgesamt. Er zeigt seinem Cousin nicht die Gleiwitz umgebenden Wälder, sondern seine Heimatstadt. *"Er hatte ihm gezeigt: die Christ-König-Kirche*
die Kirche zum Heiligen Kreuz
den Bahnhof und den Germaniaplatz
die Wilhelmstraße
das Haus Oberschlesien
das Seidengeschäft Weichmann
die Klodnitz, die Wilde Klodnitz und den Klodnitz-Kanal und alle drei Brücken darüber
das Stadttheater und das Victoriabad
die Niederwall- und die Oberwallstraße, den Ring und das alte Rathaus
und von weitem die Gleiwitzer Grube." [86]

Josels Vater liebt nicht nur die unberührte Natur, für ihn gehören die verräucherten Städte gleichermaßen zu seiner Heimat wie die klaren Bäche. Oberschlesien heißt *"dieses rohe, brache, geprügelte Land, die schmutzigen Flüsse und die klaren Bäche, die finstergrünen Wälder und die dreckigen, stinkenden, häßlichen, traurigen Städte".* [87]

Die in die Heimatstadt zurückgekommene Zoppas freut sich, *"in den Wald zu gehen und zu sehen, wie die Palmkätzchen ausschlagen, die Anemonen blühn und die Birken ihre frischen grünen Blätter ausstrecken...So ein Birkengrün, Frau Gräfin, so ein saftiges Birkengrün wie hier in Schlesien gibt es nirgendwo."* [88] Alle Weltreisen der Menschen scheinen eine ewige Suche nach den Kindheitsbildern zu sein. Die neuen Erlebnisse werden mit den Urerfahrungen verglichen. Für die Menschen, die in Oberschlesien aufgewachsen sind, stellen sowohl die Natur als auch die Industrie ein heimatliches Bild dar, beides gehört zu deren *"biographischem Quadrat"* [89] der Kindheit. Das Bild bleibt immer die prägende Kraft und es ist ohne Bedeutung, ob es ein Bild der unberührten Natur oder des Industrielandes ist. Trotzdem erinnert man sich viel lieber an die Natur als an die verräucherten Straßen, die den Wert der Heimat zu verringern scheinen.

Obwohl Gleiwitz mitten in einer Industrielandschaft liegt, wird der Leser mit vielen Beschreibungen von Gerüchen überrascht, die keine "industriellen" Gerüche sind. Vielleicht sind sie deswegen so stark wahrnehmbar und spielen eine so wichtige Rolle in der Darstellung des Landes Oberschlesien. Mit jeder Jahreszeit verbinden sich andere

---

[86] Bienek, Die erste Polka, S. 86-87.
[87] Ebenda, S. 374.
[88] Bienek, Zeit ohne Glocken, S. 256.
[89] Bienek, Reise in die Kindheit. Wiedersehen mit Schlesien, S. 50.

Düfte, die mit dem Land assoziiert werden. Im August blühten in den oberschlesischen Gärten *"die Rosen und Dahlien in der Sonne. Sie schickten ihren Geruch über die Zäune hinweg auf die Straße, Valeska war ganz benommen davon, sie sah in den Gärten Rosenfelder, Rosenmauern, Rosenhecken, Rosenbänke und Rosenzäune...manchmal blieb sie stehen und atmete den schweren, süßlichen, sonnendurchwärmten Duft ein und dachte, sie könnte sich selbst dabei vergessen."* [90] Kaum zu glauben, daß es so üppige Gärten in Schlesien gegeben hat. Wie wichtig und markant die Gerüche im Leben der Oberschlesier sind, macht die Tatsache deutlich, daß sich mit jedem Monat, mit jedem Brauch ein bestimmter Geruch verbindet.[91] Die Intensität der Düfte trägt zur Betäubung und zur Ergreifung der menschlichen Sinne bei. Auf das Wahrnehmungsvermögen des Menschen drängt ein so starker Impuls, daß er im ganzen Leben des Menschen nachwirkt.

Die grüne Enklave der Stadt hebt sich von dem gesamten Bild des Industrielandes nicht ab, wie es vielleicht zu erwarten wäre. Die heile Natur und die Kohlenhaldenlandschaft bilden zum Erstaunen des Lesers ein untrennbares Gefüge. *"Es war der Sommer der Königskerze, ein trockener Sommer des weißen Staubs und der schwarzen Schlackenhalden. Wohin man auch seine Füße setzte, überall schlugen einem die Stengel und Ranken die Haut, und der Geruch der gelben Glockenblüten setzte sich in den Kleidern fest und blieb dort bis zum nächsten Frühjahr haften."* [92] Dieser Geruch setzt sich nicht bloß in den Kleidern fest, sondern auch im Gedächtnis der Menschen und bleibt nicht nur bis zum nächsten Frühjahr haften, sondern ein ganzes Leben lang, so daß man sagen kann: *"So duftet unser Land, wirklich, so duftet nur unser Land".* [93]

Wenn der Duft, der nur eine Dimension der Landschaft bildet, einen so großen Einfluß auf die Menschen ausübt, wie außerordentlich markant muß dann das gesamte Bild des Landes sein. Für einige Menschen sind sogar die landschaftlichen Bilder wichtiger als die menschlichen Beziehungen. Nach dem Tod ihres Bruders (Leo Maria Piontek) überlegt sich Milka, ob sie in Gleiwitz bleiben soll. Obwohl sie die einzige aus der Familie ist, die noch lebt, kann sie sich von ihrer Heimatstadt nicht trennen. *"Aber ich glaube, ich brauche die Flüsse, ich brauche die Bäche und Seen, ich brauche das Wasser, das durch die Wiesen zieht, und den Rauch der Hütten, der schwarze Gebirge auftürmt, die Feuerkobolde, die nachts auf den Schlackenhalden tanzen, und die Königskerze, die das schwarze rußige Land mit einem gelben*

---

[90] Bienek, Die erste Polka, S. 65.
[91] Vgl. dazu: Bienek, Septemberlicht, S. 8, Bienek, Zeit ohne Glocken, S. 401.
[92] Bienek, Die erste Polka, S. 149-150.
[93] Ebenda, S. 286.

Teppich überzieht, und der wilde blaue Lavendel, der mich mit seinem Geruch betäubt." [94] Die Menschen fühlen sich von diesem Land betäubt und festgehalten. Die Natur ist eine Größe, die den menschlichen Kräften und Beziehungen gleicht. Indem sie einen so starken Einfluß auf die Menschen hat, bekommt sie fast menschliche Züge, wie jemand, der nicht verlassen werden möchte und "seine" Menschen nicht gehen läßt.

Einen bezaubernden Einfluß auf die menschliche Seele übt außer dem Bild und dem Duft auch das Geräusch aus. Weit von seiner Heimat entfernt erzählt Arthur Silbergleit seiner Frau von *"Hammerschlag und Orgelton".*[95] Die Geräusche der Kindheit begleiten den Menschen fortwährend mit ihrem Klingen. Dazu gehören sowohl die Geräusche der Natur als auch das Ticken einer Uhr. *"Dann ging sie zur Wanduhr, öffnete die Glastür und hielt das Perpendikel an. Es war genau Zwölfuhrsiebzehn. Und als nun auf einmal das vertraute Ticken nicht mehr zu hören war, kam ihr das Haus so fremd und öde vor, daß sie es, ohne sich noch einmal umzusehen, mit raschen Schritten verließ."* [96] Das Fehlen der vertrauten Geräusche entfremdet das wohl Bekannte, das sich fest in das menschliche Gedächtnis eingeprägt hatte.

Das Anhalten der Uhr beim Verlassen des Hauses korrespondiert mit dem oberschlesischen Brauch, der das Anhalten der Uhren bei einem Tod vorschreibt. Mit dem einfachen Bild einer zum Stehen gebrachten Uhr macht Horst Bienek den Untergang seines Kindheitslandes deutlich. Ein neues Geräusch, das dem Menschen noch nicht bekannt ist, wird *"registriert, geortet und identifiziert, bevor es zu den vertrauten Geräuschen"* [97] des Unterbewußtseins gelegt wird. Das menschliche Unterbewußtsein ist für die Erfahrung der Heimat verantwortlich. Daher wird es den Menschen oft nicht bewußt, daß sie eine Heimat haben und noch weniger, was Heimat ist.

II.4.3. Die lebendige Heimat

Horst Bienek konfrontiert den Leser in dem zweiten Teil seines Romanzyklus mit der Unbeständigkeit des menschlichen Lebens. Den Verlust eines lieben Menschen bringt er mit dem Verlust der Provinz in Verbindung. Der Mensch verkörpert die Heimat, er ist ein Stück Heimat für seine Angehörigen. Mit dem Tod von Leo Maria Piontek

---

[94] Bienek, Septemberlicht, S. 105.
[95] Ebenda, S. 127.
[96] Bienek, Erde und Feuer, S. 160.
[97] Bienek, Die erste Polka, S. 24.

geht ein wenig von der Geborgenheit und Sicherheit für seine Frau, seine Kinder und seine Schwester verloren. Deswegen denkt Milka, seine Schwester: *"Was hält mich jetzt noch in diesem Land, wenn deine Gebeine dort in der Erde versenkt sind und bald zu faulen anfangen werden, Bruder. Die Gerda tot und die Steffi noch schlimmer dran, Martha und Maria sind auf der polnischen Seite geblieben, damals, (...) Ja, jetzt hält mich niemand von den alten Pionteks hier, ich bin die einzige, die noch übriggeblieben ist."* [98] Die Menschen sind einander ein Halt, den man nicht unterschätzen darf. Sie gehören nicht nur zu den Räumen unseres Lebens, vielmehr besteht der soziale Raum aus den Menschen. Die Menschen leben in einer ständigen Interaktion miteinander, diese Wechselbeziehung schenkt jedem einzelnen das Gefühl der Geborgenheit und des Angenommenseins.

Der Leser wird jedoch überrascht durch die weitere Aussage von Milka, in der sie zum Ausdruck bringt, daß für ihre Heimaterfahrung die Landschaft am wichtigsten ist. Auf die ihr selbst gestellte Frage: *"Was hält mich jetzt noch in diesem Land"* [99] antwortet sie mit Worten, die die Landschaft zu der am stärksten wirkenden Kategorie in ihrem Heimatverständnis erklären.[100] Sie braucht sowohl die Natur als auch die "Industrie", um sich zu Hause zu fühlen. Nicht einmal das Fehlen der Menschen kann sie zum Verlassen des Landes bewegen. Das Land an und für sich stellt einen Wert dar, der kaum zu überbieten ist.

Dennoch lernen wir in den Romanen zwei Gestalten kennen, die von Gleiwitz weggezogen sind und in den Kriegsjahren nach Gleiwitz, in ihren Geburtsort zurückkehren, denn *"wenn ein Krieg ausbricht, gehört der Mensch dorthin, wo er zu Hause ist."* [101] Für Arthur Silbergleit bedeutet das Zuhause den Ort, *"woher er gekommen ist."* [102] Er wiederholt die Worte sehr oft, als ob er sich durch die Häufigkeit und das nachdrückliche Aussprechen dieser Worte von der Richtigkeit seiner Meinung überzeugen wollte. Mit seiner Denkweise steht er nicht allein, seinen Standpunkt bekräftigen die Aussagen anderer gebürtiger Oberschlesier: *"wenn man älter wird, gehört man in die Heimat".*[103] Arthur Silbergleit läßt seine Worte nicht unerfüllt, er kommt in seine Heimatstadt zurück, ohne zu wissen, warum ihm diese Stadt zur Heimat wurde. Er selbst hat sich diese Stadt nicht ausgesucht. *"Gleiwitz war schließlich für ihn nichts anderes als ein Zufall. Seine Vorfahren waren immer*

---

[98] Bienek, Septemberlicht, S. 105.
[99] Ebenda.
[100] Vgl. dazu: Bienek, Septemberlicht, S. 105.
[101] Bienek, Septemberlicht, S. 121.
[102] Ebenda, S. 83.
[103] Ebenda, S. 245.

ein Stück westwärts gewandert." [104] Ohne sich dieser Aufgabe bewußt zu sein, suchen die Eltern die Heimat ihrer Kinder aus. Sie entscheiden über den Ort; über die bestimmenden Kräfte, die Heimat erfahrbar machen, entscheidet jedoch jeder für sich. Man unterliegt zwar den Einflüssen der Außenwelt, auf jeden Menschen wirken sie dennoch auf andere Art und Weise. Für Milka ist es die Landschaft; Silbergleit, nach Gleiwitz gekommen, *"wünschte sich in dieser einst vertrauten, jetzt fremdgewordenen Stadt einen Menschen, mit dem er sprechen konnte, einen, der ihn in seine Wohnung einlud, der ihm vielleicht eine Tasse Tee anbot oder wenigstens einen Stuhl zum Sitzen."* [105]

Silbergleit sehnt sich nach Menschen, die ihn aufnehmen können. Zwar spricht er von keinen bestimmten Personen, die ihm wichtig waren und sind, trotzdem kann man in seiner Sehnsucht einen Wunsch nach bekannten Gesichtern erkennen. Er ist auch auf der Suche nach seinen alten Freunden, von denen er eine freundliche Aufnahme erwartet. Er möchte sich in seiner Heimatstadt willkommen fühlen und diesen Wunsch können weder Bilder, noch Gerüche, noch Geräusche erfüllen. Nur die Menschen sind in der Lage, einander das Gefühl der Geborgenheit und des Dazugehörens zu schenken. Wenn sich auch Silbergleit gewünscht hat, in seine Heimatstadt zu kommen, zum Bleiben entschließt er sich erst in dem Augenblick, in dem er sich von anderen verstanden fühlt: *"Im Vorbeigehen hörte Silbergleit einen von ihnen zu einem anderen sagen: Er gehört zu uns. Ja, wahrhaftig, sagte der andere, er gehört zu uns. Da beschloß Silbergleit, in der Stadt zu bleiben."* [106] Erst die menschliche Annahme vermag ein Land, eine Landschaft dem Menschen zur Heimat zu machen.

Diese Feststellung wird von der anderen in die Heimat zurückkehrenden Gestalt der oberschlesischen Tetralogie bekräftigt. Marga Zoppas braucht Zeit, um sich in ihrem Geburtsort wieder zu Hause zu fühlen, *"wie früher. Mit jedem neuen Gesicht, das sie wiedererkannte, wuchs ihre Zugehörigkeit und ihre Zuversicht."* [107] Die bekannten und wiedererkannten Gesichter helfen bei der Eroberung der alten Heimat. Zu beachten ist dabei, daß der Prozeß des Wiedererkennens nicht einseitig geschehen kann. Wenn man manche Gesichter erkennt und selbst den anderen fremd vorkommt, gibt es keine wachsende Zuversicht des zurückgekommenen Menschen. Das Wiedererkennen basiert auf Gegenseitigkeit, ohne die der Prozeß nicht vollzogen werden kann.

---

[104] Bienek, Septemberlicht, S. 303.
[105] Ebenda, S. 177.
[106] Ebenda, S. 340-341.
[107] Bienek, Zeit ohne Glocken, S. 250.

II.4.4. Heimat in der Sprache

Die schlesische Tetralogie erweist sich nicht nur als ein Denkmal für das Land, sondern gleichermaßen für die Sprache dieses Landes. Die Protagonisten der Romane bedienen sich einer Varietät der deutschen Sprache, die durch die Wechselbeziehung des Deutschen und des Polnischen entstanden ist. Andreas, ein Junge, der aus Breslau nach Gleiwitz kommt, hat am Anfang seines Aufenthalts einige Probleme damit, die oberschlesische Sprache, das "Wasserpolnisch" zu verstehen. Trotzdem zeigt er großes Interesse für die "neue" Sprache, die hier jeder kann. Er meint: *"Ich möchte das auch lernen, jetzt wo ich hier bin. Er war entschlossen so zu sein wie die Leute hier. Aber er wußte genau, daß es sehr schwer sein würde. Es fing schon damit an, daß Flüche und Beschimpfungen immer in Polnisch ausgedrückt wurden. Merkwürdigerweise mußte Gott in einem polnischen Himmel wohnen, denn er wurde fast nur auf polnisch angerufen".*[108]

Die Bewohner des Grenzlandes sind mit beiden Sprachen vertraut, sowohl mit dem Deutschen als auch mit dem Polnischen. Sie sind teilweise in beiden Sprachen aufgewachsen, wobei jeder Sprache eine bestimmte Rolle zugewiesen wird. Oft lernen die Kinder *"das Alphabet zuerst deutsch, das Vaterunser zuerst polnisch"*.[109] Das Deutsche dieser Provinz ist nicht frei von Einflüssen der polnischen Sprache. Diese Varietät wird "Wasserpolnisch" genannt, schon dieser Name deutet auf die Polonismen in der deutschen Sprache Oberschlesiens.

In der Sprache spiegelt sich die Tragödie des Grenzlandes wieder: Für die Deutschen aus anderen Gebieten klingt diese Varietät wie Polnisch, daher auch der Name, für die Polen ist es jedoch kein Polnisch, sondern Deutsch. Von beiden Seiten wird das Wasserpolnisch verachtet. "Richtige" Deutsche machen sich über die ihnen unbekannte Sprache lustig. *"Haben Sie schon einmal so ein Wort gehört: UJEST, das ist doch so, als ob man das Klo herunterrutscht, nichwa…"*[110] Mit ihrem Lachen verlachen sie nicht nur die Sprache, sondern vor allem die Menschen. Sie stellen das Deutschsein der Bewohner des Grenzlandes in Frage, *"als ob da jemand überhaupt Deutsch lesen könnte…"*[111] Die Oberschlesier dagegen betrachten sich als Deutsche, weil sie der deutschen Sprache mächtig sind. *"Sprechen wir denn nicht alle deutsch hier, naturalnie sprechen wir deutsch, also sind wir deutsch."*[112]

---

[108] Bienek, Die erste Polka, S. 120.
[109] Ebenda, S. 101.
[110] Ebenda, S. 227.
[111] Ebenda, S. 228.
[112] Bienek, Septemberlicht, S. 230.

Die Namen der Orte dieser Provinz veranschaulichen die Einmaligkeit und die Melodie der oberschlesischen Sprache. Wenn sich die Deutschen über die Orts- und Städtenamen des Grenzlandes lustig machen, dann tun sie das, *"weil diese über Ihre schwerfällige Zunge nur schwierig hinüberkommen."* Sie sollen aber daran denken, *"das hier ist eine Landschaft, die geschichtlich gewachsen ist, zwischen Germanen und Slawen, Deutschen und Polen, und jeder dieser Namen zeugt davon..."* [113] Die Sprache ist ein Abbild der geschichtlich-politischen Verhältnisse. Sie kann ohne die Geschichte und ohne das Land, in dem sie gesprochen wird, nicht betrachtet und analysiert werden.

Die Muttersprache klingt im Ohr und im Herzen jedes einzelnen sein Leben lang. Was für eine besondere Melodie das Oberschlesische hat, führt der Erzpriester in einem Gespräch bei der Hochzeit aus. Für ihn ist Wasserpolnisch etwas ganz besonderes. Die Liebe zu der Sprache gleicht der Liebe zum Land. Ohne die Sprache zu achten, kann man das Land nicht nur nicht lieben, sondern nicht einmal verstehen. Oberschlesisch ist *"wie Musik."* [114] Die Ortsnamen wie *"Straduna, Rybnik, Niewodnik,(...) Patschkau, Peiskretscham, (...) Kottlischowitz und Schelitz, Collonowska und Tillowitz, Schammerwitz und Stengerwitz, auch Steuberwitz, Miedar, Brynnek, Hanussek... Tworog, Pilitsch, Botzanowitz...(...) sind keine Namen, das schreibt man nicht mit Buchstaben, das schreibt man mit Noten, und man müßte es singen."* [115]

Bei den Menschen, die in ihre Heimat zurückkehren, ist die Verbundenheit mit der Sprache besonders offenkundig. Die Sprache ist ein Mittel, um zur Heimat zurückzufinden. *"Pschinzo, sagte die Witwe lachend. Sie war froh, daß ihr immer wieder ein verloren geglaubtes Wort einfiel. Die fremde Sprache der Menschen im Westen hatte sie einsam gemacht. Noch ein paar mehr dieser alten Wörter, und sie würde sich bald wieder wie zu Haus fühlen."* [116] Bemerkenswert ist, daß es sich in diesem Fall eigentlich um eine einzige Sprache handelt, um das Deutsche. Die Unterschiede zwischen den bestimmten Varietäten der Dachsprache sind jedoch so groß, daß sie den Menschen wie Fremdsprachen vorkommen.

Das Land mit den Menschen und mit seiner Sprache bildet eine Einheit. Die Bestandteile dieser Einheit können allein nicht bestehen. Jede Komponente, die isoliert vorkommt, ist zum Untergang verurteilt, so auch diese Ganzheit. Das Fehlen eines Elements entscheidet über das Bestehen des komplexen Gefüges. Dieses Gefüge ist Hei-

---

[113] Bienek, Die erste Polka, S. 229.
[114] Ebenda.
[115] Ebenda.
[116] Bienek, Zeit ohne Glocken, S. 257.

mat. Ein Land als Heimat ist weder ohne die Menschen noch ohne die Sprache zu denken. Heimat hängt von einem intakten Zusammenspiel aller Elemente ab.

II.4.5. Heimat – ein unsichtbares Gepäck

Eine Flucht aus der Heimat kann nie wirklich gelingen. Obwohl man aus der Heimat vertrieben werden kann, ist es nicht möglich, der Heimat zu entfliehen. Die Heimat holt einen immer wieder ein. Sie führt ihr eigenständiges Leben in der Erinnerung jedes Menschen, denn *"niemand vergißt dieses Stück Erde"* [117], das ihn hervorgebracht hat. Auch diejenigen, denen es möglich war, in ihrer Heimat zu bleiben, tragen ihre Heimat mit sich und in sich. Ebenfalls ohne die räumliche Distanz zu der Heimaterfahrung kann die Heimat zu einer Erinnerung werden und so den Menschen in ihrem Bann festhalten. Josel Piontek, ein Heranwachsender, der mit dem Kriegsausbruch erwachsen und von heute auf morgen aus dem Paradies der Kindheit vertrieben wird, fühlt sich nicht von den Menschen oder von dem Land gefangen. Das einzige, was ihn in Gleiwitz hält, ist die Erinnerung. *"Hier unter diesem grauen Himmel und auf dieser schwarzen Erde hielt ihn nur noch die Erinnerung."* [118] Mit diesem Zitat wird deutlich, daß die Heimat nicht nur eine gegenwärtige Erfahrung ist, sondern auch etwas in der Vergangenheit Liegendes sein kann. Für diesen Jungen ist die Kindheit maßgebend. Als junger Mensch kann er sich doch nur an die Kindheitsjahre erinnern, die für ihn wahrscheinlich ein Abenteuer waren. Deswegen spürt er die Macht der Erinnerungen, aus dessen Zauberkreis er sich kaum zu befreien vermag.

Eine Reise in die Heimat trägt dazu bei, daß die Erinnerungen verwischt werden und durch neue Wahrnehmungen zu neuen Gedächtnisbildern werden. Es entsteht eine neue Heimat, die ihre Kräfte sowohl aus dem Alten und Vergangenen als auch aus dem Neuen und Gegenwärtigen schöpft. Arthur Silbergleit ist, nachdem er in seine Heimatstadt gekommen ist, *"entschlossen, sich die Stadt mit allen seinen Sinnen anzueignen und sie wiederzugewinnen, und fing mit den einfachsten Übungen an: Er sah und sah und sah und sah. (...) und er wußte, daß sich die neuen Eindrücke mit den alten vermischen und schließlich als eine einzige, dauerhafte Erinnerung bleiben würden, die Erinnerung an eine Stadt".* [119]

---

[117] Bienek, Erde und Feuer, S. 119.
[118] Bienek, Zeit ohne Glocken, S. 74.
[119] Bienek, Septemberlicht, S. 173.

II.4.6. Im Zauberkreis der Heimat

Heimat bildet eine Klammer des menschlichen Lebens. Sie ist wie ein Zauberkreis, aus dem man nicht mehr heraustreten kann. Die Menschen fühlen sich ihr Leben lang mit der Heimat verbunden. Viele Oberschlesier der Gleiwitzer Tetralogie können sich gar nicht vorstellen, woanders zu leben. Vielleicht ist das auch ein Zeichen der Borniertheit dieser Menschen, sie sehen nur ihr Land, außer ihm existiert für sie nichts anderes. Man kann aber nicht sagen, daß sie sich selbst in ihrer Weltvorstellung als begrenzt verstehen. Ihr Land ist einfach das einzige, das sie kennen und wovon sie träumen können. Es sind gerade die armen Menschen, die sich mit ihrer Heimat viel mehr verbunden fühlen als die Reichen. Die Reichen sind überall zu Hause. *"Die reichen Leute gehen weg, die sind überall zu Hause. Wir armen kleben an der Heimaterde."* [120]

Die Unterschiede in der Heimaterfahrung der armen und der reichen Menschen bestehen in erster Linie in dem verschiedenen Umgang mit der Erde. Die Armen sind von der Erde und von ihren Erträgen abhängiger als die Reichen. *"Die Armen haben die Saat in die harte trockene oberschlesische Erde gesteckt und sie mit ihrem Schweiß gedüngt, und die Reichen haben die Frucht genommen. Die Armen sind unter die Erde gegangen, haben gegraben in der Erde des Herrn und die Kohle herausgeschaufelt mit Methan in den Lungen, und die Reichen haben sie verkauft. Und die Armen haben sich übern Fluß hinweg oder über die Straße oder von einem Wald zum andern die Köpfe eingeschlagen, und die Reichen haben sich Flüsse und Straßen und Wälder miteinander geteilt und an einem Tisch gesessen."* [121] Dem heimatlichen Zauber zu erliegen hängt mit der Bedeutung zusammen, die die Menschen der Erde zuschreiben. Mutter Erde ist für die armen Oberschlesier ihre direkte Ernährerin, nur sie kann diese Menschen am Leben erhalten. Die Erde und auch die Heimat bedeutet für die armen Leute einen Schatz, der durch nichts zu ersetzen ist. Die reichen Oberschlesier dagegen fühlen sich gar nicht mit der Erde verbunden, weil sie von ihr nicht in unmittelbarer Weise abhängen. Die Verbundenheit mit der Erde und das Gebundensein an sie ist desto stärker, je mehr das menschliche Dasein direkt von der Erde abhängt.

Angesichts einer Katastrophe werden jedoch die Unterschiede zwischen Reichen und Armen geringfügiger. In den kritischen Augenblicken ihres Lebens glauben sowohl die armen als auch die reichen Oberschlesier an die Kraft der Heimat, die alles zum Guten wenden kann und denken: *"Da gehörst du jetzt hin".* [122] Sie suchen Zuflucht, die sie in

---

[120] Bienek, Erde und Feuer, S. 21.
[121] Bienek, Die erste Polka, S. 373 – 374.
[122] Bienek, Septemberlicht, S. 79.

der Geborgenheit der Kindheit zu finden glauben. Die heile Welt der Kinderjahre lockt die Menschen mit ihrer Unbeschwertheit und Zeitlosigkeit. Die Zurückkehrenden möchten sich in dem Paradies der Kindheit vergessen, geborgen und gut aufgehoben fühlen. Diese Gefühle versprechen sie sich von der Heimat, die einer heilen Welt gleichzustellen ist.

Viele wünschen sich, in der Heimaterde begraben zu werden. Dieser Wunsch schließt den Zauberkreis der Heimat und dessen Wirkung auf das menschliche Leben ab. Die Heimat gebar die Menschen, sie möchte sie auch zurück haben. Von der Erde fühlen sich die Menschen angezogen, auch Gerhart Hauptmann im oberschlesischen Zyklus: *"Dort wollte er sterben und in schlesischer Erde begraben sein. Von dort sei er gekommen und dorthin wolle er wieder eingehen. Und wenn er anderswo sterben müßte, dann sollte man schlesische Erde auf seinen Sarg werfen."* [123] Deswegen überlegen sich alle Protagonisten der Romane, ob sie in der Heimat bleiben oder fliehen sollen. Das Bleiben und die Flucht haben eins gemeinsam, nichts wird so bleiben wie es einmal war, beides hat mit der Ungewissheit der Zukunft zu tun. Die Menschen fühlen sich zerrissen und können sich oft nicht entscheiden, *"Vielleicht wäre es besser, (...) hierzubleiben und hier begraben zu werden."*[124] Den älteren Menschen fällt die Entscheidung leichter, sie fühlen sich zu alt und zu müde. *"Seinem Tod kann man nicht entfliehen"*,[125] meinen sie. Die Jüngeren dagegen wissen nicht, was sie machen sollen. Die meisten von ihnen entscheiden sich dann aber doch für die Zukunft, für das Leben, das sie zwar nicht mehr in ihrer Heimat verbringen werden, jedoch unter deutschem Himmel und in deutscher Sprache. Sie trauen sich zu, den Zauberkreis zu durchbrechen, wofür sich die älteren Menschen zu alt fühlen. Äußerlich stehen sie dann nicht mehr im Banne der Heimat. Es bleibt jedoch offen, ob sie sich auch innerlich befreien können.

Valeska Piontek gibt zu, daß sie früher gern von der schlesischen Erde weggezogen wäre, *"zusammen mit Leo Maria, als noch keine Kinder da waren. Danach war sie mit jedem Jahr, mit jedem Kind, mit jeder neuen Freundin, jedem neuen Klavierschüler fester in die Stadt, in diese Menschen hineingewachsen. Mit Leo Marias Tod hatte sie, wenn sie ehrlich sein wollte, angefangen, sich in den Abschied einzuüben, das hatte sich fortgesetzt mit tausend kleinen Abschieden - bis heute."* [126] Die zeitliche Spanne und die Tiefe der menschlichen Beziehungen tragen zur Heimatverbundenheit bei. Die Menschen schlagen Wurzeln in der Heimat, je länger sie da leben

---

[123] Bienek, Erde und Feuer, S. 317.
[124] Ebenda, S. 114.
[125] Ebenda, S. 100.
[126] Ebenda, S. 114.

desto tiefer sind die Wurzeln. Die Kinder, die Frucht des menschlichen Lebens, verstärken das Zugehörigkeitsgefühl zur heimatlichen Erde.

Obwohl Valeska mehrmals Gelegenheit hatte, sich von dem Land zu verabschieden, und sich einmal wünschte, von dem Land wegzugehen, fühlt sie sich außerhalb von Oberschlesien, als ob ihr jemand ihre Wurzeln abgeschnitten hätte, ohne jede Lebenskraft. *"Seitdem sie die alte oberschlesische Heimaterde nicht mehr unter ihren Füßen spürte, fühlte sie sich ohne Kraft, ohne wirkliche Erlebnisfähigkeit".*[127] Die Abhängigkeit von der heimatlichen Erde ist wie eine Nabelschnur des Lebens. Das Durchschneiden dieser Schnur ist ein Einschnitt im Leben jedes einzelnen und ist mit einem Schrei verbunden. Von jedem Menschen hängt es dann ab, ob er imstande ist, seine Wunde heilen zu lassen, oder ob er die Wunde lebenslang in sich trägt.

Es ist auffallend, daß die Tochter von Valeska Piontek, Irma, eine ähnliche Einstellung gegenüber der oberschlesischen Erde hat wie ihre Mutter. Es scheint in der Heimaterfahrung keine Generationsgrenze zu geben. Irma fühlt sich von der Erde gefangen und spürt ihre Ohnmacht. Ohnmächtig ergibt sie sich der Erde. Auch sie wollte weg aus Gleiwitz. *"Ich wollte weg, ja ich hab mich gewehrt, wollte herausreißen, was mich hier festhalten könnte, und ich ahnte doch, daß ich niemals davon loskommen würde."* [128] Irma ist sich dessen bewußt, daß es gar nicht einfach ist, sich der Macht der heimatlichen Erde zu entziehen. Sie will ihre Heimat nicht mehr sehen, ihre Luft nicht mehr einatmen, sie nicht mehr hören. Sie will die heimatlichen Bilder vergessen, *"und deshalb hab ich's mit dem blöden Kaprzyk getan, weil es niemanden gab, der abstoßender, abscheulicher und häßlicher gewesen wäre, (…) Ich wollte, daß sie mich verstoßen, ausspeien, vertreiben, damit ich nicht mehr zurückkehren kann".*[129] Aus eigenen Kräften dem oberschlesischen Land zu entkommen, stellt sich bei Irma als unmöglich heraus, deswegen versucht sie Schande auf sich zu laden, damit sie verstoßen wird und auf diese Art und Weise von der Erde loskommt. Die äußeren Kräfte versagen, Irma weiß jetzt: *"Nichts kann mich mehr aus diesem wilden und dunklen Land wegbringen, und jetzt hab ich mich entschieden, noch stärker, noch tiefer einzudringen (…) Jetzt will ich wurzeln in diesem Land, mit diesem Skrobek, und ich werde nicht aufhören, Kinder zu gebären, so lange ich kann, weil meine Leidenschaft meine Liebe mein Zorn meine Kränkung mein Haß meine Anbetung meine Tränen meine Umarmungen meine Schreie mein Atem nicht genug sind für dieses dunkle Land für diese schwarze Erde weil es mehr Leben mehr Leidenschaft mehr Liebe mehr Zorn mehr Haß mehr Tränen*

---

[127] Bienek, Erde und Feuer, S. 166.
[128] Bienek, Zeit ohne Glocken, S. 323.
[129] Ebenda

mehr Anbetungen mehr Schreie mehr Umarmungen und mehr Atem braucht um zu dauern".[130] Das oberschlesische Land wird zu einer Gottheit erhoben, die große Opfer von den Menschen verlangt. Das Land mit seiner Macht vereinnahmt seine Einwohner mit ihrem Sein und ihrer ganzen Habe.

Trotz der Übereinstimmungen in der Heimaterfahrung der Mutter und der Tochter gibt es in der Wahrnehmung der beiden Gestalten feine Unterschiede. Die Aussage der Mutter geht nicht in die Tiefe der Empfindungen dem Land gegenüber. Mit der Geburt der Kinder verfliegen ihre Träume von anderen Ländern. Sie spürt zwar die Macht, die dieses Land auf sie ausübt, kann sie aber nicht beim Namen nennen. Demgegenüber erkennt ihre Tochter die Kraft, die die oberschlesische Erde ausstrahlt und weiß sie zu schätzen und zu fürchten. Sie ist sich auch ihrer Ohnmacht gegenüber dieser Allmacht bewußt. Ihre Kinder auf die Welt zu bringen ist ihre Antwort und ihre Opfergabe für die dunkle Gottheit.

Inwieweit es eine Unterwerfung oder Heimatliebe ist, ist schwer zu beantworten. In den Worten von Irma mischt sich Liebe mit Haß, Anbetung mit Zorn. Es wird zwar die ganze Zeit von der Erde oder von dem Land gesprochen, meines Erachtens ist darunter aber viel mehr zu verstehen. Es ist das Land mit allen seinen Dimensionen; dazu gehören sowohl die Landschaft als auch die Menschen und ihre Sprache. Alle Aspekte der Heimat tragen zur Reife eines Menschen bei. Irmas Empörung gilt der Gestaltungskraft des Landes und dem Ergebnis. Die Lebenseinstellung, die Mentalität des Menschen werden in der Heimat und durch die Heimat geprägt. *"Die Oder und die Weichsel modellieren die Seele anders als der Rhein oder die Rhône. Der Duft des Jasmin macht die Menschen anders als der Duft der Weißdornhecke. Die leuchtenden Birkenhaine prägen anders als die finsteren Tannenwälder. (…) eine Kindheit mit den Märchen von Rübezahl und Utopletz (…) schafft andere Mythen und Ängste als eine Kindheit mit den Erzählungen von Kanitverstan oder vom Machandelboom."*[131]

Gehaßt wird das Land, weil man ihm nicht entkommen kann, weil man nicht frei ist, sondern den vorgegebenen Mustern unterliegt. Trotzdem oder gerade deshalb liebt Irma die Erde, aus der sie hervorging. Sie fühlt sich in dem Zauberkreis der Heimat eingeschlossen und sie hat nicht die Kraft, ihn zu brechen. Als sie dann Gelegenheit bekommt, eigentlich dazu gezwungen wird, ihr Land zu verlassen, wehrt sie sich dagegen wie eine Besessene und meint: *"das Land will mich haben, es will mich besitzen, das Land gibt mich nicht frei. (…) Ja ich gehöre zu dieser Erde, und erst recht, wenn um sie gekämpft wird, erst recht,*

---

[130] Bienek, Zeit ohne Glocken, S. 324.
[131] Horst Bienek, in: Verlorene Heimat. Die Vertreibungsdebatte in Polen, hrsg. von Klaus Bachmann / Jerzy Kranz, S. 55.

wenn sie leiden muß, erst recht, wenn sie bluten muß, erst recht, wenn sie gequält wird. Ich kann mich dieser Erde gar nicht entziehen, überall, wo ich bin, werde ich diese Erde mit mir herumschleppen." [132] Dieses Mal sind die äußeren Verhältnisse viel stärker als ihr Entschluß. Der Krieg und seine Folgen sind die Kraft, die die heimatlichen Zwänge durchbrechen kann und es auch tut. Die Allmacht der Erde wird sowohl für die Fliehenden als auch für die Dableibenden gebrochen. Trotzdem hat Irma recht, wenn sie sagt, daß sie die Erde ihr Leben lang mit sich herumschleppen wird. Der äußere Durchbruch bedeutet nicht unbedingt den inneren Neubeginn. Wie schon Irmas Vater kurz vor seinem Tod erkennt, *"immer haben wir sehnsüchtig in den Westen gesehn, das ist wahr, aber unsre Seele, o Herr, unsre Seele ist tief im Osten geblieben..."* [133] Die Oberschlesier sind zerrissen, der Haß und die Liebe zu dem Land ringen um ihre Seele. Sie hassen und segnen ihr Land zugleich, *"dieses dreimal verfluchte dreimal geheiligte Land."* [134] Leo Marias Gedanken leben in seiner Tochter weiter, er hat Irma seine Heimatauffassung vermacht. Das Weitergeben der Heimat ist also möglich. Wichtig dabei ist, daß so lange Leo Maria lebt, Irma im Hintergrund steht. Es wird zwar ihre Hochzeit gefeiert, der Leser sieht und hört sie aber nicht direkt. Es wird nur von ihr erzählt, man lernt sie indirekt kennen. Erst während der Beerdigung ihres Vaters tritt Irma direkt auf. Zum ersten Mal äußert sie sich, ihr Verhalten wird nicht mehr kommentiert, sondern sie selbst tritt in den Vordergrund.

Die Frauengestalten dominieren in der Gleiwitzer Tetralogie, es sind meist starke Persönlichkeiten, die im Vordergrund des Romangeschehens stehen. In einigen Sprachen wird "Heimat" mit "Mutterland" übersetzt.[135] Diese Bezeichnung beinhaltet viel mehr Nähe und ist gefühlvoller als "Vaterland". In Horst Bieneks Romanzyklus wird die Dominanz der Frauenfiguren durch die Assoziation Heimat – Mutterland verständlich. Das Haus der Familie Piontek wird von dem Rechtsanwalt Wondrak *"Frauenhaus"* [136] genannt. Denn *"diese Frauen waren wie Spinnen, die die Männer, die in ihre Nähe kamen, mit feinen goldenen Fäden einspannen, sie mit glitzernden Tautropfen in der Morgensonne verzauberten und in der Nacht ihnen die Kraft und das Leben aussaugten."* [137] Das Frauenhaus mit seiner geheimen Kraft ist mit der mystisch wirkenden Heimat zu vergleichen. Die Kraft der oberschlesi-

---

[132] Bienek, Erde und Feuer, S. 163.
[133] Bienek, Die erste Polka, S. 374.
[134] Bienek, Zeit ohne Glocken, S. 324.
[135] Vgl.: Horst Bienek, in: Klaus Bachmann / Jerzy Kranz, Verlorene Heimat. Die Vertreibungsdebatte in Polen, S.47.
[136] Bienek, Erde und Feuer, S. 83.
[137] Ebenda, S. 84.

schen Erde gleicht einem Gewebe, aus dem man sich nicht mehr befreien kann. Die Menschen strampeln und bewegen sich, *"um die goldenen Fäden zu zerreißen."* [138] Die Fäden sind jedoch oft stärker als die menschliche Kraft.

Die dargestellten Menschen haben es nicht geschafft, sich von dem Land und von seinem damit verbundenen Schicksal zu befreien. Horst Bienek führt jedoch andere Gestalten ein, die mit ihrer Empörung gegen das Land zu kämpfen wissen. Darauf weisen die letzten Worte der oberschlesischen Tetralogie hin. Kotik, ein Junge, durchschaut den heimatlichen Bann. *"Ich habe einen Fehler gemacht, begann Kotik (...) Ich hätte damals mit den andern flüchten sollen. Ich gehöre nicht hierher. Ich muß von hier weg. Was immer auch in den nächsten Jahren hier geschieht, ich gehe von hier weg. Ich weiß nicht, was es ist, aber ich kann das nicht, immer den Kopf gesenkt halten, immer auf dem Boden knien, immer auf die Brust schlagen, immer das Leid auf sich nehmen, ich kann das nicht. Es ist die Kirche, die einen dazu erzieht, ja, aber ich glaube, es ist auch die Erde hier, diese schlesische Erde, die einen dazu zwingt: knie hin, duck dich, laß dich schlagen, bete, leide, Gott will es so!"* [139] Die mystische Kraft der Kirche und die mystische Kraft der Erde tragen nach der Aussage dieses Jungen die Schuld daran, daß die Menschen sich dem Land untertan fühlen und sich von ihm gefangen halten lassen. Die junge Generation möchte nicht mehr *"das Kreuz auf der Schulter"* tragen, ohne daß *"Simon von Cyrene kommt"*.[140]

Die jungen Oberschlesier möchten die Heimat frei erleben, ohne von dem Land festgehalten zu werden. Damit deutet der Schriftsteller die Individualität in der Heimaterfahrung an. Bei den älteren Menschen hat man den Eindruck, daß Heimat etwas Kollektives sei. Die oberschlesische Erde war ja die Heimat der Oberschlesier. Die gemeinsame Geschichte, das gemeinsame Schicksal dieser Menschen macht das Kollektive in dem Erleben der Heimat aus. Die auf das Individuum bezogene Kategorie weist kollektive Aspekte auf. Darin besteht die Tragödie der Verbundenheit mit dem schlesischen Land. Nicht nur Einzelpersonen können sich von der Erde nicht lösen, auch das ganze Volk schafft es nicht. Das Kollektive in der Heimaterfahrung hält die Menschen in den Fesseln des Heimatlandes.

Den Widerstand der jungen Generation gegen das heimatliche Schicksal relativiert Horst Bienek in der Gestalt des Juden Georg Montag. Am Beispiel dieser Figur zeigt der Schriftsteller, daß es einem Menschen nicht möglich ist, seine Herkunft und seine geistigen Wurzeln zu verleugnen. Georg Montag, Sohn eines Juden und einer Christin, wird

---

[138] Bienek, Erde und Feuer, S. 84.
[139] Ebenda, S. 325 – 326.
[140] Ebenda, S. 120.

katholisch getauft und gefirmt. Jahrelang versteht sich Georg Montag als Christ, er *"hatte vergessen, daß sein Vater Benjamin Montag geheißen (…) hatte, daß sein Großvater Moischele Ponedjelnik genannt wurde (…). Er, Georg Montag, Landgerichtsrat am Oberlandesgericht in Gleiwitz, O.S, glaubte an Jesus Christus. (…) und er machte bei der Sonntagsmesse, zu der er regelmäßig ging, das Kreuzzeichen von links nach rechts."* [141] Trotz seiner katholischen Identität, an die er selbst glaubt, verlangt die neue nationalsozialistische Regierung von ihm einen Ariernachweis. Dieses Ereignis bringt diesen Menschen zum Nachdenken über seine Herkunft, die ihm lange Zeit in seinem Unterbewußten verborgen geblieben war. Noch als ganz kleiner Junge erlebt Montag seinen jüdischen Großvater, der seinen Enkel auf die Wurzeln seiner Herkunft hinweist. Jetzt beobachtet er sich *"häufiger im Spiegel, er versuchte herauszufinden, ob er irgendwelche Eigenschaften hatte, die sie den Juden zuordneten."* [142] Obwohl er selbst bei sich kein Judentum entdecken kann, wird er als Halbjude eingeordnet. Das, was diesem Menschen lange verborgen blieb, holt ihn ein. Das Judentum holt ihn jedoch nicht aus eigener Kraft ein, die Kraft von außen spielt eine wesentliche Rolle dabei. Montag ist nicht stark genug, um sich der nationalsozialistischen Macht entgegenzusetzen. Er bekennt, *"je mehr die Juden hierzulande verfolgt werden, desto mehr fühle ich den jüdischen Teil meines Wesens in mir wachsen. Ich habe immer zu den Leidenden gehören wollen. Jetzt gehöre ich zu ihnen, zu den Juden. Ich will so sein wie sie."* [143] Er fühlt sich immer mehr zu seiner Herkunft hingezogen. Sein Vater und er arbeiten an ihrer neuen Identität, zwei Generationen reichen nicht, um der geistigen Heimat zu entfliehen.

II.4.7. Heimatverlust

Nach den Ausführungen des vorhergehenden Abschnitts sollte der Heimatverlust nicht nur als Verlust, sondern auch als Gewinn verstanden werden. Die Romane und ihre Gestalten weisen jedoch diese Folgerung zurück. Der Verlust der Heimat ist zugleich der Verlust des Lebenszusammenhanges des Menschen. Wenn er nicht aus eigenem Entschluß geschieht, dann ist er auch nicht erwünscht und kann nie als eine Erlösung empfunden werden. *"Ich habe immer gedacht, man kann aus seinem Land, in dem man aufgewachsen ist, nicht vertrieben werden. Ich sage Ihnen offen, ich habe noch bis vor ein paar Stunden gedacht, ich kann das, was ich mir zusammen mit meinem Mann in einem Leben geschaffen habe, nicht aufgeben.*

---

[141] Bienek, Die erste Polka, S. 78.
[142] Ebenda, S. 79.
[143] Bienek, Erde und Feuer, S. 130.

Denn wenn wir weggehen, wird uns nichts mehr bleiben. So ist es im Krieg. Mein Bruder hat mich überzeugt, nein er hat mich überredet, das ist richtiger, wegen der Kinder, wegen der Enkel. Wir gehen in eine ungewisse Zukunft..." [144] Der Heimatverlust ist ein Opfer, ein Aufgeben des bisherigen Lebens. Geopfert wird für die Kinder, aufgegeben wird das bisherige Dasein. Eine Romangestalt aus Horst Bienek´s Tetralogie ist *"froh darüber, daß die Russen näher rückten, denn ohne diese Bedrohung hätte sie wohl niemals den Mut, die Kraft und die Ausrede gefunden, die Stadt zu verlassen."* [145] Traute Bombonnek sieht den Krieg tatsächlich als ihre einzige Chance, der schlesischen Erde zu entkommen. Sie freut sich, daß ihr die Entscheidung von den politischen Ereignissen abgenommen wird und daß sie fliehen kann.

Die Protagonisten des oberschlesischen Romanzyklus kann der Leser auf der Flucht bis nach Dresden begleiten und da die Bombardierung im Februar 1945 miterleben. *"Wer das Weinen verlernt hat, der lernt es wieder beim Untergang Dresdens."* [146] Für viele der oberschlesischen Flüchtlinge endet die Flucht unter Schutt und Asche einer fremden Erde. Horst Bienek beschreibt jedoch die Situation und das Leben der in Gleiwitz gebliebenen Oberschlesier genauer. Die in seiner Heimatstadt herrschenden Umstände nach dem Einmarsch der Roten Armee kennt der Schriftsteller aus eigener Erfahrung. *"Er war noch nicht 15, als sowjetische Truppen seine Heimatstadt Gleiwitz besetzten und anzündeten. Er ahnte etwas, aber er verstand nicht. Er war 16, als er das Land seiner Kindheit verlassen mußte, mit einem Rucksack auf dem Rücken und einem Pappkarton in der Hand. Da ahnte er schon, warum."* [147]

II.4.8. Wiederbegegnung mit der Heimat

Die Sehnsucht nach dem Vergangenen und die Suche nach der verlorenen Heimat führt viele Menschen in das Land ihrer Kindheit. Sie möchten die Welt, in der sie aufgewachsen sind, wiedersehen, aufs Neue entdecken und ihre Erinnerungen überprüfen. Oft sind sie sich dessen bewußt, daß sie das, wonach sie suchen, nicht finden werden, trotzdem lassen sie sich auf dieses Abenteuer ein. Vielleicht möchten sie keine Zweifel mehr haben, daß ihre Kindheit mit ihrer Welt eindeutig vergangen ist.

---

[144] Bienek, Erde und Feuer, S. 147.
[145] Ebenda, S. 28.
[146] Ebenda, S. 316.
[147] Bienek, Das allmähliche Ersticken von Schreien. Sprache und Exil heute, S. 68.

Es wurde schon erwähnt, daß in den Romanen zwei Gestalten auftreten, denen es möglich ist, in ihre Heimat zurückzukehren. Die Wiederbegegnung mit der Vergangenheit verläuft bei jeder dieser Gestalten anders. Arthur Silbergleits Erwartungen bei dem Wiedersehen bleiben unerfüllt, Marga Zoppas dagegen findet alles so, wie sie es verlassen hatte. Der Jude bemerkt, daß in den Jahren seiner Abwesenheit *"sich nicht nur die Herzen und die Geister, auch die Straßen und die Steine verändert"* [148] haben. Überrascht ist er zwar nicht von dieser Tatsache, sie stimmt ihn eher schwermütig. Seine Erinnerungen finden keine Bestätigung in der Gegenwart. Mit seiner Sehnsucht *"setzte er sich jetzt noch einmal auf diese Stufen, von denen er in Berlin behauptet hatte, sie seien aus Marmor, aber jetzt bemerkte er, daß sie aus einfachem Zement gegossen waren (...). So verwandelte die Erinnerung Beton in Marmor und Eisen in Gold und Vogelgezwitscher in Musik"*.[149] Gleiwitz führt in seinem Gedächtnis ein anderes Leben als in der Wirklichkeit. Das aufgehobene Bild findet keine Übereinstimmung bei dem Wiedersehen. Silbergleit gibt zu: *"Diese Stadt ist mir fremder, als ich glaubte. Es ist die Stadt meiner Kindheit, und vielleicht kann man nicht mehr in seine Kindheit zurückkehren"*.[150]

Marga Zoppas erlebt ihre Heimat wie damals. Sie findet die ihr bekannten Gesichter wieder, die gleichen Bräuche, die gleiche Sprache. Die Natur empfängt sie auch mit ihrer ganzen Pracht. Deswegen freut diese Frau sich wieder in ihrer Heimat zu sein. Entscheidend bei der Wiederbegegnung mit Gleiwitz ist bei diesen Menschen ihre Abstammung und der Krieg. Arthur Silbergleit ist Jude, schon während des Krieges ging die jüdische Welt Oberschlesiens unter. Marga Zoppas ist Deutsche und obwohl auch die deutsche Welt Oberschlesiens mit dem Kriegsausbruch verspielt wurde, blieb sie bis zum Ende des Krieges in einigen Gebieten unverändert. Damit hängt der Unterschied in der Wahrnehmung der Heimat bei diesen Gestalten zusammen. Silbergleits Welt ging früher zugrunde als die von Zoppas. Deswegen erlebt sie noch ihre Heimat und findet die Vergangenheit in der Gegenwart lebendig.

---

[148] Bienek, Septemberlicht, S. 173.
[149] Ebenda, S. 174.
[150] Ebenda, S. 331.

II.5. Oberschlesien – ein Grenzland

Horst Bienek ist gründlich vorbereitet und über die Geschichte Oberschlesiens informiert, als er anfängt, an dem Zyklus zu arbeiten. Auf einmal wächst das Interesse des Schriftstellers für sein Herkunftsland, er bekennt: *"Lese alles, was ich kriegen kann, über die Geschichte Oberschlesiens. Früher wollte ich nichts davon wissen. Erinnere mich, daß ich noch vor einigen Jahren (…) gesagt habe: Über Schlesien werde ich niemals etwas schreiben, das alles riecht mir zu sehr nach Heimattümelei. Jetzt interessiert mich alles, auch das nebensächlichste."* [151] Erst die genauen und gründlichen Kenntnisse der Geschichte und der politischen Lage um das Jahr 1939 erlauben dem Schriftsteller einen freien Umgang mit den Geschehnissen dieser Zeit. Die Geschichte kann nur dann in die private Sphäre des menschlichen Lebens eingebaut werden, wenn man sich in ihr auskennt. Der Schriftsteller läßt zwei Jugendliche Zeugen des Überfalls auf den Gleiwitzer Sender sein. Auf diese Art und Weise wird der Leser mitten ins Geschehen einbezogen und kann die tragischen Ereignisse miterleben. Horst Bienek gestaltet die historischen Vorkommnisse frei, ohne den geschichtlichen Aspekt zu mißachten, ohne die politische Chronologie zu verletzen.

Die Kenntnisse der geschichtlichen Ereignisse und der regionalen Traditionen ist in seinen Romanen deutlich zu sehen. Der Schriftsteller lädt den Leser zu den wichtigsten Festen im Leben der Menschen ein, zu einer Hochzeitsfeier und zu einer Beerdigung. Dabei fehlt es nicht an genauer Darstellung der oberschlesischen Traditionen, die sich mit jedem dieser Feste verbinden. *"Es war seit langem Brauch in Oberschlesien, daß der Tote drei Tage lang im Sterbehaus aufgebahrt und von dort in einem Trauerzug zum Friedhof geleitet wurde, wo das Begräbnis stattfand. Bis dahin sollte das Haus kahl, schlicht und schmucklos bleiben, die Spiegel verhängt, die Fenster und Türen geschlossen, die Uhren angehalten."* [152] Bedeutsam sind jedoch nicht nur die Kommentare und direkten Beschreibungen der bestimmten Traditionen, viel aufschlußreicher ist die Darstellung des Lebens. Der Leser befindet sich mitten im Geschehen, während des Lesens lebt er in Oberschlesien und lernt dieses Land als ein buntes Gebilde von Landschaft, Menschen, Sprache und Brauchtum kennen.

---

[151] Bienek, Beschreibung einer Provinz, S. 12.
[152] Bienek, Septemberlicht, S. 7.

II.5.1. Oberschlesien und seine Religion

Auffallend ist die Wechselwirkung von Leben und Religion. Bei Bienek ist das eine ohne das andere nicht zu denken. Mit großer Sorgfalt und Ausführlichkeit stellt der Autor die katholische Tradition des Landes dar. Das Romangeschehen der ersten drei Teile des Zyklus ist um die kirchlichen Feste aufgebaut. Im Mittelpunkt des ersten Teiles steht eine Hochzeit. Irma wird zwar nicht kirchlich getraut, das Fest wird aber trotzdem als religiöser Akt wahrgenommen. Vor allem die Mutter, Valeska Piontek, ist eine treue Christin, der sehr viel daran liegt, alle katholischen Traditionen und Gebote zu befolgen. Diese Frau ist immer wieder in der Kirche anzutreffen. Und auch viele der entscheidenden Gespräche finden in der Kirche statt. Seit Tagen versucht Valeska ihre Tochter von einer kirchlichen Trauung zu überzeugen, *"ich habe alles versucht, seit Tagen, ich habe geredet, ich habe geschrien, ich habe gebetet, ich habe gefleht, und ich habe geflennt, es ist reiner Trotz, eine reine Trotzhaltung meines Kindes."*[153] Die Weigerung der Tochter sich kirchlich trauen zu lassen, kann man auch als Untergang der alten intakten Welt verstehen. Die Abwendung von der Kirche und von der Tradition der Eltern und Großeltern weist auf das kommende Unheil hin.

Im Zentrum des zweiten Teiles "Septemberlicht" steht eine Beerdigung. Dieses Fest trägt auch Anzeichen eines Untergangs der Sitten und der Menschen. Neben der offiziellen Beerdigung von Leo Maria Piontek wird eine zweite, eine heimliche Bestattung gefeiert. Begraben wird Georg Montag, der Selbstmord begangen hat, was schon ein Verstoß gegen den katholischen Glauben ist. Der Selbstmörder ist auch noch ein Jude, der sich zwar zu der katholischen Kirche bekannt hat, jedoch kein Zugehöriger der "Herrenrasse" ist. *"Georg Montag, (...) du bist ein Jude, von einer christlichen Mutter geboren und katholisch getauft, katholisch erzogen und katholisch kommuniziert, vom Kardinal Bertram mit Asche gefirmt – und doch ein Jude".*[154] Nur wenige Trauernde begleiten den Juden auf dem letzten irdischen Weg. Der Trauerzug gleicht einem Gespensterzug. Jede Abweichung von dem langen und sehr starren Brauchtum des Grenzlandes ist als eine Vorwegnahme des Niedergangs der Provinz zu verstehen und wird den Oberschlesiern und ihrem Land zum Verhängnis. Die Trauergäste verabschieden Leo Piontek in Würde. *"Der Erzpriester, barhäuptig, hielt den Kopf hoch aufgerichtet und sah in die Ferne, es war, als schritte er einem anderen Zug nach, der ihn vielleicht bis nach Jerusalem führte. Alle schlugen das Kreuz. (...) Die Männer in den schwarzen Kitteln schoben den Leichenkarren mit dem Sarg, den man freilich mehr ahnen als sehen*

---

[153] Bienek, Die erste Polka, S. 59.
[154] Ebenda, S. 132.

konnte, denn er war mit Kränzen überladen." [155] Man hat den Eindruck, daß die Menschen sich trotz des Krieges auf ihren Alltag konzentrieren und das Leben zu meistern versuchen. Die Normalität wird jedoch durch die unerwarteten und unerwünschten Vorfälle gestört, ja zunichte gemacht.

Ein Osterfest ohne Glockengeläut erleben die Gleiwitzer im Jahr 1943. Sie werden immer wieder zu neuen persönlichen Opfergaben für das Reich aufgerufen. Als ob es nicht genug wäre, werden den Menschen ihre Kirchenglocken weggenommen. Auch in "Zeit ohne Glocken" gestaltet Horst Bienek das Romangeschehen um ein Kirchenfest. Das Fest der Auferstehung wird diesmal zu einem Fest des Untergangs des oberschlesischen Landes. Die Kirchenglocken wurden laut einer Anordnung des Generalfeldmarschalls Göring zur Durchführung des Vierjahresplanes über die Erfassung von Nichteisenmetallen eingezogen. Ein Verstoß gegen die katholische Tradition verdeutlicht noch einmal, daß das Sich-Abwenden und das Nicht-Befolgen der Gebote Unheil über die Menschen bringt. Viel versprechend ist der Widerstand der oberschlesischen Frauen bei der Abnahme der Glocken. Merkwürdigerweise, *"als die Juden weggebracht wurden, aus ihrem Gemeindehaus (…), da guckten die Frauen nur zu, keine hat sich empört."* [156] Die Scheinheiligkeit der Gläubigen kommt ans Licht. Die Gegenstände stellen größere Werte dar als die Menschen, so war es aber schon immer in der Welt. Daß die oberschlesische Religiosität somit verspottet wird, kann man nicht sagen, sie wird eher relativiert und in Frage gestellt. Man hat den Eindruck, daß Horst Bienek die oberschlesischen Verhältnisse darstellt, ohne über sie ein Urteil zu fällen. Der Einfluß des Krieges, der nationalsozialistischen Ideologie ist auch nach Gleiwitz durchgedrungen.

Der vierte Teil verdeutlicht die Hilflosigkeit der Menschen und der Kirche gegenüber dem kriegerischen Ungeheuer. Schon *"eine Hochzeit ohne kirchliche Trauung, eine Beerdigung, die schließlich auch dem Selbstmörder und katholisch getauften Juden Georg Montag gewährt wird, ein Karfreitag in Gleiwitz, an dem die Glocken durch Entfernung buchstäblich und für immer verstummen müssen – das alles ist das sinnfälligste Zeichen dafür, daß die Welt aus den Fugen geraten ist."* [157] Der Krieg und die politische Macht sind stärker als die Religion. Die Oberschlesier wenden sich zwar angesichts des Untergangs an die Kirche, es gibt aber kein kirchliches Fest, das ein Ausdruck der Gemeinschaft wäre. Viele sind schon geflohen oder begeben sich gerade auf die Flucht. Diejenigen, die geblieben sind, beten und hoffen, in der

---

[155] Bienek, Septemberlicht, S. 92.

[156] Bienek, Zeit ohne Glocken, S. 287.

[157] Claudio Magris/ Emilio Bonfatti, Der Abschied von der Grenze, in: Michael Krüger (Hrsg.),Bienek lesen. Materialien zu seinem Werk, S. 88.

Heimat bleiben zu dürfen. Der Verlust ist in jedem Lebensbereich zu spüren, die menschlichen Kräfte versagen. Die Religion geht mit ihrem Land und mit den Menschen zugrunde. Die junge Generation wird mit dem Druck der Erde und ihrer mystischen Kraft nicht fertig, sie wollen die Unterwerfung den Stärkeren gegenüber nicht mehr erdulden. Das einzige, was sie von der Unterwerfung lösen kann, ist die Empörung, denn *"Gott hat das Kreuz auf sich genommen, der christliche Gott, Jesus, der Sohn, damit nicht alle darunter leiden müssen, sonst wäre doch auch sein Opfer sinnlos gewesen, (...) vielleicht müssen wir von hier weggehen, weil uns die Erde immer wieder hineinzieht in die Wollust des Leidens, (...) das hat nichts mit den Deutschen, den Russen, den Polen oder sonstwem zu tun, solange wir unsere Hände zum Gebet gefaltet halten, werden immer irgendwelche Übermenschen kommen und uns unterdrücken, wir müssen lernen, die Hände auseinanderzunehmen, den Freund umarmen, dem Feind an die Kehle zu gehen, und ich glaube nicht, daß Gott will, daß wir vor ihm knien und unser Haupt beugen, nein, wir müssen nach oben blicken, zum Himmel, zu den Sternen, denn dort ist das Antlitz Gottes..."*[158] Die Hörigkeit der Oberschlesier führt zu ihrem Untergang. Erst die junge Generation ist imstande, es zu merken, obgleich die Jungen auch nicht von Anfang an den Mut aufbringen können, sich der Unterwerfung zu entziehen. Josel versucht immer wieder *"aus dieser Pierunnje-Gegend"*[159] zu verschwinden, kommt jedoch zurück in die alte Bahn seiner Eltern. Seine Flucht von zu Hause stellt den Versuch dar, dem Leben und der Religion der Eltern zu entkommen. *"Er war in Richtung Westen gegangen, wohin es im Grunde alle hingezogen hatte, seinen Großvater und seinen Vater".*[160] Seine Herkunft holt ihn jedoch ein und er kommt zurück, obwohl er immer noch von dem Wunsch lebt, aus Gleiwitz wegziehen zu können. Das Fehlen eines kirchlichen Festes in "Erde und Feuer" deutet auf das Kommen einer neuen Welt hin. In diesem Teil wird nicht nur die Einheit der Zeit, die in den vorherigen Teilen noch eingehalten wird, durchbrochen. Durchbrochen wird auch die Einheit des gemeinsamen Schicksals der Oberschlesier, die Einheit der Sitten und des Brauchtums, so daß das neue und ungewisse Leben anbrechen kann.

---

[158] Bienek, Erde und Feuer, S. 326.
[159] Bienek, Die erste Polka, S. 331.
[160] Bienek, Septemberlicht, S. 71.

II.5.2. Oberschlesische Identität

Das Grenzgebiet zwischen Deutschland und Polen erlebte immer wieder Veränderungen. Die Grenze, die beide Staaten voneinander trennt, wurde oftmals verschoben. *"Hier wird von oben bestimmt, was Sie sind: einmal Deutscher, einmal Pole. Die kleinen Leute, sie werden nicht gefragt."* [161] Die kleinen Leute, die nicht nach ihrer Meinung gefragt werden, unterscheiden sich kaum voneinander und können *"überhaupt nicht verstehen, warum die Menschen so viele Unterschiede"* [162] machen. Denn die Polen *"waren nicht anders (...). Vielleicht waren sie etwas ärmer, vielleicht frommer, vielleicht hatten sie mehr Kinder. Das war aber auch alles".* [163] Die einfachen Menschen, von denen die Romane erzählen, sind viel toleranter als die Mächtigen der Welt. Sie sind mit den Unterschieden ihrer Herkunft und ihrer Sprache aufgewachsen. Es wäre zu erwarten, daß sich die beiden Völker verstehen, weil sie miteinander leben, weil sie sich kennen. Dessenungeachtet *"ist (es) doch so: Die Polen wollen uns nicht und wir nicht die Polen (...). Die haben doch das Sprichwort: Jak świat światem nie będzie Niemiec Polakowi bratem!"* [164] (Solange die Welt besteht, wird niemals ein Deutscher ein Freund eines Polen sein.) Die Deutschen und die Polen akzeptieren sich gegenseitig und stellen ihre Ähnlichkeit fest, von Freundschaft kann jedoch keine Rede sein. Es ist eher die Gewohnheit des Miteinander als gegenseitige Achtung.

Die Oberschlesier sehen ihre Andersartigkeit gegenüber anderen Völkern nicht, dennoch merken sie ihre Prägung durch das Grenzland. Sie lassen sich viel zu oft von ihren Gefühlen treiben. *"Vielleicht war es das Bewußtsein der Grenze, an der sie lebten, und daß jahrhundertelang immer von den Mächtigen bestimmt wurde, wohin sie gehörten und was sie seien, Preußen, Österreicher, Deutsche, Polen, Schlesier, Mährer (...). Das war es wohl, was die Menschen hier über die Zeiten und Systeme hinweg prägte."* [165] Die Menschen wissen nicht welcher Nation sie angehören, umso mehr wissen sie, daß sie zu diesem Land gehören. Ihre Identität wird von den Mächtigen dieser Welt immer wieder in Frage gestellt. Ob sie deutscher oder polnischer Herkunft sind, spielt weniger eine Rolle, als daß sie alle Oberschlesier sind. *"Die Tragödie des Oberschlesiers besteht darin, daß er weder Pole noch Deutscher ist, sondern eben Oberschlesier, und daß ihm in jedem Fall Unrecht getan wird, wenn er Polen oder Deutschland zuge-*

---

[161] Bienek, Septemberlicht, S. 228.
[162] Bienek, Zeit ohne Glocken, S. 100.
[163] Ebenda, S. 101.
[164] Bienek, Septemberlicht, S. 284.
[165] Ebenda, S. 256.

schlagen wird." [166] Die Oberschlesier haben eine bestimmte Prägung als ein Volk und fühlen sich von den anderen mißverstanden. In ihnen täuschen sich sowohl die Deutschen als auch die Polen. Ihre Identität trägt Anzeichen beider Nationalitäten, sie sind Deutsche und Polen zugleich. Wenngleich die Oberschlesier Eigenschaften beider Nationen in sich verbinden, möchten sie sich als Deutsche verstehen. Sie leben zwar in einem Grenzgebiet aber auf der deutschen Seite von der Grenze. Sie behaupten, daß sie alle *"Deutsche sind, und da hinter der Grenze sind die Poler -, und die Polacken, die sind erst an der russischen Grenze".*[167] Der Standpunkt der Menschen hängt damit zusammen, wo sie gerade stehen, d.h. von jedem Ort der Erde sieht die Welt anders aus. Ob die Oberschlesier Deutsche oder Polen sind, hängt von der subjektiven Wahrnehmung des Betrachtenden ab. Um die Subjektivität und die Relativität der Wahrnehmung zu vermeiden, wünschen sich die Oberschlesier, in einem Freistaat zu leben. Herr Apitt ist davon überzeugt, daß Oberschlesien *"ein Freistaat werden"* muß, *"das ist es, dann wird das ein für allemal aufhören, daß man uns an die Länder verschachert. Wir sollten uns weder von Warschau noch von Berlin kujonieren lassen, die verachten uns ohnehin, für die einen sind wir Wasserpolacken und für die andern Wasserpreußen!"* [168] Allein die Erde bietet diesen Menschen einen dauerhaften Halt und ein Zugehörigkeitsgefühl. Daher ist auch die Heimatliebe der Oberschlesier und ihre feste Verwurzelung in der Erde verständlich.

Horst Bienek bietet seinen Lesern außer der Darstellung Oberschlesiens im II. Weltkrieg einen Einblick in das Land vor hundert Jahren. Oberschlesier des 19. Jahrhunderts haben *"schöne Gesichter, lichte Haut, blaue Augen, blondes Haar, freilich frühzeitig durch Sorgen und Schmutz verändert"* [169] Nach den Aufzeichnungen des Arztes Rudolf Virchow sind die Oberschlesier trotz der Germanisierung eher Polen als Deutsche. 1848, fast 700 Jahre, nachdem Schlesien deutsch wurde, ist das *"nationalpolnische Gepräge"* [170] der Bewohner dieses Landes ungeachtet der *"Macht deutscher Kultur"* [171] nicht verlorengegangen, was den Verfasser dieses Berichts verwundert. Schon in dieser Zeit bekommen die Oberschlesier den Namen Wasserpolacken. Noch hundert Jahre später werden die Bewohner Oberschlesiens Wasserpolacken genannt. Ihre Identität hat sich jedoch wesentlich geändert. Die deutsche Kultur übt auf die Menschen viel mehr Einfluß aus. Die deutschen

---

[166] Bienek, Erde und Feuer, S. 129 – 130.
[167] Bienek, Die erste Polka, S. 241.
[168] Bienek, Septemberlicht, S. 229.
[169] Bienek, Zeit ohne Glocken, S. 335.
[170] Ebenda.
[171] Ebenda.

Errungenschaften kommen bis nach Gleiwitz, so daß sich die Oberschlesier immer mehr als Deutsche verstehen. Trotzdem bleibt das Land für die aus dem "Reich" stammenden Deutschen ein *"gottverdammtes Grenznest, schon halb in der Polackei..."* [172]

Die Deutschen *"schon halb in Rußland"* [173] leben mit den Polen zusammen. Noch vor dem I. Weltkrieg *"war das Zusammenleben der beiden Bevölkerungsgruppen ziemlich friedlich gewesen, es gab gelegentlich Spannungen, (...) aber es gab kaum Feindseligkeiten."* [174] Der Umgang der beiden Völker miteinander ändert sich jedoch mit dem II. Weltkrieg. Die Menschen sind selber unsicher, was jetzt erlaubt ist. Nicht zum ersten Mal stehen sich die Polen und die Deutschen als Feinde gegenüber. Die Veränderungen bringen die Menschen in Verwirrung, sie wissen nicht mehr zu unterscheiden, *"einmal sind wir Grenzland und Kampfland, dann sind wir Grenzland und Brückenland und jetzt wieder Grenzland und Kampfland..."* [175] Die Grenze, an der die Oberschlesier wohnen, ist manchmal eine Trennungslinie, manchmal aber eine Verbindungslinie zwischen den Ländern. Die Oberschlesier beschweren sich, daß es nur von oben bestimmt wird, was sie zur Zeit sind und wie sie sich den Polen gegenüber zu verhalten haben. Trotzdem befolgen sie die Anordnungen der Mächtigen dieser Welt. Wie schon erwähnt, können viele Gleiwitzer sowohl Deutsch als auch Polnisch sprechen. Sie werden jedoch aufgerufen und gezwungen die deutsche Sprache zu benutzen: *"HIER WIRD NUR DEUTSCH GESPROCHEN"* [176] In der Öffentlichkeit fügen sie sich auch diesen Anordnungen, sie trauen sich nicht, *"laut Polnisch zu reden, in dieser Situation."* [177] Nachdem Valeska dies gedacht hatte, *"rückte sie zum Ausgang vor, sie mußte bald aussteigen."* [178] Das Verhalten dieser Frau deutet auf die Ahnungslosigkeit der Menschen hin. Sie entziehen sich der Verantwortung und rücken zum Ausgang. Bei der Schuldfrage steigen sie aus.

Eine andere Figur aus Horst Bienek´s Romanen, Franz Ossadnik, ein einfacher Mensch, blickt hinter den Mechanismus des Nichts-Wissen-Wollens. Als Lokführer fährt Franz die Güterzüge voll mit Menschen nach Birkenau, *"das ist ein großes Konzentrationslager. Es sind alles Juden..."* [179] Trotz der Propaganda, an die auch seine Frau glaubt, durch-

---

[172] Bienek, Die Erste Polka, S. 48.
[173] Bienek, Septemberlicht, S. 202.
[174] Bienek, Die erste Polka, S. 102.
[175] Ebenda, S. 210.
[176] Bienek, Die erste Polka, S. 63.
[177] Ebenda, S. 64.
[178] Ebenda.
[179] Bienek, Zeit ohne Glocken, S. 376.

schaut Franz die politische Lüge und erkennt, daß die Juden nicht *"in die Rüstung"* [180] geschickt werden, sondern *"Die sterben dort wie die Fliegen. Jeden Tag werden welche verbrannt. Man riecht es manchmal."* [181] Diese Gestalt steigt bei der Schuldfrage nicht aus, Franz fühlt sich an der Tragödie des jüdischen Volkes mitschuldig. Er weiß und denkt *"jetzt mußt du es tun, wenn du es jetzt nicht tust, dann tust du es nie mehr, dann gewöhnst du dich vielleicht daran."* [182] Je länger man sich etwas gefallen läßt, umso schwieriger ist es zu erkennen und dem Teufelskreis ein Ende zu bereiten. Der Nichtwisser kann und will sich an die vorgegebene Situation gewöhnen. Den meisten gelingt es, sich jeder Verantwortung zu entziehen. *"Ihr habt euch herausgehalten, damals. Ihr wart keine Täter. Aber vielleicht doch Mitahner, Mitwisser, Mittäter?"* [183]

Die Entscheidung von Franz Ossadnik bekommt eine neue Dimension.[184] Sein Sohn schlägt sich einen Nagel durch die Hand, um den Schmerz des Gekreuzigten Jesus nachzuspüren, denn er kann nicht verstehen, *"wie man einem lebendigen Menschen Nägel durch die Hände schlagen kann"*.[185] Der Entschluß von Franz, sich der Verantwortung zu stellen, fällt mit dem Versuch von Andreas zusammen. Franz berichtet seiner Frau von seinen Zweifeln, seiner Angst und von seinem Entschluß, sich freiwillig als Soldat an die Front zu melden, weil er *"dieses Elend"* [186] nicht mehr mitansehen kann. Fast zur gleichen Zeit hören die beiden einen Schrei im Haus und sie sehen ihren *"Sohn im Nachthemd auf dem Boden knien, die linke Hand auf dem Holzschemel, die Finger krümmten sich halb nach oben und in der Handfläche sammelte sich das Blut, sickerte an den Seiten herunter, aus der Mitte ragte ein langer Nagel."* [187] Damit gibt der Schriftsteller zu verstehen, daß die Konzentrationslager Nägel am Kreuz des Gekreuzigten sind. Dadurch wird das ganze Romangeschehen auf eine andere Ebene gestellt. Horst Bienek geht von einem Einzelfall zum Allgemeingültigen über. Er verleiht den Ereignissen aus dem Leben der einfachen Menschen eine generelle Bedeutung.

---

[180] Bienek, Zeit ohne Glocken, S. 377.
[181] Ebenda.
[182] Ebenda.
[183] Bienek, Reise in die Kindheit. Wiedersehen mit Schlesien, S. 116–117.
[184] Vgl. dazu: Claudio Magris / Emilio Bonfatti, Der Abschied von der Grenze, in: Michael Krüger (Hrsg.), Bienek lesen. Materialien zu seinem Werk, S. 91.
[185] Bienek, Zeit ohne Glocken, S. 7.
[186] Ebenda, S. 382.
[187] Ebenda, S. 384.

III
HORST BIENEKS REISE IN DIE KINDHEIT

> "Da kreuzen sich die Flüsse.
> Da kreuzen sich Gegenwart und Vergangenheit,
> Erlebtes und Geträumtes, Erinnerung und Mythos."
> Horst Bienek

Sechs Jahre nachdem der letzte Teil der Gleiwitzer Tetralogie herausgegeben wurde, unternahm Horst Bienek eine Reise nach Gliwice, in sein Kindheitsland. Nach langjähriger schriftstellerischer Auseinandersetzung mit der eigenen Kindheit und mit der Heimatproblematik wagt er es, seine Heimatstadt zu besuchen. Während der Wiederbegegnung mit Gleiwitz erschließen sich für Bienek neue Heimatbilder, die aus dem Zusammentreffen der Vergangenheit mit der Gegenwart entstehen.

In den oberschlesischen Romanen spricht Horst Bienek *"lieber von Kindheit, von meiner Flucht aus der Kindheit"* [188] als von der Heimat. Die Gründe für das Auslassen dieses Wortes gibt er erst in seinen Berichten von seiner Reise nach Polen. Während dieser Reise überlegt sich Horst Bienek, was für ihn Heimat und Kindheit bedeuten. Die Flucht aus der Kindheit ist für ihn eine Erfahrung, die der Flucht aus der Heimat gleich kommt. *"Vielleicht ist Erwachsenwerden nichts anderes. Die Flucht aus Schlesien nichts anderes?"* [189] Das Erwachsenwerden bedeutet für den Schriftsteller einen Schnitt im Leben eines jeden einzelnen. Dieser Schnitt ist wie eine Grenze, hinter der es keine Heimat mehr gibt, weil man nicht mehr Kind sein kann. Das widerspricht der Tatsache, daß Erwachsene eine Heimat haben können. Die Heimat als etwas Ursprüngliches und Einmaliges ist in der Kindheit verankert. Die Einmaligkeit dieser Erfahrung gleicht der Einmaligkeit der Kindheitswelt. Deswegen ist es nicht verwunderlich, daß für Bienek die beiden Begriffe gleich sind. Man kann tatsächlich nur eine Kindheit erleben. Mit dem Verwenden dieses Wortes statt des Wortes "Heimat" vermeidet Bienek die Mißverständnisse, die bei diesem Begriff entstehen können. Für ihn ist eine neue Heimat nicht ausgeschlossen, das Wort "Kindheit" dagegen läßt keinen Zweifel: es gibt nur eine unwiederholbare Kindheit.

---

[188] Bienek, Reise in die Kindheit. Wiedersehen mit Schlesien, S. 181.
[189] Ebenda.

Im Leben eines Menschen ist der Abschied von der Kindheit eine wichtige und prägende Erfahrung. *"Vielleicht ist es bei mir, in meiner Generation, einfach deshalb zu einer so großen Metapher geworden: weil hier die Vertreibung aus der Heimat identisch wurde/war mit der Vertreibung aus der Kindheit."* [190] Die zutiefst persönliche Erfahrung der Vertreibung aus der heilen Welt der Kindheit trifft mit einem politischen Umstand zusammen. Das persönliche Erleben wird durch die politische Situation intensiviert; die Wunde des Lebens, die mit dem Erwachsenwerden erfahrbar wird, erweist sich als umso tiefer. Die durch dieses Ereignis entstandene Grenze kann nicht mehr überschritten werden. *"Nein, wir können nicht mehr zurückkehren in das Haus der Kindheit."* [191] Die Kindheit und die Heimat gehören nach Horst Bienek der Vergangenheit an. Für ihn gibt es nur eine einzige Möglichkeit diese Erfahrungen festzuhalten, *"wir können sie beschreiben."* [192]

In "Reise in die Kindheit. Wiedersehen mit Schlesien" sucht man beinahe vergeblich nach dem Wort "Heimat". Horst Bienek wartet ganz ungeduldig auf das Wiedersehen mit seinem Kindheitsland: *"Eine halbe Stunde noch, und ich werde da sein, zurück in der Stadt meiner Kindheit."* [193] Es wäre gerechtfertigt, während dieser Reise von einem Wiedersehen mit der Heimat zu sprechen. Das Wort "Heimat" kommt aber nicht vor. Erst ganz zum Schluß der Beschreibung dieser persönlichen Reise benutzt der Schriftsteller dieses *"bedeutungsbelastete Wort"* [194] und begründet sein Auslassen dieses Wortes: *"Ich weiß immer noch nicht schlüssig zu sagen, was Heimat ist. Ist sie das, was Ernst Bloch als schöne Utopie gemeint hat?"* [195]

Die literarische Reise in die Kindheit des Schriftstellers findet innerhalb der Gefühlsgeographie statt. Obwohl die Bilder dank des Erinnerungsvermögens, auf das man sich nicht jederzeit verlassen kann, entstehen, vermißt der Leser bei ihnen den Wirklichkeitsbezug und die Genauigkeit nicht. Trotzdem führen die literarischen Darstellungen ihr eigenes Leben. *"Gleiwitz, ist es noch mein Gleiwitz, die Stadt meiner Kindheit, so wie ich sie jetzt beschreibe? Ich (…) bin nicht wenig stolz darauf, daß man mit diesen Büchern die Straßen und Plätze und Parks dieser Stadt durchstreifen kann wie mit einem Stadtplan. Und doch hat sie sich in*

---

[190] Bienek, Reise in die Kindheit. Wiedersehen mit Schlesien, S. 181.
[191] Ebenda.
[192] Ebenda.
[193] Ebenda, S. 26.
[194] Ebenda, S. 180.
[195] Ebenda.

meinem Kopf inzwischen selbständig gemacht, mit anderem Leben, anderem Geist erfüllt, ist jetzt ganz aus der Phantasie gespeist." [196]

Noch während Horst Bienek an dem letzten Roman der Tetralogie arbeitet, wird in Polen das Kriegsrecht ausgerufen. Seine Reaktion auf die Ereignisse in Polen erinnert an seine Romangestalt, an Georg Montag, der angesichts der Judenverfolgung immer mehr seine Wurzeln spürt und sich als Jude fühlt.

In der für Polen so tragischen und wichtigen Zeit fühlt sich der Schriftsteller wie gelähmt: *"Nicht gearbeitet, zu aufgeregt. Jede Stunde die Nachrichten im Radio gehört"* [197] Er beobachtet die Ereignisse in Polen mit einer so großen Leidenschaft wie jemand, der Pole ist. In der Stunde der Not scheint die geistige Verbundenheit mit dem Ursprung des eigenen Lebens zu wachsen. Horst Bienek bekennt: *"kann nicht weiter an meinem Roman arbeiten, wenn in Polen solche Dinge geschehen. Spüre, wie mich diese Ereignisse aufwühlen...Liegt das nur daran, weil Polen uns so nahe ist – oder weil ich in diesem Land so starke emotionale Wurzeln habe?"* [198] Die geheimnisvolle Macht der Heimat hält über Jahre hinweg an und läßt die Menschen ihrem Zauber nicht entkommen. Wenngleich Oberschlesien kein deutsches Gebiet mehr ist, zählt in der Heimaterfahrung einzig und allein der Ort, die Landschaft und nicht die politische Zugehörigkeit.

Bei seiner Ankunft in Oberschlesien im Jahre 1988 möchte Horst Bienek, *"wie der Papst, mich hinknien und die Erde küssen, schlesische Erde. Er tut es ja nicht, weil er ein Papst ist, sondern weil er ein Pole ist. Diese Verehrung der Erde, wie wir sie aus dem Osten, aus Rußland kennen, ist bis nach Schlesien gedrungen. Ich spüre sie auch in mir. Ein Westler kann das nicht verstehen".* [199] Das dunkle oberschlesische Land hat den Schriftsteller geprägt genauso wie seine Romangestalten. *"Mit dem Kopf, mit der Ratio"* ist er im Westen, seine Seele hat jedoch *"eine irgendwie slawische Wurzel."* [200] Das Slawentum in Horst Bieneks Seele wurzelt in Gleiwitz, in dem Grenzland zwischen Deutschen und Polen. Der Schriftsteller kann und will seinen Ursprung nicht verleugnen. Die Welt seiner Kindheit hat er zwar äußerlich verloren, aus seinem Paradies wurde er tatsächlich vertrieben, er sagt aber *"In der Seele habe ich die Kindheit, die Heimat nie verloren."* [201] So lange die Menschen leben, kann ihre Heimat

---

[196] Bienek, Beschreibung einer Provinz, S. 123.
[197] Ebenda, S. 191.
[198] Ebenda, S. 193.
[199] Bienek, Reise in die Kindheit. Wiedersehen mit Schlesien, S. 11 – 12.
[200] Horst Bienek, in: Verlorene Heimat. Die Vertreibungsdebatte in Polen, hrsg. von Klaus Bachmann / Jerzy Kranz, S. 46.
[201] Ebenda, S. 47.

auch nicht verloren sein. Erst mit ihnen geht ihre Heimat endgültig unter. Die Beerdigung eines Verstorbenen ist zugleich ein Untergang der Heimat. Mit dieser Gegenüberstellung des menschlichen Todes mit dem Untergang der Provinz arbeitet Horst Bienek im zweiten Teil seines Romanzyklus. Der Heimatverlust ist beim Abschied von einem Menschen auf zweierlei Weise zu verstehen. Für diesen Menschen geht erst im Moment seines Todes die Heimat, die er in sich getragen hat, unwiderruflich verloren. Mit diesem Menschen geht aber auch ein Stück Heimat für andere unter.

Einerseits meint der Schriftsteller, daß er seine Kindheit, seine Heimat nie verloren habe, andererseits sagt er: *"In diesen Büchern der Kindheit habe ich so etwas wie Heimat gefunden."* [202] Eine Heimat haben und eine Heimat finden, diese gegensätzlichen Feststellungen erweisen sich beim genaueren Betrachten als sich ergänzende Aussagen. Denn Heimat ist, wie schon erwähnt, eine dynamische Kategorie. Ihre Dynamik besteht auch darin, daß sie immer wieder ergänzt wird. Es ist kein starrer Begriff, nicht nur deshalb, weil er individuell zu betrachten ist, sondern weil er immer neue Aspekte und Färbungen gewinnt. Man kann die Heimat jederzeit neu erleben, ohne die "alte" Heimat zu verlieren. Horst Bienek hat eine Heimat; durch das Schreiben wird seine Heimat reicher und gewinnt neue Aspekte. Es wird deutlich: man kann eine Heimat haben und trotzdem auf der Suche sein.

Je näher Horst Bienek seiner Heimatstadt während seiner Reise nach Polen kommt, desto ungeduldiger und aufgeregter wird er. *"Das Herz klopft mir bis zum Hals".*[203] Gleichzeitig fragt er sich, *"warum ich mich auf dieses Unternehmen eingelassen habe. Warum habe ich diese Reise in die Kindheit gemacht? Nach zweiundvierzig Jahren. Niemand lebt mehr, den ich kenne. Kein Verwandter, kein Bekannter, kein Freund".*[204] Er möchte jedoch die Welt, die er in den oberschlesischen Romanen beschrieb und erdichtete, mit der Wirklichkeit vergleichen. Viele Jahre lebte seine Kindheitswelt in ihm, ohne überprüft zu werden. Jetzt begibt sich der Schriftsteller auf die Suche nach der Wirklichkeit.

Die Deutschen, deren Heimat Oberschlesien ist, kommen nach vielen Jahren, um ihre Heimat zu besuchen. Der zeitliche Abstand ist sehr groß und erschwert oft die Begegnung mit dem Land der Kindheit. Trotzdem hat sich *"ganz in der Stille (…) ein gewaltiger Nostalgie-Tourismus breitgemacht."* [205] Oft denken sie jahrelang nicht an ihre Heimatorte

---

[202] Bienek, Das allmähliche Ersticken von Schreien. Sprache und Exil heute, S. 105.
[203] Bienek, Reise in die Kindheit. Wiedersehen mit Schlesien, S. 27.
[204] Ebenda, S. 27–28.
[205] Ebenda, S. 12.

und dann *"auf einmal, im Alter"* [206] werden sie von den Städten der Kindheit eingeholt. *"Sie wollten das noch einmal sehen, das Haus und den Garten und die Landstraße und die Schneekoppe."* [207] Diese Menschen suchen in ihrer Heimat keine Zuflucht, weil sie dort nicht zu finden ist. Sie gehören nicht mehr zu ihrer Heimat, sie leben jetzt woanders. Die Heimatvertriebenen tragen zwar ihre Heimat in sich, weil sie eben aus Oberschlesien oder Ostpreußen stammen, genauso wie ein Schwarzwälder oder Thüringer; die Städte ihrer Geburt in dem heutigen Erscheinungsbild sind ihnen aber keine Heimat mehr. Diese Orte sind ihre Heimat und sind es doch nicht. Das Damals spielt eine Rolle, die damaligen Städte bedeuten für die Menschen ihre Heimat und in ihrem Gedächtnis, in ihrem Verständnis bleibt diese Tatsache unverändert. Dieselben Städte können heute eine Heimat für andere sein, aber nicht für diese Menschen, die da vor sechzig oder siebzig Jahren geboren wurden. Die Heimaterfahrung verlangt gerade Kontinuität. Die Distanz läßt die Menschen ihre Heimat erkennen und nimmt sie ihnen weg. Deswegen wollen die Heimatbesucher *"wieder zurück, nach Wanne-Eickel und Recklinghausen und Bochum (...), sie werden nicht mehr wiederkommen, sie haben alles noch einmal gesehen, das genügt ihnen"*.[208]

Horst Bienek deutet auf die Andersartigkeit der heimatlichen Reisen hin. Der Schriftsteller meint, daß ein Besuch in dem Kindheitsland sich von allen anderen Weltreisen unterscheidet, denn hier *"gibt es Erinnerungen, die sind heftig und bestürzend, sind manchmal wie Schläge"*.[209] Die Kraft der Erinnerungen wirkt auf den Schriftsteller furchterregend, so daß er mit der Reise nach Polen lange zögert. *"Lange Zeit habe ich mich gesträubt. Ich hatte Angst davor gehabt, ja, regelrechte Angst vor einer Vergangenheit, die so lange zurücklag und die sich in meiner Phantasie und in meinen Büchern verändert hatte."* [210] Die Romane sind der erste Schritt der Annäherung an die Vergangenheit, vor der Horst Bienek so große Angst hat. Die literarische Auseinandersetzung sollte den Schriftsteller seiner Vergangenheit näher bringen und die Ängste vertreiben. Zwar hat die literarische Beschäftigung mit Oberschlesien die Angst vielleicht gemildert, verschwunden ist sie aber nicht. Interessant ist, daß die Schriftsteller[211] eine Reise zum Ursprung als unvermeidlich empfinden. Horst

---

[206] Bienek, Septemberlicht, S. 335.
[207] Bienek, Reise in die Kindheit. Wiedersehen mit Schlesien, S. 13 – 14.
[208] Ebenda, S. 14.
[209] Bienek, Birken und Hochöfen. Eine Kindheit in Oberschlesien, S. 5.
[210] Bienek, Reise in die Kindheit. Wiedersehen mit Schlesien, S. 28.
[211] Vgl. dazu: Christa Wolf, Kindheitsmuster, S. 32.
Leonie Ossowski, Weichselkirschen, S. 54.

Bienek ist sich dessen bewußt, daß er *"diese Reise in die Kindheit einmal machen mußte"*.[212] Mit dem Gedanken lebt der Schriftsteller sehr lange, erst nach zweiundvierzig Jahren reist er zum ersten Mal nach Gleiwitz.

Seine Reise ist viel mehr als der Wunsch, sein Geburtshaus zu sehen, sie führt den Schriftsteller *"ins Innere"* seines *"Bewußtseins, in die Dunkelheit"* seiner *"Seele, ins Herz der Finsternis."*[213] Vielleicht ist seine literarische Reise auch nichts anderes als ein Versuch, in das Innere seines Bewußtseins und seiner Seele einzudringen. Eine Reise in die Tiefe des menschlichen Daseins stellt für Horst Bienek eine Aufgabe dar, die sich später als Aufgabe seines Lebens erwiesen hat.

Auf die Begegnung vorbereitet, begibt sich der Schriftsteller nach Gleiwitz und dennoch fürchtet er sich vor dem Wiedersehen, weil er weiß, daß *"der erste Blick tötet, man braucht den zweiten Blick, um zu begreifen."*[214] Häufig hält das aufgehobene Bild der Heimat der Wiederbegegnung nicht stand. Die Bilder der Erinnerung, die nach Jahren für die Menschen zur Wirklichkeit wurden, werden von der Gegenwart gelöscht, so daß dem Menschen nichts mehr bleibt, weder die Vergangenheit noch die Gegenwart noch die Zukunft der heimatlichen Vorstellung. Nach Horst Bienek kann die Wiederbegegnung zu einem Zusammentreffen der inneren Heimat mit dem heutigen Bild des Geburtsortes beitragen. Bei dem Wiedersehen mit Gleiwitz wartet der Schriftsteller auf eine Katastrophe, auf einen blutigen Zusammenstoß der verschiedenen Wirklichkeiten. *"Ich lauerte darauf. Ich sah mir die Straßenfluchten an, die Häuserfassaden, die Bäume, die Parks. Aber es gab keine Explosion."*[215]

Der Mensch neigt dazu, seine Vorstellungen und die aufbewahrten Bilder zu verschönern, daher ist es nicht ausgeschlossen, daß die Wirklichkeit weit von seiner Erinnerung entfernt ist. In den Erzählungen der älteren Menschen ist die Welt noch heil und intakt. "Damals" ist ein Inbegriff der heilen Welt. *"Damals waren die Sommer heißer, die Herbste melancholischer, die Winter kälteklirrender. (...) Aber niemand erinnert sich etwa (...) an das kalte, nasse Novemberwetter, an die Regenzeit im Frühjahr."*[216] Dieselbe verschönernde Kraft der Erinnerung vermutet Horst Bienek bei sich, deshalb schließt er eine Explosion bei der Wiederbegegnung nicht aus. Voll Erwartung und Neugierde fährt er nach Polen. Mit großer Freude und Erleichterung entdeckt er die Birken, auf die er gewartet hat, und

---

[212] Bienek, Reise in die Kindheit. Wiedersehen mit Schlesien, S. 30.
[213] Bienek, Birken und Hochöfen. Eine Kindheit in Oberschlesien, S. 6.
[214] Ebenda, S. 5.
[215] Bienek, Reise in die Kindheit. Wiedersehen mit Schlesien, S. 28.
[216] Bienek, Birken und Hochöfen. Eine Kindheit in Oberschlesien, S. 21.

kann sich nicht satt sehen. *"Ich habe diese Birkenwälder in meinen Büchern beschrieben, und manchmal dachte ich, vielleicht übertreibe ich (...). Aber jetzt wird es mir triumphal bestätigt: es sind tatsächlich die schlesischen Birkenwälder meiner Kindheit, die über Jahre, Jahrzehnte meine Imagination beflügelt haben".*[217] Die heimatlichen Bilder sind eine Inspiration für den Schriftsteller, verleihen ihm Flügel und lassen ihn von der Wirklichkeit abschweifen. Horst Bienek hat jedoch sein Heimatbild, das er in den Romanen dargestellt hat, von den Verschönerungen bewahrt. Sein Bild von der Heimat erfährt eine Bekräftigung. Das einzige, was er anders vorfindet, sind die Entfernungen und die Maßstäbe der Welt. *"Alles ist so nah. Ich brauche überallhin nur ein paar Schritte. Damals war alles sehr weit, groß, gewaltig gewesen. Die Kirche war höher. Der Wasserturm breiter. Der Wald unendlicher. Die Bäume grüner. Die Straßen länger. (...) So war das in der Kindheit."*[218] Darin besteht die Einmaligkeit und die Schönheit der vergangenen Welt. Mit den Kinderaugen gesehen erscheint alles größer, gewaltiger. Die Welt der Kindheit ist einerseits größer, weil man sie als Kind nicht als ganzes begreifen kann und dennoch erscheint sie als etwas Unendliches. Andererseits ist sie kleiner, weil sie nur einen Ausschnitt der Wirklichkeit ausmacht.

Die Zeit, die zwischen dem Verlassen und dem Wiedersehen der Heimat liegt, schärft den Blick der Reisenden. Zielgerichtet bewegt man sich in dem Kindheitsland. Die aufgehobenen Bilder dienen den Besuchern als Stadtpläne, die viel genauer alles registrieren als der Blick eines Unbeteiligten. Horst Bienek fährt nach Polen mit einer ganz genauen Vorstellung von seinem Besuch. Er reist nicht allein, deswegen muß er seine Pläne mit denen des Fernsehteams absprechen. Trotzdem lassen sich beide Seiten auf das Abenteuer des Wiedersehens ein. Und der Autor fährt *"zunächst weiter Richtung Oppeln, weil ich gern von Süden in die Stadt kommen möchte. So wie ich es einstmals getan hätte, wenn ich von Gleiwitz gekommen wäre."*[219] Jeder Schritt ist mit großem Bedacht geplant und vorbereitet. Die gegenwärtige Reise wird an die Kindheit, an die Vergangenheit angepasst, damit alles so wie damals sein kann, damit die Erinnerungen eine Chance haben, der Wirklichkeit standzuhalten.

Eine Reise in die Kindheit muß mit großer Sorgfalt vorbereitet werden, denn *"die Städte des Alters muß man sich erobern. Die Stadt der Kindheit erobert einen. Das eine ist der Anfang.*

---

[217] Bienek, Reise in die Kindheit. Wiedersehen mit Schlesien, S. 7.
Vgl. Bienek, Die erste Polka, S. 49.
Bienek, Zeit ohne Glocken, S. 256.
[218] Bienek, Reise in die Kindheit. Wiedersehen mit Schlesien, S. 54.
[219] Ebenda, S. 8.

Und das andere ist das Weitergehen." [220] Ein Wiedersehen mit dem Anfang, mit dem Ort des Ursprungs ist somit kein Rückwärtsgehen, auch kein Stehenbleiben. Das Wiedersehen ist ein Weitergehen. Die Auseinandersetzung mit der eigenen Herkunft ist ein wichtiger Schritt im Leben des Menschen, ein Schritt, der erst die nächsten Schritte möglich macht. Horst Bienek ist dank der Arbeit an den Romanen sehr gut auf die Wiederbegegnung vorbereitet. Sein Gleiwitz erobert ihn nicht nur einmal in seiner Kindheit, die Stadt erobert vielmehr seine Phantasie, seine dichterische Kraft. Zugleich eignet sich der Schriftsteller seine Stadt durch die literarische Beschäftigung mit Oberschlesien an. Um den Heimatort endgültig zu gewinnen, unternimmt der Autor eine wirkliche Reise nach Gleiwitz. Mit Genugtuung sagt er: *"Ja, ich bin angekommen in der Stadt meiner Kindheit."* [221]

Nur einige wenige Menschen haben das Glück ihren Heimatort so vorzufinden wie sie ihn im Gedächtnis aufbewahrt haben. Gleiwitz hat sich in den über 40 Jahren der Abwesenheit von Horst Bienek wenig verändert, so daß der Schriftsteller feststellen kann: *"Das Warenhaus Defaka ist wieder (oder immer noch) ein Warenhaus, Barrasch ebenso, im Schuhgeschäft Tacke gibt es Schuhe, im Sporthaus Lachmann Sport-Bekleidung, bei Weichmann Stoffe".* [222] Die Stadt kommt dem Besucher so vor, als ob er *"in alten Fotografien"* [223] geblättert hätte. Eine "so gut erhaltene" Stadt läßt die Freude und das Wohlgefallen des Besuchers vermuten. Und im ersten Augenblick hat man wirklich das Gefühl, daß Horst Bienek glücklich in seiner Kindheit angelangt ist, daß er sich in seiner Kindheitswelt wiedergefunden hat. Die Zeit scheint stehengeblieben zu sein, *"nichts hat sich verändert."* [224]

Die Übereinstimmungen mit dem aufgehobenen Bild sind so deutlich und überzeugend, daß die Erinnerung ganz stark in die Gegenwart eindringt und umgekehrt. Die Außenwelt übt einen so großen Einfluß auf den Schriftsteller aus, daß er, als er einen seinem Vater ähnlichen Mann sieht, denkt: *"Dieser Mann, der dein Vater war, dieser schwitzende Fettkloß, jetzt wird er aufstehen und dich schlagen, weil du so lange, beinahe mehr als vierzig Jahre weggeblieben bist, und er wird sich danach schnaufend wieder hinsetzen".* [225] Die Erinnerungen mischen sich mit der eben erlebten Wirklichkeit, so daß eine ganz neue Wirklichkeit, aus Vergangenheit und Gegenwart gebildet, entsteht. Die Vorstellungskraft des Schriftstellers macht sich die Empfindungen und Bilder aus der wirklichen und der imaginären

---

[220] Bienek, Reise in die Kindheit. Wiedersehen mit Schlesien, S. 31.
[221] Ebenda, S. 49.
[222] Ebenda, S. 41.
[223] Ebenda, S. 49.
[224] Ebenda, S. 56.
[225] Ebenda, S. 57.

Welt zu eigen. Vor diesem Prozeß des Durchdringens beider Wirklichkeiten fürchtete sich Horst Bienek am meisten während der Arbeit an den Romanen. Auf diese Art und Weise begründet er auch seine Weigerung, in der Zeit der Entstehung des Romanzyklus nach Polen zu fahren.

Das persönliche Bild des Kindheitslandes von Horst Bienek, das er in "Beschreibung einer Provinz", in "Reise in die Kindheit. Wiedersehen mit Schlesien" und in "Birken und Hochöfen. Eine Kindheit in Oberschlesien" zum Ausdruck bringt, lebt von den gleichen Dimensionen (Sehen, Hören, Riechen, Schmecken), die er schon in seiner Tetralogie verdeutlicht. Er bekennt, daß für ihn Kindheit und Königskerze *"beinahe eins"* sind, *"noch heute, wenn ich die Augen schließe, sehe ich ihre goldenen Glockenblüten"*.[226]

Während des Wiedersehens mit seiner Heimatstadt überprüft der Schriftsteller alles auf die Übereinstimmung mit seinem aufgehobenen Bild von dieser Stadt. Überprüft werden nicht nur die Bilder, sondern auch die Gerüche, die Geräusche und der Geschmack. Es ist wie ein Examen: der Schriftsteller ist der Prüfer, als Prüfling erscheint die heimatliche Landschaft. Die Prüfung macht deutlich, wie wichtig die einzelnen Dimensionen des Heimatbildes sind. Die sinnlichen Erfahrungen rufen die Kindheit wieder ins Leben zurück, versetzen den Menschen für eine Weile in seine Kindheitswelt, in der er sich vergessen und geborgen fühlt.

Für Horst Bienek ist eine Suppe, Żurek, *"ein Stück Heimat, ein Stück dieser Region, ein Stück dieses alten Lebens"*.[227] Er merkt während seiner Reise nach Gleiwitz, daß *"als ich jetzt (...) den Żur löffele und dabei meine Augen vor Entzücken verdrehe, dann ist es, weil mir mit diesem Geschmack auf der Zunge auf einmal meine Kindheit gegenwärtig wird. Die Birken, die Chausseen, die Luft, der Himmel, der Löwenzahn – und jetzt noch der Żurek! Ich esse Kindheit!"*[228] Die Gerüche, die Geräusche, das Bild und der Geschmack sind der Inbegriff der Kindheit und der Heimat. Sie bestimmen nicht nur diese Begriffe näher, sondern verkörpern sie vielmehr.

In den Reisebeschreibungen von Horst Bienek sucht man fast vergebens nach den Aussagen des Schriftstellers, in denen die Menschen einander ein Heimatgefühl vermitteln können. Daraus läßt sich schließen, daß der Schriftsteller sich dem Land verpflichtet fühlt und seine ganze Aufmerksamkeit der oberschlesischen Provinz widmet. Nur an wenigen Stellen bekennt er sich dazu, daß ihm auch die Menschen Heimat sind. *"Warum habe ich diese Reise in die Kindheit gemacht? Nach zweiundvierzig Jahren. Niemand lebt mehr, den ich*

---

[226] Bienek, Beschreibung einer Provinz, S. 14.
[227] Bienek, Reise in die Kindheit. Wiedersehen mit Schlesien, S. 16.
[228] Ebenda, S. 17.

kenne. Kein Verwandter, kein Bekannter, kein Freund."[229] Obwohl die Menschen gestorben sind, fährt der Schriftsteller in sein Kindheitsland, daß er da niemanden mehr finden wird, war ihm schon vorher klar. Trotzdem unternimmt er die Reise. Seine bisherigen Ausführungen, in denen das Land als die wichtigste Komponente seiner Heimaterfahrung dargestellt wird, relativiert er mit einem kurzen Satz: *"Gibt es ein Ergebnis meiner Reise? Oberschlesien ist für mich nicht mehr Heimat. Gewiß, die alte, unveränderbare Landschaft ist noch da, die Steine, die Wälder, die Flüsse. Aber die vertrauten Menschen fehlen, die für mich zur Heimat gehören."*[230]

Die Auseinandersetzung mit der eigenen Kindheit, die innerhalb seiner Romane und während einer Reise in sein Kindheitsland stattfindet, läßt den Schriftsteller erst erkennen, was für ihn Heimat bedeutet: es sind in erster Linie die Menschen. Das Fehlen der bekannten Menschen macht die Heimat fremd, es macht sie unkenntlich und nicht mehr vertraut, so daß die Heimat keine Heimat mehr ist, sondern ein fremdes Land, in dem andere Menschen leben.

In der ehemaligen Heimat vermißt Horst Bienek nicht nur die Menschen, sondern auch *"Tradition, Aura, Sprache"*,[231] die für ihn zur Heimat gehören. Der Schriftsteller bezeichnet die Sprache als *"das Gehäuse des Menschen."*[232] Die Sprache ist das Haus des menschlichen Geistes. Mit der Sprache erobert sich der Mensch die ihn umgebende Welt, er macht sie sich in den Wörtern zu eigen. Die einzelnen Gegenstände werden durch ihre Bezeichnungen ins Leben gerufen. Die Welt existiert außerhalb des Menschen und in ihm, indem er sie bezeichnen kann. Die Sprache ist auch ein Mittel, um sich mit den Mitmenschen verständigen zu können. Das ganze Leben vollzieht sich in der Sprache. Die Behinderten sind vom Erfassen der Welt durch Sprache nicht ausgeschlossen, sie haben ihre eigenen Sprachen entwickelt, um kommunizieren zu können. Die Kommunikation ist dennoch nur ein Aspekt, wichtiger ist es, daß die Bilder- oder eine Zeichensprache dem Menschen erlaubt, die Welt zu begreifen, ihr Namen zu geben und sie lebendig werden zu lassen.

Horst Bienek *"weiß nur, daß ich hier, in dieser Landschaft, wo ich aufgewachsen bin, die ersten, vielleicht die richtigen Wörter gefunden habe, daß ich die Dinge und die Welt damit benannt und mir erobert habe."*[233] Das Zusammenspiel der Landschaft und der Sprache ermöglicht dem

---

[229] Bienek, Reise in die Kindheit, Wiedersehen mit Schlesien, S. 28.
[230] Ebenda, S. 180.
[231] Ebenda.
[232] Bienek, Das allmähliche Ersticken von Schreien. Sprache und Exil heute, S. 15.
[233] Bienek, Birken und Hochöfen. Eine Kindheit in Oberschlesien, S. 6.

Menschen sich in der Welt zurechtzufinden. Unsere Sprache ist von der uns umliegenden Welt abhängig, genauso hängt das Existieren der Gegenstände davon ab, daß es eine Bezeichnung für sie gibt.

Für einen Schriftsteller ist die Sprache noch wichtiger als für einen "gewöhnlichen" Menschen. Er arbeitet in und mit der Sprache. Ein Literat setzt sich die Welt im übertragenen und im wirklichen Sinne aus Wörtern zusammen. Horst Bienek will seiner Provinz mit den Romanen ein Denkmal setzen, was er auch getan hat. Das erreicht er mit Hilfe von Wörtern, denn *"was allein bleibt sind Worte"*.[234] Er wandelt Oberschlesien in Worte um. Indem er seine Heimat beschreibt, schenkt er ihr ein neues Leben. Daher überrascht den Leser das Heimatbekenntnis von Horst Bienek nicht: *"Heimat ist für mich in erster Linie die deutsche Sprache."*[235]

Nach Jahren des Wegbleibens findet der Schriftsteller immer noch das Land seiner Kindheit vor. Seine vorherigen Feststellungen, daß er an dem Ort seiner Kindheit angelangt sei, lassen den Leser ein glückliches Ende, ein fruchtbares Ergebnis dieser Reise erwarten. Man ist umso mehr überrascht, wenn man liest: *"Ich war im Land meiner Kindheit. Aber ich bin nicht in der Kindheit angekommen. Gewiß, ich war in Schlesien, wo ich herkomme und aufgewachsen bin. Aber ich habe die Kindheit nicht mehr erlebt. Und doch war im Grunde alles so, wie es einmal gewesen war."*[236] Die Bilder der Vergangenheit korrespondieren mit dem gegenwärtigen Bild der Stadt. Gleichzeitig erweisen sich die Entsprechungen als nicht ausreichend, denn die zeitliche Spanne, die zwischen Gliwice und Gleiwitz liegt, schließen ein Ankommen in der Kindheit aus. Der Schriftsteller überzeugt sich davon, daß eine erfolgreiche und glückliche Rückkehr in die Kindheit nur in der Phantasie, im Inneren der menschlichen Seele möglich ist. Der Schatz der Kindheit ist nur im Menschen selbst zu finden, und nicht in der Außenwelt, auch nicht im Heimatort. Denn als Horst Bienek *"die Schatzhöhle schließlich fand, war sie leer."*[237] Der Geburtsort als solcher ist nur eine Höhle, deren Inhalt von jedem einzelnen abhängt. Den Heimatbegriff füllen erst die Menschen mit Inhalt. Die Heimat wird somit zu einer inneren Größe des menschlichen Lebens, die in der Außenwelt nicht zu finden ist.

---

[234] Bienek, Gedicht von Zeit und Erinnerung, in: Gleiwitzer Kindheit. Gedichte aus zwanzig Jahren, München 1976, S. 102.
[235] Bienek, Beschreibung einer Provinz, S. 65.
[236] Bienek, Reise in die Kindheit. Wiedersehen mit Schlesien, S. 179.
[237] Ebenda, S. 180.

Als Ergebnis seiner Reise nach Polen stellt Horst Bienek fest: *"Oberschlesien ist für mich nicht mehr Heimat."* [238] Diesen Gedanken weiterführend kann man sagen, das heutige Oberschlesien ist dem Schriftsteller keine Heimat mehr, die damalige Welt bleibt ihm Heimat für allezeit. Die Phantasie erlaubt dem Schriftsteller immer wieder in seine Heimat zurückzukehren, ohne die Heimat zu verlieren, sie eher immer aufs Neue zu gewinnen. Der Heimatverlust hängt eng mit dem Wiedergewinn zusammen. Durch den Verlust wird die Kindheitswelt tiefer ins Innere gerückt.

Am Anfang des Aufenthalts in Gleiwitz strotzt Horst Bienek vor Enthusiasmus. Je weiter seine Reise führt, umso mehr läßt seine Begeisterung nach. Die Wiedergabe der Reiseereignisse ist voll von Ausrufezeichen, die ein Ausdruck des Hingerissenseins sind. *"Die Birken, die Chausseen, die Luft, der Himmel, der Himmel (...) und jetzt noch der Žurek! Ich esse Kindheit!"* [239] Die Aufregung und die Freude über jede Kleinigkeit, die dem Aufbewahrten entspricht, erfüllen den Reisenden. Ungeduldig und gespannt wartet er auf die Begegnung mit seiner Stadt, er ist so außer sich, daß es ihm *"viel zu langsam vorwärts auf dieser Chaussee"* [240] geht. Den ersten Tag des Aufenthaltes in Gleiwitz erlebt der Autor wie *"in einem Fiebertraum".* [241]

Jede Begegnung mit einer Stätte der Kindheit ist ein Erlebnis, mit jedem neu entdeckten Haus wächst die Neugierde, die Anspannung und die Wißbegierde, denn Horst Bienek ist *"auf der Suche nach der Wirklichkeit, jetzt und hier."* [242] Die Aufgabe, die Wahrheit über die eigene Kindheit herauszufinden, wird langsam gelöst. Der Schriftsteller kommt hinter seine Erinnerungen, hinter seine Vorstellungen und seine imaginäre Welt. Immer mehr Erinnerungen steigen in dem Besucher auf. *"Aber seltsam: sie werden immer vager, neutraler, distanzierter."* [243] Obschon das Damals mit dem Heute übereinstimmt, nimmt die Distanz sowohl zur Vergangenheit als auch zur Gegenwart allmählich zu. Die Freude, die Aufgeregtheit und das Gespanntsein schwinden dahin, ihren Platz nimmt die Reflexion ein und das Sich-Bewußtwerden der Vorgänge des menschlichen Geistes. Je länger der Aufenthalt in dem Geburtsort dauert und je deutlicher die Bilder werden, *"um so vergangener wird das Vergangene. Eine neue Gegenwart schiebt sich davor. Noch ein paar Tage, und die*

---

[238] Bienek, Reise in die Kindheit. Wiedersehen mit Schlesien, S. 180.
[239] Ebenda, S. 17.
[240] Ebenda, S. 27.
[241] Ebenda, S. 49.
[242] Ebenda, S. 78.
[243] Ebenda, S. 136.

Stadt wird mir fremd sein." [244] Entfremden kann also nicht nur die Tatsache, daß sich die vergangenen Bilder von den gegenwärtigen unterscheiden, sondern auch die Kongruenz der Wahrnehmungen schafft die Diskrepanz zwischen der Imagination und der Wirklichkeit.

Mit diesen Ausführungen wird noch einmal deutlich, daß die Bilder in all ihren Dimensionen – Gerüchen, Geräuschen, Landschaften – nur das Äußere der Heimatvorstellung kennzeichnen. Sie sind wie ein Gerüst, das man erst mit Substanz füllen muß. Die Menschen und ihre Sprache bilden den Inhalt in der Erfahrung von Heimat und von Kindheit. Es reicht nicht, das Gerüst wiederzufinden, um die verlorene Heimat wieder erleben zu können. Damit wird das Nachlassen der freudigen Gefühle von Horst Bienek bei seinem Wiedersehen mit dem Land seiner Kindheit verständlich.

Der Schriftsteller selbst ließ sich während der Arbeit an seinen Romanen nicht zu einer Reise nach Polen verlocken. Das innere Bild, das er jahrelang in sich trug, hätte wahrscheinlich so eine Prüfung nicht bestanden. Horst Bienek meint: *"Solange ich mit diesem Roman-Zyklus beschäftigt bin, kann ich nicht nach O/S fahren. Die Wirklichkeit würde meine Phantasie zerstören."* [245] Die Wiederbegegnung mit dem Kindheitsland würde nicht nur die Bilder der Phantasie, erfundene Bilder, sondern vielmehr die Erinnerung, die vergangene Wirklichkeit zerstören.[246]

III.1. Polnisches Oberschlesien

Horst Bienek führt die Darstellung von Oberschlesien in seinem Bericht von der Reise nach Polen weiter. Diese Beschreibungen des oberschlesischen Landes unterscheiden sich von dem romanhaften Bild dadurch, daß dieses Gebiet jetzt polnisch ist. Die Romane bieten dem Leser ein Bild von einem deutschen Land an, "Die Reise in die Kindheit" ist dagegen eine Reise nach Polen und läßt den Leser ein ihm fremdes Land kennenlernen. Es ist ein Einblick in die polnischen Verhältnisse 40 Jahre nach dem Krieg. Natürlich ist der Blick des Schriftstellers von seiner Heimatvorstellung geprägt, gleichwohl sind seine Bemerkungen sehr treffend. *"Jetzt ist es dunkel draußen und niemand*

---

[244] Bienek, Reise in die Kindheit. Wiedersehen mit Schlesien, S. 136.
[245] Bienek, Beschreibung einer Provinz, S. 122.
[246] Auf das Abschirmen der Vergangenheit vor der Gegenwart wird im Kapitel V.2 genauer eingegangen.

mehr auf der Straße, obwohl es noch nicht sehr spät ist. Daran muß ich mich ohnehin erst gewöhnen, daß in Polen auch in den großen Städten nach zehn Uhr abends nichts mehr los ist."[247]

Der Blick eines Zurückkehrenden ist viel schärfer als der eines Außenstehenden. Die Vergleiche bringen sehr feine und genaue Bilder ans Licht. Vieles fällt dem Schriftsteller auf und er sieht genau, *"daß nur die Bäume auf meiner linken Seite weiße Blüten zeigen. Zur Rechten sind die Stämme schwarz und verkrüppelt und nur noch hier und da sprießen aus verdorrten Ästen ein paar grüne Blätter."*[248] Die Ursache für die kranke Natur ist die Industrie. Oberschlesien war immer schon ein Industrieland, jetzt ist diese Gegend ein Gebiet mit der stärksten Umweltverschmutzung in Polen. In den Romanen ist jedoch noch der Stolz der Menschen auf ihr reiches Industrieland zu spüren. Jetzt zeigt der Schriftsteller die Folgen des Reichtums dieser Erde.

Ein anderes Faktum hat einen sehr großen Einfluß auf das Bild des polnischen Landes: Geldmangel. *"Die Häuser hier verfallen. An einer Straßenseite sind die bröckelnden Fassaden einfach hinter einem Holzzaun versteckt. (...) Hier könnte ein schönes Stück sanierte Altstadt entstehen. Aber es fehlt an Geld."*[249] Zum Vorschein kommt das typische Bild eines sozialistischen Staates. Neben der offiziellen Welt mit Parteibuchhandlungen und schmutzigen Schaufenstern existiert die Welt des Schwarzen Marktes. *"Der Schwarzmarkt blüht, und mir werden gleich, der Reihe nach, Hongkong-Uhren, Parker-Kugelschreiber und Nescafé-Dosen angeboten."*[250] Genauso wie es während des Krieges einen Staat im Untergrund gab, gibt es im Polen der achtziger Jahre einen "Valuta – Staat", in dem man alles kaufen kann, man muß nur genug ausländisches Geld haben.

Die heutigen Oberschlesier leben wie ihre Vorfahren in der alten *"Zerrissenheit ihrer Seele. Das war schon immer so hier bei den Menschen an der Grenze, auf beiden Seiten."*[251] Es wurde wieder über die Menschen entschieden, die Schlesier sind jetzt Polen. Diejenigen, die nach dem II. Weltkrieg in Gleiwitz geblieben sind, *"mußten allerdings das Obywatelstwo unterschreiben, damit also die polnische Staatsbürgerschaft annehmen"*[252], sonst war es ihnen nicht möglich, in ihrer Heimat zu bleiben. Die heutigen Schlesier sprechen polnisch und leben in Polen, ihre Wurzeln sind jedoch deutsch. Viele von ihnen können gar kein deutsch

---

[247] Bienek, Reise in die Kindheit. Wiedersehen mit Schlesien, S. 15.
[248] Ebenda, S. 25.
[249] Ebenda, S. 32.
[250] Ebenda, S. 43.
[251] Ebenda, S. 162.
[252] Ebenda, S. 163.

verstehen. *"Sie sind nicht mehr Deutsche – aber sind sie richtige Polen?"* [253] Die Frage läßt sich kaum beantworten, obwohl es jetzt einfacher zu entscheiden ist als noch vor 60 Jahren, denn von allen Seiten werden die Schlesier zur Zeit als Polen betrachtet.

Die polnische Stadt Gliwice gilt *"als eine Wissenschaftsstadt. Hier gibt es inzwischen eine Technische Universität, verschiedene Fachhochschulen, Ingenieurschulen. Man sagt, südlich von Warschau gibt es keine bessere Ausbildungsstätte für Techniker."* [254] Horst Bienek schenkt seine Aufmerksamkeit sowohl der Geschichte als auch der Gegenwart seines Geburtsortes. Die Geschichte der 700 Jahre alten Stadt faßt der Schriftsteller in einem kurzen Abschnitt zusammen, ohne die wichtigsten Ereignisse zu vergessen. Die geschichtliche Darstellung vervollständigt das Bild der Stadt. Es ist jedoch zu merken, daß der Schriftsteller sich viel mehr für das Jetzt seiner Heimat interessiert. Es ist für Horst Bienek *"eine Stadt wie viele auch bei uns. Und doch ganz anders."* [255] Die Andersartigkeit liegt einerseits darin, daß es eine polnische Stadt ist, andererseits darin, daß es der Geburtsort des Schriftstellers ist, und der Geburtsort ist anders als alle anderen Städte in der ganzen Welt.

Seine Reise nach Polen schließt Horst Bienek mit der Erkenntnis ab: *"Die Stadt meiner Kindheit, Gleiwitz, hat sich nicht verändert."* [256] Es ist eine Erkenntnis, die den Reisenden in die Heimat mit Freude erfüllen sollte. Diese Tatsache bedeutet jedoch für den Schriftsteller *"eine Erstarrung, eine Versteinerung, eine Lähmung"*; diese Lähmung der Stadt ergreift auch die Menschen, die in dieser Stadt leben, und das *"ist das Erschreckende daran"*.[257] Der ursprüngliche Wunsch, alles vorzufinden wie es einmal war, geht in einen anderen Wunsch über, nämlich, daß seine Geburtsstadt und ihre Einwohner ihr Leben in einer besseren Welt leben könnten. Nicht nur die Zeit soll verfließen, sondern auch die Bilder sollen es, denn *"schlimmer als die furchtbarste Veränderung ist: keine Veränderung."* [258]

---

[253] Bienek, Reise in die Kindheit. Wiedersehen mit Schlesien, S. 163.
[254] Ebenda, S. 83.
[255] Ebenda, S. 86.
[256] Ebenda, S. 179.
[257] Ebenda.
[258] Ebenda, S. 180.

III.2. Literarische und persönliche Heimat

Bieneks Heimatverständnis, das er in seinen Romanen herausarbeitet, wird in seinen Reisebeschreibungen konkret. Bienek fährt nach Gliwice mit einem vorgefertigten Bild von der Heimat. Durch die Arbeit an seiner Tetralogie hat er sich mit der Heimatproblematik auseinandergesetzt und sich überlegt, was für ihn Heimat bedeutet. Seine Heimatvorstellung konkretisiert er jedoch erst in "Reise in die Kindheit. Wiedersehen mit Schlesien" und "Birken und Hochöfen. Eine Kindheit in Oberschlesien". In diesen literarischen Berichten über eine Heimatreise spricht Horst Bienek ganz offen von seiner eigenen Heimat und von seiner persönlichen Auffassung von Heimat. Die Romane sind dagegen eine literarische Gestaltung des persönlichen Heimatverständnisses.[259]

Die Heimatvorstellung, die in der Gleiwitzer Tetralogie vermittelt wird, und die, die durch die persönliche Erfahrung der Wiederbegegnung mit der Heimat deutlich wird, unterscheiden sich kaum voneinander. Obwohl Bienek die Realität seiner Romane von den Einflüssen der Gegenwart völlig abgeschirmt hat, weist das Heimatverständnis der Romane die gleichen Aspekte auf wie sein persönliches Heimatverständnis, das sich während der Reise nach Gliwice erschließt. Sowohl im Romanzyklus als auch in den Reisebeschreibungen setzt sich Heimat aus Landschaft, Sprache, Menschen, Erinnerung zusammen. Die geringen Unterschiede in der Heimatauffassung in Bieneks Werken hängen mit der andersartigen Art und Weise zusammen, wie er an das Thema herangeht. In der Gleiwitzer Tetralogie läßt Bienek eine Welt entstehen, die in sich eine Einheit bildet und die von der Gegenwart des Schriftstellers unabhängig ist. Die Heimat des oberschlesischen Zyklus ist eine vergangene Heimat. Ihr Verständnis wird aus den Erlebnissen und aus den Erfahrungen der Vergangenheit abgeleitet. Bieneks Heimat, die er nach der Reise in sein Kindheitsland schildert, ist dagegen eine Heimat, die aus dem Zusammentreffen der Vergangenheit mit der Gegenwart entsteht. Die vergangene Heimat wird durch die gegenwärtigen Bilder des Geburtsortes in Frage gestellt.

Auffallend ist jedoch, daß beide Heimatauffassungen ähnliche Aspekte dieses Begriffes aufweisen. Es wäre zu erwarten, daß die Wahrnehmung der Heimat und das Verständnis für die Heimat sich durch eine Wiederbegegnung mit dem Kindheitsland ändern. Die Landschaft, die man durch Bilder, Gerüche und Geräusche wahrnehmen kann, ist sowohl für Horst Bienek als auch für seine Romangestalten wichtig. Die Sprache ist für Oberschlesier ein Zeichen der Identität und sie läßt die Menschen sich in ih-

---

[259] Deswegen wurde die Heimat, die sich aus den Romanen erschließt und die Heimat, die sich aus einer Reise in das Kindheitsland erschließt, gesondert behandelt.

rer Heimat heimisch fühlen. Bienek vermißt in Gliwice die Sprache seiner Kindheit; es ist derzeit keine deutsche Heimat mehr, sondern eine polnische. Die Menschen, die diese Sprache sprechen konnten, haben genauso wie der Schriftsteller ihre Heimat verlassen oder leben nicht mehr.

In Silbergleits, Zoppas und Irmas Heimatgefühl spielen die Menschen eine große Rolle und sie sind weder durch die Landschaft noch durch die Sprache zu ersetzen. Silbergleit und Zoppas kommen in ihre Heimat zurück und ihre Heimaterfahrung wird durch die Begegnung mit dem Land der Kindheit geprüft. Bieneks eigene Reise nach Gliwice erinnert an die Szenen der Wiederbegegnung dieser Romangestalten mit der Heimat. Bienek selbst hat zu diesem Zeitpunkt, als er Silbergleits und Zoppas Wiedersehen mit Gleiwitz literarisch gestaltet hat, noch keine Reise in die Heimat erlebt. Trotzdem kann er die Gefühle eines Zurückreisenden nachvollziehen und sie darstellen. Mit seinen Romanen hat er eine literarische Reise in seine Heimat unternommen und eine wirkliche Reise nach Gliwice vorweggenommen, denn sie stand ihm noch bevor.

Die Reise nach Gleiwitz läßt Bienek erkennen, was für das Heimatgefühl entscheidend ist. Die Oberschlesier der Gleiwitzer Tetralogie leben im Zauber ihres Landes und obwohl einige von ihnen bemerken, daß Menschen wichtiger sind als das Land selbst, dominiert unter ihnen die Auffassung, daß die Landschaft die eigentliche Heimat ist. Auch für Bieneks Heimatvorstellung scheint das Land konstituierend zu sein. Er schließt sein Kindheitsland in den Romanen ein und schützt es vor der Gegenwart. Erst während seiner Reise nach Polen wird ihm bewußt, daß die abgeschlossene und vergangene Welt nicht existiert. Das Land, das ihm Heimat war, gibt es nicht mehr, weil das Land nicht nur Landschaft ist, sondern weil zu dem Land die Menschen und die Sprache gehören.

Die Arbeit an dem oberschlesischen Romanzyklus war für Horst Bienek eine Auseinandersetzung mit der eigenen Herkunft und mit der Heimatproblematik. Die eigentliche Auseinandersetzung mit der Heimat bildet jedoch die Reise nach Polen. Die Heimat, die er in seinen Romanen beschworen hat, findet er nicht in der Außenwelt, denn *"Oberschlesien ist"* für ihn *"nicht mehr Heimat"*.[260] Horst Bienek hat sich jahrelang bemüht, seine Heimat festzuhalten. Der Romanzyklus ist ein Versuch, Heimat zu erfassen und sie als ein aufgehobenes Bild weiterleben zu lassen. Vor der Reise nach Polen war es dem Schriftsteller jedoch nicht bewußt, daß er die Vergangenheit nur literarisch festhalten kann. Die literarische Auseinandersetzung entsprang dem Wunsch und der Auffas-

---

[260] Bienek, Reise in die Kindheit. Wiedersehen mit Schlesien, S. 180.

sung, daß die Vergangenheit ungestört in der Gegenwart existieren könne, ohne daß sie von der Wirklichkeit beeinflußt werde. In Gliwice erkennt Bienek, daß es nicht möglich ist, die Vergangenheit für sich festzuhalten. Dies gelingt nur in der Literatur.[261]

---

[261] Vgl. dazu: Bienek, Reise in die Kindheit. Wiedersehen mit Schlesien, S. 181.

IV
HISTORISCHE WAHRHEIT UND SCHRIFTSTELLERISCHE ERFINDUNG.

> "Wer einen Autor kennen will, soll seine Bücher lesen.
> Denn darin kann der Autor, so sehr er sich auch bemühen mag, nichts verbergen;
> nur der Leser kann blind und taub sein."
>
> Janosch

Die schriftstellerische Erfindung hängt mit der von dem jeweiligen Schriftsteller erlebten Wirklichkeit zusammen. Seine Werke sind ohne seine subjektive Wahrheit und ohne die historische Wahrheit der Zeit nicht zu verstehen. Die Gleiwitzer Tetralogie von Horst Bienek ist aus dem Zusammenwirken der subjektiven Erfahrungen des Schriftstellers mit den historischen Ereignissen der Jahre 1939 – 1945 entstanden. Da die oberschlesischen Romane mit dem historischen Hintergrund des II. Weltkrieges eng verbunden sind, stellt sich die Frage, welchen Freiraum die Kriegsereignisse der schriftstellerischen Erfindung lassen. Horst Bienek war es wichtig, *"auch künftigen Lesern diese Zeit deutlich, gegenwärtig, nacherlebbar"* [262] zu machen. Demnach bilden die historischen Ereignisse das Gerüst der Romane, die Fiktion belebt dieses Gerüst und macht die Tetralogie zu einem literarischen Werk.

IV.1. Historische Wahrheit in der Gleiwitzer Tetralogie

Die Generation, die den II. Weltkrieg miterlebt hat, kann ihr Leben nicht ohne einen Zusammenhang mit diesem Krieg betrachten. Für Horst Bienek, wie für viele seines Jahrgangs, wurde der Krieg zu einem wichtigen Einschnitt in seinem Leben. Er erlebt den Krieg als Kind und als Jugendlicher. In seiner literarischen Arbeit kann er sich jedoch nicht auf seine eigenen Erinnerungen verlassen. Der Schriftsteller forscht nach, seine Perspektive reicht ihm nicht aus, um die Ereignisse des Krieges wahrheitsgemäß und objektiv darzustellen. Es ist auffallend, daß die Forschungen nur die politischen und

---

[262] Bienek, Das allmähliche Ersticken von Schreien. Sprache und Exil heute, S. 104.

die äußeren Geschehnisse betreffen. Heimat, die dem inneren und persönlichen Bereich angehört, verlangt keine genauere geschichtliche Untersuchung und Überprüfung. Sie bildet eine subjektive Wahrheit, die sich der Geschichte in dem Maße entzieht, in dem sie jedem Menschen und nicht der Allgemeinheit gehört.

Die Geschehnisse des ersten Teils der Oberschlesischen Tetralogie spielen am 31. August 1939, am Tag vor dem Ausbruch des II. Weltkrieges, am Tag des Überfalls auf den Gleiwitzer Sender. Horst Bienek gestaltet den Überfall zu einem zentralen Ereignis seines Romans "Die erste Polka". *"Der Überfall auf den Gleiwitzer Sender müßte zentral sein und zugleich auch den Charakter der Beiläufigkeit haben. Denn wie geschichtsträchtig dieses Ereignis war, konnte damals keiner der Beteiligten ermessen. Das Ganze eher aus der Perspektive des Nichtwissens, der Naivität beschreiben. Vielleicht sollten das die Kinder erleben. Ja, ich muß das aus ihrer Perspektive beschreiben."*[263] Der Schriftsteller sucht sich die Perspektive aus, aus der er erzählt; das Erzählte aber weicht nicht von der historischen Wahrheit ab. Das Erzählen aus dem Blickwinkel der Kinder läßt dem Leser den Überfall zwar beiläufig vorkommen; zugleich merkt man aber die Gewichtigkeit dieses Ereignisses, weil es für die Kinder, die sich in einem Kanalrohr versteckt haben, ein außergewöhnliches und geheimnisvolles Erlebnis ist. *"Zwei Männer sprangen heraus und redeten mit den andern, dann gingen sie zurück zu ihrem Auto, zerrten etwas heraus, (...), es war ein Mensch (...), sie schleppten ihn an den Achseln und an den Beinen durch die Pforte im Zaun den Weg entlang bis zum Sendegebäude, dort ließen sie ihn auf der Treppe liegen. Einer der Männer zog eine Pistole und zielte auf den, den sie da hingelegt hatten (...); es knallten drei Schüsse. Dann liefen die beiden Männer zurück, stiegen in das Auto ein und fuhren weg. Andreas war der erste, der etwas sagte. Er flüsterte: Das ist unheimlich, unheimlich...Das ist ein Überfall..."*[264]

Nach genauer Forschungsarbeit gewinnt Horst Bienek *"ein ziemlich vollständiges Bild vom Ablauf des Überfalls."*[265] Seine Darstellung entspricht demnach der historischen Wahrheit, die er durch die Aufzeichnungen der Zeugen ermittelt.[266] Die Ereignisse erlauben es dem Schriftsteller dennoch, sie frei zu gestalten, ohne daß er sich die Geschichte zugunsten der schriftstellerischen Erfindung zurechtbiegt. Jede Kleinigkeit, die für den Lauf der Geschichte von Bedeutung ist, wird überprüft. Horst Bienek erkundigt

---

[263] Bienek, Beschreibung einer Provinz, S. 19.

[264] Bienek, Die erste Polka, S. 160.
Vgl. dazu: Henric L. Wuermeling, August '39, S. 167.

[265] Bienek, Beschreibung einer Provinz, S. 19.

[266] Horst Bienek nennt die historischen Quellen, die er benutzt in "Beschreibung einer Provinz". Vgl. dazu: Bienek, Beschreibung einer Provinz, S. 19.

sich nach den Wetterverhältnissen dieser Region. *"Denn natürlich sind die Reaktionen der Kinder anders, wenn an diesem Abend kein Vollmond, sondern ein wolkenverhangener Himmel war...oder Regen. Stelle den Wecker auf fünf Uhr fünfundvierzig. Will sehen, wie der Himmel um diese Morgenzeit aussieht."* [267] Horst Bienek versucht jede Einzelheit, die für den Überfall wichtig sein könnte, wahrheitsgemäß darzustellen. Die genauen Forschungsarbeiten dienen aber nicht nur dem Vorhaben, eine objektive Wahrheit herauszuarbeiten und ein "Geschichtsbuch" zu schreiben, sondern sie beeinflussen vielmehr den Freiraum der schriftstellerischen Darstellung und der literarischen Wahrheit.

Entsprechend seinen Ermittlungen läßt der Schriftsteller die Männer, die den Gleiwitzer Sender überfallen haben, im Hotel "Haus Oberschlesien" übernachten, in dem die Hochzeit von Irma Piontek gefeiert wird. Andreas, den Horst Bienek zum Augenzeugen des Überfalls macht, erkennt einen der Männer wieder, die er am Abend in der Tarnowitzer Straße gesehen hat: *"Andreas kam das Gesicht des einen Mannes bekannt vor, und er erinnerte sich auch gleich, wo er es schon gesehen hatte. Der müßte bei den Leuten gewesen sein, die den Sender überfallen hatten, ja, je länger er ihn von der Seite her ansah, um so sicherer war er sich, daß er dabei gewesen sein müßte, daß war genau jener Mann, der die andern eingewiesen hatte, ja, das war er."* [268] Die schriftstellerische Erfindung und die geschichtliche Wahrheit stellen sich als eine untrennbare Einheit heraus. Die Perspektive der Kinder, aus der der Schriftsteller von dem Überfall berichtet, und die Hochzeit gehören zu der Realität des Romans. Der Überfall selbst: insgesamt drei Limousinen, Zivilisten, Übernachtung der Männer im "Haus Oberschlesien" gehören der realen Geschichte an.[269]

Obwohl zwei Jugendliche Augenzeugen des Überfalls sind, bleibt die Perspektive der Erwachsenen im Roman nicht aus. Der kranke Leo Maria ist auch Zeuge des Überfalls auf den Sender. Er hört den Gleiwitzer Sender und wundert sich über die Unterbrechung, die durch den Zwischenfall verursacht wird. *"Also, es muß so zehn vor acht gewesen sein, ja, so ungefähr, auf einmal gab es ein Knacken im Radio, das hab ich gleich gehört, denn danach war der Ton weg, eine richtige Unterbrechung, und in der Stille kam immer wieder das Knacken. Auf einmal war da eine polnische Stimme, lauter als sonst, als ob da jemand in das Mikrophon hineinschrie... (...) Die Stimme sagte ganz deutlich: Achtung, Achtung, hier ist Gleiwitz. Der Sender befindet sich in polnischer Hand..."* [270] Bemerkenswert ist, daß sowohl die Augenzeugen als auch der Zeuge am Empfänger nicht im Mittelpunkt des Geschehens dieses Abends stehen.

---

[267] Bienek, Beschreibung einer Provinz, S. 19.
[268] Bienek, Die erste Polka, S. 243-244.
[269] Vgl. dazu: Henric L. Wuermeling, August '39, S. 164-168.
[270] Bienek, Die erste Polka, S. 309.

Die Nebenfiguren berichten von dem Überfall, den sie miterlebt haben. Davor schiebt sich die Hochzeit, das Brautpaar und die dominierende Gestalt der Mutter, Valeska Piontek. Auf diese Art und Weise wird dem Leser deutlich gemacht, daß die Hochzeit von Irma Piontek *"eine Seite war, der Krieg die andere."*[271]

Horst Bienek geht sehr präzise mit der geschichtlichen Wahrheit um, er flicht sie vorsichtig und sehr wahrheitsgetreu in das Romangeschehen ein. Leo Maria berichtet nämlich seiner Frau, daß der Überfall auf der Breslauer und Troppauer Welle nicht übermittelt wurde. In "Beschreibung einer Provinz" erklärt der Schriftsteller, wie es dazu gekommen ist, daß die Unterbrechung nur in Gleiwitz zu hören war. *"Himmler, der um diese Zeit am Radio saß und den Reichssender Breslau hörte (…) bekam nichts von dem Überfall mit, das Programm lief ungestört weiter. Wütend soll er später im Hotel in G. angerufen und gefragt haben, warum es nicht geklappt habe. Über das Gewittermikrophon konnte nämlich nur der Sendebetrieb von Gleiwitz gestört werden, nicht die Welle Breslau, die Himmler hörte."*[272] Obwohl von einem literarischen Werk keine genaue und vollständige Darstellung der geschichtlichen Zusammenhänge zu erwarten ist, geht Horst Bienek sehr sorgfältig mit der Geschichte um, so daß seine Romane auch als ein Zeitzeugnis herangezogen werden können. Es werden jedoch vom Leser Kenntnisse der Geschichte verlangt, um die bestimmten Ereignisse, die im Roman dargestellt werden, richtig der Wirklichkeit oder der Fiktion zuzuordnen. Sonst kann es zu einer Entstellung der Geschichte kommen.

Für das Romangeschehen ist jedoch die Perspektive, aus der über den Überfall berichtet wird, wichtiger als die wahrheitsgemäße Darstellung der Geschichte. Die Jugendlichen, die Zeugen des Überfalls auf den Gleiwitzer Sender, sind die Unwissenden. Sie wissen nicht, was sie sehen. Sie vermuten nur, daß sie Zeugen eines wichtigen Ereignisses sind. Sie sind viel mehr mit sich selbst beschäftigt und mit ihrer Angst: *"Andreas spürte wieder die Ader in seiner Stirn klopfen. Er überlegte, was er ihnen sagen würde, wenn sie sie hier in dem Kanalrohr entdeckten."*[273] Voll Neugierde und Angst beobachten Ulla und Andreas aus dem Ausschnitt des Kanalrohrs die Ereignisse am Gleiwitzer Sender. Die Enge, die Angst bringt sie näher. *"Ihre Wangen berührten sich wie unabsichtlich, und ihre Lippen verbissen sich ineinander, und der Blitz, der sich dabei entlud, hätte ihnen sagen müssen, daß sie mit zu viel Spannung aufgeladen waren."*[274] Ein geschichtliches Ereignis steht in unmittelbarer Nähe zum persönlichen Erleben. Die Weltgeschichte kann mit der persönlichen Geschichte nicht nä-

---

[271] Bienek, Die erste Polka, S. 309..
[272] Bienek, Beschreibung einer Provinz, S. 20.
[273] Bienek, Die erste Polka, S. 159.
[274] Ebenda, S. 160.

her dargestellt werden als in der Beschreibung des Überfalls auf den Gleiwitzer Sender. Die Jugendlichen sind Augenzeugen eines außergewöhnlichen Vorfalls und trotzdem ist für sie ihr persönliches Empfinden füreinander wichtiger als die Ereignisse außerhalb ihres Lebens.

Durch die Kinderperspektive erreicht Horst Bienek, daß von dem historischen Geschehnis wie beiläufig erzählt wird. Diese Perspektive macht jedoch deutlich, daß viele Deutsche dieses Ereignis kaum wahrgenommen haben, so wie die Hochzeitsgäste im Haus Oberschlesien. Ulla und Andreas sind die Nichtsahnenden, sie denken immer noch: *"Und Krieg (...) wird's ja wohl heute nacht nicht geben."* [275] So ahnungslos wie diese Jugendlichen waren viele Deutsche beim Kriegsausbruch. Sie konnten und wollten nicht verstehen, daß der Krieg auch ihr Leben unmittelbar betrifft.

Die Beschlagnahme der Glocken aus der Peter-Pauls-Kirche steht im Zentrum des dritten Teiles des Romanzyklus von Horst Bienek. Schon der Titel dieses Romans – "Zeit ohne Glocken" – deutet das zentrale Ereignis an. Auch bei der Darstellung der Glockenabnahme bewegt sich der Schriftsteller zwischen Wirklichkeit und Phantasie. Um das Ereignis der Glockenabnahme gewichtiger und zentraler erscheinen zu lassen, setzt sie Horst Bienek auf den Karfreitag, den 23. April 1943 fest. Wenn auch das genaue Datum nicht stimmt, so hält sich der Autor dennoch an die Geschichte. Seinen Ermittlungen zufolge weiß er, daß man die Glocken aus dem Reichsgebiet erst von 1942 an holte. Demnach ist der Zeitpunkt, an dem es zu diesem Ereignis im Roman kommt, gerechtfertigt. Die Glocken der Peter-Paul-Kirche wurden jedoch während des II. Weltkrieges gar nicht abgenommen und abtransportiert. Die Glocken aus den Gleiwitzer Kirchen wurden im November 1942 beschlagnahmt, der von dem Verfasser der Oberschlesischen Tetralogie beschriebenen Kirche blieben die Glocken erhalten.[276] Um seine Darstellung glaubwürdig zu machen, führt Horst Bienek die gesetzliche Anordnung, die die *"Abgabe von Kirchenglocken aus Bronze"* [277] betrifft, in seinem Roman an: *"Um die für eine Kriegführung auf lange Sicht erforderliche Metallreserve zu schaffen, ordne ich an: 1. Die Glocken aus Bronze und Gebäudeteilen aus Kupfer enthaltenen Metallmengen sind zu erfassen und unverzüglich der deutschen Rüstungsreserve dienstbar zu machen."* [278]

Die Erwähnung der gesetzlichen Grundlage zeigt den Wunsch des Schriftstellers, das Geschehen seiner Romane für andere Generationen nachvollziehbar zu machen. Die

---

[275] Bienek, Die erste Polka, S. 161.
[276] Vgl. dazu: Marek Gabzdyl, Gliwice wczoraj. Gleiwitz gestern, S. 132-133.
[277] Bienek, Zeit ohne Glocken, S. 159.
[278] Ebenda.

Reaktion der Oberschlesier, die im Roman zu Augenzeugen der Glockenabnahme werden, ist jedoch dem Schriftsteller noch wichtiger. Die literarische Schilderung der Stimmung der katholischen Bevölkerung Oberschlesiens bei der Beschlagnahme der Glocken weicht von der geschichtlich ermittelten Reaktion nicht ab. Mit Zurückhaltung und Empörung beobachten die Romangestalten das Geschehen am Kirchplatz. *"In anderen Städten haben die Kirchen ihre Glocken unter Jubelfeiern geopfert. Das wenigstens machen wir nicht mit. Aber weigern können wir uns nicht."* [279] Die Auskünfte der "Ev. Arbeitsgemeinschaft für kirchliche Zeitgeschichte" in München sind dem Schriftsteller bei der Ermittlung der Reaktion der Bevölkerung sehr hilfreich gewesen. Aus dieser Quelle weiß Horst Bienek, daß die Katholiken *"nüchtern die Gesetze der Reichsregierung publiziert"* haben, *"weiter nichts"*.[280]

Den Zeitpunkt der Glockenabnahme gestaltet Horst Bienek nach seinem literarischen Vorhaben. Die Glockenabnahme am Karfreitag soll die Tragik dieses Ereignisses verdeutlichen und ihre Bedeutung für die katholische Bevölkerung Oberschlesiens hervorheben. Vor allem jedoch ist die Glockenabnahme ein Indiz für das Zugrundegehen der alten Welt. Der Krieg zerstört das alte Leben und läßt dem Menschen keine Anhaltspunkte mehr. Der Krieg vermag auch in das religiöse Leben des Menschen einzudringen, das dem Einfluß von Außen am wenigstens ausgesetzt ist. Der II. Weltkrieg kennt jedoch diese Grenze nicht, er und die Zerstörungen, die er mit sich bringt, dringen in den Menschen ein und nehmen ihm alles. Horst Bienek will mit seinen Romanen zeigen, daß Oberschlesien schon mit dem Kriegsausbruch verspielt wurde.

Bei seiner Recherche erfährt Horst Bienek, daß nur der Kardinal Faulhaber die Weihnachtsbotschaft des Papstes von 1942 seinen Gläubigen verlesen ließ. Der Schriftsteller verwendet dieses Motiv in seinem Roman. Er läßt den Erzpriester Pattas die päpstliche Botschaft von der Kanzel verlesen. *"Muß ich Sie daran erinnern, daß der würdigste Herr Erzpriester die letzte Weihnachtsbotschaft des Papstes von der Kanzel verkündet hat, entgegen einem Wunsche des allerwürdigsten Herrn Fürsterzbischofs Betram? Er war wohl der einzige Pfarrer in ganz Schlesien, der das getan hat, und sie werden sich an die Proteste erinnern…"* [281]

Horst Bienek läßt das Ereignis selbst in seinem Roman unverändert. Er arbeitet immer wieder mit der Perspektive, aus der er von den historischen Vorfällen berichtet. Die Tatsache, daß ein Priester trotz des Verbotes von Kardinal Betram, dem damaligen Vorsitzenden der Bischofskonferenz, die Botschaft des Papstes von der Kanzel verlesen hat, daß es nur ein Priester gewagt hat, stimmt mit der Geschichte überein. Der Schrift-

---

[279] Bienek, Zeit ohne Glocken, S. 158-159.
[280] Bienek, Beschreibung einer Provinz, S. 116.
[281] Bienek, Zeit ohne Glocken, S. 159.

steller nennt die Person, die die päpstliche Botschaft verlesen hat, das entspricht jedoch nicht der historischen Wahrheit. In "Zeit ohne Glocken" ist der Mutige nicht der Kardinal Faulhaber, sondern der Erzpriester Pattas. Demzufolge dienen die geschichtlichen Ereignisse den literarischen Absichten. Diese Behauptung ist gerechtfertigt, wenn man bedenkt, daß Bienek nicht alle historischen Ereignisse der Jahre 1939-1945 in seinen Romanen berücksichtigt und schildert.

Am 19. Januar 1945 kam ein Zug *"der KZ-Häftlinge aus dem aufgelösten Konzentrationslager Auschwitz durch Gleiwitz. Schnee. Sehr kalt."* [282] In "Beschreibung einer Provinz" fehlen diesmal Angaben, die das Nachforschen des Schriftstellers belegen würden. Es wird nur von einem Gespräch mit Jean Améry berichtet. Es ist zu vermuten, daß dieser Austausch die Erinnerung des Schriftstellers bestätigt hat. Horst Bienek war Augenzeuge dieses Ereignisses. Aus seiner eigenen Erfahrung berichtet er in "Erde und Feuer" von dem Zug der Häftlinge, *"der nicht enden wollte, und eigentlich gingen sie auch nicht, sie taumelten".* [283] Diese Erfahrung hat sich im Gedächtnis des jungen Horst Bienek so tief eingeprägt, daß er, um seine Darstellung glaubhaft zu machen, keine Recherche betreiben mußte. In "Reise in die Kindheit" bekennt sich Horst Bienek zu diesem einschneidenden Erlebnis. *"Ich war vierzehn, als mir auf dem Weg nach Haus der Zug von Kzlern entgegenkam, es war Januar 1945, das KL Auschwitz wurde geräumt. Darüber redete die ganze Stadt. Die Menschen standen am Wege und sahen schweigend zu. Es war früher Nachmittag, und es fing an zu schneien. Die Kapos schlugen mit Stöcken auf die Gestreiften ein. Vorneweg und am Schluß gingen die deutschen Bewacher mit Maschinengewehren. Ich habe dieses Bild nie vergessen."* [284] Zwischen dem 17. und 19. Januar 1945 wurden an die sechzigtausend Häftlinge aus Auschwitz evakuiert. Ein Teil der evakuierten Häftlinge des Konzentrationslagers ging nach Gleiwitz, wo sich kleinere Konzentrationslager (Teile des Vernichtungslagers Auschwitz) befanden. Horst Bienek war also Zeuge der Evakuierung der Häftlinge, die in einem endlosen Zug durch Gleiwitz gingen. [285]

Der Leser von "Erde und Feuer" ist jedoch kein Zeuge des unheimlichen Zuges, der im Winter 1945 durch Gleiwitz ging. Er erfährt von diesem Ereignis aus der Erzählung von Valeska: *"Plötzlich kam mir dieser Zug aus dem Schnee entgegen, wie aus dem Nichts, sie gingen in Fünferreihen oder auch in Sechserreihen, jedenfalls nahmen sie fast die ganze Straße ein".* [286]

---

[282] Bienek, Beschreibung einer Provinz, S. 167.
[283] Bienek, Erde und Feuer, S. 93.
[284] Bienek, Reise in die Kindheit. Wiedersehen mit Schlesien, S. 117.
[285] Vgl. dazu: Obozy hitlerowskie na ziemiach polskich 1939-1945, S. 368.
[286] Bienek, Erde und Feuer, S. 93.

Der Krieg kommt zwar nach Gleiwitz, er wird jedoch immer noch kaum wahrgenommen. Obwohl die Häftlinge in die "heile" Gleiwitzer Welt eindringen, werden sie nur von einer einzigen Gestalt der oberschlesischen Romane gesehen. Die Oberschlesier bleiben immer noch taub und blind dem Unheil des Krieges gegenüber. Auch Valeska fällt es auf: *"Und wissen Sie (...) das Unheimlichste daran war, fuhr sie fort, man hörte nichts, ganz lautlos wälzte sich dieser Zug über die Straße, die Häftlinge hatten ihre Füße mit Lumpen und Draht umwickelt, die hatten einfach kein Schuhzeug...eine Armee von lautlosen Gespenstern im Schneetreiben."* [287] Der Krieg allgemein wird von den Oberschlesiern der Gleiwitzer Tetralogie als ein Gespenst angesehen. Es ist ein Gespenst, vor dem man sich zwar fürchtet, gegen das man aber nicht zu kämpfen weiß, weil es eben ein Gespenst ist und keine Wirklichkeit.

Obwohl Horst Bienek die Jahre von 1939 bis 1945 in seiner Heimatstadt Gleiwitz verbracht hat, berichtet er nicht von allen Ereignissen dieser Zeit aus eigener Erfahrung. Es ist anzunehmen, daß er den Ausbruch des Krieges und den Überfall auf den Gleiwitzer Sender nicht bewußt miterleben konnte, weil er zu diesem Zeitpunkt erst neun Jahre alt war. Den Abtransport der Glocken müßte er aber schon bewußt wahrgenommen haben. Ohne sich auf seine eigenen Erinnerungen zu verlassen, recherchierte der Schriftsteller in beiden Fällen, bevor er diese Ereignisse in seinen Romanen darstellte. Anders ist es mit der Schilderung des Luftangriffes auf Dresden. Horst Bienek war bis Oktober 1945 in Gleiwitz[288], so konnte er den Angriff auf Dresden, der im Februar 1945 stattgefunden hat, nicht miterlebt haben. Daher kann sich der Autor bei der Beschreibung dieses Angriffes nur auf historische Quellen beziehen und nicht auf eigene Erfahrung.

Die Darstellung des Luftangriffes auf Dresden ist mit ganz genauen und richtigen Zeitangaben versehen. Die Romangestalten hören *"kurz vor zehn Uhr abends die Sirenen"*[289] heulen. Nach den historischen Quellen *"warfen ab 22.03 Uhr"* die Bomber *"ihre tödliche Last"*.[290] Bienek beschreibt auch den zweiten und den dritten Luftangriff. Ohne die fiktiven Romangestalten und die Beschreibung der Reaktionen der Menschen, die im Roman diesen Angriff erlebt haben, würde die Darstellung dieses Ereignisses tatsächlich einem Bericht aus einem Geschichtsbuch ähneln. *"Am nächsten Tag, Aschermittwoch, folgte der dritte Angriff um 12.12 Uhr. Er dauerte elf Minuten. Eintausenddreihundertfünfzig amerikanische Flugzeuge vom Typ Liberator und Fliegende Festung, die um 7.40 Uhr von ihrem südenglischen Stützpunkt East Anglia gestartet waren und ohne einen einzigen Flakbeschuß über Bremen, Höxter und*

---

[287] Bienek, Erde und Feuer, S. 93.
[288] Vgl. dazu: Bienek, Reise in die Kindheit. Wiedersehen mit Schlesien, S. 159.
[289] Bienek, Erde und Feuer, S. 310.
[290] Bienek, Beschreibung einer Provinz, S. 203.

Magdeburg in den Dresdner Luftraum gelangten, warfen weitere 783 Tonnen Bomben auf die Stadt und gaben ihr den Todesstoß." [291] Bei der Beschreibung des dritten Angriffes scheint für Horst Bienek nur die wahrheitsgetreue Wiedergabe der Geschichte wichtig zu sein. Der berichtende Ton dieser Sätze überrascht ein wenig, es ist aber kaum anzunehmen, daß er damit zu begründen ist, daß Bienek diese Angriffe nicht selbst miterlebt hat. Der Schriftsteller hebt diesen Ausschnitt aus der Geschichte des II. Weltkrieges besonders hervor, was schon in dem Titel des den Zyklus abschließenden Teiles angedeutet wird. Der Roman heißt "Erde und Feuer", weil *"fünf Tage lang (…) die Sonne über Dresden nicht auf und nicht unter"* ging. *"Das Feuer war heller als die Sonne."* [292]

Über die Luftangriffe auf Dresden berichtet Horst Bienek aus der Perspektive von Gerhart Hauptmann und seiner Frau. Zu beachten ist, daß in der Gleiwitzer Tetralogie meistens einzelne Personen als Augenzeugen bestimmter Ereignisse fungieren. Es wird sowohl über den Überfall auf den Gleiwitzer Sender als auch über den Zug von Häftlingen des Konzentrationslagers als auch über die Geschichte Dresdens zu Ende des Krieges aus der Perspektive einer oder zwei Gestalten berichtet. Auf diese Art und Weise betont der Schriftsteller die Besonderheit dieser Ereignisse. Wenn jedoch beim Überfall auf den Gleiwitzer Sender nicht viele Zeugen dabeisein konnten, so sind die anderen in den Romanen dargestellten Ereignisse von vielen Menschen, gar von Tausenden, miterlebt worden. Nur die Beschreibung der Glockenabnahme bietet ein breites Spektrum an Zeugen und Zuschauern. Den Zug der Häftlinge und den Luftangriff gestaltet Bienek aus dem Blickwinkel von Einzelpersonen. Die Augenzeugen und die Leidensgenossen bleiben im Hintergrund, es ist ein Hinweis darauf, daß zwar viele von diesen Ereignissen betroffen waren, daß man jedoch die Menschen bei solchen Erfahrungen nicht als Masse betrachten darf, sondern sie als eigenständige Individuen sehen muß.

Aus dem Zusammenspiel der historischen Wahrheit mit der subjektiven Wahrheit, die die Realität der Romane darstellt, entsteht *"eine Wahrheit, ein Mythos, und beides zusammen."* [293] Ursprünglich wollte Horst Bienek sich an seine Leser wenden, indem er am Schluß seiner Tetralogie Rechenschaft über sein literarisches Vorhaben abgeben wollte. *"Ja, so ist es gewesen. Ich habe es dir erzählt mit vielen Stimmen, und nun weißt du, wie es dort unten zugegangen ist, und wie die Menschen dort gelebt und geliebt und gelitten haben, in einem Land, das es nicht mehr gibt und an das sich nur noch wenige erinnern, und einige Leute, die das gelesen haben, be-*

---

[291] Bienek, Erde und Feuer, S. 315.
[292] Ebenda.
[293] Bienek, Beschreibung einer Provinz, S. 208.

haupten ja auch, es sei anders gewesen, aber glaub mir, es war so".[294] Er hat jedoch die Absicht, diese Worte an den Leser zu richten, verworfen, sie stehen nicht am Schluß des Romanzyklus. Zu seinem früheren Entwurf bekennt sich Bienek in dem Kommentar zu seinen Romanen "Beschreibung einer Provinz". Er überläßt es dem Leser zu entscheiden, ob er die oberschlesischen Romane als einen Mythos oder als Geschichtsbücher verstehen will.

IV.2. Historische Gestalten der Gleiwitzer Tetralogie

Horst Bienek baut neben den politisch-historischen Ereignissen des II. Weltkriegs historische Gestalten in das Romangeschehen ein. Auf diese Art und Weise gelingt es dem Schriftsteller, Geschichte nicht kollektiv und unübersichtlich, sondern individuell und exemplarisch darzustellen. Im ersten Teil des Romanzyklus lernt der Leser Georg Montag kennen, der sich mit der Geschichte Oberschlesiens und vor allem mit dem Leben von Wojciech Korfanty beschäftigt. Mit Montags Tod tritt ein jüdischer Schriftsteller – Arthur Silbergleit – im Romangeschehen auf. In "Septemberlicht" und "Zeit ohne Glocken" wird die Geschichte der oberschlesischen Juden am Beispiel von Silbergleit geschildert. Bienek schafft mit der Gestalt des jüdischen Dichters eine Brücke zu Gerhart Hauptmann. Silbergleit erinnert sich an eine kurze Begegnung mit dem deutschen Schriftsteller. Im letzten Teil der Tetralogie wird der große Dichter nicht nur erwähnt, sondern er greift in das Romangeschehen ein.

IV.2.1. Wojciech Korfanty

Georg Montag, ein Jude der Gleiwitzer Romane, studiert den Lebenslauf des oberschlesischen Politikers Wojciech Korfanty. Die Biographie dieser historischen Gestalt, die sowohl für die Geschichte Polens als auch für die deutsche Geschichte von Bedeutung ist, flicht Horst Bienek in seinen Romanzyklus ein, um den Lesern die Geschichte dieser Provinz zu veranschaulichen. Während seiner Forschungsarbeit stößt der Schriftsteller auf eine Biographie von Korfanty, die von *"einem gewissen Ernst Sontag, Landgerichtsrat i.R."* [295] verfaßt wurde. Horst Bienek macht *"aus Sontag einen Landgerichtsrat*

---

[294] Bienek, Beschreibung einer Provinz, S 208.
[295] Bienek, Beschreibung einer Provinz, S. 31.

Montag, einen Halbjuden (...), der an dieser Korfanty-Biographie schreibt".[296] Je genauer Sontag das Leben von Korfanty kennenlernt, desto mehr Sympathie empfindet er für diese Gestalt. Auch Georg Montag, die fiktive Gestalt der Romane, läßt sich von Wojciech Korfanty mehr und mehr begeistern. *"Er war sich nicht ganz klar darüber, aber irgendwie spürte er, daß seine Sätze mehr und mehr eine sentimentale Färbung bekamen".*[297]

Horst Bienek zitiert einige Ausschnitte aus der Korfanty-Biographie von Ernst Sontag, so daß die historischen Fakten der Korfanty-Kapitel in "Die erste Polka" nicht bezweifelt werden können, weil sie einer historischen Quelle entnommen sind. Die Fiktion der Korfanty-Passagen betrifft nur die Gestalt des Halbjuden Georg Montag. Der Verfasser der Oberschlesischen Tetralogie betrachtet die historische Quelle als brauchbar, obwohl sie subjektiv ist, weil er die objektive Wahrheit *"mit Phantasie (...) weiterspinnen"*[298] kann. Während der Arbeit an seinem Roman knüpft Horst Bienek einen Briefkontakt mit dem letzten Sekretär von Korfanty. Dank der lebhaften Korrespondenz mit Stanisław Sopicki erfährt der Autor der Gleiwitzer Romane viele Einzelheiten aus dem Leben von Wojciech Korfanty. In "Die erste Polka" ist es Montag, der sich schriftlich mit Sopicki in Verbindung setzt. Montag bekommt einen der Briefe, die Sopicki an Bienek schrieb. Den Inhalt des Briefes fügt der Schriftsteller in seinen Roman ein, *"so als ob er* (Sopicki) *diesen Brief 1939 an Montag geschrieben hätte."*[299]

Die 1954 erschienene Biographie "Adalbert (Wojciech) Korfanty" und die Anfang der 70-er Jahre an Bienek geschriebenen Briefe werden in dem Roman "Die erste Polka" in das Jahr 1939 vorverlegt. Im Roman sind sie beide ein Ergebnis der Korfanty-Studien von Georg Montag. Horst Bienek hält sich zwar an die historischen Fakten, die das Leben von Wojciech Korfanty betreffen, die Originaltexte läßt er auch unverändert, seine Erfindung betrifft jedoch den Umgang mit diesen Texten. Die Ebene der Geschichte wird im Roman wahrheitsgetreu wiedergegeben, die Ebene, die die Handlung des Romans bildet, unterliegt der schriftstellerischen Fiktion, weil sie nicht den Inhalt, sondern die Perspektive der jeweiligen Darstellung betrifft.

Die Darstellung Wojciech Korfantys als eine historische Gestalt steht dennoch nicht im Vordergrund. Georg Montag arbeitet an der Biographie dieser Person, er setzt sich literarisch mit der Geschichte auseinander. Auch Horst Bienek setzt sich mit Hilfe von Literatur mit der Geschichte auseinander. Ihm ist es viel wichtiger, die Tätigkeit ei-

---

[296] Bienek, Beschreibung einer Provinz, S. 31.
[297] Bienek, Die erste Polka, S. 34.
[298] Bienek, Beschreibung einer Provinz, S. 31.
[299] Ebenda, S. 44.

nes Schriftstellers zu zeigen, der sich mit seinem Thema identifiziert und der bei der Arbeit die Außenwelt vergißt und abgeschottet lebt, als eine glaubwürdige Darstellung von Korfantys Leben zu liefern.[300]

IV.2.2. Arthur Silbergleit

Arthur Silbergleit, der gebürtige Gleiwitzer, wohnt seit über 30 Jahren in Berlin.[301] Mit einer Nicht-Jüdin verheiratet, fühlt er sich fast bis zum Ausbruch des II. Weltkrieges geschützt, obwohl er immer wieder zu spüren bekommt, daß er ein Jude ist. Der Leser lernt diesen Dichter in Berlin kennen, als er einen Brief an Hermann Hesse verfaßt, mit dem er während eines Auslandsaufenthaltes in der Schweiz Bekanntschaft geschlossen hat. In diesem Brief wendet sich Arthur Silbergleit an Hesse mit der Bitte, ihm (Silbergleit) zur Ausreise aus Deutschland zu verhelfen. Horst Bienek zitiert diesen Brief in seinem Roman "Septemberlicht" wörtlich. Wie Bienek selbst in einem Zeitungsartikel "Arthur Silbergleit. Hinweise auf einen vergessenen Dichter" schreibt, verfaßte Silbergleit den Brief an Hermann Hesse eine Woche vor Kriegsausbruch. Im Roman fällt das Datum der Niederschrift des Briefes auf den 4. September 1939. Der Arthur Silbergleit der oberschlesischen Tetralogie schreibt den Brief zehn Tage später als er das in Wirklichkeit getan hat. Die Handlung von "Septemberlicht" spielt aber am 4. September 1939 und da die Handlung dieses Romans an einem einzigen Tag stattfindet, schreibt Arthur Silbergleit eben an diesem Tag seinen Brief an Hesse. Der jüdische Schriftsteller hofft Hesse als seinen Befürworter zu gewinnen und bittet ihn *"um eine nochmalige Intervention"*.[302] Es ist also nicht der erste Brief, den Silbergleit an Hesse geschrieben hat. Auf keinen seiner Briefe bekommt Silbergleit eine Antwort, obwohl er bis zu seinem Tod auf die Hilfe von Hermann Hesse gehofft hat.

Außer dem genannten Brief zitiert Horst Bienek in seiner Tetralogie auch einige Ausschnitte aus den Prosastücken von Arthur Silbergleit. Der jüdische Schriftsteller selbst liest aus seinen Manuskripten im jüdischen Gemeindehaus in Gleiwitz. Nachdem er keine Antwort auf seine Briefe bekommen hat, entschließt er sich in seine Heimatstadt zurückzukehren, denn, wie er sagt, *"wenn ein Krieg ausbricht, gehört der Mensch dorthin,*

---

[300] Auf die Zusammenhänge zwischen Georg Montag und Horst Bienek wird im Kapitel V.5 genauer eingegangen.
[301] Vgl. dazu: Else Levi-Mühsam, Arthur Silbergleit und Paul Mühsam, S. 25.
[302] Bienek, Septemberlicht, S. 39.

wo er zu Hause ist." [303] Unter "zu Hause" versteht Silbergleit seine Heimatstadt, in der er seine alten Freunde anzutreffen hofft. Er möchte in die Geborgenheit seiner Kindheit zurückkehren, die er mit der Heimat in Verbindung setzt. In Wirklichkeit ist aber Silbergleit nach seiner Übersiedlung nach Berlin nicht mehr nach Gleiwitz gekommen, außer wegen der Volksabstimmung 1921. Es ist die Phantasie von Horst Bienek, die den jüdischen Dichter in seine Heimat führt. Für Bienek war jedoch wichtig, das Motiv des Heimatsuchenden in das Romangeschehen einzubauen. Er selbst wollte während der Arbeit an seinem Zyklus keine Reise in die Heimat unternehmen, in dem Roman jedoch setzt er sich literarisch mit der Wiederbegegnung mit der Heimat auseinander.

Das genaue Todesdatum von Arthur Silbergleit ist nicht bekannt. Seine Frau kann nur von dem Tag seiner Verhaftung berichten. *"Am 3. März 1943 wird der fast völlig erblindete Dichter aus seiner Wohnung Ansbacher Straße 25 von Gestapo herausgeholt und mit einem Sammeltransport nach Auschwitz gebracht."* [304] Horst Bienek führt diese Gestalt mit dem Transport, in dem sich Juden aus Holland befinden, nach Auschwitz, wo Silbergleit in einer Gaskammer ums Leben kommt. In den Gleiwitzer Romanen wird jedoch Silbergleit in Gleiwitz und nicht in Berlin verhaftet. Er kommt mit seinen oberschlesischen Leidens- und Glaubensgenossen ins Konzentrationslager. Da sie Geschichte des jüdischen Volkes am Rande erzählt wird, liest man sie mit noch größerem Schrecken; vor allem, weil man weiß, was mit den Juden passieren wird. Die Juden selbst möchten immer noch daran glauben, daß ihr Transport nach Riga geht. Arthur Silbergleit kommt also am 23. April 1943 nach Auschwitz, was der objektiven Wahrheit nicht entspricht, denn *"nach dem Krieg wird A. S. von den Behörden für tot erklärt, als Datum: 1.4.1943."* [305]

Die Begegnung Arthur Silbergleits mit Gerhart Hauptmann ist ein Produkt der schriftstellerischen Erfindung von Horst Bienek. Es fehlen historische Angaben, die eine solche Begegnung dokumentieren würden. *"Silbergleit erinnerte sich daran, wie er eines Tages nach Agnetendorf gefahren war. Er hatte ihm vorher seine Bücher geschickt, er hatte ihm Briefe geschrieben. Aber niemals eine Antwort erhalten. (...) Er wurde nicht eingelassen. (...) Der Herr vom Wiesenstein war unpäßlich und empfing nicht. Bei diesem Namen auf der Visitenkarte…"* [306] Diese Begegnung wird als eine Erinnerung des jüdischen Dichters dargestellt. Da sie eine Erfindung ist, beläßt es der Verfasser der Oberschlesischen Tetralogie bei ungenauen Informationen. Trotzdem versucht Horst Bienek die Begegnung der beiden Schriftsteller

---

[303] Bienek, Septemberlicht, S. 121.
[304] Else Levi-Mühsam, Arthur Silbergleit und Paul Mühsam, S. 39.
[305] Bienek, Beschreibung einer Provinz, S. 108.
[306] Bienek, Zeit ohne Glocken, S. 343.

möglichst glaubhaft zu schildern. Deswegen erkundigt er sich ganz genau, wie man mit dem Zug über Hirschberg nach Hermsdorf und dann mit der Postkutsche nach Agnetendorf kommen konnte. Die genauen Zeit- und Ortsangaben machen die Darstellung so glaubwürdig, daß man dazu verführt wird, Horst Bienek Glauben zu schenken, und die Geschichte als wahre Begebenheit zu betrachten.

Horst Bienek erlaubt sich bei der Schilderung des Lebens von Arthur Silbergleit einige Abweichungen gegenüber der objektiven Wahrheit. Seine Darstellung ist deswegen so überzeugend, weil dieser jüdische Schriftsteller kaum bekannt ist, so daß man meinen könnte, daß die Gestalt selbst eine literarische Erfindung sei. Es ist nicht ausgeschlossen, daß bei dieser Figur die Erfindung so weit geht, weil diese historische Gestalt unbekannt ist, weil der Name des jüdischen Schriftstellers den Lesern nicht geläufig ist.

Die Leidensgeschichte des jüdischen Volkes stellt Horst Bienek exemplarisch in seinen Romanen dar. Im ersten Teil des Zyklus ist Georg Montag eine Gestalt, mit der Bienek die Probleme des Judentums schildert. In "Septemberlicht" lernt man Arthur Silbergleit kennen. Diesmal ist es aber nicht mehr nur ein Jude, den Bienek darstellt. Auf seiner Suche nach der Heimat trifft Silbergleit andere Juden in Gleiwitz, unter denen er sich heimisch fühlt, es sind aber immer einzelne Personen. Nach der Verhaftung von Silbergleit werden keine Einzelpersonen dargestellt. Jetzt sieht man die Juden in einem Transport nach Auschwitz. Arthur Silbergleit verliert sich in der Menge, denn nicht nur ein einziger Jude wurde während des II. Weltkrieges vergast, sondern Millionen.

IV.2.3. Gerhart Hauptmann

Vergeblich sucht man in der Oberschlesischen Tetralogie nach dem Namen Gerhart Hauptmann. Weder Arthur Silbergleit spricht diesen Namen aus, noch kommt dieser Name in "Erde und Feuer" vor. Es ist entweder von dem Herrn vom Wiesenstein die Rede oder von einem alten Dichter. Bienek nennt den Dichter nur in "Beschreibung einer Provinz" beim Namen. Da spricht er ganz offen davon, wie er die Dokumente und Informationen zu Gerhart Hauptmann gesammelt hat und wie er die Gestalt dieses Dichters in das Romangeschehen einbauen möchte. Es ist aber nicht schwer, auch ohne die Aufzeichnungen des Verfassers der Gleiwitzer Romane zu kennen, den Namen des geheimnisvollen alten Dichters zu erraten. Horst Bienek hält sich an Einzelheiten aus dem Leben von Gerhart Hauptmann: Agnetendorf, Wiesenstein, Kuraufenthalt in Dresden, Herr Voigt, Herr Pohl, Doktor Behl, "Der neue Christophorus", "Der große Traum" belegen, daß sich hinter dem alten Dichter Gerhart Hauptmann verbirgt.

Traute Bombonnek, eine Gestalt der Gleiwitzer Tetralogie, kommt auf ihrer Flucht aus Gleiwitz nach Agnetendorf. Sie zeigt sich sehr überrascht über ihr Schicksal: *"Das hatte sie nun wahrhaftig nicht erwartet, am Ende dieser dramatischen Reise in Agnetendorf anzukommen. Einen Sommer hatte sie sich ernsthaft mit dem Gedanken getragen, den großen Dichter zu besuchen, um ein paar Skizzen oder Zeichnungen zu machen".*[307] In Agnetendorf angekommen versucht sie den Beamten davon zu überzeugen, daß es sinnvoll wäre, in einem Zimmer auf dem Wiesenstein Unterkunft zu finden. Leider ist es nicht möglich, die Lehrerin aus Gleiwitz auf dem Wiesenstein einzuquartieren, weil der Wohnungskommissar der Frau Duda mit ihren sieben Kindern das Haus des alten Dichters als Quartier anweist. Er verspricht aber, einen Besuch von Traute Bombonnek auf dem Wiesenstein zu arrangieren. In Wirklichkeit erhält Wiesenstein *"Ende Januar 1945 eine Zwangseinquartierung, als der zum Wohnungskommissar ernannte Agnetendorfer Lehrer dem Haus zwei Flüchtlingsfrauen mit insgesamt sieben Kindern zuteilt".*[308] Behl und Voigt berichten in der "Chronik von Gerhart Hauptmanns Leben und Schaffen", daß die ersten Flüchtlinge nach Agnetendorf und auf dem Wiesenstein am 23. Januar 1945 angekommen sind.[309]

Traute Bombonnek ist eine Figur, die die Geschichte der Gleiwitzer Flüchtlinge mit der Gestalt Gerhart Hauptmanns verknüpft. Mit den Flüchtlingen verläßt Horst Bienek den Gleiwitzer Schauplatz, und auf diese Art und Weise kann er den alten Dichter in das Romangeschehen einflechten.

Der Gerhart Hauptmann der Oberschlesischen Tetralogie freut sich auf einen Kuraufenthalt in Dresden. *"Ja, Dresden, murmelte der alte Dichter, Dresden…".*[310] Nach langem Warten kommt das Holzgasauto, um den alten Dichter in das Sanatorium Weidner in Oberloschwitz zu bringen. Er und seine Frau erhoffen sich von dieser Kur eine Verbesserung seines Gesundheitszustands. Er leidet an einem Bronchialkatarrh und seine Frau klagt über Gallenschmerzen. Der Gesundheitszustand des alten Dichters ist insgesamt nicht erfreulich, *"in der letzten Zeit fühlte er sich abgespannt, vor allem nach einem Sturz im Park, wenige Tage nach seinem Geburtstag."*[311] Obwohl Horst Bienek für die Beschreibungen von Gerhart Hauptmann die Chronik von Behl und Voigt als historische Quelle benutzt,

---

[307] Bienek, Erde und Feuer, S. 153.
[308] Wolfgang Leppmann, Gerhart Hauptmann, S. 382.
[309] Vgl. dazu: Behl / Voigt, Chronik Gerhart Hauptmanns Leben und Schaffen, S. 128.
[310] Bienek, Erde und Feuer, S. 226.
[311] Ebenda, S. 224.

stimmt eine seiner Zeitangaben mit der tatsächlichen Zeit nicht überein. Behl und Voigt berichten nämlich, daß der alte Dichter einen Tag vor seinem Geburtstag, am 14. November, gestürzt ist und nicht einige Tage nach seinem Geburtstag, wie es Horst Bienek in seinem Roman darstellt.[312]

Nach seiner Ankunft in Dresden wird das Ehepaar getrennt, denn die Frau des alten Dichters kommt wegen ihrer starken Gallenschmerzen zuerst in eine Klinik in Dresden. Fast eine Woche wohnt der Dichter allein im Gartenhaus des Sanatoriums. *"An den Abenden löste sich der Sohn Eckart mit Frau Weidner an seinem Bett ab."* [313] Tagsüber hört er dem Klavierspiel von Ulla Ossadnik zu, die als Krankenschwester in dem Sanatorium tätig ist. Begeistert von ihren musikalischen Darbietungen, schenkt er ihr ein Buch. *"'Der große Traum'. Sie schlug es auf und entdeckte eine Widmung (...). Ein Blatt fiel heraus, und darauf war in Schreibmaschinenschrift ein Gedicht. Sie las es: ‚Die Zauberblume'."* [314] Jetzt ist es Ulla, die die Geschichte der verlorenen Provinz mit der Gestalt des alten Dichters verbindet. Dadurch wird auch die schriftstellerische Erfindung mit der Biographie von Gerhart Hauptmann verflochten. Denn Margarete, die Ehefrau von G.Hauptmann, *"läßt sich im Städtischen Krankenhaus behandeln und zieht nach ein paar Tagen, gerade noch rechtzeitig, ebenfalls in das Sanatorium. Am Morgen des 13. Februar entsteht dort das Gedicht ‚Zauberblume'"*.[315]

Die Frau des alten Dichters schläft nach ihrer Entlassung aus dem Krankenhaus im selben Zimmer mit ihm, weil er über Schwankungen seines Gemüts klagt. Zusammen erleben und überleben sie den Bombenangriff auf Dresden, der den Geist des Dichters erschüttert. *"Als sie den Luftschutzkeller verließen und die Frau den Dichter in das Gartenhaus zurückführte, (...), entdeckten sie auf einmal, daß der Schnee im Park geschmolzen war. Der alte Dichter blieb auf seinem Weg einmal stehen, wandte sich zurück und blickte in das Elbtal, auf die brennende Stadt, und die Frau sah, wie über sein Gesicht die Tränen rannen."* [316]

Wieder auf dem Wiesenstein diktiert Gerhart Hauptmann *"seine Totenklage auf Dresden"*. [317] Horst Bienek fügt diese Klage des alten Dichters in seinen Roman ein. In "Erde und Feuer" verfaßt jedoch der alte Dichter seine Botschaft noch in Dresden und auf Wunsch von zwei Redakteuren des Rundfunks. In Wirklichkeit äußert sich Gerhart Hauptmann zu Dresden erst im März 1945 und nicht im Februar. Wichtig ist auch, daß

---

[312] Vgl. dazu: Behl / Voigt, Chronik Gerhart Hauptmanns Leben und Schaffen, S. 127.
[313] Bienek, Erde und Feuer, S. 287.
[314] Ebenda, S. 291.
[315] Wolfgang Leppmann, Gerhart Hauptmann, S. 382.
[316] Bienek, Erde und Feuer, S. 315.
[317] Kurt Lothar Tank, Gerhart Hauptmann, S. 136.

Hauptmann seine Gedanken zur Zerstörung Dresdens von sich aus niederschreibt, ohne von irgendjemandem aufgefordert zu werden. Die Klage wird zufällig an demselben Tag diktiert und aufgeschrieben, an dem sich *"zwei Herren der Gauleitung der NSDAP zum Nachmittagstee anmelden."* [318] Sie fordern den Schriftsteller zu einer öffentlichen Stellungnahme zum Untergang Dresdens auf. Die Herren erhalten die Aussage Hauptmanns, die er vor einigen Stunden diktiert hat. Am 29. März 1945 wird im Radio *"Hauptmanns Botschaft zum Untergang Dresdens verlesen"*. [319]

Mit Hilfe von Hauptmanns Totenklage möchte Bienek den Leser *"in eine bestimmte Stimmung des Untergangs hineinzwingen"*. [320] Da er seine Tetralogie mit dem Untergang Dresdens beendet, muß er auch die Totenklage von Hauptmann zeitlich vorverlegen. Die historische Gestalt soll die Stimmung des Lesers stimulieren. Bienek hofft darauf, daß Tränen eines Nobelpreisträgers den Leser eher berühren als Tränen einer unbekannten Gestalt, die nur eine Gestalt seiner Tetralogie ist. Er ist *"an Gerhart Hauptmann nicht als einem Schriftstellertyp, als einem Naturalisten oder Nobelpreisträger interessiert, nicht an ihm als Individuum, sondern als dem bedeutenden Vertreter schlesischer Geistes- und Kulturgeschichte. Er benutzt die Gestalt als Symbol."* [321] Dieses Symbol setzt Bienek ein, um die Erfahrungen und das Leid der Oberschlesier allgemeingültig darzustellen. Die Gestalt des weltbekannten Schriftstellers verbindet die kleine oberschlesische Welt mit der großen Welt. Seine Tränen nach den Luftangriffen auf Dresden sind die Tränen sowohl vieler Flüchtlinge, die dort Zuflucht suchten als auch der Menschen, die dort ihre Heimat hatten.

---

[318] Wolfgang Leppmann, Gerhart Haupmann, S. 383.
[319] Behl / Voigt, Chronik von Gerhart Hauptmanns Leben und Schaffen, S. 128.
[320] Horst Bienek, "Wörter - meine Fallschirme..." Werkstattgespräch zwischen Hort Bienek und Walter Hinck, in: Tilman Urbach, Horst Bienek. Aufsätze. Materialien. Bibliographie, S. 48.
[321] Walter Hinck, Ins Mythische entrückt. Horst Bieneks Gleiwitzer Tetralogie ist abgeschlossen, in: Frankfurter Allgemeine Zeitung, 30.10.1982.

V
HORST BIENEKS ERZÄHLTECHNIK
IN DEN OBERSCHLESISCHEN ROMANEN

"...die Realität ist nur das, was sie für die Menschen,
nicht für sich selbst darstellt."
Roy C. von Cowen

Horst Bienek hatte vor, seine Romane im Stil des "Poetischen Realismus" zu schreiben. Der Begriff "Poetischer Realismus" bezieht sich auf die Literatur des 19. Jahrhunderts.[322] Bienek *"schwebte ein ‚poetischer Realismus' vor, für den er freilich in der deutschen Literatur kaum Vorbilder fand, eher in der amerikanischen der Südstaaten etwa, bei William Faulkner, bei Thomas Wolfe, beim frühen Truman Capote."*[323]
"'Poetischer Realismus', wie ihn Horst Bienek versteht, bedeutet die Sinnbildfunktion realistisch erzählter, möglicher und tatsächlicher Zustände."[324] Bienek bemüht sich also die erzählte Welt als ein Sinnbild für die wirkliche Welt zu gestalten. Die Literatur *"schafft die Welt noch einmal, keine sogenannte phantastische Welt, d.h. keine zusammenhanglose, im Gegenteil, eine, in der der Zusammenhang sichtbarer ist als in der wirklichen, nicht ein Stück Welt, sondern eine ganze, geschlossene, die alle ihre Bedingungen, alle ihre Folgen in sich selbst hat."*[325] Ein solches Verständnis von Realismus hat Folgen für die Erzähltechnik der Romane.

---

[322] Auf die Problematik des "Poetischen Realismus" wird nicht genauer eingegangen, weil diese Problematik nicht zu der Fragestellung dieser Arbeit gehört.

[323] Bienek, Das allmähliche Ersticken von Schreien. Sprache und Exil heute, S. 103.

[324] Wolfgang Frühwald, Grenzgänger der Erinnerung. Zum poetischen Verfahren in Horst Bieneks Gleiwitzer Roman-Tetralogie, in: Tilman Urbach, Horst Bienek. Aufsätze. Materialien. Bibliographie, S. 32.

[325] Otto Ludwig, in: Roy C. von Cowen, Der poetische Realismus, S. 16.

V.1. Die Darstellung der Personen

In der oberschlesischen Tetralogie wird sowohl die Außen- als auch die Innenwelt beschrieben. Die Außenwelt bilden die Beschreibungen des Landes, die Darstellung der geschichtlichen Zusammenhänge und die Darstellung Oberschlesiens und seiner Einwohner. Die Oberschlesier werden von dem Erzähler nicht nur charakterisiert, indem er sie beschreibt, die Gestalten charakterisieren sich vielmehr selbst durch ihr Verhalten. Es sind handelnde Personen. Sie reagieren auf die sie umgebende Welt, sie reagieren auf die politischen Ereignisse. Die Oberschlesier der Gleiwitzer Romane stehen im Zauberkreis ihres Landes, sie sind auch nicht imstande, die Verantwortung für die Geschehnisse des II. Weltkrieges zu übernehmen. Diese Einstellung ist nicht nur für die Oberschlesier charakteristisch, sondern für viele Deutsche, die zwar keine Täter waren, aber doch Mitwisser und Mittäter. *"Die oberschlesischen Menschen sind bei Bienek in der Mehrzahl keine Faschisten oder Nationalsozialisten im ‚rassenreinen' Verstand der Partei. Sie sind eher verschwiegene, verstörte, auch schlitzohrige Nutznießer der von den Nazis geschaffenen imperialen Verhältnisse."* [326] Daß die Gestalten der Tetralogie passiv sind, hängt damit zusammen, daß die Gesellschaft der beschriebenen Zeit zumeist passiv war, und nicht damit, daß Horst Bienek passive Gestalten in seinen Romanen darstellen will. Er stellt seine Figuren nicht einseitig dar; die Einseitigkeit, die das Verhalten der meisten Oberschlesier kennzeichnet, ist ein Charakteristikum dieser Menschen.

Damit die Gleiwitzer Tetralogie die Funktion des Sinnbildes für die Welt übernehmen kann, soll nicht nur die äußere Welt, sondern auch das Innere und das Unbewußte des Menschen herausgearbeitet werden. Dazu gehört sowohl das Reagieren auf die Außenwelt als auch das Handeln und Verändern der Außenwelt. Die Menschen werden in der Gleiwitzer Tetralogie in ihrer Ganzheit dargestellt. Der Erzähler schildert das Verhalten der Personen, es fehlt aber auch nicht an Beschreibungen, die das Innere dieser Personen betreffen.

Irma Piontek scheint die nachdenklichste Gestalt des Romanzyklus zu sein. Sie bleibt meistens im Hintergrund des Geschehens. Im ersten Teil der Tetralogie lernt man sie nicht persönlich kennen, sondern nur indirekt durch die Gespräche der Familienmitglieder. In den anderen Romanteilen ist Irma diejenige, deren Gedanken der Leser erfährt, als ob er in ihren Gedanken lesen könnte. Die Passagen, die das Innere dieser Gestalt zeigen, folgen unmittelbar den Beschreibungen des Erzählers. Irmas Gedanken

---

[326] Micher Raus, Blind vor Nähe oder Der gewöhnliche Faschismus. Horst Bienek erzählt Oberschlesien, in: Michael Krüger, Bienek lesen, S. 71.

werden durch das Schildern ihres Verhaltens ergänzt und umgekehrt wird ihr Äußeres durch ihren inneren Zustand vervollständigt.

"*Ich weiß, daß ich tot bin.*

Irma hatte sich schweigend durch die Versammlung gedrängt und im hinteren Teil des Klavierzimmers Platz genommen, direkt unter dem Angelus-Bild von Millet. Dort saß sie, allein, aufgerichtet im Stuhl und fast unbeweglich, und übersah das ganze Zimmer und noch ein Stück der offenen Verandatür bis hinaus in den Garten." [327]

Das Auftreten Irmas im Romangeschehen wird von ihrer Wahrnehmung und von ihren innersten Empfindungen begleitet. Irma kommentiert in ihrem Inneren das Verhalten anderer Gestalten: "*Ich hol mir von Valeska einen Schnaps...Pónbóczku, ich muß ja gehen... Du bist aufgestanden, gehen willst du, willst nicht anhören, was ich dir zu sagen habe, ich hab es gewußt, ihr seid ja alle mit euch selbst beschäftigt*".[328] Bei Irma ist am deutlichsten zu erkennen, wie eng die äußere Welt mit dem Inneren eines Menschen zusammenhängt. Der Leser wird in die Denkvorgänge dieser Gestalt eingeführt.

Irmas innerer Monolog zeichnet sich dadurch aus, daß er immer im Präsens und in der Ichform stattfindet. "*Vielleicht hätte ich dich heiraten sollen, Skrobek, was nützt mir ein Mann, der nicht da ist, ich weiß, jetzt ist es zu spät, aber trotzdem mußt du mir anhören, was ich dir zu sagen habe, alles werd ich dir sagen und ich bitte dich nur, lauf nicht wieder weg und bleib nicht so stumm wie damals im Huflattichfeld und schlag mich, schlag mich, wenn du es für richtig hältst.*" [329] Es ist ein Charakteristikum dieser literarischen Technik, die "*die Bewußtseinsdarstellung zu größter Unmittelbarkeit führt, indem* (sie) *(...) alle Erzählpräsenz tilgt und die innerste Sprache eines Charakters, die intimsten Bewußtseinsabläufe, ungefiltert im Präsens und der 1.Person vernehmlich werden läßt.*" [330] Das erlebende Ich tritt in den Vordergrund. Das Ich erzählt nicht, "*wendet sich an keinen Zuhörer oder Leser, sondern spiegelt in seinem Bewußtsein seine eigene momentane Situation*" [331], das Ich reflektiert die Außenwelt und sich selbst. Es führt ein inneres Gespräch, deswegen wird der Innere Monolog auch als Innerer Dialog bezeichnet. Die Monologe von Irma zeigen sehr deutlich, daß sie nicht nur ihre Situation reflektiert, sondern daß sie in ihrem Bewußtsein Gespräche mit sich selbst und mit ihren Mitmen-

---

[327] Bienek, Septemberlicht, S. 261-262.
[328] Ebenda, S. 274.
[329] Ebenda.
[330] Wolfgang G. Müller, Innerer Monolog, in: Moderne Literatur in Grundbegriffen, hrsg. von Dieter Borchmeyer und Viktor Žmegač, S. 210.
[331] Franz K. Stanzel, Theorie des Erzählens, S. 271.

schen führt. Der Erzähler mischt sich in den Monolog nicht ein, er ist nicht mehr präsent.

Mit Hilfe des Inneren Monologs erzählt Bienek *"die Personen von Innen nach Außen (was ein Kritiker mal 'Zwiebeltechnik' genannt hat)."* [332] Der Erzähler hält sich zurück und versucht kein Urteil über die Personen zu fällen. Der Innere Monolog ermöglicht dem Leser den Einblick in das Innere der Romangestalten. Die Darstellungen der äußeren Handlungen werden durch die Denkvorgänge ergänzt und es entsteht ein Bild der Menschen, das sich nicht nur auf das Äußere beschränkt, sondern das Innere im gleichen Maße zum Vorschein kommen läßt. Da Bienek seine Gestalten durch den Inneren Monolog charakterisiert, scheint seine Darstellung des Menschen objektiv zu sein. Der Erzähler ist in Gedanken von Irma oder Valeska nicht mehr präsent, er kann also dem Leser seine Sicht der jeweiligen Personen nicht suggerieren. Der Leser kann selbst Stellung zu den jeweiligen Gestalten nehmen und kommt sich in seiner Wahrnehmung frei vor.

Die Begräbnisszene aus "Septemberlicht" enthält mehrere Beispiele für den Einsatz des Inneren Monologs. Nicht nur Irma ist die Nachdenkliche der Tetralogie, auch die anderen Gestalten sind sowohl handelnde als auch denkende Menschen. Der Anlaß, zu dem sich die Menschen versammelt haben, und die Musik machen die Beerdigungsgäste nachdenklich. Alle versinken in ihren Gedanken: *"Anna dachte: Ich hätte nicht zu dieser Beerdigung gehen sollen, was geht mich im Grunde der Herr Photograph an.(...) Andreas dachte: Ich hab nicht viel von dir gehabt, Onkel Leo, das tut mir leid, ich wollte mit dir über so viele Sachen sprechen."* [333] Die Idee und die Wirklichkeit finden in dem Menschen ihren Ursprung und vereinigen sich wieder in ihm. Um diese Verschmelzung zu veranschaulichen, verzichtet der Schriftsteller auf die Anführungszeichen und auf jegliche Kennzeichnung des Gedachten oder eines Gesprächs. Es ist für die Technik des inneren Monologs kennzeichnend, daß die Anführungszeichen fehlen. Die Romangestalten sprechen in der Ich-Person, beobachten sich selbst. *"Ich habe das nicht durch Anführungszeichen erkennbar gemacht, sondern es geht ineinander über. Ja. Und was ich auch sehr wichtig finde: jedem Satz, der gesprochen wird, folgt eine Kommentierung, von der man nicht weiß, ob sie vom Autor stammt oder vom Gesprächspartner im Roman, oder ob der Handelnde selber darüber nachdenkt..."* [334] Der einzige Hinweis, der die Zuordnung der Aussagen einzelner Personen ermöglicht, ist die Tatsa-

---

[332] Horst Bienek, Wörter – Meine Fallschirme..., Werkstattgespräch zwischen Horst Bienek und Walter Hinck, in: Horst Bienek. Aufsätze. Materialien. Bibliographie, hrsg. von Tilman Urbach, S. 45.
[333] Bienek, Septemberlicht, S. 102.
[334] Bienek, Beschreibung einer Provinz, S. 65.

che, daß die Romangestalten in der Ich-Person sprechen. Es ist das einzige Indiz, das es erlaubt, die Aussagen der Gestalten von dem Kommentar zu unterscheiden.

"Ist das endgültig? beeilte sich Valeska zu fragen. Ich meine, läßt sich daran nichts ändern? Sie könnte ja immer noch Leo Maria ins Spiel bringen und seine Krankheit. Aber sie war sich jetzt nicht mehr so sicher wie noch vorhin, vor zwei Stunden, ob das bei der Milka Eindruck machen würde." [335]

Die Fragen in diesem Zitat werden von Valeska ausgesprochen. Der auf die Fragen folgende Satz kann nur wegen seiner grammatischen Form als ein Kommentar verstanden werden. Es heißt nicht mehr: "ich könnte ja...", sondern *"Sie könnte ja..."* Der Erzähler wechselt hier die Perspektive, aus der berichtet wird. Sowohl "ich" als auch "sie" betreffen Valeska, die beiden Personalpronomina beziehen sich auf dieselbe Gestalt. Vom Inhalt her sind die Worte: *"Sie könnte ja immer noch Leo Maria ins Spiel bringen und seine Krankheit"* als die Gedanken der Romangestalt zu verstehen. Von der Form her ist es schon ein Kommentar. Es bleibt dem Leser überlassen, ob er diesen Satz als die Gedanken von Valeska oder als einen Kommentar von außen betrachtet. Der nächste Satz in diesem Zitat ist dagegen eindeutig eine Stellungnahme des Erzählers. Die Gedanken, die von den Romangestalten ausgesprochen werden, und die Kommentare, die die jeweiligen Sätze betreffen, sind formal dadurch gekennzeichnet, daß sie einen Absatz bilden.

"Ich glaub nicht, daß der Feldwebel tot ist. Der war so besoffen, daß er einfach nicht mehr aufstehen konnte, vielleicht hat er einen Schock bekommen, das ist alles.

Er wußte, wie hilflos diese Sätze waren. Aber er konnte ihm nicht sagen, was bereits durch seinen Kopf ging, nämlich: welche mildernden Umstände man dem Angeklagten in diesem Fall zubilligen könnte." [336]

Der erste Abschnitt dieses Auszugs aus dem Roman ist eine Aussage von Georg Montag, der zweite Absatz ist eine Beschreibung der Situation durch den Erzähler, es ist eine indirekte Wiedergabe der Gedanken von Montag. Eine neue Aussage fängt mit einer neuen Zeile an. Diese Einteilung ist eindeutig und läßt keinen Zweifel darüber, daß es sich bei einem neuen Textabschnitt um eine neue Äußerung handelt. Es ist jedoch schwierig, innerhalb eines Absatzes zu entscheiden, ob die geäußerten Gedanken solche der Romangestalten sind oder ob es sich dabei um einen Kommentar handelt. In dem eben zitierten Textabschnitt fällt die Zuordnung der Sätze leicht, aber nur wenn man das Prinzip der Zuordnung der jeweiligen Äußerungen kennt, das Horst Bienek in seinen Romanen einsetzt. In der kurzen Passage: *"Ich glaub nicht, daß der Feldwebel tot ist. Der war so besoffen, daß er einfach nicht mehr aufstehen konnte, vielleicht hat er einen Schock bekommen, das ist*

---

[335] Bienek, Die erste Polka, S. 223.
[336] Ebenda, S. 337.

alles" [337] kann man die Sätze der Form nach weder dem Erzähler noch Montag eindeutig zuordnen. Der zweite Satz dieses Abschnittes könnte genauso die Perspektive des Erzählers wiedergeben. Damit wird auch deutlich, wie wichtig der Zusammenhang bei der Analyse eines Textes ist. Ohne den Zusammenhang und ohne Kenntnis des Prinzips, dessen sich Bienek bedient, ist es schwierig, die Textabschnitte entweder dem Kommentar oder der direkten Aussage der Personen zuzuordnen.

Der Perspektivenwechsel, der durch einen neuen Absatz markiert wird, ist beispielhaft in der Beerdigungsszene zu beobachten.

"Valeska spürte eine Gänsehaut, so ergreifend hatte sie sich das gar nicht vorgestellt; es war die Stille und die plötzlich einsetzende Musik, die ihr auf einmal die Tränen in die Augen trieben.(...)
Valeska dachte: Nun müßte ich an irgend etwas ganz heftig und intensiv denken, aber sie dachte an nichts. Sie lauschte nur der Musik.(...)
Irma dachte: Es wäre besser, ich würde an seiner Statt dort liegen, verschlossen im Sarg und nur darauf wartend, daß sie endlich den Sand auf mich schütten, damit ein paar Meter Erde ist zwischen mir und den Lebenden,(...)
Anna dachte: Ich hätte nicht zu dieser Beerdigung gehen sollen, was geht mich im Grunde der Herr Photograph an.
Sie hatte genug zu tun mit ihrem schmerzenden Fuß und damit, daß sie sich das ewige Leben nicht so recht vorstellen konnte. (...)
Andreas dachte: Ich hab nicht viel von dir gehabt, Onkel Leo, das tut mir leid, ich wollte mit dir über so viele Sachen sprechen. (...)
Ulla dachte: Wie schön das gespielt ist. Da möchte man das Herz anhalten, um es ganz zu verstehen. So werde ich es wohl nie spielen können.
Und Ulla entrang sich ein lauter Seufzer, den die Umstehenden hörten.
Ich werde diese Sonate jetzt üben, ich nehme mir genug Zeit dafür, aber vielleicht muß man wirklich um jemand trauern, um sie richtig spielen zu können. Es muß ein Schmerz sein, der einen zutiefst verwundet. (...)
Ulla sah sich nach Tonik um, aber sie konnte ihn nicht entdecken.
Milka dachte: Was hält mich jetzt noch in diesem Land, wenn deine Gebeine dort in der Erde versenkt sind und bald zu faulen anfangen werden, Bruder. (...)
Tonik dachte: Ich muß sehen, daß ich an die Hanna Báron rankomme oder an die Dunkle mit der Nackenrolle, sie trägt Ohrringe wie eine Zigeunerin. (...)
Josel dachte: Was für eine Lüge, was für eine verfluchte Lüge, warum empört sich denn niemand gegen diese Lüge, jeden Tag, jeden Sonntag hören wir diese Lüge in der Kirche (...)
Er hätte am liebsten gebrüllt, aber er hielt ganz ruhig das Grammophon in seinen Armen, und man sah ihm seine Empörung nicht an.
In irgendeinem dieser unheiligen Gebetbücher wird es drinstehen, daß man am Grab seiner Mutter oder seines Vaters angemessen und auf schicklichste Weise trauert (...)" [338]

Jeder neue Absatz deutet auf den Perspektivenwechsel hin. Der Perspektivenwechsel bezieht sich jedoch nicht auf die Erzählperspektive, aus der das Geschehen aufgefaßt

---

[337] Ebenda.
[338] Bienek, Septemberlicht, S.100-107.

und erzählt wird; der Erzähler der Romane bleibt auktorial. Der Wechsel des Blickwinkels gilt innerhalb der auktorialen Erzählhaltung. Der Perspektivenwechsel findet nicht nur zwischen den verschiedenen Gestalten des Romanzyklus statt, sondern auch zwischen den Gestalten und dem Erzähler. Die Gedanken von Valeska, Anna, Andreas, Josel, Ulla, Tonik und Milka werden voneinander unterschieden, dadurch daß sie einen Textabschnitt bilden. Auf dieselbe Art und Weise wird zwischen den Gedanken der handelnden Personen und den Beschreibungen des Erzählers unterschieden. Die Perspektive kann aber auch innerhalb einer Passage gewechselt werden, ohne daß dieser Wechsel formal gekennzeichnet wird, was für den Inneren Monolog charakteristisch ist. Deutlich ist der Wechsel in dem Satz: *"Valeska dachte: Nun müßte ich an irgend etwas ganz heftig und intensiv denken, aber sie dachte an nichts."* Inmitten eines Satzes ändert sich die Erzählperspektive. Eigentlich ist es Valeska, die diesen Satz denkt, sie kann aber von sich selbst nicht sagen: *"aber sie dachte an nichts"*. Der Perspektivenwechsel mag innerhalb eines Textabschnittes nicht verwundern, aber mitten in einem Satz die Perspektive zu ändern, ist ungewöhnlich. Der Kommentar folgt unmittelbar der Aussage von Valeska, die beiden werden nur durch ein Komma getrennt. In diesem Satz ist deutlich zu erkennen, was Bienek damit meint, wenn er sagt, daß jedem gesagten oder gedachten Satz ein Kommentar folgt, von dem man nicht weiß, ob es eine Stellungnahme der Romangestalt oder des Erzählers ist.

Der Erzähler ordnet die Gedanken der jeweiligen Person in der längeren Passage der Beerdigungsszene zu. Die direkten Hinweise fehlen jedoch oft in den Gleiwitzer Romanen, meistens kommen sie mitten in einer Aussage: *"Wasch dir den Schlaf aus den Augen, Junge, sagte sie durch die Zähne und den Zopf hindurch. Aber spar mit der Seife, es ist unser letztes Stück für diesen Monat, ja."* [339] In dem Zitat ist der Satz: *"sagte sie durch die Zähne und den Zopf hindurch"* ein Hinweis auf die richtige Zuordnung des Gesagten zu der bestimmten Person. Dem Satz folgen Worte, die immer noch von Anna ausgesprochen werden. Die Hinweise auf die Person, die eine Aussage macht, sind jedoch häufig ein Zeichen dafür, daß der direkten Rede die indirekte Rede folgt, die ein Kommentar des Erzählers beinhaltet: *"Und die Füße übereinander, damit man nur einen Nagel braucht, um sie beide festzunageln, also das muß schon ein ziemlich langer Nagel sein, so an die fünf Zoll lang. Andi sprach wie zu sich selbst. In Gedanken stellte er sich vor, wie der eine Soldat die Füße übereinanderlegt und der andere den Nagel ansetzt und mit einem großen Hammer draufschlägt, bis der Nagel durch das Fleisch und die Knochen treibt und tief im Holz sitzt."* [340] Der Satz: *"Andi sprach wie zu sich selbst"* deutet einen

---

[339] Bienek, Zeit ohne Glocken, S. 7.
[340] Ebenda.

Perspektivenwechsel an, der auch durchgeführt wird. Der direkten Rede, die *"die subjektive Qualität der Äußerung unmittelbar und plastisch zur Geltung"* [341] bringt, folgt die indirekte Rede, in der *"die Erzählerstimme führend"* [342] bleibt. Die Hinweise: "sie sagte", "er dachte" haben demnach eine zweifache Funktion: sie sind ein formales Mittel, um das Gesagte dem richtigen Sprecher zuzuordnen, sie sind aber auch ein stilistisches Mittel, das den Perspektivenwechsel innerhalb der auktorialen Erzählhaltung andeutet.

Die Kommentare sind ein Versuch, das Gedachte und das Gesagte zu relativieren. Sie grenzen die Aussagen der Romangestalten ein und ergänzen sie gleichzeitig. Die Äußerungen einer Person sind subjektiv, erst die Stellungnahme dazu, ob von dem Erzähler oder von der Person selbst, dienen dazu, das Gesagte dem Leser in einer doppelten Perspektive zu vermitteln. Auf diese Art und Weise wird das Bild des Menschen vervollständigt und möglichst objektiv übermittelt. Horst Bienek will seine Romane objektiv schreiben. Die Unparteilichkeit bezieht sich nicht nur auf die wirklichkeitsnahe Schilderung seiner Heimat, seines Oberschlesien und seiner Bewohner und auf die historisch nachweisbare Geschichte dieser Provinz. Die Objektivität betrifft auch das Bild der Menschen allgemein, nicht nur der Oberschlesier. Die Darstellung der Menschen in ihren Handlungen, in ihrer Passivität und in ihren Gedanken und Affekten kann ein Mittel der Objektivierung beim Erzählen sein. Aber auch die Distanz zu den Romangestalten, die durch die Kommentare erreicht wird, läßt die Erzählweise objektiv erscheinen. Der Erzähler versteckt sich hinter seinen Figuren und läßt sie selbst reden, dadurch vermittelt er den Eindruck der Objektivität seiner Erzählweise. Die facettenreiche Darstellung der Menschen in ihren Handlungen und in ihrem Inneren suggeriert dem Leser keine bestimmte Meinung über das Geschehen, sondern vermittelt ihm den Eindruck objektiver Wahrheit. Um diesen Eindruck zu erzielen werden verschiedene stilistische Mittel (direkte Rede, indirekte Rede – Kommentare, Erzählerbericht) eingesetzt.[343]

---

[341] Jochen Vogt, Aspekte erzählender Prosa. Eine Einführung in Erzähltechnik und Romantheorie, S. 150.

[342] Ebenda.

[343] Die Frage, inwieweit die Romane von Horst Bienek objektiv sind, wird nicht weiter erörtert. Zuerst müßte die Frage beantwortet werden, inwieweit die auktoriale Perspektive objektiv ist und sein kann, was jedoch nicht zum Gegenstand der vorliegenden Arbeit gehört.

V.2. Gleiwitzer Romane als kritische Heimatromane

Inwieweit die Oberschlesische Tetralogie von Bienek zur Heimatliteratur gehört, wurde im II. Kapitel ausgeführt. Da wurde vor allem auf die Heimatvorstellung des Schriftstellers hingewiesen und auf das Heimatbild, das er in seinen Romanen vermittelt. In der Entstehungsphase seiner Tetralogie stellt sich Bienek eine Aufgabe: *"Eine neue Art von Heimatroman? Der kritische Heimatroman? Warum nicht. Den Begriff und das Genre rehabilitieren."* [344] Die Aufgabe betrifft den Heimatbegriff, der durch den Nationalsozialismus mißbraucht wurde; Bienek möchte den Heimatbegriff korrigieren und richtigstellen. Er nimmt sich vor, das Genre des Heimatromans zu rehabilitieren. Einige Heimatromane des 19. und 20. Jahrhunderts stellen das heimatliche Land idyllisch und einseitig dar.[345] Bienek wendet sich von dieser Einseitigkeit in der literarischen Darstellung ab. Er möchte die Welt so zeigen, wie sie in Wirklichkeit ist, mit ihren Schatten- und Sonnenseiten. Ein kritischer Heimatroman kann mit Hilfe des poetischen Realismus (im Sinne von Bienek) entstehen. Der kritische Heimatroman weist schon auf seine Wirkung als literarisches Werk hin. Das Wort "kritisch" ist nicht nur auf die Sicht- und Schreibweise des Schriftstellers zu beziehen, sondern auch auf seine Wirkung auf den Leser, der sich mit dem ihm vorliegenden Werk und mit der vorgetragenen Problematik kritisch auseinandersetzen soll.

Der Terminus "Heimatroman" deutet den Inhalt eines literarischen Werkes an. Heimat wird zum Gegenstand der Beschreibung. Bienek stellt in seinen Romanen seine oberschlesische Provinz dar. Deswegen ist seine Tetralogie als ein Zyklus der Heimatromane zu verstehen. Zugleich bekommt der Heimatroman bei diesem Schriftsteller eine neue Dimension. Seine Romane sollen kritisch sein. Die Tetralogie soll eine Welt beschreiben, die tatsächlich existiert hat, es werden keine Verschönerungen vorgenommen. Auf diese Art und Weise entsteht bei Bienek ein kritischer Heimatroman. Die Bezeichnung "kritisch" heißt jedoch nicht, daß Heimat mißbilligend betrachtet wird, daß der

---

[344] Bienek, Beschreibung einer Provinz, S. 11.

[345] Vgl. dazu: Horst Bienek, "Wörter – Meine Fallschirme…". Werkstattgespräch zwischen Horst Bienek und Walter Hinck, in: Horst Bienek. Aufsätze. Materialien. Bibliographie, hrsg. von Tilman Urbach, S. 46-47.

Jürgen Hein, Heimat in der Literatur und Heimatliteratur, in: Josef Billen (Hrsg.), Identität und Entfremdung. Beiträge zum Literaturunterricht, S. 133-134.

Hans-Georg Pott, Der ‚neue Heimatroman'?. Zum Konzept ‚Heimat' in der neueren Literatur, in:Hans-Georg Pott (Hrsg.), Literatur und Provinz. Das Konzept ‚Heimat' in der neueren Literatur, S. 9.

Schriftsteller sich gegenüber seiner Heimat skeptisch und zurückhaltend verhält und sie auch so beschreibt. Kritisch heißt bei Bienek urteilsfähig, kompetent. *"Ich wollte Heimatromane schreiben, aber nicht einfach affirmativ, sondern kritisch."*[346] Die kritische Einstellung des Schriftstellers ruft verschiedene Reaktionen hervor. Einige Oberschlesier[347] reagieren mit Empörung auf die Darstellungsweise von Bienek. Sie wollen ihre Heimat auch in der Literatur so erleben, wie sie sie immer noch in ihrem Inneren erleben. Ihre Erinnerungen, die das Heimatbild möglichst verschönert haben, stimmen mit dem Bild, das in der Gleiwitzer Tetralogie entsteht, nicht überein. So wird der Schriftsteller Kritik ausgesetzt, weil er es gewagt hat, seine Provinz "kritisch" darzustellen. *"Die Tatsache, daß ein Teil der Oberschlesier mich nicht mag, weil sie glauben, ich verfälsche ihre Heimat – irgendeiner hat mal gesagt, Sie malen Oberschlesien schwarz, aber es war doch grün – was nun wirklich nicht stimmt -, beweist, daß ich eine bestimmte Stelle getroffen habe. Was damit zusammenhängt, daß Sie in dem Augenblick, wo Sie Literatur machen wollen, offensichtlich nostalgische Heimatgefühle verletzen müssen."*[348] Nostalgisch will Horst Bienek auf keinen Fall sein, er will seine Provinz nicht unkritisch darstellen, nicht bedingungslos bejahen oder verneinen. "Kritisch" heißt für Bienek poetisch und realistisch zugleich. Die Wahrheit soll nicht verheimlicht werden; die Wahrheit zu sagen, heißt kritisch und urteilsfähig zu sein. Bienek erwartet dieselbe Einstellung von seinen Lesern: er erwartet, daß sie sich mit der Heimatproblematik kritisch auseinandersetzen und die Wahrheit, die er seinen Lesern vermittelt, soll ihnen bei dieser Auseinandersetzung helfen.

Bienek beschäftigt sich nicht nur kritisch mit seiner Kindheit und dem Land, das verloren ist und trotzdem Heimat bleibt, sondern auch mit seiner eigenen literarischen Arbeit. Er liefert seine Reflexionen, seine kritischen Anmerkungen, die seine Arbeit an den Romanen und auch ihn selbst betreffen, in der "Beschreibung einer Provinz" nach. Der Schriftsteller entscheidet sich bei seiner Tetralogie für *"die Autonomie des Erzählens, (…) weil sie so selten geworden ist",*[349] und seine Kommentare und Aufzeichnungen aus der Zeit des Entstehens der Gleiwitzer Romane bilden ein eigenständiges Buch. Warum Horst Bienek sich für ein geradliniges Erzählen entscheidet, sagt er im Interview mit Walter Hinck: *"Doch mir war bewußt, die Beschreibung einer Kindheit ist für einen Autor ein so großer Stoff, den habe ich nur einmal, den verschenke ich nicht an irgendwelche avantgardistischen, mehr*

---

[346] Horst Bienek, "Wörter – Meine Fallschirme…". Werkstattgespräch zwischen Horst Bienek und Walter Hinck, in: Horst Bienek. Aufsätze. Materialien. Bibliographie, hrsg. von Tilman Urbach, S. 47.
[347] Ebenda, S. 45.
[348] Ebenda, S. 47.
[349] Ebenda, S. 45.

oder minder avantgardistischen Methoden. Und glauben Sie, (...) ich hätte mich viel lieber (...) als Montag gesehen und als Montag DIE ERSTE POLKA geschrieben. Oder vielleicht als Josel, 25 Jahre danach, der am Schreibtisch sitzt und alle Problematik des modernen Erzählens hineinnimmt. Doch dann hatte ich das Gefühl, wer bin ich eigentlich, habe ich das Recht, meine Leser so zu behandeln, ununterbrochen meine eigenen Probleme in den Roman hineinzubringen? Die Leser haben ja auch ihre Probleme und belästigen nicht ständig die Menschheit damit. Ich habe mich entschlossen, tradiert, also mit traditionelleren Mitteln zu erzählen. Aber das, was die anderen Autoren an Reflexion in den Roman einbringen, nachzuliefern." [350] Bienek versteht sich als Vermittler, der den Menschen die Wirklichkeit näherbringt und die Menschen durch seine Romane die Welt verstehen läßt. Die Probleme, die einen Schriftsteller und seine literarische Arbeit begleiten, sind nach Bienek eine Sache des Schriftstellers und nicht seiner Leser. Demnach soll die Literatur ihre Leser nicht bedrücken, sondern sie unterhalten. Der Autor der Gleiwitzer Romane bemerkt, daß die deutschen Schriftsteller der 70er Jahre mit großer Vorliebe *"immer wieder den Erzähler von heute rückblickend"* [351] in das Romangeschehen einschalten. Mit dieser Literatur setzt sich Bienek kritisch auseinander, indem er sich für die *"Autonomie des Erzählens"* [352] entscheidet. Diese Schreibweise, die die erzählte Welt von der Gegenwart absondert, hält er für eine *"viel modernere und avantgardistischere Kunst"* [353], weil sie in der deutschen Literatur selten geworden ist und weil sie so wenig Beachtung in der Literatur der 70er Jahre fand. *"Meine Idee war es eben nicht, den Erzähler reinzunehmen. Ich habe allerdings gedacht, als ich am vierten Band arbeitete, vielleicht hättest du es doch tun sollen, denn alle Kritiker fallen ja drauf rein, finden das unglaublich gut, weil sie ja selber kritische Kommentatoren sind und glücklich, wenn sie sich selber in einem Buch wiederfinden".* [354]

Es läßt sich jedoch fragen, inwieweit die Romane von Bienek kritisch sind. Seine Darstellung von Heimat ist sehr einseitig, weil er nur seine Erinnerungen berücksichtigt und die Vergangenheit beschreibt. Die Gegenwart läßt er ganz außer acht und auf diese Art und Weise idealisiert Bienek seine Heimat. Er erhebt die Vergangenheit zu einer immerwährenden Gegenwart, die jedoch nicht mehr existiert, in diesem Sinne gibt er seine Heimat der Nostalgie preis. Bienek setzt sich zwar mit seiner Vergangenheit und

---

[350] Horst Bienek, „Wörter - Meine Fallschirme...". Werkstattgespräch zwischen Horst Bienek und Walter Hinck, in: Horst Bienek. Aufsätze. Materialien. Bibliographie, hrsg. von Tilman Urbach, S. 42-43.
[351] Ebenda, S. 45.
[352] Ebenda.
[353] Ebenda.
[354] Ebenda.

seiner Heimat auseinander, versucht sie jedoch vor der Gegenwart zu verschonen und schirmt die vergangene Welt von dem Jetzt ab. Dadurch bleibt seine Darstellung eindimensional und befangen. Die Welt scheint bei ihm eine Einheit zu sein, die sich entweder in der Vergangenheit, in der Gegenwart oder in der Zukunft abspielt, die Mehrdimensionalität bleibt aus.

V.3. Erzählform der Erinnerungen

Die Geschichte Oberschlesiens wird einfach erzählt, der Erzähler beschränkt sich auf eine Erzählebene, die so selten in den deutschen Romanen der 70er Jahre vorkommt. Es wird das Leben in Oberschlesien während des II. Weltkriegs geschildert; die Ereignisse der Jahre, in denen die Romane geschrieben wurden, werden in die Realität der Romane nicht eingebaut. "Die erste Polka" von Horst Bienek erscheint fast zur selben Zeit wie "Kindheitsmuster" von Christa Wolf, zwischen dem Erscheinen der beiden Romane liegt nur ein Jahr. Die Schreibweise, in der diese Romane geschrieben sind, unterscheidet sich jedoch deutlich. Christa Wolfs "Kindheitsmuster" gilt als ein schwieriger Roman. Es wird in drei verschiedenen Zeitebenen erzählt: die Kriegsjahre in Landsberg an der Warthe, die Reise nach Polen von 1971, und das Jahr 1974, in dem Christa Wolf an ihrem Roman gearbeitet hat. In "Kindheitsmuster" geht die eine Ebene in die andere über. Dieser Erzählstil hebt besonders die Verflochtenheit der Polenreise mit der Vergangenheit des objektivierten Ich hervor. *"Die Friedrichstraße ist für die Beine der sechsjährigen Nelly lang. Für das Auto sind das alles keine Entfernungen. Ihr wollt ja auch zuerst mal ins Hotel. Also trennen sich beim oft zitierten Fröhlichen Haus eure Wege: Nelly muß links daran vorbei, die Schlachthofgasse hoch,(...) Ihr dagegen laßt den neuen Bau aus Glas und Beton (...) links liegen".*[355] Die Bilder, die während einer Heimatreise erfahren werden, lösen einen Strom der Erinnerungen aus. Wolf trennt die Erinnerungen von den Erlebnissen der Polenreise. Die Schriftstellerin stellt die jeweiligen Erfahrungen in einer gesonderten Ebene dar. Die Aufarbeitung der eigenen Kindheit und der Polenreise werden durch die Ebene der Reflexionen und Anmerkungen aus der Zeit der Romanentstehung geschärft. Die Polenreise, die zeitlich zwischen der Vergangenheit – Kindheit in Gorzów Wielkopolski – und der Gegenwart liegt, hat eine Vermittlungsfunktion. Die Beschreibungen der Reise in die Heimat sind ein Medium zwischen Damals und Jetzt und vermitteln *"zwischen erzähleri-*

---

[355] Christa Wolf, Kindheitsmuster, S. 124-125.

scher Introspektion und Außenorientierung." [356] Christa Wolf wird die schwierige Schreibweise oft vorgeworfen. Auf die Angriffe antwortet die Schriftstellerin: *"Immer wieder sagte und sagt man mir, ich schreibe 'schwierig' - aber das schien und scheint für viele Leser kein unüberwindliches Hindernis zu sein."* [357] Wolf bekennt sich zu ihrer Schreibweise und läßt sich nicht von der Kritik einschüchtern, die ihre Romane als schwierig bezeichnet. Die Tatsache, daß ihre Romane gelesen wurden und werden, ist für sie ein ausreichender Grund, weiterhin "schwierig" zu schreiben. Horst Bienek hält dagegen die komplizierte Schreibweise für eine zu große Zumutung für den Leser. Er hofft, *"daß man mehr und mehr erkennen und auch in gewissem Sinne bewundern wird, daß der Bienek inmitten des Ansturms des sogenannten komplizierten Erzählens den Mut gehabt hat, hier als eine Art Boje im Meer gradlinig zu erzählen."* [358]

"Gradlinig erzählen" heißt bei Bienek, die erzählte Zeit von den gegenwärtigen Reflexionen zu verschonen. Die Gleiwitzer Romane umfassen tatsächlich nur die erzählte Zeit, es gibt keine Reflexionen, die den Erzählfluß unterbrechen würden. Die erzählte Zeit hält den Anmerkungen des Schriftstellers stand. Als Horst Bienek *"am vierten Roman arbeitete, an 'Erde und Feuer', und als Solidarnosc die gesellschaftlichen Verhältnisse in Polen (...) zu ändern versuchte, da hatte er sich ernsthaft damit beschäftigt, ob er das nicht auch in den Roman hineinnehmen müßte – auch er, als Schriftsteller, der sich abends an die Schreibmaschine setzte und hineinwebte in die Vergangenheit, in die andere Zeit – sollte er nicht die jetzt erlebte Gegenwart einbrechen lassen in die grade erzählte Vergangenheit? Also der Roman im Roman? (...) Er hat sich lange damit auseinandergesetzt. (...) Und er entschied sich schließlich dagegen. Er wollte die formale Geschlossenheit dieses Werks, die Autonomie der Erzählung, die er durch so viele Anfechtungen über die Jahre hinweg gerettet und bewahrt hatte, jetzt nicht mehr aufgeben."* [359]

Im Unterschied zu "Kindheitsmuster" gibt es in der oberschlesischen Tetralogie eine Erzählebene. Die Ebene der Polenreise, die in dem Roman Christa Wolfs zu finden ist, bleibt in Bienek´s Romanzyklus aus, weil der Schriftsteller seine Phantasie vor dem Einfluß der Wirklichkeit bewahren will und mit der Reise nach Gleiwitz so lange wartet, bis er seinen Romanzyklus abgeschlossen hat. Bienek fürchtet, daß die Gegenwart seine

---

[356] Colin Smith, Deutsch-polnische Grenzüberschreitungen. Zu Christa Wolfs "Kindheitsmuster", in Germano-Slavica 6 (1989), H. 3, S. 168.

[357] Christa Wolf, in: Hörnigk, Therese, Christa Wolf, S. 35.
Vgl. dazu: Leonie Ossowski, in: Neues Handbuch deutschsprachiger Gegenwartsliteratur seit 1945, S. 860.

[358] Horst Bienek, "Wörter – Meine Fallschirme..." Werkstattgespräch zwischen Horst Bienek und Walter Hinck, in: Horst Bienek. Aufsätze. Materialien. Bibliographie, hrsg. von Tilman Urbach, S. 46.

[359] Bienek, Das allmähliche Ersticken von Schreien. Sprache und Exil heute, S. 104.

aufgehobenen Bilder der Vergangenheit zerstören würde. Er möchte die Vergangenheit vor dem Einfluß der gegenwärtigen Bilder der Heimat schützen und klammert die Gegenwart ganz aus. Erst in den Beschreibungen der Reise nach Polen mischt sich die Vergangenheit mit der Gegenwart, die Bilder der Heimat und die Bilder von Polen kommen aus der Fülle der Erlebnisse und der Gefühle auf, die durch die Begegnung des Vorher mit dem Jetzt hervorgerufen werden. In "Reise in die Kindheit" und in "Birken und Hochöfen" ist zu beobachten, daß auch bei Bienek zwei verschiedene Erzählebenen zu finden sind, die auf die verschiedenen Dimensionen der Zeit zurückzuführen sind.

Die Sicht des Schriftstellers ändert sich nach seiner Reise nach Polen. Seine Erinnerungen können den während der Reise erlebten Bildern nicht mehr standhalten. Es kommt zu einer Verflechtung der Kindheitsjahre mit den Bildern von Gliwice der 80er Jahre. Bieneks Schreibweise ist jetzt eine andere. Seine Gleiwitzer Romane sind einheitlich im Präteritum geschrieben. In "Reise in die Kindheit" stehen die Passagen, die zur Reisebeschreibung gehören, im Präsens, die Beschreibungen der Kindheit dagegen im Präteritum. Das Tempus ist ein stilistisches Mittel, um die verschiedenen Zeitebenen der Erzählung auseinanderhalten zu können. *"Ich war ziemlich stolz auf meine Bibliothek. Als ich später Gleiwitz verließ, durfte ich allerdings nichts davon mitnehmen. An der Oderbrücke in Ratibor halte ich an und steige aus."* [360] Die einzelnen Bilder der Stadt verbindet der Schriftsteller mit bestimmten Erinnerungen. Die Erlebnisse der Reise werden als Gegenwart und die Kindheitserlebnisse als Vergangenheit dargestellt. In dieser Reisebeschreibung gibt es keine Personenverschiebungen. Horst Bienek erzählt über seine Kindheit und über seinen Heimatbesuch. Er spricht in der 1. Person Singular. Die Erinnerungen, die ihn am meisten bewegen, zwingen ihn jedoch zu einer Relativierung und zu einer Distanzierung von der eigenen Person. Bienek spricht sich als kleinen Jungen, an den er sich gerade erinnert, mit "Du" an. *"Dieser Mann, der dein Vater war, (...) jetzt wird er aufstehen und dich schlagen, weil du so lange, beinahe mehr als vierzig Jahre weggeblieben bist"* [361] Der Junge wird zwar mit "du" angesprochen, er ist aber von dem Reisenden nicht zu trennen. Sowohl der Junge als auch Horst Bienek haben jetzt Angst, daß sie geschlagen werden, deswegen sagt der Schriftsteller: *"Wie hassen wir beide diesen Mann."* [362] In diesem Fall mischt sich die Vergangenheit mit der Gegenwart. Ein Ausdruck dessen, wie nah beieinander die beiden Zeitebenen liegen und wie tief dieses Erlebnis ist, ist die Pluralform "wir". Der Haß hat die vierzig Jahre überdauert und Bienek haßt seinen Vater immer noch. Die Präsensform

---

[360] Bienek, Reise in die Kindheit. Wiedersehen mit Schlesien, S. 173.
[361] Ebenda, S. 57.
[362] Ebenda, S. 58.

dieses Satzes deutet auf die Gültigkeit dieser Empfindung bis zum heutigen Tage. Die inneren Vorgänge finden ihren Niederschlag in der grammatischen Form.

"Birken und Hochöfen. Eine Kindheit in Oberschlesien" ist ähnlich wie "Reise in die Kindheit" ein Dokument von Bieneks Reise nach Gleiwitz. Der Stil dieses Buches erinnert an den der vorhergehenden Reisebeschreibung. Die Erinnerungen werden durch die gegenwärtigen Bilder der Stadt hervorgerufen, die Vergangenheit und die Gegenwart sind kaum voneinander zu trennen. Sie bedingen sich gegenseitig und deswegen sind sie schwer auseinanderzuhalten. Die Beschreibungen der Kindheit stehen in der Vergangenheitsform: Präteritum und Perfekt. Die Reisebeschreibungen stehen im Präsens: *"Es ist jeden Herbst so. War es damals anders? Ich bin durch das Laub gelaufen, habe es mit den Füßen zerstreut. Jetzt sehe ich zu, wie es andere Kinder tun."* [363] Die Tempusformen haben die Funktion, die Zeitebenen der Erzählung zu differenzieren. An einer Stelle wird jedoch das Präteritum für die gegenwärtige Beschreibung benutzt: *"Das Haus meiner Kindheit war, vierundvierzig Jahre nach meinem Weggang, genau so wie damals (…). Jetzt ist sie für mich mehr als nur eine kalte Treppe."* [364] Mit dem "war" wird die Distanz zu den Reisebeschreibungen geschaffen, denn sie sind zum Zeitpunkt der Niederschrift auch schon eine Erinnerung. Die Zeit fließt ununterbrochen, die Erlebnisse der Heimatreise sind zwei Jahre später nur eine Erinnerung und Bienek meint: *"Ja, ich erinnere mich gern an die Erinnerung".* [365] Der Schriftsteller versucht, diese Erinnerungen wachzuhalten und faßt sie in der Gegenwartsform, im Präsens.

Auffallend ist ein Satz, der in "Birken und Hochöfen" oft wiederholt wird: *"Der kleine Junge, der ich damals war".* [366] Auf diese Art und Weise wird der Leser in die Erinnerungsbilder des Schriftstellers eingeführt. *"Der kleine Junge, der ich damals war, liebte die Chausseen seiner Gegend, er ist sie oft gegangen, hat die Jahreszeiten erspürt und die Heimaterde erfühlt".* [367] Dies ist aber nicht die einzige Form der Einführung in die Erinnerung. Dieser Satz führt den Leser in die persönlichen Erfahrungen von Bienek. Die Erinnerungen, die das Land Oberschlesien betreffen, werden mit diesem Satz nicht eingeleitet. *"Ich weiß nicht, ob es tatsächlich so viele Birken in Schlesien gegeben hat, wie ich es in meiner Erinnerung habe. Sie prägten die Landschaft, das ist wahr, sie säumten Chausseen, rahmten einsame Bauernhöfe ein".* [368]

---

[363] Bienek, Birken und Hochöfen. Eine Kindheit in Oberschlesien, S. 7.
[364] Ebenda, S. 6-7.
[365] Ebenda, S. 6.
[366] Ebenda, S. 5, 8, 12, 31, 35, 45, 57.
[367] Ebenda, S. 45.
[368] Ebenda, S. 39.

Der Satz: *"Der kleine Junge, der ich damals war"* hat eine besondere Funktion, er deutet darauf hin, daß der kleine Junge, von dem erzählt wird und der Erzähler eine Person sind. "Der kleine Junge" ist zugleich "ich". Der Schriftsteller möchte jedoch darauf hinweisen, daß die zwei Personen zwar ein und dieselbe Person sind, daß dennoch zwischen ihnen Unterschiede bestehen. Der kleine Junge ist noch unerfahren, er ist ein Kind und seine Wahrnehmung ist ganz anders als die eines Erwachsenen. Das "Ich" sagt, daß es dieser kleine Junge war aber nicht mehr ist. Das Ich war damals ein Kind, jetzt ist dieses Ich schon erwachsen und die Erfahrungen seines Lebens machen die Distanz aus, die zwischen den beiden besteht. Bienek fragt sich auch: *"Der kleine Junge, der ich damals war... Ja, wer war ich denn? Es ist schon so lange her."*[369] Die Frage: *"wer war ich denn?"* kann umformuliert werden: wer bin ich denn? Dann betrifft sie nicht nur die Vergangenheit, sondern auch die Gegenwart.

Die Ichform wird meistens für die gegenwärtigen Erlebnisse verwendet. Die Ebene der Reise in die Heimat wird nicht nur durch die Präsensform gekennzeichnet, sondern auch durch die Ichform. Die Darstellungen der Vergangenheit sind nicht einheitlich in der Ich- oder Erform. Horst Bienek wechselt oft die Perspektive, aus der er erzählt. Häufig fängt er an, von dem kleinen Jungen zu erzählen, doch nach einem Satz wird aus dem Jungen ein Ich. *"Der kleine Junge, der ich damals war, sah die Welt um sich herum als ein Ganzes (...). Ich bin an manchen Tagen barfüßig bis nach Flössingen gelaufen".*[370] Der Junge sah die Welt als ein Ganzes und der Icherzähler ist barfuß gelaufen. Die Distanz von der eigenen Kindheit, die in dem ersten Satz geschaffen wird, kann der Schriftsteller nicht einhalten. Die beiden Personen fließen ineinander und sind kaum voneinander zu trennen. Horst Bienek hat Schwierigkeiten, sich mit seinen Kindheitserlebnissen zu identifizieren. Der zeitliche Abstand läßt die eigene Kindheit fremd erscheinen, so daß man sich mit sich als einem Kind nicht mehr identisch fühlt.

Die Gleiwitzer Tetralogie bildet eine einheitliche und eigene Realität, die sich von der gegenwärtigen Wirklichkeit nicht beeinflussen läßt. Bienek gibt jedoch zu, daß er daran gedacht hat, sich *"als Autor in die Handlung einmischen zu wollen und"* sich *"über die 'Schwierigkeiten beim Schreiben eines Romans im Roman' auszulassen."*[371] "Die Beschreibung einer Provinz" ist ein persönlicher Kommentar von Horst Bienek. Bienek wollte seinen Zyklus vor dem Einfluß der Gegenwart bewahren, deswegen ist er erst nach Polen gefahren, nachdem er seinen Zyklus abgeschlossen hatte. Die Reisebeschreibungen zeugen

---

[369] Bienek, Birken und Hochöfen. Eine Kindheit in Oberschlesien, S. 5.
[370] Ebenda, S. 31.
[371] Bienek, Beschreibung einer Provinz, S. 32.

davon, daß die Gegenwart die Erinnerung stark beeinflußt. Die Erlebnisse einer Reise in die Heimat sind so stark, daß man die Erinnerung nicht mehr als eine autonome Welt darstellen kann. Obwohl die vergangene und die gegenwärtige Welt durch die zeitliche Distanz weit auseinander liegen, ist man als Betroffener nicht imstande, sie auseinanderzuhalten. Die Vergangenheit und die Gegenwart werden in einer Person vereint, weil sie Vergangenheit und Gegenwart ein und desselben Menschen sind.

V.4. Haupthandlung und Nebenhandlung

Die Haupthandlung der oberschlesischen Tetralogie betrifft die Geschichte der Stadt Gleiwitz und ihrer deutschen Bewohner. Das Alltagsleben der Familien Piontek und Ossadnik steht im Zentrum des Romangeschehens. In "Die erste Polka" steht die Familie Piontek im Vordergrund des Geschehens. Im "Septemberlicht" haben beide Familien gleiche Bedeutung für die Romanhandlung. In "Zeit ohne Glocken" ist die Familie Ossadnik der Hauptträger des Romangeschehens. In "Erde und Feuer" begleitet der Leser die Pionteks auf der Flucht und zugleich bleibt er mit den Ossadniks in Gleiwitz. Bienek zeigt exemplarisch das Schicksal der Oberschlesier, sowohl der aus der Heimat geflohenen als auch der in der Heimat gebliebenen.

Die ersten drei Teile des Romanzyklus haben auch eine Nebenhandlung. Die Bevölkerung Oberschlesiens ist bunt gemischt. Diese Provinz bewohnen nicht nur Deutsche und Polen, sondern auch Juden. Georg Montag, ein Landgerichtsrat, wohnt in dem Gartenhäuschen der Familie Piontek. Das Häuschen, das einsam und isoliert außerhalb des Wohn- und Lebensraums der Deutschen steht, deutet auf die Stellung der Juden im II. Weltkrieg hin. Georg Montag wird von Valeska und Josel besucht, dennoch fühlt er sich allein. Seine Arbeit an der Korfanty-Biographie verlangt viele Studien der historischen Quellen, solch eine Arbeit entfremdet diesen Mann von anderen Menschen. Er ist ein Jude, deswegen fühlt er sich nicht verstanden und allein gelassen. Die Geschichte dieses Mannes wird durch das formale Mittel des Romanaufbaus verdeutlicht. Die Passagen, die sein Leben und seine Arbeit beschreiben, sind von den Beschreibungen des Lebens der Deutschen abgetrennt. Montag erscheint zwar bei der Hochzeit, er führt mit Valeska lange Gespräche und Josel sucht bei ihm Rat, dennoch hat man beim Lesen das Gefühl, daß er nicht in das Bild des deutschen Oberschlesiens paßt. Dieses Gefühl der Isolation wird dadurch verstärkt, daß die Geschichte dieses Mannes in abgesonderten Kapiteln dargestellt wird.

Nach dem Tod Montags tritt ein anderer Jude in das Romangeschehen ein – der jüdische Schriftsteller Arthur Silbergleit. Auch diese Gestalt wird als Jude aus der deutschen Gesellschaft ausgestoßen. Die Geschichte der Juden wird in Kapiteln dargestellt, die sich zwischen den Beschreibungen der nicht-jüdischen Oberschlesier befinden. An manchen Stellen verbinden sich die Geschichten der beiden Völker. Silbergleit besucht die Familie Piontek, weil er seinen Freund Montag sucht. Es sind jedoch nur kurze Momente, in denen die Juden mit den Deutschen in Berührung kommen.

Die jüdischen Gestalten sind wichtige Perspektiventräger der Gleiwitzer Tetralogie.[372] Das Oberschlesien des II. Weltkrieges wird nicht ausschließlich aus der deutschen Perspektive dargestellt. Die deutsche Sichtweise wird durch das Leben und durch die Probleme der Juden relativiert. *"Es kann nicht verwundern, daß Horst Bienek in den Folgebänden der Tetralogie die ihm durch Georg Montag ermöglichte Perspektive nicht verlieren wollte, daß er sie auf Arthur Silbergleit übertragen und diese Übertragung durch die Freundschaft Silbergleits mit Montag beglaubigt hat."*[373] Die Tatsache, daß diese Perspektive in abgesonderten Kapitel vermittelt wird, hebt sowohl die Sonderstellung der Juden in der Gesellschaft des II. Weltkrieges als auch die Meinung dieser Menschen besonders hervor. Bienek beabsichtigt jedoch nicht *"eine dokumentarische Beschreibung des jüdischen Leidensweges, sondern die Darstellung jener unvorstellbaren Entfremdung des Menschen vor der ihn umgebenden Realität".*[374] Die Entfremdung der Menschen wird durch die Erzältechnik betont.

In "Erde und Feuer" gibt es keine Nebenhandlung mehr. Arthur Silbergleit ist mit anderen Juden in Auschwitz ums Leben gekommen. Die Geschichte des jüdischen Volkes hat keine Fortsetzung. 1945 gibt es keine Juden mehr in der oberschlesischen Tetralogie.

Die Haupthandlung der Oberschlesischen Tetralogie ereignet sich hauptsächlich in Gleiwitz. Man begleitet Andreas, der mit dem Zug von Breslau nach Gleiwitz kommt, die Beschreibungen des Landes fangen aber erst bei Gleiwitz an. Josel flieht von Zuhause, der Leser erhält jedoch keine Bilder von der Flucht. Gleiwitz bleibt das Zentrum des Romangeschehens. Die Haupthandlung bewahrt die Einheit des Ortes. Nur einmal verläßt man Gleiwitz mit einer Hauptgestalt. Josel fährt nach Beuthen, um Ulla zu besu-

---

[372] Vgl. dazu: Wolfgang Frühwald, Grenzgänger der Erinnerung. Zum poetischen Verfahren in Horst Bieneks Gleiwitzer Roman-Tetralogie, in: Horst Bienek. Aufsätze. Materialien. Bibliographie, hrsg. von Tilman Urbach, S. 24.

[373] Wolfgang Frühwald, Grenzgänger der Erinnerung. Zum poetischen Verfahren in Horst Bieneks Gleiwitzer Roman-Tetralogie, in: Horst Bienek. Aufsätze. Materialien. Bibliographie, hrsg. von Tilman Urbach, S. 24.

[374] Ebenda, S. 26.

chen. Man bleibt aber immer noch in Oberschlesien. Erst mit dem Aufheben der zeitlichen Klammer, im vierten Teil des Romanzyklus also, wird auch der räumliche Rahmen aufgehoben. In "Erde und Feuer" verläßt Bienek *"zum ersten Mal (...) die Einheit des Ortes und der Zeit."* [375] Agnetendorf, Dresden und Gleiwitz sind die Orte des Geschehens. Die Nebenhandlung spielt dagegen nicht immer in Gleiwitz oder in Oberschlesien. Arthur Silbergleit lernt man in Berlin kennen. Nach seiner Verhaftung wird er nach Kattowitz gebracht und dann nach Auschwitz. Die Einheit des Ortes, von der Bienek spricht, betrifft nur die Haupthandlung des Romanzyklus, die Nebenhandlung weist von Anfang an keine räumliche Klammer auf.

Innerhalb der Handlung, sowohl der Haupt- als auch der Nebenhandlung, gibt es einen häufigen Szenenwechsel. Der Erzähler berichtet ausschnittweise aus dem Leben der Familien Piontek und Ossadnik, aus dem Leben von Montag und Silbergleit, aus dem Leben des großen Dichters und vieler anderer Oberschlesier. In "Die erste Polka" begleitet der Leser die Hochzeitsgäste im Haus Oberschlesien. Das Geschehen in dem Hochzeitssaal wird jedoch nicht kontinuierlich dargestellt. Polensky, Michalek, das Ehepaar Kabella, Frau Bohne, Gräfin Poremba, der Präsident der Wasserwerke *"fingen (...) an, nach den Tischkarten zu schielen, es gab Momente freundlichster Verwirrung, bis alle schließlich ihre Plätze gefunden hatten."* [376] Danach verläßt man den Schauplatz und ist mit Ulla und Andreas unterwegs, die zu Augenzeugen des Überfalls auf den Gleiwitzer Sender werden.[377] Innerhalb des festen Rahmens (Einheit des Ortes) gibt es *"eine erstaunlich dichte Verflechtung"* [378] der verschiedenen Szenen in der Handlung der Romane. *"Überhaupt ist Unterbrechung das konstitutive Merkmal dieser Prosa. Ganz gleich, ob es um die Korfanty-Biographie Montags oder um das Fest im Gleiwitzer Hotel Haus Oberschlesien geht, ob wir Valeskas Gedankengang verfolgen oder dem verhängnisvollen Spiel der Jungen im „Septemberlicht' beiwohnen, immer haben wir es mit einem häufigen Szenenwechsel zu tun, bei dem die einzelnen Ereignisse einander näherrücken und sich gegenseitig beleuchten."* [379]

In "Zeit ohne Glocken" wird die Geschichte des Juden Silbergleit mehrmals unterbrochen. Diese Handlung findet parallel zu der Glockenabnahme statt und es gibt einen kurzen Moment, in dem die beiden Handlungen sich berühren. Franz Ossadnik er-

---

[375] Bienek, Beschreibung einer Provinz, S. 160.
[376] Bienek, Die erste Polka, S. 142.
[377] Vgl. dazu: Bienek, Die erste Polka, S. 133-163.
[378] Claudio Magris / Emilio Bonfatti, Der Abschied von der Grenze, in: Bienek lesen, hrsg. von Michael Krüger, S. 89.
[379] Ebenda.

zählt seiner Frau, daß die Züge, die er nach Birkenau fährt, voll von Juden sind. Man vermutet, daß Franz der Lokführer des Zugtransportes war, mit dem Arthur Silbergleit nach Auschwitz kommt.

Im Mittelpunkt von "Zeit ohne Glocken" steht die Beschlagnahme der Glocken. Dieses Geschehen setzt sich aber auch aus vielen Momentaufnahmen zusammen. Andi versucht das Leiden Christi nachzuvollziehen, Valeska macht sich mit ihrer Tochter auf den Weg in die Kirche. In den ersten fünf Kapiteln des Romans beobachtet der Leser diese Gestalten im ständigen Wechsel.[380] *"Aus Momentaufnahmen, geschnitten und montiert, aus Einzeldarstellungen und Bildsequenzen, aus erstarrten Bildern und Rückblenden, aus Totalen und Nahaufnahmen entsteht ein epischer Film mit dramatischer Handlung."*[381]

Der häufige Szenenwechsel und die vielen Momentaufnahmen scheinen jedoch den Erzähler überfordert zu haben. Er verfängt sich in den vielen Gestalten, und in den Einzelheiten aus ihrem Leben, das er darstellen möchte. Josel ist am Tag der Hochzeit seiner Schwester *"schon fünfzehn"*.[382] Andreas, *"der Jüngste, den sie alle Schielok nannten"*[383] ist drei Jahre jünger als seine Schwester Ulla. An einer anderen Stelle heißt es jedoch, daß er nur ein Jahr jünger als Josel ist.[384] Dann erfährt aber der Leser, Andreas sei *"mit zwölf (…) für ein Märchen bißchen erwachsen"*.[385] Es könnte entgegengehalten werden, daß die Teile des Romanzyklus als eigenständige Romane zu betrachten sind, und das Fortführen der Lebensgeschichte der einzelnen Personen für den Schriftsteller nicht verpflichtend ist. Die genannten Unstimmigkeiten im Alter von Andreas sind jedoch nicht innerhalb des Romanzyklus zu finden, sondern im zweiten Teil "Septemberlicht". Kotik ist das zweitjüngste der Ossadnikkinder. 1943 ist er jedoch erst 14, er muß also ein Jahr jünger als der "jüngste" Andi sein, der 1943 mindestens 16 Jahre alt ist.[386] In "Erde und Feuer" erfährt der Leser, daß Kotik *"der Jüngste von den Ossadniks"*[387] ist. Dieser Widerspruch, der das Alter von Kotik betrifft, ist nicht innerhalb eines Romans zu erkennen, sondern in der Tetralogie. Wenn aber die Geschichte der jeweiligen Gestalten aus

---

[380] Vgl. dazu: Bienek, Zeit ohne Glocken, S. 7-55.
[381] Wolfgang Frühwald, Grenzgänger der Erinnerung. Zum poetischen Verfahren in Horst Bieneks Gleiwitzer Roman-Tetralogie, in: Horst Bienek. Aufsätze. Materialien. Bibliographie, hrsg. von Tilman Urbach, S. 17.
[382] Bienek, Die erste Polka, S. 13.
[383] Bienek, Septemberlicht, S. 23.
[384] Ebenda, S. 120.
[385] Ebenda, S. 319.
[386] Bienek, Zeit ohne Glocken, S. 31.
[387] Bienek, Erde und Feuer, S. 92.

"Die erste Polka" in "Septemberlicht", "Zeit ohne Glocken" und "Erde und Feuer" weitergeführt wird, dann müßten auch die Angaben, die das Alter der Romangestalten betreffen, übereinstimmen. Bienek hat seine Gestalten nicht nur für einen Roman konzipiert, sondern für die ganze Tetralogie, deswegen sind die falschen Altersangaben als eine Fehlleistung zu betrachten. Der Schriftsteller hat selbst den Überblick über seine Gestalten verloren. Er weiß selbst nicht mehr, wer der Jüngste der Ossadniks ist und das ist unzulässig. Das *"ständige Fallenlassen des einen Fadens, um an dem anderen weiterzuspinnen und eine andere Gestalt hervortreten zu lassen"* [388] mag zwar eine schwierige Erzähltechnik sein, dennoch sollte der Schriftsteller derjenige sein, der alle Fäden richtig weiterspinnen kann und die Gestalten nach seinem Belieben weder verjüngt noch älter macht.

An einer Stelle in "Erde und Feuer" werden sogar zwei Gestalten verwechselt. Kotik ist derjenige, der mit Hedel Zock ein Gespräch führt. Er erzählt Hedel über seinen Bruder Tonik: *"Mein Bruder Tonik, flunkerte Kotik weiter, ist schwer verwundet (…). Er liegt im Lazarett in… jetzt hab ich wieder vergessen, wo das ist… sie haben ihm eine Lunge rausgenommen."* [389] Einige Zeilen weiter soll Tonik jener sein, der mit Hedel unterwegs ist und sich mit ihr unterhält: *"Der Mensch hat zwei Lungen, erklärte **Tonik** weiter, links und rechts (…). Er staunte selbst über seine Worte. Er überlegte krampfhaft, wie er Hedel in die Miethe-Allee lenken konnte (…). Tonik ist Obergefreiter und Unteroffiziersanwärter, sagte Kotik stolz."* [390] Es ist schwer zu beurteilen, ob das Verwechseln der beiden Namen Kotik und Tonik bloß ein Druckfehler ist. Für einen gedruckten und veröffentlichten Roman ist es jedoch kaum anzunehmen, daß es sich um einen Druckfehler handelt, sondern daß es ein Versehen, eine Unachtsamkeit des Schriftstellers ist.

V.5. Georg Montag und Horst Bienek

Montag und Silbergleit, die sich mit Literatur befassen, sind ein Beispiel für die literarische Arbeit eines Schriftstellers. Montag arbeitet in der Einsamkeit an der Biographie von Wojciech Korfanty. Silbergleit ist ein Schriftsteller, für den seine Werke einen großen Wert haben und der vor allem verstanden werden möchte. Er findet seine Heimat dort, wo man ihn und seine Werke versteht, wo er als Schriftsteller angenommen

---

[388] Claudio Magris / Emilio Bonfatti, Der Abschied von der Grenze, Bienek lesen, Michael Krüger (Hrsg.), S. 89.
[389] Bienek, Erde und Feuer, S. 102.
[390] Ebenda, S. 103.

wird. In den beiden Gestalten kann man Horst Bienek als Schriftsteller erkennen, nicht nur weil er daran dachte, *"die Figur des Montag in der Gegenwart anzusiedeln und ihn von heute aus, rückblickend, das Geschehen berichten zu lassen"* [391], sondern weil die Passagen, die Montags Arbeit an der Biographie betreffen, die Probleme und Schwierigkeiten eines Schriftstellers bei seiner literarischen Arbeit wiedergeben. Georg Montag *"hatte es sich angewöhnt, so spät in der Nacht zu arbeiten, vielleicht weil am Tag zu viele Geräusche um ihn herum waren".*[392] Horst Bienek kann auch am besten bei Nacht arbeiten: *"Gestern bis um vier Uhr in der Frühe gearbeitet. Gut weitergekommen."* [393]

Das Geschriebene scheint dem Schriftsteller oft unpassend und falsch zu sein. Montag *"dachte über den letzten Satz nach und fand keine Fortsetzung dazu. Er strich den zweiten Teil des Satzes aus (...). Er überlegte eine Weile, dann strich er 'seiner Leidensgefährten' aus und schrieb darüber: 'der verhafteten Oppositionspolitiker'."* [394] Bienek dokumentiert die Schreibschwierigkeiten in der "Beschreibung einer Provinz". *"Komme in dem Roman nicht weiter. Wie ein Hund streune ich um die Schreibmaschine herum. Und wenn ich endlich anfange zu tippen, gefallen mir die Sätze nicht."* [395] Solche Probleme hat wahrscheinlich jeder Schriftsteller und es ist nichts ungewöhnliches dabei. Bienek verzichtet auf die Einbindung seiner Probleme in das Romangeschehen und projiziert seine Schwierigkeiten auf Montag. Die Reflexionen werden in das Romangeschehen eingebaut, sie gehören zu der Realität der Romane, ohne daß sie eine besondere Erzählebene bilden. *"So wird in Bieneks Beschreibung des imaginierten, stockenden Entstehungsprozesses der Korfanty-Biographie der Entstehungsprozeß der ‚Ersten Polka', in perspektivischer Brechung durch eine ihrer Hauptfiguren, nachvollzogen und damit vom Autor – indirekt – innerhalb des Romans reflektiert".*[396]

Georg Montag überlegt sich, warum er sich auf die literarische und wissenschaftliche Arbeit eingelassen hat. *"Er dachte darüber nach, warum er sich über alte Zeitungsausschnitte beugte, über vergilbte Flugblätter, über zerfledderte Broschüren, (...), warum er sich Bücher aus den Bibliotheken kommen ließ und seitenlange Zitate daraus mit der Hand abschrieb, warum er Briefe hinausschickte, mit Fragen und Rückfragen, mit Korrekturen und Bestätigungen. Vielleicht tat er dies al-*

---

[391] Bienek, Beschreibung einer Provinz, S. 31.
[392] Bienek, Die erste Polka, S. 42.
[393] Bienek, Beschreibung einer Provinz, S. 183.
[394] Bienek, Die erste Polka, S. 34.
[395] Bienek, Beschreibung einer Provinz, S. 96.
[396] Wolfgang Frühwald, Grenzgänger der Erinnerung. Zum poetischen Verfahren in Horst Bieneks Gleiwitzer Roman-Tetralogie, in: Horst Bienek. Aufsätze. Materialien. Bibliographie, hrsg. von Tilman Urbach, S. 23.

les, um dazusitzen, zu lesen, zu schreiben und damit ein anderes Leben mitzuerleben, in einer anderen Person mitzuexistieren, wenigstens bruchstückweise." [397] Montag arbeitet an einer Biographie, deswegen braucht er viele Informationen, die er nicht nur in anderen Büchern oder in alten Zeitungen finden kann, sondern die er auch von den Menschen, die Korfanty kannten, sammelt. Horst Bienek arbeitet an einem Requiem für die Provinz Oberschlesien. Er arbeitet an einem Ausschnitt aus der Geschichte eines Landes und nicht eines Menschen. Interessant sind die Überlegungen Montags: er stellt sich selbst die Frage, warum er sich literarisch betätigt. Die Frage kann auf Bienek übertragen werden. Dieser Schriftsteller schreibt seine Romane nicht, um dazusitzen, zu lesen und zu schreiben, wie es sich seine Romangestalt überlegt. Ein anderes Leben kann er auch nicht leben, weil er sich mit seiner eigenen Kindheit beschäftigt. Die Kindheit liegt aber weit zurück, deswegen kann man sie als ein anderes Leben betrachten, das man noch einmal erleben kann. Bienek gestaltet in seinen Gleiwitzer Romanen eine Wirklichkeit, die ihn in eine andere Zeit und in einen anderen Raum versetzt, so daß er merkt: *"Ich lebe eigentlich seit sieben Jahren zwei Leben: jenes in Gleiwitz und das gegenwärtige. Und manchmal weiß ich gar nicht, welches wirklicher ist."* [398] Der Schriftsteller existiert in anderen Personen und erlebt ein anderes Leben mit. Deswegen hat sich Bienek auch mit der Zeitgeschichte beschäftigt. Die Arbeit an den historischen Quellen ermöglicht es, sich in eine andere Zeit zu versetzen. Viel wichtiger ist jedoch, daß Horst Bienek *"in diesen Büchern der Kindheit (…) so etwas wie Heimat gefunden"* [399] hat. Mit seinem literarischen Vorhaben begibt er sich auf die Suche nach der Heimat, die er dann in seinen eigenen Werken findet. Bienek findet in seiner Kindheit den Schlüssel zu seinem Leben, genauso wie Montag den Schlüssel für die politische Laufbahn Korfantys in seiner Kindheit findet. Das Schreiben ist aber auch ein Schlüssel zu dem Selbst. Montag *"setzte sich hin und schrieb das erst einmal auf. Er begriff K. jetzt besser. Und auch sich selbst."* [400] Wenn Bienek sagt, daß er in der Gleiwitzer Tetralogie seine Heimat gefunden habe, bedeutet das, daß er durch das Schreiben, durch die literarische Arbeit sich selbst besser verstehen kann.

Georg Montag arbeitet in Einsamkeit in dem Gartenhäuschen. Als Jude wird er zwar aus der Gesellschaft ausgestoßen, zugleich aber hält er sich selbst von der Gesellschaft fern. Er bleibt lieber in seinem Versteck als daß er sich mit Menschen unterhält. *"Er knipste das Licht der Schreibtischlampe aus und ging zum Fenster, er zog den Vorhang am Rande*

---

[397] Bienek, Die erste Polka, S. 42-43.
[398] Bienek, Beschreibung einer Provinz, S. 170.
[399] Bienek, Das allmähliche Ersticken von Schreien. Sprache und Exil heute, S. 105.
[400] Bienek, Die erste Polka, S. 113.

etwas zurück, einen kleinen Spalt nur, eine gewohnte, ja beinahe eingeübte Geste: Er konnte jetzt hinaussehn, aber nicht gesehen werden." [401] Er lebt in einer anderen Zeit, in der Zeit seiner literarischen Arbeit. *"Und die andere Zeit"* ist *"Seine Zeit."* [402] Um sich in diese Zeit versetzen zu können, will er keinen Kontakt mit der wirklichen Zeit haben, der durch die Begegnungen mit anderen Menschen entsteht. Auch Horst Bienek braucht Ruhe, um an seinem Roman schreiben zu können. Zu Hause hat er *"nicht die nötige Ruhe, Konzentration, auch Energie, um an dem Roman zu schreiben – und nichts anderes zu tun als weiterzuschreiben. Ständig Störungen, Ablenkungen, auch Ausflüchte."* [403] Er zieht sich in einen abgelegenen Turm zurück, in dem er die nötige Ruhe findet. Bienek schließt sich für seine schriftstellerische Arbeit aus der Gesellschaft aus, er braucht die Abgeschiedenheit, weil er sonst nicht schreiben kann. *"Der Turm ist wie eine Zelle. Vielleicht brauche ich das, um zu schreiben."* [404] Die Gulagerfahrungen lasten auf Bieneks Seele, so daß er sich für das Schreiben einen Ort sucht, der ihn an eine Zelle erinnert. Da kann er ganz allein mit seinen Gedanken und mit seinen Erinnerungen sein. Die gewünschte Distanz des Dichters zu der Gesellschaft erleichtert ihm die Arbeit an den Romanen, er kann sich einfacher in die Zeit seiner Romane hineinversetzen und die Gegenwart vergessen. Er lebt an der Grenze zwischen der Wirklichkeit und der Realität seiner Romane, weil *"der Dichter Grenzgänger zwischen den Wirklichkeiten"* [405] ist.

V.6. Gleiwitzer Romane – eine Autobiographie

Über zehn Jahre arbeitete Horst Bienek an seinem Romanzyklus. Zehn Jahre seines Lebens widmete er der für ihn so wichtigen Auseinandersetzung mit der eigenen Lebensgeschichte und seiner Heimat. Wenn die Beschreibungen der Reise nach Polen dem Entstehungsprozeß hinzugezählt werden, dann sind es fast zwanzig Jahre, in denen Horst Bieneks Biographie von dem Thema – Kindheit und Oberschlesien – begleitet und beeinflußt wurde. "Die Beschreibung einer Provinz" entstand parallel zu der Arbeit

---

[401] Bienek, Die erste Polka, S. 41.
[402] Ebenda, S. 43.
[403] Bienek, Beschreibung einer Provinz, S. 52.
[404] Ebenda, S. 53.
[405] Wolfgang Frühwald, Grenzgänger der Erinnerung. Zum poetischen Verfahren in Horst Bieneks Gleiwitzer Roman-Tetralogie, in: Horst Bienek. Aufsätze. Materialien. Bibliographie, hrsg. von Tilman Urbach, S. 32.

an den Gleiwitzer Romanen. Die Tetralogie wird von Aufzeichnungen des Schriftstellers begleitet. *"Sie markieren den Hintergrund, vor dem die erdachten Personen erst ihre Authentizität gewinnen, sind Werkkommentar und Tagebuch in einem."* [406] In erster Linie erfährt man aus diesen Aufzeichnungen, wie sehr die imaginäre Realität der Romane in das Leben von Horst Bienek eingedrungen ist. *"Ich lebe eigentlich seit sieben Jahren zwei Leben: jenes in Gleiwitz und das gegenwärtige. Und manchmal weiß ich gar nicht, welches wirklicher ist."* [407] Der Schriftsteller projiziert seine Lebenseinstellung auf die erfundene Welt der Romane, zugleich aber wird sein Inneres von seiner Phantasie, die in der Tetralogie hervortritt, beeinflußt, er wird seiner Imagination unterworfen.

Die Beschäftigung mit der eigenen Lebensgeschichte und mit der Geschichte Oberschlesiens führt Horst Bienek zu seinen Wurzeln. Es ist eine Art Bewußtwerdung über die biographischen Zusammenhänge und deren Einfluß auf das Selbst des Schriftstellers. Die Auseinandersetzung mit der Welt der Kindheit und die Arbeit an dem Requiem für die verlorene Provinz wecken das Interesse des Schriftstellers für Polen. Erst langsam wird es Horst Bienek klar, daß er *"auch emotional stärker in die polnische Geschichte involviert"* [408] ist als in die Geschichte eines anderen europäischen Landes. Der Autor der Tetralogie berichtet ganz genau vom Kriegsrecht 1981 in Polen. In dieser Zeit arbeitete Horst Bienek am letzten Teil seines Romanzyklus. Die Arbeit an "Erde und Feuer" wurde von den Ereignissen in Polen unterbrochen. *"Nicht gearbeitet, zu aufgeregt. Jede Stunde die Nachrichten im Radio gehört."* [409] Mit Erschrecken und mit Angst nimmt der Schriftsteller die Ereignisse in Polen auf, er berichtet: *"Die Grenzen geschlossen, Flugplätze gesperrt, die Telefonleitungen von einer Stadt zur anderen unterbrochen, Reiseverkehr nur noch mit besonderer Genehmigung. Benzinverkauf eingestellt."* [410] Die Außenwelt dringt in das Innere des Schriftstellers und holt ihn aus seiner imaginären Welt in die Wirklichkeit zurück. Da sieht man, wie stark die schriftstellerische Arbeit von der Außenwelt beeinflußt werden kann; Horst Bienek überlegte sich ernsthaft, ob er die Ereignisse der Wirklichkeit, das Kriegsrecht in Polen, in das Romangeschehen einbauen soll. *"Immer wieder beschäftige ich mich damit, wie ich das Geschehen in Polen (also das, was jetzt in meiner Provinz geschieht) in den Roman einbauen kann. Ich müßte dazu das auktoriale Erzählen aufgeben. Eine ganz andere Form."* [411] Der Schriftsteller

---

[406] Bienek, Beschreibung einer Provinz, S. 1.
[407] Ebenda, S. 170.
[408] Ebenda, S. 177.
[409] Ebenda, S. 191.
[410] Ebenda.
[411] Ebenda, S. 200.

entscheidet sich dagegen, die gegenwärtigen Geschehnisse in das autonome Romangeschehen einzubauen. Er bleibt bei der Vergangenheit seiner Provinz, die Gegenwart durchdringt jedoch seine Gedanken und ihn selbst. Die Oberschlesische Tetralogie ist ein Zeugnis dafür, daß man die Vergangenheit von der Gegenwart trennen kann. Horst Bienek setzt die Trennung durch, er hält die beiden Wirklichkeiten und die beiden Räume auseinander. Es steht aber außer Frage, daß es ihm schwer gefallen ist, denn, wie der Schriftsteller selbst sagt, *"kann* (er) *nicht so tun, als ob das zwei verschiedene Welten wären."*[412] Die vergangene Wirklichkeit, zu der auch die Realität der Romane gehört, und die sich gegenwärtig ereignende Wirklichkeit bilden die Biographie des Schriftstellers. Wenn es dem Verfasser der Gleiwitzer Romane in seinem Werk gelungen ist, diese Welten in der Tetralogie nicht zu vermischen, so kann er sie doch in seinem Leben nicht auseinanderhalten.

---

[412] Bienek, Beschreibung einer Provinz, S. 196.

VI
HEIMAT NEU ENTDECKEN.
REISEN IN DIE HEIMAT – CHRISTA WOLFS "KINDHEITSMUSTER" UND LEONIE OSSOWSKIS "WEICHSELKIRSCHEN"

> "Wir wissen meist gar nicht, wieviel wir vom ‚Damals',
> von der Kindheit und der Heimat wissen."
> Christian Graf von Krockow

Die in Landsberg an der Warthe geborene Christa Wolf und die in Ober-Röhrsdorf geborene Leonie Ossowski fahren fast zur gleichen Zeit in ihre Heimat, die jetzt in Polen liegt. Sie begeben sich auf die Spuren ihrer Kindheit, ihrer Vergangenheit, aber zugleich ihrer Gegenwart und ihrer Zukunft. Erst durch diese Erfahrungen entstehen die Romane "Kindheitsmuster" von Christa Wolf und "Weichselkirschen" von Leonie Ossowski. Obwohl Christine Brückner in ihre "erschriebene" Heimat – Poenichen – und nicht in ihre wirkliche Heimat reist, ist die Begegnung mit dem pommerschen Land grundlegend für das Entstehen des zweiten Teils ihrer Trilogie – "Nirgendwo ist Poenichen". Die Schriftstellerinnen besuchen zuerst ihre Heimat und erst dann thematisieren sie die Wiederbegegnung literarisch. Horst Bienek dagegen schiebt die unvermeidliche Fahrt nach Gleiwitz sehr lange vor sich her. Seine Heimat, die er in sich trägt, beschreibt er, ohne das innere Bild mit dem äußeren zu konfrontieren, weil er eben nicht will, daß die Wirklichkeit seine eigene Wirklichkeit zerstört.

VI.1. Wiederbegegnung mit der Heimat

VI.1.1. Landsberg an der Warthe und Gorzów Wielkopolski – Heimat von Christa Wolf

Christa Wolf betrachtet ihre Heimat als den Hintergrund ihres Lebens: *"Ich war in einer mittelgroßen, eigentlich eher kleinen Stadt jenseits der Oder aufgewachsen. Ich hing an dieser Umgebung, an dem Blick aus meinem Fenster über die ganze Stadt und den Fluß, an den Seen, an den Kiefernwäldern, an dieser im ganzen vielleicht kargen Landschaft. Ich konnte mir keinen anderen Hintergrund für mein Leben vorstellen."*[413] Wie die Schriftstellerin zu dem Thema "Heimat" steht und was für sie Heimat bedeutet, kann man am besten aus ihrem Roman "Kindheitsmuster" herauslesen, in dem *"eine Reise in die einst jubelnde und jetzt verlorene Heimat"*[414] unternommen wird. Die Wiederbegegnung mit dem Land der Kindheit ist Anlaß zu einer literarischen Auseinandersetzung mit der Heimat.

Der Roman "Kindheitsmuster" stellt einen 46-stündigen Aufenthalt in dem Geburtsort des objektivierten Ich dar. Das weibliche Ich wird auf dieser Reise von seinem Mann, seinem Bruder und seiner Tochter begleitet.[415] Das Reiseziel ist G., eine polnische Stadt, die zugleich der Geburtsort des reisenden Ich ist. Die zwei Orte, die eigentlich ein und derselbe Ort sind, werden im ganzen Roman sehr streng auseinandergehalten. Heute und damals sind nicht zu vereinbaren, deswegen heißt es immer wieder: *"die Hinreise nach G. – vormals L."*[416], *"im Stadion von L. – heute G."*[417], *"in G., vormals L."*.[418] Mit diesen Ausdrücken wird der Leser dazu verführt zu glauben, daß es sich nicht um ein und dieselbe Stadt handelt. "Heute" und "damals" schafft eine zeitliche, zugleich aber auch eine räumliche Distanz zwischen Landsberg an der Warthe und Gorzów Wielkopolski. Mit dem objektivierten Ich bewegt sich der Leser zwischen zwei Welten, der Welt von damals und der Welt von heute. Die Erinnerungen und die gegenwärtigen Bilder funktionieren wie ein Zeitvehikel, mit dem man sich in der Zeit beliebig bewegen kann. *"Den Alten Friedhof von L. habt ihr gegen elf Uhr verlassen. Von der ehemaligen Friedberger Chaussee her*

---

[413] Wolf, Dimension eines Autors. Essays und Aufsätze. Reden und Gespräche 1959-1985, Bd. I, S.8.
[414] Wolf, Kindheitsmuster, S. 74.
[415] Auf die Funktion der Begleitpersonen bei dem Wiedersehen mit der Heimat wird im Kapitel VIII genauer eingegangen.
[416] Wolf, Kindheitsmuster, S. 65.
[417] Ebenda, S. 230-231.
[418] Ebenda, S. 310.

fahrt ihr wieder in G. ein." [419] Der räumliche Abstand gründet in der Zeitspanne, die zwischen dem Heimatverlust (1945) und dem Wiedersehen mit der Heimat (Sommer 1971) liegt. Zwischen Landsberg an der Warthe und Gorzów Wielkopolski liegen 26 Jahre, in denen sich die Stadt verändert hat, aus einer deutschen ist eine polnische Stadt geworden. Die vergangene Zeit bildet den Raum, den die Reisenden zu bewältigen haben.

Landsberg an der Warthe wird als Vaterstadt, als Geburtsort oder als Heimat bezeichnet. Entscheidend ist aber, daß die Topographie der Stadt im Gedächtnis des objektivierten Ich für immer eingeprägt ist. *"Was die Topographie betreffe, sagtest du, (...) könntest du dich ganz auf dein Gedächtnis verlassen: Häuser, Straßen, Kirchen, Parks, Plätze – die ganze Anlage dieser (...) Stadt war vollständig und für immer aufgehoben."* [420] Die Erinnerungen sind so stark, daß sie die Wahrnehmung des jetzigen Bildes der Stadt abzuschwächen drohen. Das objektivierte Ich hat jedoch einen scharfen Blick für das Jetzt. Die Stärke der aufgehobenen Bilder kann aber während einer Heimatreise ein Hindernis sein. Die im Gedächtnis aufgehobenen Bilder unterscheiden sich von den tatsächlich vorgefundenen. Die Unterschiede, die zwischen Landsberg an der Warthe und Gorzów Wielkopolski festgestellt werden, machen das Wiedersehen besonders schwierig. Die Heimatbesucher wissen Bescheid, daß ihre Heimat nicht die gleiche geblieben ist. Obwohl es ihnen bewußt ist, daß ihre Geburtsorte sich verändert haben und vielleicht nicht mehr dieselben sind, wollen sie die Veränderungen nicht zulassen und deswegen zögern sie oft mit einer Reise in ihr Kindheitsland, um die Heimat, die sie in sich tragen, möglichst lange zu bewahren. Die Wiederkommenden haben Angst vor dem Wiedersehen mit ihrer Heimat, sie scheuen sich nicht vor den Veränderungen selbst. Sie sehnen sich so sehr nach dem Alten und Wohlvertrauten, und sie haben Angst, es nicht mehr vorzufinden. Die Menschen haben Angst vor Entfremdung, denn ohne eine Bestätigung des Heimatbildes, das sie in sich tragen, fühlen sie sich ihrer Heimat beraubt und entfremdet.

Obwohl das objektivierte Ich sich auf das Wiedersehen mit der alten Heimat freut, fürchtet es zugleich die Begegnung. Es spürt *"neben der Freude der Schrecken darüber, was man verlieren kann, ohne es zu vermissen."* [421] Wenn das aufgehobene Bild keine Bestätigung in der Außenwelt findet, dann wird es zerstört. Die Heimat, die schon einmal verloren wurde, kann man abermals verlieren. Diesmal ist es jedoch kein äußerer, sondern ein innerer Verlust, der schmerzhafter und endgültiger als der äußere ist. *"Dir ist jetzt klar, warum du sechsundzwanzig Jahre lang nicht erpicht gewesen bist, hierherzukommen.*

---

[419] Wolf, Kindheitsmuster, S. 427.
[420] Ebenda, S. 10.
[421] Ebenda, S. 109.

Unausgesprochene und uneingestandene Vorwände – Heimatverlust, möglicher Wiedersehensschmerz – hielten nicht länger stand. Du scheutest eine Begegnung, die unvermeidlich sein würde." [422] Es ist auffallend, daß sowohl Christa Wolf als auch Horst Bienek meinen, daß eine Begegnung mit der verlorenen Heimat nicht zu vermeiden ist. Obwohl sie Angst vor dem Wiedersehen haben und lange mit der Reise in die Heimat gezögert haben, halten sie es für notwendig, in die verlorene Heimat zu fahren. Eine Reise in das Kindheitsland ist eine Überprüfung der Heimatvorstellung. Die Heimat wird überprüft, und das, was übrig bleibt, erweist sich als die wirkliche Heimat des Menschen.

Die Angst und die Freude begleiten die Fahrenden auf der Reise in die Heimat. Das objektivierte Ich aus "Kindheitsmuster" sagt, daß es einen *"Anfall von freudigem Heimweh"* [423] hat, es will auch nicht behaupten, daß es *"niemals Heimweh gehabt"* [424] habe. Gegenüber seiner Tochter verschweigt jedoch das Ich seine Gefühle und meint: *"Heimweh? Nein!"* [425] Wenn man sich die Aussagen des objektivierten Ich genauer anschaut, dann fällt es auf, daß Lenkas Mutter solange Heimweh gespürt hat, solange sie ihre Heimat nicht wiedergesehen hat. Während der Reise nach Polen läßt das Heimwehgefühl nach, so daß das Ich sagen kann, daß es kein Heimweh hat. Das Ich relativiert aber selbst seine Behauptung: *"Heimweh? Nein! – Das hörte sich gut an. Nur daß der Satz schon fertig war, lange ehe Lenka ihn hören wollte. So daß man nicht mehr wußte, ob man log oder die Wahrheit sprach. Da ein anderer als dieser Satz seit vielen Jahren überhaupt nicht in Frage kam."* [426] Es ist also ein angelernter Satz, an den man mit der Zeit zu glauben beginnt. Der Außenwelt soll es verborgen bleiben, daß Lenkas Mutter irgendwelche Heimatgefühle hegt und daß Heimweh einer der Gründe für ihre Reise in die Heimat ist. Während und nach der Reise erweist sich der Satz jedoch als richtig.

Nachdem man die Heimat wiedergesehen und die Unterschiede wahrgenommen hat, gibt es kein Heimweh mehr, weil die Heimat nicht dort existiert, wo man sie gesucht hat. *"Wenn man erst ‚dort' war, ist es kein Spiel mehr, es war dir klar. Dann gibt es kein Zurück mehr, nichts läßt sich ungeschehen machen. Wenn du die Straßen betreten, die Hauswände berührt, die Hügel und den Fluß wiedergesehen, dich ihrer Wirklichkeit vergewissert hast…"* [427], dann kann man seine Herkunft und seine Identität nicht mehr leugnen. Der Heimatverlust, den man lan-

---

[422] Wolf, Kindheitsmuster, S. 155.
[423] Ebenda, S. 108.
[424] Ebenda, S. 75.
[425] Ebenda, S. 349.
[426] Ebenda.
[427] Ebenda, S. 194.

ge Zeit nicht wahrhaben wollte, dringt nach dem Besuch im Kindheitsland in das Bewußtsein der Menschen und kann nicht mehr verdrängt oder bestritten werden. Die Wiederbegegnung zerstört einerseits das Heimatgefühl, andererseits läßt sie es aber aufs Neue entstehen. Die Heimat wird verinnerlicht, ohne daß auf das Alte, das nicht mehr existiert, zurückgegriffen wird, ohne daß etwas Imaginäres beschworen wird. Die Verinnerlichung ist aber ein mühsamer und schwieriger Prozeß, den man am liebsten umgehen würde, um in der eigenen Wirklichkeit weiterhin zu leben.

Die Natur scheint dasjenige zu sein, worauf man sich verlassen kann. Sie als einzige enttäuscht die Heimatsuchenden nicht. *"Kaum hatte man die Oder hinter sich, da gab es wieder den Kindheitssommer"* [428], stellt das objektivierte Ich fest. Zu dem Sommer gehören sowohl Bilder als auch Geräusche, Gerüche und Geschmack. Das Entdecken des wohl Bekannten erfüllt das Ich und seinen Bruder mit großer Freude: *"Endlich kamst du drauf: Der Geruch. Lutz, wie riecht es hier? Lutz grinste: Längst gemerkt. Wie früher. – Der alte Sommergeruch über Schlucht und Sandberg und Jordans Garten."* [429] Die Natur läßt die Enttäuschungen und den nochmaligen Heimatverlust verschmerzen. Sie gleicht den Schmerz aus, den das Ich und Lutz bei den Veränderungen spüren. Deswegen kann Lenkas Mutter sagen, daß die Reise sich im Moment des Kirschenessens gelohnt hat. *"Den Geschmack jener Kirschen"* kann man *"nicht vergessen"* [430], dadurch daß die Kirschen heimatlich schmecken, wird alles andere vergessen, alles, was man vermißt oder anders vorgefunden hat. Somit fällt der Natur eine der wichtigsten Funktionen bei der Wiederbegegnung mit der verlorenen Heimat zu: Sie entschädigt für den Heimatverlust.

Die Zeitspanne, die zwischen dem Damals und dem Heute liegt, verfremdet jedoch das, worauf man sich so gefreut hat. Obwohl die Bilder dem Ich so vertraut vorkommen, reagiert es sehr zurückhaltend, denn *"das flache Land fährt vorbei, sehr vertraut, fremd bis zur Unkenntlichkeit."* [431] Das Heimatland ist sowohl vertraut, sonst wäre es keine Heimat, als auch fremd, so sehr daß man es kaum erkennen kann. "Fremd" deutet auf die zeitliche Distanz, die die Heimaterfahrung möglich macht. Die Distanz wurde durch den Heimatverlust erzwungen, zugleich ist die Distanz der Ausdruck des Erwachsenwerdens. Die Heimatsuchenden mußten ihre Heimat als Kinder oder als Jugendliche verlassen, jetzt kommen sie als erwachsene und reife Menschen zurück. Das Fremdsein ist nicht nur Ausdruck der vergangenen Zeit, sondern auch des inneren Reifeprozesses.

---

[428] Wolf, Kindheitsmuster, S. 106-107.
[429] Ebenda, S. 168.
[430] Ebenda, S. 412.
[431] Ebenda, S. 64.

Das Ich sieht das Land mit erwachsenen Augen, die das Wohlvertraute fremd und unkenntlich erscheinen lassen.

Das objektivierte Ich weist oft darauf hin, daß es sich in seiner alten Heimat fremd fühlt. Es spürt die Distanz, die zwischen ihm und der verlorenen Heimat entstanden ist, deswegen fühlt es sich in Gorzów Wielkopolski ortsfremd. Die Reise kann nur in den anderen Raum führen und obwohl das Ich sich dank seiner Erinnerungen auch in der Zeit frei bewegen kann, merkt es, daß die vergangene Zeit nicht mehr zurückzuholen ist, obgleich *"das Vergangene [...] nicht tot [ist]; es ist nicht einmal vergangen. Wir trennen es von uns ab und stellen uns fremd"*.[432] Die Zeit bildet eine untrennbare Einheit, deren einen Teil man sich nicht aussuchen kann, und deren andere Ereignisse man nicht ungeschehen machen kann. Die Lebensgeschichte wird auch als eine Einheit betrachtet. Einen Teil der eigenen Lebensgeschichte vergessen machen zu wollen, bedeutet sich zu entfremden. Christa Wolf versucht mit ihrem Roman "Kindheitsmuster", sich ihrer Lebensgeschichte nicht zu entfremden, sie setzt sich mit sich selbst auseinander, ohne ihre Kindheit und den mit diesem Lebensabschnitt in unmittelbarer Nähe stehenden Heimatverlust zu verschweigen, denn *"ohne unser Gedächtnis an das, was wir getan haben, an das, was uns zugestoßen ist"* *"würden wir uns unaufhaltsam fremd werden"*.[433] Die Reise in die Heimat ist nur der erste Blick, der für die Heimatvorstellung tödlich sein kann. Wolf hält sich in ihrer Geburtsstadt so kurz auf, daß sie keine Chance hat, mehr Zeit den Stätten ihrer Kindheit zu widmen. Während ihrer Reise nach Polen läßt sie den zweiten Blick nicht zu, der ihr behilflich sein könnte, alles zu begreifen. Den zweiten Blick, der alles zu begreifen hilft[434], bildet jedoch die schriftstellerische Auseinandersetzung mit der Heimat.

"Damals, im Sommer 1971, gab es den Vorschlag, doch endlich nach L. heute G., zu fahren, und du stimmtest zu."[435] Anhand dieser Aussage ist es schwer zu entscheiden, ob der Vorschlag, in die Heimat zu fahren, von Lenkas Mutter oder von außen kommt. Es ist aber davon auszugehen, daß die Idee der Reise nicht von dem Ich kommt, sondern von einem seiner Familienmitglieder. Es gab den Vorschlag, dem das Ich zustimmte, damit sie (die anderen Familienangehörigen) *"ihren Willen haben."*[436] Damit wird noch einmal klar, wie schwer es den Betroffenen fällt, sich ihrer Vergangenheit zu stellen. Die Idee der

---

[432] Wolf, Kindheitsmuster, S. 9.
[433] Ebenda, S. 10.
[434] Vgl. dazu: Bienek, Birken und Hochöfen. Eine Kindheit in Oberschlesien, S. 5.
[435] Wolf, Kindheitsmuster, S. 10.
[436] Ebenda.

Reise nach Polen kam zu der Zeit, in der *"der Tourismus in alte Heimaten blühte"*.[437] Dieser Tourismus wird zugleich als *"der Tourismus in halbversunkene Kindheiten"*[438] bezeichnet. Alte Heimat und halbversunkene Kindheit sind also voneinander nicht zu trennen. Die Reise bezieht sich nicht nur auf den Raum, sondern hauptsächlich auf die vergangene Zeit.

Das objektivierte Ich fühlt sich jedoch in dem Land, das sein Kindheitsland war und ist, fremd. *"Du warst es zufrieden, als Fremdling am Fuß der Marienkirche zu sitzen."*[439] Das objektivierte Ich fühlt sich in seiner Heimat als ein Fremdling, der in eine Wirklichkeit einzudringen versucht, zu der er keinen Zugang hat, weil er zwar zu diesem Raum gehört aber nicht zu dieser Zeit. Die Heimat des Ich ist Landsberg an der Warthe und nicht Gorzów Wielkopolski. Obwohl die Städte zeitlich weit voneinander liegen, kennt sich das Ich in Gorzów Wielkopolski sehr gut aus. *"Was jetzt? – Schule, sagtest du. Böhmstraße – Findest du hin? – Im Schlaf."*[440] In diesem Augenblick ist die Raumkenntnis gefragt, die anscheinend mit der Zeit wenig zu tun hat. Bei der Raumerfahrung ist die Kontinuität nicht so wichtig wie bei der Zeiterfahrung. Für die Heimaterfahrung sind jedoch beide Größen unentbehrlich, sowohl Raum als auch Zeit müssen stimmen, um einen Ort zur Heimat eines Menschen zu machen.

Die Bilder, die das objektivierte Ich während seiner Reise nach Polen aufnimmt, müssen mit Erinnerungen gefüllt werden, sonst bleiben sie ohne Inhalt für die Reisenden. *"Insgeheim arbeitest du, während du scheinbar unbeweglich dastehst, an der Zimmereinrichtung der Wohnung im Hochparterre links, von der sich trotz angestrengter Konzentration nur eine lückenhafte Vorstellung herstellen will."*[441] Der Raum ist zwar da, es fehlen aber Gegenstände, die für das Ich ein Stück Heimat sind. Alles, was mehr mit der zeitlichen als der räumlichen Dimension zusammenhängt, wird vermißt. Zu der Zeit gehören auch Menschen, die das heimatliche Haus des Ich bewohnten, die dem Ich Heimat waren und immer noch sind.

Da in Gorzów Wielkopolski für die Besucher der Raum mit der Zeit nicht mehr übereinstimmt, fahren sie aus G. in ihre neue Heimat. *"Die allgemeine Frage, ob man noch bleiben solle, blieb an dir hängen. (...) Nein, hörst du dich sagen – von mir aus nicht. Fahren wir. (...) Los geht's, sagt Bruder Lutz. Richtung Heimat."*[442] Man kommt in die verlorene Heimat, um

---

[437] Wolf, Kindheitsmuster, S. 10.
[438] Ebenda, S. 14.
[439] Ebenda, S. 372.
[440] Ebenda, S. 277.
[441] Ebenda, S. 20.
[442] Ebenda, S. 435-437.

eine neue zu gewinnen, um eine Heimat zu haben, in der die Zeit mit dem Raum eine Einheit bildet, um eine Heimat zu haben, die intakt ist. Während der Reise in die alte Heimat lernen das objektivierte Ich und sein Bruder ihre neue Heimat schätzen, obwohl das Ich sich nicht vorstellen konnte, *"jemals woanders zu leben als hier."* [443] Die Heimatsuchenden werden sich dessen überhaupt erst während ihrer Reise bewußt, daß sie eine neue Heimat haben. In der kurzen Zeit ihres Aufenthaltes in Polen gewinnt das Ich eine Distanz nicht nur zu dem, was unwiderruflich verloren ist, sondern auch zur Gegenwart.

VI.1.2. Ujazd und Rohrdorf als Heimat

Dem Strom der Heimwehtouristen, der durch die Öffnung der westlichen Grenze Polens entsteht, schließt sich auch Anna, die Hauptgestalt in Leonie Ossowskis "Weichselkirschen" an. Ähnlich wie in "Kindheitsmuster" ist nicht Anna diejenige, die auf die Idee kommt in ihre verlorene Heimat zu fahren. Das Angebot kommt eindeutig von außen. Annas Freund versucht, sie zu einer Reise nach Polen zu überreden. Es scheint ihm wichtig zu sein, daß die Menschen ihre Heimat noch einmal sehen. *"Warst du mal wieder in deinem Heimatdorf?*
Nein, war ich nicht, was soll ich da?
Weißt du, wie es jetzt heißt?
Ich habs vergessen. Ein polnischer Name natürlich, etwas mit U!
Bist du nicht neugierig, was aus dem Dorf und dem Besitz deines Vaters geworden ist?
Manchmal habe ich schon darüber nachgedacht. Aber bloß hinfahren, alles ansehen, vielleicht nur die Hälfte vorfinden, möglicherweise das heulende Elend bekommen und wieder zurück, nein, danke!" [444]
Anna zählt die wichtigsten Gründe auf, die einen Menschen davon abhalten, seine verlorene Heimat zu besuchen. Die Angst ist ausschlaggebend, warum so viele Menschen ihre Heimat bis jetzt noch nicht besucht haben. Die meisten können wie Anna nicht bestreiten, daß sie schon oft daran gedacht haben, in ihre Heimatorte zu fahren. Sie wollten jedoch ihre aufgehobene Heimat von dem, was sie vorfinden würden, nicht zerstören lassen. Leonie Ossowski (eigentlich Jolanthe Kurtz-Solowjew), die am 15.08.1925 in Ober-Röhrsdorf (Osowa Sień) geboren wurde, fährt, ähnlich wie Christa Wolf, zuerst in ihr Heimatdorf und erst aus diesen Erfahrungen entsteht ihr Roman "Weichselkir-

---

[443] Wolf, Kindheitsmuster, S. 157.
[444] Ossowski, Weichselkirschen, S. 54.

schen". Nicht nur die Heimat der Romangestalt, sondern auch die der Schriftstellerin erschließt sich während der Reise in die Heimat.

Bei Anna mischt sich die Angst mit der Neugierde, aber weder die Angst noch die Neugierde gewinnt den Kampf um die Heimat. Anna fährt nach Polen, weil Polen zu einem Modethema in der Bundesrepublik wurde. Obwohl sie dem Zollbeamten sagt, daß sie die westdeutschen Mitbürger über Polen aufklären möchte, ist für ihre Entscheidung ein weniger idealistischer Beweggrund maßgebend, nämlich das Geld, daß sie mit den Reportagen aus Polen verdienen kann: *"Was soll Anna ihm antworten? Soll sie ihm sagen, daß es ihr ums Geld geht, um einen Auftrag, um ein Modethema der Bundesrepublik, um ihr Journalistenimage oder ihre Selbständigkeit?"* [445] Es ist ein ganz prosaisches Motiv, das Anna nach Polen führt. Es hat den Anschein, daß diese Reise mit Annas Kindheit und mit Annas Heimat gar nichts zu tun hat. Während der Reise rückt jedoch das Geld in den Hintergrund und das Gesehene löst in Anna viele Erinnerungen aus, die ihr helfen, sich mit ihrer Vergangenheit zu versöhnen. Die Reise, zu der Anna beruflich verpflichtet wurde, wird zu einer ganz persönlicher Erfahrung, denn *"jetzt saß sie hier in Polen, wißbegierig, was es mit der Vergangenheit auf sich hatte. Wenn du es jetzt nicht herausfindest, murmelt Oskar zärtlich, schaffst du es nie."* [446] Die Bewältigung der eigenen Vergangenheit ist das, womit Anna in Polen letztendlich zu tun hat. Sie will es aber nicht offen zugeben, daß sie während ihrer Reise eine schwere innere Arbeit leistet, die sie auf ihrem persönlichen Lebensweg weiter bringen kann. Anna will nicht einmal ihrer eigenen Tochter eingestehen, daß sie in Ujazd mit ihren Erinnerungen und mit der Wirklichkeit zu kämpfen hatte. *"Anna, fragt Vera, nachdem sie Kilometer für Kilometer schweigend zurückgelegt haben, was hast du eigentlich die ganze Zeit in Ujazd gemacht?*

(...)

Nichts, antwortet Anna, nachdem sie einen Traktor überholt hat, nichts." [447] Anna verschweigt ihre innere Bewegung, sie will immer noch daran glauben, daß sie in Polen als Journalistin tätig ist, die den Deutschen das Nachbarland Polen näherbringen soll. Es kommen jedoch immer wieder *"Erinnerungen, die sich in ihrem Hirn festsetzen und die Gegenwart schwermachen."* [448] Unter diesen Umständen ist wahrscheinlich eine Arbeit als Korrespondentin nicht möglich. Die Vergangenheit ist zu schwerwiegend, um ohne weiteres von ihr loskommen zu können; sie zu leugnen, hat auch keinen Sinn, weil man immer wieder von

---

[445] Ossowski, Weichselkirschen, S. 57.
[446] Ebenda, S. 310.
[447] Ebenda, S. 379.
[448] Ebenda, S. 160.

der Vergangenheit eingeholt wird. Man muß sich dem eigenen Werdegang stellen und sich mit ihm auseinandersetzen, um seinen weiteren Lebensweg ohne Belastung beschreiten zu können.

Die vergangene Zeit wird jedoch in "Weichselkirschen" nicht thematisiert, es wird nur darauf hingewiesen, daß der Vergangenheit eine besondere Bedeutung im Leben des Menschen zukommt, weil sie Voraussetzung für die Gegenwart ist. *"Jedes Gespräch, kaum angefangen, war von der Vergangenheit aufgerollt und eingewickelt worden."* [449] Ossowski konzentriert sich in ihrer Darstellung auf die Gegenwart, das Vergangene wird zwar erwähnt, aber nicht analysiert. Das Fehlen der genaueren Analyse der eigenen Vorgeschichte macht den Roman "Weichselkirschen" zu einem Roman, der von der Gegenwart der Hauptgestalt und der Gegenwart der verlorenen Heimat handelt. Es ist zugleich ein Verfahren, das auf die Schwierigkeit der Menschen im Umgang mit der Heimatproblematik hindeutet. Anna ist diejenige, die sich mit ihrer Vergangenheit nicht auseinandersetzen möchte, und auch wenn sie das tut, macht sie es nur für sich allein, weil Heimat eine individuelle Erfahrung ist. Anna teilt ihre Heimat und ihr Innerstes mit niemandem, nur Oskar hat Einblick in Annas inneres Leben. Die Aufmerksamkeit der Leser wird immer wieder auf das Jetzt gelenkt, die Vergangenheit gehört einzig und allein Anna.

Es ist auffallend, daß keine der Hauptgestalten von "Weichselkirschen" das Wort "Heimat" benutzt. Oskar spricht von Annas Heimatdorf, Anna selbst spricht von Zuhause. *"Morgen wird sie nach Hause fahren, nach Rohrdorf, das nicht mehr Rohrdorf heißt, sondern Ujazd und natürlich auch kein Zuhause mehr ist."* [450] Das Zuhause ist ein Ort in dem man sich geborgen fühlt, wo man liebe Menschen um sich hat, wo man sich gut auskennt. Dieser Begriff beinhaltet alles, was auch Heimat charakterisiert. Das Zuhause ist jedoch eindeutiger und enger als der Heimatbegriff. Mit dem Zuhause verbindet man eher das Elternhaus und die engste Familie, die Umgebung bleibt außer acht. Anna sagt jedoch, daß sie nach Hause in ihren Heimatort fahren wird. Die Begriffe werden also vom Erzähler abwechselnd benutzt, ohne daß er auf den Bedeutungsunterschied eingeht.

Rohrdorf heißt jetzt Ujazd, beide Namen der Stadt kommen im Roman vor. Es wird entweder von Ujazd oder von Rohrdorf berichtet, die Städte werden jedoch nicht auseinandergehalten wie Landsberg an der Warthe und Gorzów Wielkopolski bei Christa Wolf. Der Roman "Weichselkirschen" handelt von dem Jetzt, deswegen wird auch kein so großer Wert auf den Zeit- und Raumunterschied gelegt, der zwischen dem Heimatdorf von Anna und Ujazd besteht. Sogar an den Stellen, an denen es berechtigt wäre,

---

[449] Ossowski, Weichselkirschen, S. 293.
[450] Ebenda, S. 48.

Rohrdorf zu sagen, ist von Ujazd die Rede: *"Nichts will in das alte Bild von Ujazd passen."* [451] Die Vergangenheit wird dementsprechend von der Gegenwart weder abgetrennt noch gesondert betrachtet. Zwischen dem Vergangenen und der jetzigen Zeit liegt keine Grenze, deswegen kann sich der Erzähler auf die Gegenwart konzentrieren. Ujazd und Rohrdorf sind ein und derselbe Ort, und dieser Ort ist Annas Heimat.

Anna darf sich eigentlich in Rohrdorf nicht fremd vorkommen. Viele Menschen, die sie kennt und die sie kennen, leben noch in diesem Ort. Obgleich Anna von vielen als *"eine Deutsche von hier"* [452] betrachtet wird, gibt es auch Menschen, die sie als *"ein Fremdkörper in Ujazd"* [453] bezeichnen. Sie paßt nicht mehr zu diesem Ort, sie ist zwar hier geboren aber dann lange Zeit weggeblieben. Sowohl Anna als auch den Menschen, die eigentlich zu ihrer Heimat gehören, fehlt es an der Kontinuität in der gegenseitigen Erfahrung. Anna gehört nicht mehr zu dem Ort, in dem sie ihr Zuhause hatte und der jetzt eine Heimat für andere Menschen ist. Auch die Natur, die sich kaum verändert hat, leistet keine Hilfestellung bei Annas Heimatsuche. *"Da nützt kein Blick auf die vertrauten Felder, die alten Birnbäume und Eichen, die Waldkette am Horizont, die Störche auf dem Schornstein der ehemaligen Gutsbrennerei. Anna will nach Hause, dahin, wo sie hergekommen ist."* [454] Die Vertrautheit der verlorenen Heimat wird von der Geborgenheit der jetzigen Heimat übertroffen, aus diesem Grunde will Anna nicht in ihre verlorene Heimat zurückkehren.

Die vergangene Zeit, die zwischen dem Verlassen und dem Wiedersehen des Heimatdorfes und der Begegnung mit dessen Bewohnern liegt, distanziert und entfremdet allzu stark, als daß es noch für Anna möglich wäre, sich in Ujazd wie zu Hause zu fühlen. Das Verlorene kann nicht mehr zurückgewonnen werden, und es ist auch von den in die verlorene Heimat Reisenden gar nicht gewünscht. Anna will ihre Heimat wiedersehen, aber auf keinen Fall zurückgewinnen. *"Ich bin nicht zurückgekommen, verstehen Sie das doch, ich bin hierhergekommen, aber nicht zurück, das ist ein Unterschied!"* [455] Anna kehrt aus Ujazd in ihre neue Heimat wieder, weil sie *"aus entgegengesetzter Richtung ein neues Paar von Hin- und Rückreise in Angriff genommen"* [456] hat.

Das objektivierte Ich aus "Kindheitsmuster" und Anna kommen in ihre verlorene Heimat zurück, um sich ihrer neuen Heimat zu vergewissern. Diese Heimatvorstellung

---

[451] Ossowski, Weichselkirschen, S. 105.
[452] Ebenda, S. 153.
[453] Ebenda, S. 278.
[454] Ebenda, S. 297-298.
[455] Ebenda, S. 253.
[456] Wolf, Kindheitsmuster, S. 66.

widerspricht jedoch der Auffassung, daß Heimat eine einzigartige und nicht wiederholbare Erfahrung ist. Die Menschen haben einen Heimatersatz gefunden, den sie als ihre Heimat ansehen wollen, dennoch kann der Mensch nur eine einzige Heimat haben, weil Heimat das Primäre ist. Wenn man bedenkt, daß Heimat unmittelbar mit der Kindheit zusammenhängt, dann wird auch klar, daß es nicht möglich ist, diese Erfahrung zu wiederholen. Heimat kann man nicht ersetzen, diese Erfahrung kann um neue Elemente erweitert werden, der Ursprung bleibt aber immer derselbe. Da dem Menschen in seinem Leben immer neue Werte wichtig sind, gehören sie dann zu seiner Heimat. Das Ursprüngliche findet man jedoch nur in seiner alten Heimat, in seinem Kindheitsland. Wolf bestätigt diesen Standpunkt in einem Interview: *"Ich bin in Landsberg an der Warta, d.h. im heutigen Gorzów geboren. Dann wohnte ich zwar in Sachsen, Thüringen und Mecklenburg, aber zu Hause fühle ich mich eben unter Sand und Kiefernwald."* [457]

Die Heimatreisen sind eine sehr wichtige Erfahrung nicht nur für diejenigen, die ihre Heimat besuchen, sondern auch für diejenigen, die jetzt dort leben. *"Das Bedeutsame an den Reisen in die verlorene Heimat war und bleibt wohl, daß sie tatsächlich ins Konkrete führen, ganz anders als der Pauschal- und Massentourismus an die Sonnenstrände des Mittelmeers. Nicht ‚die' Deutschen sind ‚den' Polen begegnet oder haben sie verfehlt, sondern Menschen haben Menschen gefunden."* [458] Die Begegnung zwischen den Menschen ist sehr stark vorbelastet, sie reagieren mit einem bestimmten Abstand aufeinander. Diejenigen, die jetzt in Ujazd oder in Gorzów Wielkopolski wohnen, wissen nicht so recht, was die Heimatsuchenden wollen, sie fühlen sich von ihnen bedroht, weil sie meinen, daß die Deutschen ihre Heimat wiederhaben wollen. Die Reisenden sprudeln auch nicht vor Freude, wenn sie den Menschen begegnen, die jetzt in ihren Häusern oder auf ihren Gütern leben. Bei solchen Vorurteilen ist es nicht einfach, daß die Menschen einander wirklich sehen und nicht nur ihre Vorstellung voneinander. Dennoch gibt es viele Berichte, die davon zeugen, daß solche Begegnungen ein Zusammentreffen von Menschen sind, die auf dem Weg zur Versöhnung sind.

Vor allem führt das Wiedersehen mit der Heimat die Reisenden sehr konkret zu sich selbst, zu ihrem Inneren. Die Wiederbegegnung ist nicht bloß ein schönes Erlebnis, es ist der Versuch sich selbst zu finden und andere Menschen nicht zu verfehlen.

---

[457] Wolf, in: Diersch, Orlowski, Annäherung und Distanz, S. 419.
[458] Christian Graf von Krockow, Heimat. Erfahrungen mit einem deutschen Thema, S. 144.
Vgl. dazu: Ulla Lachauer, Ostpreußische Lebensläufe, S. 305-329.

VI.2. Generationsgrenze in der Heimaterfahrung

Sowohl das objektivierte Ich als auch Anna werden auf ihrer Heimatreise von ihren Töchtern begleitet. Lenka und Vera, die zu der Nachkriegsgeneration gehören, erleben Polen mit ihren Müttern. Die Mütter fühlen sich mit dem fremden Land tief verbunden, die Töchter dagegen erleben die verlorene Heimat als ein wirklich fremdes Land. Die junge Generation kann nicht nur mit dem Kindheitsland ihrer Mütter nichts anfangen, sondern auch mit der Heimat. Für Lenka, die Tochter des objektivierten Ich, ist Heimat *"kein Wort, bei dem"* sie sich *"was denken kann."* [459] Sie hat gar keine Heimatvorstellung, weil ihr das Wort "Heimat" ganz fremd ist. Zuhause hingegen spielt für Lenka eine Rolle: *"Zuhause, sagt Lenka: Ja. Das sind ein paar Leute. Wo sie sind, ist Zuhause."* [460] Mit dieser Aussage wird deutlich, daß für die jungen Menschen die Natur an Bedeutung verloren hat. Die Natur wird in der heutigen Welt (auch schon in den 70-er Jahren) immer weniger erfahrbar, die Menschen dagegen, die den Raum der Sozialisation bilden, erhalten einen höheren Stellenwert. Die paar Leute, die ihr das Gefühl der Geborgenheit geben, sind für Lenka ihr Zuhause. Diese "Heimatauffassung" läßt auch die Heimat als den Geburtsort und als das Kindheitsland außer acht. Das Zuhause ist ein Gegenwartsbegriff ohne Bezug auf die Vergangenheit, denn Zuhause fühlt sich Lenka dort, wo die für sie wichtigen Menschen sind. Sie kann immer noch ihr Zuhause als einen intakten Ort erfahren. Sie wurde nicht vertrieben, sie verlor ihr Zuhause nicht, deswegen ist das Zuhause für sie Wirklichkeit. Denn die Heimat *"beginnt im Verlust. Vielmehr, schärfer: sie ist das Verlorene. Zwar wird Heimat mit jedem Kinde neu geboren, als ein Element seiner Möglichkeiten zum Glück oder Unglück, und allmählich wächst sie ihm zu. Aber es weiß nichts davon. Erst der Riß im Vorhang des Selbstverständlichen, die Entfernung öffnet den Blick und das Herz."* [461] Lenka hat noch keine Entfernung erlebt, die sie von ihrem Zuhause getrennt hätte. Sie lebt hinter dem Vorhang des Selbstverständlichen, daher ist Heimat für sie ein Wort ohne Inhalt.

Der Riß in der Heimaterfahrung, den das objektivierte Ich erlebt hat, bildet die Grenze in dem Erleben der Welt. *"Die Generationsgrenze liegt wohl auch – und vielleicht vor allem – diesseits und jenseits der Erfahrung, daß man vom Tode bedroht sein kann und doch nicht sterben, Verbrechen begehen oder verrückt werden muß."* [462] Der Krieg und die damit verbundene Flucht oder Vertreibung aus der Heimat bilden den Riß im Leben des objektivierten Ich

---

[459] Wolf, Kindheitsmuster, S. 157.
[460] Ebenda.
[461] Christian Graf von Krockow, Heimat. Erfahrungen mit einem deutschen Thema, S. 16.
[462] Wolf, Kindheitsmuster, S. 385.

und der Anna. Ihre Kinder befinden sich noch jenseits dieser Erfahrung, obgleich nicht unbedingt so schreckliche Ereignisse eintreten müssen. Die Mütter wünschen ihren Töchtern auch nicht, daß sie einen Krieg oder eine Vertreibung erleben. Erfahrung ist auch Lebenserfahrung, die man im Laufe der Jahre macht.

Vera, die älter als Lenka ist, kann schon viel mehr über Heimat sagen. Sie ist nicht nur älter, sondern auch erwachsener, obwohl sie keinen Krieg und keine Flucht erlebt hat. *"Würden sie an unserer Stelle von hier weg in die Bundesrepublik gehen? (...) Ich glaube nicht, wenn ich ein Pole wäre. Vielleicht, wenn ich mich als Deutsche fühlte, aber ich weiß nicht, wie man sich als Deutsche fühlen kann, wenn man das Land nicht kennt, nicht die Menschen, nicht einmal die Sprache? (...) Ich weiß nicht, sagt sie leise, bei uns wird man euch für Ausländer halten, ebenso wie ich hier eine Ausländerin bin! Da helfen euch weder deutsche Mütter noch Großväter und Tanten."* [463] In diesem Fragment wird zwar gar nicht von Heimat gesprochen, es werden jedoch die wichtigsten Aspekte der Heimaterfahrung genannt: Land, Menschen und Sprache. Heimat ist eine sehr individuelle Erfahrung, die Eltern oder die Großeltern können ihre Heimat ihren Nachkommen nicht vererben. Vera ist sich dessen bewußt und obwohl sie in der Heimat ihrer Mutter ist, weiß sie, daß ihre eigene Heimat in der Bundesrepublik Deutschland ist, da wo sie aufgewachsen ist, da wo sie die Sprache versteht und da wo sie sich in ihrer Umgebung wohl und geborgen fühlt.

---

[463] Ossowski, Weichselkirschen, S. 346,

VII
SCHILDERUNGEN VON POLEN IN DER LITERATUR ÜBER DIE VERLORENE HEIMAT. CHRISTA WOLFS "KINDHEITSMUSTER" UND LEONIE OSSOWSKIS "WEICHSELKIRSCHEN"

> "Polen, ein nahes und doch fremdes Land"
> Horst Bienek

Die verlorene Heimat vieler deutschen Schriftsteller liegt im heutigen Polen, deswegen führen die Reisen, die unternommen werden, die Reisenden nicht nur in die Vergangenheit, sondern auch in die Gegenwart. Die Gegenwart der Gebiete, die für die Deutschen Heimat sind, bedeutet eine polnische Heimat. Die Heimatsuchenden finden in Polen *"die Häuser von fremden Völkern bezogen, die Namen unaussprechlich"*.[464] In die Häuser der Vertriebenen sind andere Vertriebene eingezogen, die sich da mühselig ein neues Zuhause aufgebaut haben. Horst Bienek, Christine Brückner, Leonie Ossowski und Christa Wolf begeben sich zwar auf ihrer Reise auf die Suche nach der verlorenen oder erschriebenen Heimat, sie begegnen aber dort nicht nur den aufgehobenen Bildern, die sie aus ihrer Heimat mitgenommen haben, sondern den Bildern der Wirklichkeit, die das gegenwärtige Polen zeigen. Die Heimatbilder sind zugleich Polenbilder, die *"kein unvorbereitetes Auge"*[465] treffen. *"Die Grundierung, Jahrzehnte früher aufgetragen, schlug durch und gab der Wahrnehmung die Tiefe."*[466] Aus diesem Grunde wird das Polen der 70er und 80er Jahre mit der damaligen Heimat verglichen. Trotzdem liefern die Beschreibungen der Heimatreisen Schilderungen von polnischen Städten, Menschen und Landschaften. Die Beschreibungen, die sich auf Polen beziehen, werden aus verschiedenen Blickwinkeln gefaßt:
- den Beschreibungen, die das Verlassene mit dem Vorgefundenen vergleichen,

---

[464] Horst Krüger, Von Breslau bis Danzig, polnisch, in: Stadtpläne. Erkundungen eines Einzelgängers, S. 55.
[465] Wolf, Kindheitsmuster, S. 275.
[466] Ebenda.

- den "richtigen" Polenbildern, die sich nur auf das Polen der 70er und 80er Jahre beziehen,
- den Schilderungen, die die Polen zeigen,
- den Eindrücken der Polenfahrten, die von der jüngeren Generation artikuliert werden,
- von den geschichtlichen Zusammenhängen her – der Geschichte Polens.

VII.1. Polen – zwischen Wirklichkeit und Imagination

Die Menschen, die in ihre verlorene Heimat fahren, begegnen einem Land, das ihnen bekannt und zugleich fremd ist. Meistens finden sie sich in ihren Geburtsorten ganz gut zurecht. Sie brauchen keine Stadtpläne, um bestimmte Straßen und Häuser zu finden. Das objektivierte Ich aus "Kindheitsmuster" kennt sich in Gorzów Wielkopolski sehr gut aus. *"Böhmstraße. Wie du es angekündigt hattest, fandest du sie mühelos, wenn auch die Zufahrtsstraße vom Warthe-Ufer aus, quer durch den Stadtkern, radikal verändert, was heißt: modernisiert worden ist. Begradigt, verbreitert."* [467] Landsberg an der Warthe hat sich zwar verändert, so stark verändert, daß es jetzt Gorzów Wielkopolski heißt, trotzdem hat das Ich keine Schwierigkeiten und kann sich in der Stadt sehr gut orientieren. Das Ich grenzt jedoch die beiden Städte gegeneinander ab und überprüft sie auf ihre Übereinstimmung hin, was sich als ein mühseliges Unterfangen erweist. Zugleich aber kommen die Vergleiche wie von selbst zustande. Die Bilder der heutigen Stadt funktionieren wie ein Auslöser, der die Erinnerungen weckt. Allerdings hat sich nicht alles in der Stadt verändert: *"Du wolltest nichts anderes als dich auf die kühle grüne Cladow-Böschung hocken, die heute wie früher von Farn und Efeu ganz und gar bewachsen ist."* [468] Das Jetzt enttäuscht die Heimatsuchenden nicht, sie finden ihre aufgehobenen Bilder bestätigt. Jede Bestätigung wird mit großer Genugtuung wahrgenommen.

Die größte Ernüchterung erlebt das Ich, wenn es von den Entfernungen und von den Maßen überrascht wird. Die Maße haben sich geändert, sie sind gewachsen oder eigentlich "erwachsen" geworden. *"An dem Tulpenbaum, der vor Großmutters Haus wuchs, würdest du das Haus aus allen Häusern der langen Straße herauskennen, (…). Der Baum, der im Juli nicht mehr blüht, war gewachsen, das Haus dahinter geschrumpft."* [469] Die Kinder erleben die Welt

---

[467] Wolf, Kindheitsmuster, S. 282.
[468] Ebenda, S. 289.
[469] Ebenda, S. 84.

als viel größer und gewaltiger. Die Augen der Erwachsenen dagegen lassen sich nicht so schnell von einem Baum täuschen. Es ist allgemein bekannt, daß die Wahrnehmung eines Kindes sich von der eines Erwachsenen unterscheidet, denn *"wer wüßte heutzutage nicht, daß die Kindheitsstätten die Angewohnheit haben zu schrumpfen."* [470] Auch das objektivierte Ich rechnet damit, daß seine Erinnerungsbilder durch eine kindhafte Wahrnehmung bedingt sind und daß die Entfernungen und Größen anders sind als noch vor 26 Jahren. *"Das Haus, auf das man zufährt, wenn man rechts die Häuserblocks der ‚Gelben Gefahr' und links, weiter oben, die vier Bahrschen Häuser hinter sich gelassen hat, ist natürlich kleiner geworden, auch grauer, ganz wie erwartet."* [471] Die Unstimmigkeiten, die auf das unterschiedliche Erfassen der Welt zurückzuführen sind, machen den Heimatbesuchern nicht viel aus, obwohl sie mit dem Heimatverlust nur dem Anschein nach nichts zu tun haben. *"Daß Häuser altern, hast du gewußt. Auch daß sie schrumpfen mit der Zeit. Aber das macht nichts. (…) Dort drüben das, jenseits der Sodiner Straße, vertraut, fremd, gealtert – es gehört nun dazu. Aber das macht nichts."* [472] Die Veränderungen werden angenommen, weil sie mit dem Erwachsenwerden des Menschen zusammenhängen und nicht mit dem Heimatverlust, der durch äußere Umstände bedingt ist.

Horst Bienek ist jedoch der Meinung, daß alle Menschen Vertriebene sind, *"Vertrieben aus dem Reich der Kindheit."* [473] Deswegen ist es auch nicht möglich, das Kindheitsland so vorzufinden, wie man es verlassen hat. Den Heimatverlust erlebt also jeder Mensch, weil jeder erwachsen wird und weil damit sein Land der Kindheit untergeht. Nicht nur die Stätten der verlorenen Heimat schrumpfen und verändern sich, sondern die Stätten jeder Heimat werden kleiner.

Die Menschen vermuten und fürchten zugleich, daß es außer den Abweichungen, die die Wahrnehmung der Größen und Entfernungen betreffen, auch andere Unterschiede gibt, die durch die Zerstörung der Stadt entstanden sind. *"Als die Jordans jene Stadt, die inzwischen ihren polnischen Namen bekommen hat, längst verlassen haben, als das Fröhlichsche Haus längst zerstört ist (aber noch nicht durch den neuen Betonbau, den ihr auf eurer Fahrt durch die Stadt seht, ersetzt)…"* [474] Gorzów Wielkopolski erscheint dem Leser als eine Betonstadt, die erst nach dem Krieg entstanden ist. Alles andere, was durch den Krieg nicht zugrun-

---

[470] Wolf, Kindheitsmuster, S. 12.
[471] Ebenda, S. 144.
[472] Ebenda, S. 148.
[473] Bienek, Reise in die Kindheit. Wiedersehen mit Schlesien, S. 181.
[474] Wolf, Kindheitsmuster, S. 56.

de gegangen ist, ist das Landsbergsche Element der Stadt, weil es eine Bestätigung in den Erinnerungsbildern des objektivierten Ich findet.

Trotz aller Unterschiede gelingt es dem objektivierten Ich, sich in Gorzów Wielkopolski zurechtzufinden. Auffallend ist, daß das Ich auf Veränderungen aller Art gefaßt ist, es nimmt sie alle wahr und erklärt sich mit ihnen einverstanden. Das innere Bild der Heimat scheint bestehen zu bleiben, weil die Abweichungen, die es zwischen den aufgehobenen und den vorgefundenen Bildern gibt, nicht die ganze Heimatvorstellung beeinflussen. Das Ich findet viele seiner Erinnerungen bestätigt, daher erfährt auch das Heimatbild, das es in sich trägt, eine Bekräftigung. *"Mittags umrundet ihr zum erstenmal die Marienkirche. Sie steht freier als früher, die Häuser um den Markt wurden bei Kriegsende zerstört und sind durch neue Häuserzeilen ersetzt, die weiter von der Kirche abgerückt sind. Sie kommt besser zur Geltung. Du überprüfst dein Erinnerungsbild, findest es bestätigt."*[475]

Die Gegenüberstellung von Jetzt und Damals macht das heutige Bild der polnischen Stadt deutlicher. Man kann sich den alten und den neuen Markt von Gorzów Wielkopolski beim Lesen gut vorstellen. Gerade die Unterschiede, die herausgearbeitet werden, dokumentieren das Erscheinungsbild sowohl der erinnerten als auch der in Wirklichkeit vorgefundenen Stadt. Da das objektivierte Ich auf die Abweichungen innerlich vorbereitet ist, wird das Bild vom heutigen Polen durch die Unstimmigkeiten der Bilder nicht überschattet. Das Neue wird zur Kenntnis genommen, ohne daß das Ich über das Verlorene trauert, deswegen ist das durch die Gegenüberstellung ermittelte Polenbild objektiv und dadurch positiv.

Die Vergleiche von Jetzt und Damals fallen in dem Roman "Weichselkirschen" von Leonie Ossowski in der Polendarstellung nicht so positiv aus wie in "Kindheitsmuster" von Christa Wolf. Die Erinnerungsbilder von Anna wirken wie ein Schatten, der das Jetzt negativ erscheinen läßt. *"Eine Hotelzimmereinrichtung billigster Sorte. Ein Bett, ein Schrank, ein Tisch, zwei Stühle, an der Decke eine Glühbirne. Neben der Tür ein Hocker mit einer Plastikschüssel und einem Eimer zum Waschen. Kein Bild an den gestrichenen Wänden, keine Nachttischlampe, nichts, was auch nur einen Hauch von Gemütlichkeit ausstrahlte. (...) Hier soll sie drei Monate aushalten? (...) Früher stand in diesem Zimmer ein breites Mahagonibett, ein Schreibtisch mit unendlich vielen Fächern und einem sanft geschwungenen Rolladen zum Abschließen."*[476] Anna wird von den Unterschieden so überwältigt, daß sie das Vorgefundene als sehr negativ empfindet. Sie scheint alles, was nicht mit ihrer Vorstellung übereinstimmt, abzulehnen. Das ganze Bild von Polen wird von der negativen Einstellung dieser Gestalt beeinflußt. An-

---

[475] Wolf, Kindheitsmuster, S. 258.
[476] Ossowski, Weichselkirschen, S. 85.

nas Wahrnehmung ist von Sehnsucht nach dem Alten geprägt, deswegen zeigt sie keine Freude auf ihrer Entdeckungsreise.

Anna wird zu dieser Reise beauftragt und eigentlich fährt sie nicht gern nach Polen. Schon durch diese Tatsache wird ihr Empfinden für das fremde Land sehr belastet. Es kann auch nicht außer acht gelassen werden, daß diese Gestalt aus einem kapitalistischen Land in ein sozialistisches Polen kommt. Ihre Wahrnehmung wird von diesem Umstand bestimmt. Dennoch scheinen die Unterschiede zwischen Vergangenheit und Gegenwart der eigentliche Grund für Annas negative Einstellung zu sein, denn *"nichts will in das alte Bild von Ujazd passen."* [477] Anders als das objektivierte Ich findet Anna ihr aufgehobenes Bild nicht bestätigt. Während ihres Aufenthaltes in ihrem Geburtsort ist sie den Veränderungen ausgesetzt, die ihr inneres Bild des Dorfes zu zerstören drohen. Deswegen reagiert Anna auf die Abweichungen von ihrem inneren Bild sehr kritisch. Sie mißbilligt die Gegenwart, weil sie mit der Vergangenheit nicht übereinstimmt. Dementsprechend sind die Beschreibungen von Polen subjektiv und daher bedenklich. *"Hier, wo zu deutschen Zeiten sich zweimal im Jahr ein Kettenkarussell drehte, Pimpfe und Jungmädchen ihre militärischen Exerzierkünste probierten, und wo während des Gutserntefestes manch ein Streit ausgetragen und manch ein Rausch ausgeschlafen wurde, hier sind nur noch die angrenzenden Flieder- und Jasminbüsche dieselben geblieben. Vielleicht sind sie jetzt höher und dichter, vielleicht auch mehr in das Rund des Platzes hineingewachsen, der heute für nichts mehr Verwendung findet."* [478] Das Erinnerte ist bunter und lebendiger als das Vorgefundene. Anna zeigt sich unzufrieden mit der heutigen Wirklichkeit, sie lebt immer noch in Rohrsdorf, mit dem Ujazd nicht konkurrieren kann. Die Einzigartigkeit ihrer Kindheitserlebnisse belastet die Gegenwart so stark, daß das Jetzt nicht als positiv empfunden werden kann. Vera bestätigt die Empfindungen ihrer Mutter: *"Vera (...) stellt sich alles vor, was Anna ihr von früher erzählt hat. Nichts entspricht der Wirklichkeit, nicht der verwahrloste Park mit den sterbenden Ulmen, zwischen denen es kaum Wege gibt und keine Blumen, und auch nicht das Schloß mit seiner ramponierten Fassade. Das Schloß ist kein Schloß, der Park kein Park mehr. So ist das nämlich, arme Anna."* [479]

Obwohl die Beschreibung Polens, die aus den Vergleichen mit dem Damals entsteht, so negativ ist, fehlt es in "Weichselkirschen" nicht an Schilderungen, die Polen auch objektiv und positiv darstellen. In ihrem Roman *"zeigt Leonie Ossowski vor allem, wie es*

---

[477] Ossowski, Weichselkirschen, S. 105.
[478] Ebenda, S. 170.
[479] Ebenda, S. 343.

heute ist. (Es sei gleich gesagt, daß die Schilderung überwiegend positiv ausfällt.)" [480] Abgesehen von den Vergleichen mit den aufgehobenen Bildern fällt die Darstellung Polens positiv aus, weil sie von den Erlebnissen des Heimatverlustes nicht getrübt ist. In "Weichselkirschen" wird überwiegend das Polen der 70er Jahre gezeigt, daher auch die Feststellung, daß der Roman vom Jetzt handelt. Fast die ganze Handlung dieses Romans findet in der Gegenwart der 70er Jahre statt, die Erinnerungen bilden nur eine Ergänzung des Gesamtbildes.

Das Polenbild ist aus der Handlung und aus den Beschreibungen der Schauplätze zu erschließen. Denn Anna, die eigentlich nach Polen kommt, um über Land und Leute zu berichten, taucht in ihre Vergangenheit ein und man erfährt nichts über ihre journalistische Tätigkeit. Die Darstellung des Landes und der Bewohner von Ujazd wirkt in "Weichselkirschen" überzeugend, weil die Schilderung nicht von Außen kommt, sondern die Polen charakterisieren sich selbst durch ihr Verhalten und durch ihre Lebensweise. Die Schilderungen, die die Polen zeigen, erschließen sich aus der Handlung des Romans und nicht aus den Kommentaren des Erzählers oder der Deutschen, die nach Polen reisen.

VII.2. Polen in den 70er und 80er Jahren.

Da Anna sich in Polen in einer Gegend aufhält, die von der Landwirtschaft geprägt ist, liefert der Roman "Weichselkirschen" viele Beschreibungen vom ländlichen Polen. *"Zweihundert Meter weiter endet der Bruch im baumlosen Sumpf. Sommerliches Blau nimmt jetzt nach all dem Grün überhand, am Himmel wie auf der Erde. Dort drüben der kleine See mit der gekräuselten Oberfläche und den persilweißen Schwänen! Kein Boot, kein Mensch und rundum Stille".*[481] Ein idyllisches Bild der fast unberührten Natur wird geschildert und solange aus der Perspektive des Erzählers berichtet wird, sind die Beschreibungen sachlich und vorurteilslos. In dem Moment, in dem Anna im Bild erscheint, wird die Idylle durch die Subjektivität der Wahrnehmung getrübt: *"Die halbe Strecke zum Wasser hat sie zurückgelegt, als der Fuß tiefer sinkt und die Schuhe naß werden. Anna sucht auf den Binsengrasbüscheln Halt. Mit fröhlichen Sprüngen hüpft sie weiter. Nicht einmal Sumpffarn wächst hier. Statt dessen Pfützen, besser*

---

[480] Birgit Stolt, Empfehlenswerte Lektüre: Zweimal Reise in die Vergangenheit, in: Moderna sprak, LXXI 1977, S. 241.
[481] Ossowski, Weichselkirschen, S. 183.

gesagt Wasserlachen, die im Gras versickern." [482] Die schöne Natur, von der Anna im ersten Augenblick begeistert ist, bleibt auch nicht von den Vergleichen verschont, die für das fremde Land negativ ausfallen: in den polnischen sumpfigen Gegenden wächst nicht einmal Sumpffarn.

Die Schilderungen des Erzählers dagegen sind von keiner Vergangenheit überschattet, er bleibt in seinen Beschreibungen objektiv, da wird nicht verglichen, sondern dargestellt. Der Erzähler berichtet sehr genau von der polnischen Landschaft. *"Nach Poznań geht's links von der Sonne weg nach Norden, an den sanften Hügeln von Śmigiel vorbei, Hügeln, die sozusagen nicht in die Landschaft passen und nur durch die Windmühlen auf den Kuppen einen Sinn zu bekommen scheinen. Eine halbe Stunde später Kościan, das für den Autofahrer nur aus der riesigen gotischen Pfarrkirche besteht, weil die Straße nicht durch den Ort führt. (…) An die zwanzig Kilometer weiter, immer noch Richtung Norden, führt schnurgerade die Straße von Steszew in Z-Form durch Steszew hindurch. Graue eintönige Häuser, kaum zwei Stockwerke hoch, in denen sich die Steszewer lieber aufhalten als auf der Straße, denn die ist immer leer. Keine Arbeiter, keine Frauen, keine alten Leute, nicht einmal Kinder sind in Steszew zu sehen."* [483] Nicht nur die Landschaft, sondern auch Städte und Menschen gehören zum Polen der 70er Jahre. Aus einer Autofahrerperspektive erfährt der Leser sorgfältig dargestellte Einzelheiten über das Land. Sowohl die Ortsbeschreibungen als auch die Darstellungen des Lebens im Polen der 70er Jahre sind zutreffend. Die grauen, eintönigen Häuser, die in Steszew zu sehen sind, gibt es überall in den kleinen polnischen Ortschaften in den 70en Jahren. Die Menschen verbringen ihre Zeit lieber zu Hause, sie bleiben in den eigenen vier Wänden und auch da treffen sie sich mit Bekannten und Freunden. Im Ort ist nur selten etwas los, es gibt kaum Möglichkeiten, die Zeit im Ort sinnvoll zu verbringen. Außerdem ist die Öffentlichkeit gefährlich, weil man nicht wissen kann, wer von den Menschen, die man im Ort trifft, denunziert und wer nicht.

"In Ujazd ist alle vierzehn Tage samstags Tanz. Im Volkshaus (…) im Saal stehen entlang den Wänden die Stühle für die Mauerblümchen. Da hocken sie von einem über den anderen Samstag, bis die Hoffnung auf einen Tanz verpufft ist (…). Wenn in Ujazd Tanz in Aussicht ist, liegt Fröhlichkeit auf der Straße." [484] Der Leser erhält lebendige Berichte über das Leben in polnischen Dörfern, wobei die Weise, in der von Polen erzählt wird, den Leser selbst entscheiden läßt, ob das Dargestellte als positiv oder als negativ einzuordnen ist. Bemerkenswert ist, daß sich das Bild, das dem Leser in "Weichselkirchen" vermittelt wird, auf

---

[482] Ossowski, Weichselkirchen, S. 183.
[483] Ebenda, S. 303-304.
[484] Ebenda, S. 168.

das ganze Land übertragen läßt. Es werden keine außergewöhnlichen Landschaften oder Städte dargestellt, ganz im Gegenteil, das sind durchschnittliche, normale Bilder, die in ganz Polen anzutreffen sind.

Da die Darstellungen der Landschaft und der Bauten nicht nur auf ein einziges Land zu beziehen sind, gewinnen die Beschreibungen der Menschen und der Lebensverhältnisse an Bedeutung. Sie vermitteln eine wirklichkeitsnahe Darstellung von Polen, so daß der Leser sich wahrhaftig eine Vorstellung von Land und Leuten machen kann. *"Der Bus ist voll. Alle Busse in Polen sind voll. Und nicht nur das, sie sind unbequem, altmodisch und schlecht gefedert."* [485] Die polnische Busse sind alt und überfüllt. Daraus läßt sich schließen, daß viele Menschen kein eigenes Auto haben und auf die öffentlichen Verkehrsmittel angewiesen sind. Das sozialistische System, in dem die Polen leben, macht sich auf den Straßen bemerkbar. Daß die Häuser grau und eintönig aussehen, hängt nicht damit zusammen, daß die Menschen sich nicht um ihre Häuser kümmern, sondern damit, daß die polnischen Bürger kein Geld haben und es keine Farbe zu kaufen gibt. Die Busse sind unbequem und altmodisch, weil sich die sozialistischen Länder die Errungenschaften der modernen Technik lange nicht leisten können.

Auch die Verhaltensweise der Polen ist stark vom herrschenden System geprägt. *"Das Ausschenken von Alkohol in Lebensmittelgeschäften ist zwar gesetzlich nicht erlaubt, aber Kirkor sagt, was niemand sieht, kann man nicht verbieten."* [486] Die Menschen wissen mit den Verboten umzugehen, teilweise achten sie gar nicht auf die Vorschriften, die ihnen auferlegt werden. Sie lassen sich nicht verbieten, Alkohol zu kaufen und zu trinken. Andererseits aber fügen sie sich den vorgeschriebenen Gesetzen, weil sie Angst haben, denunziert und verhaftet zu werden. Zwar enthält der Roman "Weichselkirschen" zutreffende Aussagen über das Land und die Menschen, doch können diese Aussagen leicht mißverstanden oder falsch interpretiert werden. Es wird ein Bild von Polen als einem sozialistischen Land vermittelt. Annas Wahrnehmung ist stark davon geprägt, daß sie aus einem kapitalistischen Land kommt. Die Unterschiede, die sie bemerkt, hängen nicht nur damit zusammen, daß ihr Blick auf die Unterschiede zwischen Damals und Heute gerichtet ist. Ihr Blickwinkel ist auch durch die Tatsache bedingt, daß sie aus einem Land kommt, in dem ein anderes politisches System herrscht. Darin liegt auch einer der Unterschiede zwischen der Wahrnehmung des polnischen Landes durch Anna und der durch das objektivierte Ich.

---

[485] Ossowski, Weichselkirschen, S. 313.
[486] Ebenda, S. 13.

Sowohl Annas verlorene Heimat als auch die von Lenkas Mutter liegen im heutigen Polen, ihre neue Heimat haben sie beide in Deutschland. Annas Deutschland ist allerdings die Bundesrepublik Deutschland und das Deutschland des Ich aus "Kindheitsmuster" ist die Deutsche Demokratische Republik.
In der DDR und in Polen wird zu dieser Zeit dieselbe politische Richtung eingeschlagen, an der Macht sind in beiden Staaten die Kommunisten. Deswegen wird das objektivierte Ich von den polnischen Verhältnissen nicht überrascht. Anna kommt dagegen aus einer ganz anderen Welt, die durch technischen Fortschritt und Wohlstand geprägt ist, daher wirken die polnischen Lebensverhältnisse auf sie schockierend. Den wahrscheinlich größten Schock erlebt Anna in dem Augenblick, in dem sie erfährt, daß man in Polen nicht durchwählen kann. *"Rufen Sie den Präsidenten von ZBOWiD in Warszawa an, der weiß Bescheid!*
Anrufen? (…), wie stellen Sie sich das vor?
Die Nummer wählen!
Der Beamte sieht auf die Uhr. Das dauert drei Stunden, antwortet er höflich (…).
Drei Stunden? Von der Bundesrepublik aus kann ich durchwählen!
Aber Sie sind in der Volksrepublik Polen. Hier können Sie eben nicht durchwählen!" [487]
Das, was für Anna selbstverständlich ist, erweist sich in Polen als unmöglich. Auf die Unterschiede, die auf die verschiedenen Regierungssysteme zurückzuführen sind, reagiert Anna sehr emotional. Sie ist überrascht und empört zugleich, so daß sie einmal sagt: *"In diesem Scheißland kann man nicht einmal telefonieren!"* [488] Es ist jedoch schwer zu entscheiden, ob solche Ausrufe mit der Gegenüberstellung von Kapitalismus und Sozialismus zusammenhängen oder ob sie durch ihre innere Sehnsucht nach dem Land ihrer Kindheit bedingt sind. Die inneren Vergleiche werden durch die äußere Konfrontation der beiden Regierungssysteme verstärkt. Anna ist sowohl den Abweichungen ihres inneren Bildes von der Wirklichkeit als auch den Unterschieden zwischen den Lebensverhältnissen in Polen und denen in Deutschland ausgesetzt. Darin ist die Schärfe ihrer Reaktionen und die Schroffheit in ihrem Verhalten begründet.

Das objektivierte Ich ist in seiner Wahrnehmung nur vom Unterschied zwischen der Vergangenheit und der Gegenwart beeinflußt. Da Lenkas Mutter aus der DDR kommt, sieht sie nicht so viele Unterschiede zwischen den Lebensverhältnissen in Polen und ihrem neuen Zuhause. Um die Bedeutsamkeit dieser Gegenüberstellungen zu zeigen, führt Ossowski in ihren Roman Annas Schwester – Lora – ein, die aus der DDR

---

[487] Ossowski, Weichselkirschen, S. 53.
[488] Ebenda, S. 144.

kommt. Diese "ostdeutsche" Gestalt ist von Polen begeistert und bewertet die Veränderungen ihres Geburtsortes als positiv, wodurch sie einen Kontrast zu ihrer "westdeutschen" Schwester bildet. Für Lora *"ist es ein gutes Gefühl zu wissen, daß nichts kaputt ist, und vor allem, daß das Haus nicht leersteht, nicht verkommt"*.[489] Loras Besuch in ihrer verlorenen Heimat ist allerdings mit einem Mißverständnis verbunden. Anna hat ihren Besuch in Ujazd angekündigt und sie wird dort erwartet. Ein paar Tage früher kommt Lora an und sie wird für Anna gehalten. Die Einwohner von Ujazd, die von Loras Vorhaben, die Heimat zu besuchen, nichts wußten, nehmen sie als ihre Schwester mit großer Freundlichkeit auf. Von dieser Freundlichkeit ist Lora überwältigt. Ihre Begeisterung hängt aber nicht nur von dem Mißverständnis ab. Sie zeigt sich wirklich mit dem, was sie in ihrem Heimatort sieht, zufrieden, die Veränderungen empfindet sie als positiv und schreibt ihrer Schwester: *"Das Kombinat ist phantastisch. Große Viehzucht. Das Schloß wird zum Teil für die Verwaltung, zum Teil als Jugendklub verwendet. Nur der Park ist ziemlich verwildert und kaum wiederzuerkennen."*[490] Zwei Personen, die im selben Ort aufgewachsen sind und die gleiche Heimat haben, nehmen die Gegenwart ihrer verlorenen Heimat anders wahr. Anna ist von dem, was sie vorfindet, enttäuscht, Lora dagegen ist mit dem Vorgefundenen zufrieden. Lora wird aber nur mit den Veränderungen konfrontiert, die ihr inneres Bild betreffen. Da die Städte und die Lebensumstände der sozialistischen Staaten sich ähnlich sind, wird Loras Wahrnehmung durch keine politisch bedingten Unterschiede beeinflußt. Anna dagegen wird Unterschieden ausgesetzt, die auf das innere und auf das äußere Bild zurückzuführen sind. Ihre Wahrnehmung unterliegt sowohl der Gegenüberstellung zwischen Damals und Heute als auch der Konfrontation, die auf die unterschiedlichen politischen Systeme zurückzuführen ist.

Von großer Bedeutung sind die Unterschiede in der Objektivitätsfrage, die für die Romane "Kindheitsmuster" und "Weichselkirschen" gilt. Der Objektivitätswert ist im Roman "Kindheitsmuster" anders als im Roman von Leonie Ossowski. Im Roman dieser Schriftstellerin hängt die objektive Darstellung davon ab, aus welcher Perspektive gerade erzählt wird. Annas Beschreibungen sind eher subjektiv und von Emotionen bestimmt, die Schilderungen des Erzählers sind dagegen frei von Mißfallen und vom Nichteinverstandensein mit der eigenen Vergangenheit. Der Erzähler bleibt in seinen Aussagen objektiv, er überläßt die Wertung seiner Berichte dem Leser.

In Christa Wolfs "Kindheitsmuster" bleibt der Objektivitätswert immer gleich. Obgleich es sehr schwer ist, die Gefühle aus dem Spiel zu lassen, ist Lenkas Mutter im-

---

[489] Ossowski, Weichselkirschen, S. 41.
[490] Ebenda, S. 47.

stande, ihre Erfahrungen und Empfindungen bei den Beschreibungen Polens außer acht zu lassen. Das Ich ist objektiviert, denn *"Ich, du, sie, in Gedanken ineinanderschwimmend, sollen im ausgesprochenen Satz einander entfremdet werden."* [491] Durch die Entfremdung der eigenen Gedanken wird die Objektivität in der Wahrnehmung erreicht. Die Vorurteilslosigkeit ist sehr wichtig für die Betrachtung der System bedingten Sichtweise von Polen. Das objektivierte Ich sieht Polen als Staatsbürger der DDR. Seine Wahrnehmung ist nur durch die innere Gegenüberstellungen des Damals und Heute geprägt. Die Lebensumstände in Polen sind mit denen in der DDR vergleichbar, das Äußere spielt also kaum eine Rolle. Das Ich kennt das sozialistische System selbst, deswegen wundert es sich nicht über die Einrichtung eines polnischen Hotelzimmers: *"Jedes der Betten stand an einer der Längswände des kleinen Zimmers. Die beiden Nachttische paßten genau in die Lücke zwischen ihnen. Vor jedem Bett lag ein grau gemusterter Läufer aus Bouclé. Zu Füßen der Betten gab es ein Tischchen mit abstehenden Beinen und zwei von jenen unbequemen Stuhlsesseln, die wir in den fünfziger Jahren in unsere östlichen Nachbarländer exportiert haben. Der Schrank rechts neben der Tür. Die Nachttischlampe, wie in allen Hotels Nachttischlampen: klein, unpraktisch und düster."* [492] Das Ich ist zwar vom Zimmer nicht begeistert, es nimmt die Situation hin, weil es selbst es nicht anders kennt.

Christa Wolf wird vorgeworfen, daß ihre Wahrnehmung gezwungen sei, *"beschrieben wurde nämlich eine Wirklichkeit der siebziger Jahre, wie sie gemäß der offiziellen Auslegung seitens der beiden Regierungen sein sollte und nicht wie sie von der Autorin vermutlich wahrgenommen wurde".* [493] Wolfs Beschreibungen von Polen sollten jedoch, nach dem Willen der Regierung für Polen viel günstiger ausfallen. Das Land, das die Schriftstellerin zeigt, bleibt von kritischen Bemerkungen nicht verschont. Solche Bemerkungen waren bei den beiden Regierungen nicht willkommen, weil sie ein idealisiertes Bild von Polen und von der DDR verbreiten wollten. Das Ich läßt sich kein idealisiertes Bild, das von den Kommunisten gewünschte Bild, aufzwingen, es zwingt sich selbst weder zum Lob noch zur Kritik. Die Sichtweise des objektivierten Ich ist einzig und allein durch die gesehenen Bilder bestimmt und es übernimmt nicht die kommunistischen Auslegungen, denn es sieht auch die nicht schönen Seiten von Polen. *"Ihr fahrt durch die neu erbaute Innenstadt – schön ist sie nicht, das mußt du zugeben."* [494] Das Ich muß zugeben, daß die neue Innenstadt von Gorzów Wielkopolski nicht schön ist, nicht weil die Innenstadt laut der polnischen Regie-

---

[491] Wolf, Kindheitsmuster, S. 9.
[492] Ebenda, S. 348.
[493] Tadeusz Namowicz, Begegnung mit der "Fremde", in: Acta Universitatis Wratislaviensis no 1355, XCVII, Wrocław 1992, S. 37.
[494] Wolf, Kindheitsmuster, S. 428.

rung nicht schön ist, sondern weil es selbst so empfindet und das gibt es zu. Polen wird weder idealisiert noch übermäßig kritisiert, das objektivierte Ich bleibt in seinen Beurteilungen der Wirklichkeit nahe.

Die Schilderungen des Lebens in Polen, die in "Kindheitsmuster" zu finden sind, sind aufschlußreich, weil sie nicht nur das Land und die Städte zeigen, sondern auch die Menschen, die in diesem Land wohnen. Die Leser gewinnen dadurch eine Vorstellung vom Polen der 70er Jahre. *"Auf dem Hindenburgplatz, auf dem jetzt kurzes mildes Gras wächst, an dessen Rand Bänke stehen, auf denen sonnabendnachmittags Männer Karten spielen, die Flasche unter der Bank, aus der sie sich ab und an zutrinken."* [495] Man kann sich kaum vorstellen, daß so genaue Schilderungen des Lebens in Polen von einer der Regierungen der sozialistischen Staaten erwünscht sind. Wenn man bedenkt, daß Christa Wolf sich nur 46 Stunden in Polen aufhält, dann überrascht die Schärfe ihrer Wahrnehmung. Innerhalb von einer so kurzen Zeit wird nicht nur verglichen, sondern auch die Gegenwart der Stadt bemerkt. Das objektivierte Ich erblickt den *"Hindenburgplatz, der um die Ecke liegt und sich, (...) zu seinem Vorteil verändert hat durch wilden Grasbewuchs, durch die Sonnabendnachmittags-Kartenspieler auf den Bänken im Schatten der inzwischen erwachsenen Bäume, die den Park säumen. Ein Bild in das man hineinpassen möchte. Die Schnapsflaschen unter den Bänken. Kinder auf dem Schoß und zu Füßen der Väter. Breithüftige, großbrustige junge Frauen zu viert auf einer Bank, ihre Säuglinge im Arm."* [496] Obwohl Lenkas Mutter mehrmals zum Ausdruck bringt, daß sie sich in Gorzów Wielkopolski fremd vorkommt, möchte sie in das gesehene Bild hineinpassen. Das Gesehene ist nicht unbedingt ästhetisch schön: Schnapsflaschen, breithüftige, großbrüstige Frauen – trotzdem wirkt das Bild idyllisch. Es ist auch eine gewisse Sehnsucht in den Worten des Ich zu spüren, es wünscht sich dazuzugehören. Es ist eine Sehnsucht nach Heimat. Der Park von heute ist Heimat für die Menschen, die da auf den Bänken sitzen. Das Ich möchte sich im Park zusammen mit diesen Menschen heimisch fühlen.

---

[495] Wolf, Kindheitsmuster, S. 73.
[496] Ebenda, S. 293.

VII.3. Die Polen aus Christa Wolfs "Kindheitsmuster" und Leonie Ossowskis "Weichselkirschen"

Die Schilderungen der polnischen Lebensverhältnisse beschreiben zugleich die Menschen näher. Wolf konzentriert sich in ihrem Roman auf die Bewältigung der Vergangenheit, deswegen sind nicht allzu viele Beschreibungen von den Polen zu finden. In Landsberg an der Warthe haben die Polen nichts zu suchen, weil es eine deutsche Stadt ist. Die Polen leben in Gorzów Wielkopolski und die Menschen werden hauptsächlich in den Abschnitten des Romans dargestellt, die sich auf das Heute der Stadt beziehen. *"Es kommen ein paar betrunkene Halbwüchsige herein. Der eine belästigt zwei Mädchen am Nachbartisch. Die Kellnerin, eine füllige, gut aussehende Frau im mittleren Alter, redet scharf und nachdrücklich auf die Jungen ein und weist ihnen die Tür. Ohne viel Widerrede torkeln sie hinaus, der eine fällt draußen noch schwer gegen die große Scheibe."*[497] An einer anderen Stelle liest man wieder von *"jüngeren Männer, die schon in dieser Stadt geboren sind, die rauchen und Bier trinken."*[498] Diese Abschnitte, aus dem Kontext herausgenommen, verleiten dazu zu denken, daß in Polen meist betrunkene Menschen anzutreffen sind, die entweder in den Parks oder in Restaurants herumsitzen. Die Frauen sind dagegen diejenigen, die nüchtern bleiben, damit sie nach den Kindern schauen können.[499] Das Ich zeigt jedoch keinerlei Empörung über die in Polen herrschenden Verhältnisse. Es scheint mit der Situation einverstanden zu sein. Obgleich das objektivierte Ich sich in seine Erinnerungen vertieft, nimmt es die umgebende Welt und die Menschen zur Kenntnis, jedoch ohne sich darüber Gedanken zu machen und ohne sie zu bewerten. Nur die Darstellungen, die zugleich eine Gegenüberstellung der Vergangenheit mit der Gegenwart sind, analysiert das Ich genauer.

In der Ebene, die das Vergangene darstellt, gibt es ein Bild, das dem Ich immer noch ein Anlaß zum Nachdenken ist. *"Daß die Polen so wenig Triumph zeigten, verwunderte Nelly erst später. Damals kam es ihr noch nicht merkwürdig vor, wenn die Sieger ihrer Freude nicht lauthals Ausdruck gaben."*[500] Das objektivierte Ich staunt über das Verhalten der Polen, staunt sowohl im Jahre 1945 als auch im Jahre 1971, als es die Reaktionen der Menschen sieht. *"Ein paar Passanten und Bewohner umliegender Häuser sahen dem Vorgang zu, ohne Schadenfreude, mit sachlichem Interesse".*[501] Die Polen zeigen Interesse und schauen neugierig zu,

---
[497] Wolf, Kindheitsmuster, S. 295.
[498] Ebenda, S. 326.
[499] Vgl. dazu: Ebenda, S. 293.
[500] Wolf, Kindheitsmuster, S. 410.
[501] Ebenda, S. 276.

wie das Ich mit seiner Familie von einem Milizionär darauf aufmerksam gemacht wird, daß es verboten ist, auf dem Uferwall zu lagern. Viel überraschender ist jedoch die Bemerkung des Ich, die das Verhalten der Polen 1945 charakterisiert. Die Polen, die Nelly auf ihrer Flucht trifft, sind selbst froh, daß sie den Krieg überlebt haben. Sie sind viel zu erschöpft, um ihren Triumph den Verlierern gegenüber zu zeigen. Die Polen haben sehr gelitten und kennen das Leid, wahrscheinlich deswegen wollen sie den Flüchtlingen keinen weiteren Schmerz mehr zufügen, da sie schon am Heimatverlust schwer genug zu tragen haben.

Nur ein einziger Pole kommt in der Ebene der Niederschrift in "Kindheitsmuster" vor – Kazimierz Brandys. Obwohl es sich um eine einzige Person handelt, hat sie einen großen Einfluß auf die Entstehung des Romans. *"Es gibt einen Ausspruch eines Polen, Kazimierz Brandys: Faschismus gibt es überall auf der Welt, aber die Deutschen sind seine Klassiker gewesen. Ich muß sagen, daß das einer der Sätze war, die mir einen entscheidenden Stoß für dieses Buch versetzt haben. Ich habe sofort verstanden, daß er recht hat."* [502] Da Wolf den Ausspruch von Kazimierz Brandys nicht nur versteht, sondern auch mit ihm einverstanden ist, nimmt sie ihn als Anregung, die sie zum Schreiben des Romans "Kindheitsmuster" bewogen hat. Daher wird dieser polnische Schriftsteller von dem objektivierten Ich immer wieder erwähnt und zitiert. Es wird auch ständig darauf hingewiesen, daß es sich um einen Polen handelt.[503] *"Der Pole Kazimierz Brandys"* wird von dem Ich *"ohne Anführungszeichen"* [504] zitiert. Die Nationalität dieses Schriftstellers scheint dem Erzähler ganz wichtig zu sein, weil er sie immer wieder betont. Kazimierz Brandys gibt nicht nur den Anstoß für den Roman insgesamt, er gibt auch Anregungen im Roman, die sowohl das objektivierte Ich als auch die Leser zum Weiterdenken einladen. *"Faschismus, schreibt der Pole Kazimierz Brandys, Faschismus ist ein weiterer Begriff als die Deutschen. Aber sie sind seine Klassiker gewesen. Und du – unter deinen Deutschen – wirst den Mut nicht haben, dieses Motto vor den ersten Satz zu stellen. Wenn du aber nicht genau weißt, wie sie ihn aufnehmen würden, jenen verworfenen Vor-Satz: gleichgültig, befremdet, empört, betroffen – was weißt du von ihnen dann überhaupt? Die Frage stellt sich ja."* [505] Das Ich überlegt, wie es selbst die Worte des Polen deuten soll. Zugleich versucht es der Frage nachzugehen, wie andere den Satz aufnehmen und verstehen. Das objektivierte Ich denkt über den Titel seines Romans nach und gibt zu, daß es Angst hat, die Worte von Kazimierz Brandys als ein Motto für seinen Roman zu nehmen. Es führt

---

[502] Wolf, in: Diskussion mit Christa Wolf, in: Sinn und Form, H.4, 1976, S. 880.
[503] Vgl. dazu: Wolf, Kindheitsmuster, S. 51, 90, 219, 232, 248.
[504] Wolf, Kindheitsmuster, S. 219.
[505] Ebenda, S. 51-52.

ein Selbstgespräch, mit dem es die Leser zum Mitdenken auffordert. Es fordert sie auf für sich den Satz zu erwägen, vielleicht mit Gleichgültigkeit, mit Betroffenheit, mit Empörung oder mit Befremden.

Da die Handlung des Romans "Weichselkirschen" von Leonie Ossowski in Polen stattfindet, treten in diesem Roman viele Polen auf. Die Polen sind die handlungstragenden Gestalten, was zur Folge hat, daß es kaum Stellen gibt, in denen die Polen als Menschen einer anderen Nationalität beurteilt werden. Um die auftretenden Polen charakterisieren zu können, müßte man die Gespräche, eigentlich den ganzen Roman in dieser Hinsicht, analysieren, was aber nicht das Ziel dieser Arbeit ist. Die Vielfalt der auftretenden Personen macht es schwer, direkte Urteile über Polen oder Beschreibungen von Anna oder anderen Außenstehenden zu finden. Die Polen werden durch sich selbst charakterisiert, sie treten im Roman auf und durch ihr Verhalten charakterisieren sie sich selbst.

Die Polen der "Weichselkirschen" urteilen über andere Menschen, auch über die Deutschen. Aufgrund der Kriegserlebnisse herrscht unter den Polen die Meinung: *"ein Deutscher kann nie eines Polen Bruder sein!"* [506] Mit diesem Satz drücken die Bewohner von Ujazd ihre Distanz aus, Distanz gegenüber Anna und allen Deutschen, die ihre Heimat besuchen. Die Ujazder haben Angst, sie fürchten um ihre Heimat, die ihnen weggenommen werden könnte. Anna ist eine Gutsbesitzertochter und die Menschen denken, daß sie nach Ujazd gekommen ist, um ihren Besitz wiederzugewinnen. Auch auf die Beteuerungen Annas, in denen sie den Polen versichert, daß sie nicht gekommen sei, um ihre Heimat wiederzugewinnen, reagieren sie mit großem Abstand. *"Als wenn es je einen Deutschen gegeben hätte, der bei seinem Besuch in Polen öffentlich zugegeben hätte, daß er zurückgehen wolle."* [507] Die Angst dieser Menschen gründet im Krieg, die Folge ist Mißtrauen den Deutschen gegenüber. Die Polen distanzieren sich von den Deutschen, weil sie kein wirkliches Interesse an der Gegenwart dieser Gebiete zeigen. Die Heimatbesucher sind bemüht, ihre Vergangenheit herauszufinden und widmen sich ganz dieser Aufgabe. *"Weiß der Himmel, ob es noch Deutsche gibt, die ein Interesse an den Geschichten und Schicksalen dieser Polen haben."* [508]

Der Erzähler erklärt die Haltung der Polen durch Darstellungen aus der Zeit des II. Weltkrieges. Zur Kriegszeit sind die Polen *"mit einem lila P auf gelbem Grund als Eigentum des*

---

[506] Ossowski, Weichselkirschen, S. 246.
[507] Ebenda, S. 284.
[508] Ebenda, S. 357.

Deutschen Reiches gekennzeichnet." [509] Die Polen werden oft als "Polackenschwein" bezeichnet, meistens können sie nichts mehr als ein Ochsenknecht sein, denn *"was sollte ein Pole schon anders sein!"* [510] Für das richtige Verständnis der abweisenden und unfreundlichen Bemerkungen der Polen ist es besonders wichtig, daß der Erzähler sie nicht ungefragt und ohne den historischen Hintergrund darstellt.

Aussagen solcher Art über die Deutschen, die eine Distanz der Polen ausdrücken, fehlen in Christa Wolfs "Kindheitsmuster". Die Polen in Gorzów Wielkopolski scheinen die Deutschen freundlich zu empfangen, ohne vor ihnen Angst zu haben. Der Grund für die unterschiedliche Wahrnehmung der Deutschen liegt darin, daß die meisten Polen, die in Gorzów Wielkopolski leben, selbst Vertriebene sind. Sie können die Erlebnisse einer Wiederbegegnung mit der verlorenen Heimat nachvollziehen. Man kann annehmen, daß mehr Deutsche, also auch Heimatsuchende, die Hauptstadt einer Woiwodschaft besuchen als ein kleines Dorf in Niederschlesien. Maßgebend ist aber auch, daß die Menschen, denen Anna während ihres Besuches in Ujazd begegnet, ihre Heimat nicht verlassen mußten, daß sie in ihrer angestammten Heimat leben. Die Polen in Ujazd sind keine Städter, sie hängen sehr an ihrer Erde und deswegen haben sie Angst, daß ihnen ihre Erde weggenommen werden könnte.

VII.4. Polen in den Augen der jüngeren Generation

Die gegenseitige Wahrnehmung der Deutschen und der Polen, die den II. Weltkrieg erlebt und überlebt haben, ist geschichtlich belastet. Die Erlebnisse des Krieges lasten allzu stark auf diesen Menschen, so daß sie sich in ihrer Wahrnehmung voneinander von der Geschichte nicht frei machen können. Die jüngere Generation dagegen ist frei von dieser geschichtlichen Belastung. Vera, Annas Tochter und Lenka, die Tochter des objektivierten Ich sind in ihrer Beobachtung der Polen frei vom Schmerz des Heimatverlustes, deswegen sind die Schilderungen dieser Gestalten von besonderem Wert. Es fällt auf, daß sowohl Vera als auch Lenka ähnliche Bemerkungen über die Polen machen. Die Romane "Kindheitsmuster" und "Weichselkirschen" sind in demselben Jahr erschienen – 1976, das macht die Übereinstimmung in der Charakterisierung der Polen besonders interessant. Zwei Polenreisen, die kurz hintereinander stattfinden, an denen ver-

---

[509] Ossowski, Weichselkirschen, S. 19.
[510] Ebenda.

schiedene Personen teilnehmen, hinterlassen bei der jüngeren Generation ähnliche Eindrücke.

"*Hier ist es doch prima! Die Leute sind nett, nicht so hektisch wie bei uns, es gibt nur halb soviel Autos auf den Straßen, schöne Lokale, und das, was es zu kaufen gibt, ist billiger, die historischen Stadtteile werden wieder aufgebaut, und wenn du sagst, wo du herkommst, hast du schneller Kontakt als sonstwo! Und dann die Landschaft, die Seen, die Ruhe – alles wie aus einem Bilderbuch!*" [511] Im Gegensatz zu ihrer Mutter gefällt es Vera in Polen. Vera empfindet bei den Bildern, die ihr während der Fahrt in Polen vor die Augen treten, keinen Schmerz. Sie kann das, was ihr in Polen begegnet, ganz frei aufnehmen. Die Unterschiede, die durch den kapitalistisch-sozialistischen Hintergrund bedingt sind und die bei Anna eine so große Rolle spielen, haben bei Vera kaum eine Bedeutung. Diese Gestalt entdeckt ein für sie neues Land, sie ist nicht auf die negativen Gegenüberstellungen bedacht. Sie betrachtet dieses Land mit großer Neugierde und ohne Vorurteile, deswegen sind Veras Eindrücke so positiv. Der Satz: "*wenn du sagst, wo du herkommst, hast du schneller Kontakt als sonstwo!*" deutet darauf hin, daß die Polen den Deutschen gegenüber nicht auf Rache sinnen. Sie denken nicht an das Leid, das ihnen von den Deutschen zugefügt wurde und sie sind imstande, den Deutschen ohne Vorurteile zu begegnen. Vera wird als Deutsche von den Polen nicht abgelehnt.

Die Polen sind in Veras Darstellung nett und nicht so hektisch wie die Deutschen. Eine ähnliche Bemerkung macht Lenka: "*die Polen seien ihr sympathisch. Inwiefern? fragtet ihr, Lutz und du (...). Sie seien lebendiger, fand Lenka. Spontaner. Sie gebrauchen anscheinend Ordnung, Sauberkeit, Disziplin nicht als Waffen gegeneinander. Wie wir. Wie wir? Ja. Sie versuchen wohl nicht, sich gegenseitig durch Leistung totzumachen.*" [512]
Veras Schilderung, verglichen mit der Lenkas, macht einen oberflächlicheren Eindruck, sie geht auf die Eigenschaften der Menschen und deren Lebensweise nicht so tief ein wie Lenka. Für Vera scheint es wichtig zu sein, daß man in Polen billig einkaufen kann und daß es nicht so viele Autos gibt und daß man deswegen bessere Luft atmen kann. In dieser Beobachtung kommt zum Ausdruck, daß Vera aus einer Wohlstandsgesellschaft kommt, für die das Interesse am Äußeren charakteristisch ist. Demgegenüber sind die Bemerkungen von Lenka tiefgründiger. Es überrascht, daß eine so junge Person so bedeutsame Feststellungen machen kann. Für Lenka ist es wichtig, daß die Menschen in Polen nicht versuchen, "*sich gegenseitig durch Leistung totzumachen.*" Die Leistung scheint für die Polen nicht das Maßgebliche in ihrem Leben zu sein. Das Leben der Menschen in

---

[511] Ossowski, Weichselkirschen, S. 308.
[512] Wolf, Kindheitsmuster, S. 480.

Polen wird nicht durch gegenseitigen Wettbewerb definiert. Auch Sauberkeit, Ordnung und Disziplin sind keine Grundwerte in Polen, an denen die Polen ihr Menschsein messen. Die Worte von Lenka sind zugleich eine Kritik an den Deutschen, für die die Leistung wichtiger als das Menschliche geworden ist. Lenka zählt sich aber selbst zu denjenigen, für die Leistung für den menschlichen Wert maßgebend ist.

Am Anfang der Polenreise hält sich Lenka in ihren Empfindungen und Bemerkungen zurück, die das Land und Leute betreffen. *"Gefällts's dir denn, Lenka? – Doch doch, ja. – Höflichkeit der Kinder."* [513] Lenka will ihre Mutter nicht enttäuschen, schließlich ist Gorzów Wielkopolski die Heimat ihrer Mutter, die sie geliebt hat und immer noch liebt. Deswegen hält sich Lenka zurück und sagt, um das Ich zu beruhigen, *"Nicht übel, (...). Einwandfrei."* [514] Je mehr diese Gestalt von Polen sieht, desto überzeugender kann sie sagen, daß es ihr in Polen gefällt und daß ihr die Polen sympathisch sind.

Vera, Annas Tochter, beteuert mehrmals, Polen sei ein schönes Land, die Menschen seien freundlich. *"Überhaupt gefällt ihr Polen, sagt sie, und daß man sich hier wohl fühlen könnte."* [515] Vera kann nicht präzisieren, was für sie "sich wohl fühlen" bedeutet, und was in Polen so besonders ist. Sie könnte sich vorstellen in diesem Land zu leben, Polen ist aber nicht ihre Heimat, deswegen spricht sie diesen Satz im Konjunktiv aus. In einem Gespräch versichert Vera jedoch, daß sie Deutsche ist und daß es nicht ihr Wunsch ist, in Polen zu leben. *"Würden Sie gern hier leben? (...) Aber nein, ich bin Deutsch, (...), eine Deutsche, wie sie im Buche steht!"* [516] Die beiden Aussagen widersprechen sich dem Anschein nach. Man muß sie unter Berücksichtigung der Heimatfrage abwägen. Vera gefällt es in Polen und wenn sie sich eine neue Heimat suchen müßte, dann wäre es nicht ausgeschlossen, daß sie Polen wählen würde. Sie hat aber ihr Zuhause, sie ist eine Deutsche, die eine intakte Heimat erleben darf, deswegen denkt sie nicht daran, von Deutschland wegzuziehen.

Obwohl Vera in ihren Bemerkungen an der Oberfläche bleibt, und sie das, was sie sieht, nicht hinterfragt, macht auf sie das religiöse Leben in Polen einen großen Eindruck. Vera besucht mit ihrer Mutter den bekanntesten polnischen Wallfahrtsort – Częstochowa. Das Paulinerkloster wird im Roman sehr genau beschrieben, der Erzähler stellt auch die Geschichte des Gnadenbildes dar. *"Es heißt, das Gesicht der wundertätigen Madonna sei durch Kerzenlicht geschwärzt. Es heißt auch, der Evangelist Lukas habe sie gemalt, und*

---

[513] Wolf, Kindheitsmuster, S. 168.
[514] Ebenda, S. 109.
[515] Ossowski, Weichselkirschen, S. 307.
[516] Ebenda, S.346-347.

die Mutter Konstantins des Großen, die heilige Helena, habe das Marienbild in Jerusalem entdeckt. Von dort kam es fünfhundert Jahre später nach Konstantinopel, wiederum fünfhundert Jahre später nach Belz im ruthenischen Rußland, und von dort brachte es Ladislaus aus Opole 1392 nach Częstochowa."[517] Das alles weiß Vera nicht, sie kommt 1974 nach Częstochowa und staunt über die vielen Pilger, die jedes Jahr eine Wallfahrt zu der wundertätigen Madonna machen. *"So etwas"* hat sie *"noch nie gesehen, (…) der Papst sollte mit seinem Vatikan nach Polen ziehen"*.[518] Sie kann es gar nicht begreifen, daß so viele Menschen an einen Ort pilgern. Vor allem fällt es ihr auf, daß auch junge Menschen in den polnischen Kirchen anzutreffen sind. Diese Tatsache überrascht sie so sehr, daß sie fragt: *"Wieso fährt ein vernünftiger Junge an einen Wallfahrtsort, (…) bei uns machen das nur die Alten. Du bist eben nicht bei uns."*[519] Vera fällt es schwer, die polnische Religiosität zu verstehen, die Bindung an die Kirche und an den Glauben ist für sie etwas neues, das mit Vernunft wenig zu tun hat. Die Kontraste sind für Vera Auslöser für ihre Fragen. Die polnischen Lebensumstände, die mit den deutschen übereinstimmen, nimmt sie wahr, ohne sich darüber Gedanken zu machen. Die Unterschiede überraschen und beunruhigen sie, so daß sie Fragen stellt und sie zu verstehen versucht.

Die polnische Gläubigkeit ist eigentlich fast der einzige Unterschied zu Deutschland, den Vera während ihres Aufenthaltes in Polen bemerkt. Sonst ist *"alles wie zu Hause, sagt Vera, nur der Vodka wird hier besser ausgeschenkt."*[520] Auffallend ist es jedoch, daß alles in Polen nicht nur so ist wie in der Bundesrepublik Deutschland, sondern auch so wie in der Deutschen Demokratischen Republik. *"Die Sonntagsdörfer, (…), die Gruppe von jungen Leuten, die kurz vor Mittag auf der einzigen Straße flanieren, nach Geschlechtern getrennt. Langweilen sie sich? Sie sehen den Autos nach, die selten vorbeikommen. Sie tragen weiße Hemden und Jeans und kurze Röcke und bunte Blusen. Wenn Mädchen und Jungen zusammen stehen, dann in Gruppen, nicht paarweise. Wie aufm Dorf bei uns sagt Lenka."*[521] Es scheint kaum möglich zu sein, daß es in Polen ähnlich aussieht wie in zwei verschiedenen Ländern. Die Schilderungen von Polen von Anna und von dem objektivierten Ich weisen viel mehr Unterschiede auf. Die jüngere Generation, die in ihrer Wahrnehmung freier ist, sieht nicht nur Differenzen, sondern auch Gemeinsamkeiten der beiden deutschen Länder mit Polen. Der Blick der Mütter ist durch die Vergangenheit eingeengt, deswegen achten sie viel mehr auf die

---

[517] Ossowski, Weichselkirschen, S. 360-361.
[518] Ebenda, S. 367.
[519] Ebenda, S. 360.
[520] Ebenda, S. 309.
[521] Wolf, Kindheitsmuster, S. 440.

Kontraste. Sie stellen nicht nur die Vergangenheit der Gegenwart gegenüber, sondern die Gegenwart ihrer neuen Heimat der Gegenwart der verlorenen Heimat. Der Blick der jüngeren Generation ist dagegen nicht auf die Differenzen ausgerichtet. Sowohl Lenka als auch Vera bemerken die Unterschiede, sie spielen für sie jedoch keine entscheidende Rolle. Sie freuen sich vielmehr über jede Ähnlichkeit mit ihren Heimatländern. Die Einstellung der Töchter ist auch kaum von dem sozialistischen oder kapitalistischen Hintergrund abhängig. Die Einstellung der beiden Gestalten kann man als "übernational" betrachten. Obwohl Lenka und Vera aus Staaten mit unterschiedlichen politischen Systemen kommen, ist ihre Wahrnehmung Polens weder vom Kapitalismus noch vom Sozialismus geprägt. Die Töchter sehen Polen ganz frei und nicht wie ihre Mütter von dem politischen und geschichtlichen Hintergrund. Dadurch gewinnen die Polenbilder der beiden Romane an Objektivität.

VII.5. Polen – ein Land mit Geschichte

Die Beschreibungen Polens, die sich während einer Reise in die Heimat erschließen, sind durch die Erlebnisse der Vergangenheit, durch die Ereignisse des II. Weltkrieges bedingt. Die Reisenden verbinden die Gegenwart mit der Vergangenheit, die sie erlebt haben. Leonie Ossowskis "Weichselkirschen" un Christa Wolfs "Kindheitsmuster" liefern jedoch nicht wenige interessante Bemerkungen und Darstellungen im Hinblick auf die polnische Geschichte und das deutsche geschichtliche Bewußtsein. Die historischen Daten werden aber nicht nur im Zusammenhang mit dem eigenen Leben genannt, sondern auch in Bezug auf die Weltgeschichte und insbesondere auf die Geschichte Polens.

Obwohl das objektivierte Ich aus "Kindheitsmuster" seinen Blick hauptsächlich auf seine eigene Lebensgeschichte richtet, gibt es im Roman Hinweise, die sich auf die Geschichte beziehen. *"Am späten Abend des 31. August, als die 16 Punkte gesendet wurden, war der Beginn des Überfalls auf Polen für den 1. September 4 Uhr 45 festgesetzt, wurden die Sonderkommandos, welche polnische Überfälle auf den Sender Gleiwitz, das Zollhaus Hochlinden, Kreis Ratibor, und das Forsthaus Pitschen, Kreis Krenzberg, vorzutäuschen hatten, schon in polnische Uniform gesteckt."* [522] Es könnte vermutet werden, daß das Ich diese Berichte in den Roman einbaut, weil sie in engem Zusammenhang mit seiner Geschichte stehen. Den Ausbruch des II.

---

[522] Wolf, Kindheitsmuster, S. 221-222.

Weltkriegs können jedoch Millionen von Menschen, sowohl Deutsche als auch Polen, als eigene Geschichte ansehen. Der Kriegsausbruch ist für das Ich wichtig, weil er schließlich zur Vertreibung und zur Flucht geführt hat. Das Ich stellt jedoch Fragen, die sich nicht nur auf seine persönliche Lebensgeschichte beziehen, sondern auch Fragen nach den Zusammenhängen in der Weltgeschichte. Das oben eingeführte Zitat geht weiter: *"Vorausgesetzt, sie hätten wirklich Kenntnis bekommen von dem Brief Mussolinis, der den ursprünglich auf den 26. August angesetzten Kriegsausbruch um sechs Tage verschob, weil die Italiener sich als nicht genügend vorbereitet erklärten, ihre Bündnispflichten gegenüber dem deutschen Achsenpartner zu erfüllen: Angenommen, diese und andere Geheime Kommandosachen wären in alle Häuser gelangt: Was hätte sich geändert?"* [523] Das objektivierte Ich denkt über die Weltgeschichte nach und bringt den Leser zum Nachdenken. Der II. Weltkrieg ist für das Ich ein Ereignis, das nicht verschwiegen werden darf. Das Nachdenken über diese Ereignisse ist keine Pflichtübung, sondern eine Sache des Gedenkens.[524] Der II. Weltkrieg warnt davor, daß sich solche Ereignisse nicht wiederholen. Die Menschen sollen sich schon jetzt Gedanken darüber machen und sich klar darüber werden, was geschehen ist, um ähnliches Unglück abwenden zu können.

Dem Ich selbst fällt es schwer, sich von den Ereignissen der Jahre 1939-1945 innerlich zu befreien. Es empfindet es als eine Last, *"weil es nämlich unerträglich ist, bei dem Wort "Auschwitz" das kleine Wort "ich" mitdenken zu müssen: "Ich" im Konjunktiv Imperfekt: Ich hätte. Ich könnte. Ich würde: Getan haben, Gehorcht haben."* [525] Das menschliche Bewußtsein sortiert die unangenehmen Erlebnisse aus. Der Mensch möchte an das Furchtbare nicht erinnert werden und nicht zur Verantwortung gezogen werden für Vorgänge, auf die er keinen Einfluß hatte. Man kann doch die Kinder der Kriegsjahre für den Krieg und seine Auswirkungen nicht schuldig erklären. Trotzdem lastet auf der Generation des objektivierten Ich "Auschwitz" als eine Beschuldigung. Diese Last ist in seinem ganzen Leben zu spüren. *"Noch später aber – bis heute – hast du bei jedem stark qualmenden hohen Schornstein 'Auschwitz' denken müssen. Der Schatten, den dieses Wort warf, wuchs und wuchs. Sich ohne Rückhalt in diesen Schatten zu stellen, gelingt bis heute nicht; denn die Vorstellungskraft, sonst nicht faul, schreckt vor dem Ansinnen zurück, die Rolle der Opfer zu übernehmen."* [526] Einerseits darf man "Auschwitz" nicht vergessen, andererseits muß man sich davon befreien, sich

---

[523] Wolf, Kindheitsmuster, S. 222.
[524] Vgl. dazu: Wolf, Kindheitsmuster, S. 392-393.
[525] Wolf, Kindheitsmuster, S. 295.
[526] Ebenda, S. 297-298.

schuldig für die Greueltaten des II. Weltkrieges zu fühlen, weil man damals noch ein Kind war.

Die allgemeine Verantwortung wird den Deutschen oft als allgemeine Schuld zugewiesen. Anna, die Hauptgestalt der "Weichselkirschen", möchte nicht mehr als Schuldige abgestempelt werden. *"Ich habe es satt, sagt Anna (...). Ich habe es satt, für alles verantwortlich gemacht zu werden, was Deutsche im Krieg mit Polen gemacht haben."* [527] Die Last des Kriegs wird unerträglich, so daß Anna sich von ihren Erinnerungen befreien möchte. Sie macht sich auch keine Gedanken darüber, wie es zu einem solchen Unheil kommen konnte. Ihr Bewußtsein läßt die schlechten Erinnerungen nicht zu, sie möchte an die Jahre des Leids und der Furcht nicht mehr erinnert werden. Da Anna diesen Teil der Weltgeschichte nicht thematisiert, fehlt es in "Weichselkirschen" an Berichten über den II. Weltkrieg. Die Darstellung der Geschichte in diesem Roman beruht auf persönlichen Erlebnissen dieser Gestalt.

---

[527] Ossowski, Weichselkirschen, S. 251.

VIII
BEDEUTUNG DER POLENBESCHREIBUNGEN IN DEN ROMANEN "WEICHSELKIRSCHEN" UND "KINDHEITSMUSTER"

"Die Wahrheit über sich selbst nicht wissen zu wollen, (...)
sei der zeitgenössische Zustand der Sünde."
Kazimierz Brandys

Die Sünde des heutigen Menschen ist nach Kazimierz Brandys die Tatsache, daß der Mensch sich selbst fremd geworden ist, daß der Mensch die Wahrheit über sich selbst und sein Leben nicht zuläßt. Die Reise in die Heimat kann dazu beitragen, daß man sich selbst nicht fremd zu sein versucht, sondern daß man das Wahre seines Inneren zu erforschen wagt. Das objektivierte Ich braucht bloß 46 Stunden, um sich näherzukommen. Anna dagegen braucht dafür einige Monate, wobei der Leser nicht sicher sein kann, ob sie die Wahrheit letztendlich zugelassen hat oder ob sie sich immer noch fremd geblieben ist. Die Reise in die Heimat wird zu einer Reise zu sich selbst. Es ist eine Entdeckungsreise nicht nur der verlorenen und der gegenwärtigen Heimat, sondern sie lädt die Menschen dazu ein, ihr Inneres neu zu entdecken und sich neu zu definieren.

Das Ich wird während seiner Reise von seinem Mann, seinem Bruder und seiner Tochter begleitet. Jede dieser Personen hat eine andere Funktion bei dem inneren Kampf des Ich. H. – der Mann des Ich – ist bloß der Chauffeur, von ihm kommen auch keine Bemerkungen über das Polen der 70er Jahre und über die Vergangenheit. Diese Gestalt ist sehr schweigsam und anscheinend spielt sie keine entscheidende Rolle bei der Wiederbegegnung mit der Heimat. Seine Heimat liegt jetzt nicht in Polen und wahrscheinlich hat er auch keine Flucht oder Vertreibung erlebt, deswegen nimmt er weder zu der Heimatfragen noch zu Polen Stellung. Es ist jedoch erstaunlich, daß Lenka, die auch in ein ihr fremdes Land fährt, vom Ich oft zu einer Stellungnahme aufgefordert wird. Die Lebensanschauung der jungen Generation ist aufschlußreich für das Weltverständnis und auch im Hinblick auf die Heimatfrage. Die Schweigsamkeit von H. hängt aber nicht mit seinem Unwissen oder mit dem "Nichtgefragtwerden" zusammen. Er hält sich während der Diskussionen zurück, er *"beteiligte sich niemals an derartigen Umfragen."*[328]

---
[328] Wolf, Kindheitsmuster, S. 481.

H. schont seine Frau während der Fahrt, er stellt keine Fragen und äußert sich auch nicht zu dem, was gesagt wird. Erst kurz vor dem Ende der Polenreise fühlt er sich gezwungen in das Gespräch einzugreifen. Seine Frau glaubt, *"daß es einen Sinn hat, mitzuteilen, was man für wahr hält."* [529] Für H. kann es keine Wahrheit ohne ihre Mitteilung geben. Das Ich fühlt sich in diesem Moment angegriffen – *"Die Schonung, die er während der Fahrt geübt hatte, war vorbei."* [530] H. ist also eine Gestalt, die sich während der Polenreise weder an dem Kampf um die Vergangenheit noch an dem Kampf um die Gegenwart beteiligen möchte. Er läßt seine Frau mit ihren Gedanken und Erinnerungen allein, weil er offensichtlich häufig eine andere Meinung als sie vertritt. Ihretwegen und wegen ihrer Vergangenheitsbewältigung läßt H. seine Frau in Ruhe.

Bruder Lutz ist dem Ich bei seiner Reise sehr behilflich. Beide haben die gleiche Heimat. Sie sind in demselben Ort und in derselben Familie aufgewachsen, deswegen ist ihre Heimatauffassung von demselben Umfeld und von fast derselben Zeit geprägt. Mit Lutz kann das Ich die aufgehobenen und vorgefundenen Bilder auf ihre Übereinstimmung überprüfen. Obwohl Lutz seine Heimat auch verloren hat, und seine aufgehobenen Bilder gleich mit denen seiner Schwester sein sollen, gibt es einen Unterschied in der Wahrnehmung der Heimat dieser Gestalten. Die Umwelt wird sehr individuell wahrgenommen, dies scheint jedoch kein Hindernis für die Erinnerungen des Ich zu sein. Wichtiger ist, daß Lutz jünger ist und er sich nicht an alles, was dem Ich bedeutsam ist, erinnern kann. Bruder Lutz bestätigt jedoch das aufgehobene Bild seiner älteren Schwester. Er ist derjenige, der den heimatlichen Sommergeruch entdeckt und *"Längst gemerkt"* [531] hat. Lutz macht aber keine Aussagen, die das Polen der 70er Jahre betreffen. Er wird nur gefragt, wenn es um die Heimat geht.

Das objektivierte Ich hat Angst vor der Reise nach Polen, es scheut sich, direkt auszudrücken, daß es jetzt ein neues Zuhause hat. Das, wovor das Ich Angst hat, wird von Lutz artikuliert. *"Die Schilderung eines Aufenthalts von 46 Stunden in Gorzów Wielkopolski sollte offensichtlich vor allem dazu dienen, Abschied von der 'Heimat', die nur ein Ort, nicht aber die vertrauten Gesichter und Stimmen ist, endgültig zu nehmen und damit auch die bezogene politische Position (Verzicht auf das damals vieldiskutierte Recht auf Heimat) zu bekunden."* [532] Wenn das Ich wirklich Abschied von der bereits verlorenen Heimat nehmen will, dann fällt es ihm

---

[529] Wolf, Kindheitsmuster, S. 481.

[530] Ebenda, S. 481.

[531] Ebenda, S. 168.

[532] Tadeusz Namowicz, Begegnung mit der "Fremde", in: Acta Universitatis Wratislaviensis, No 1355, XCVII, Wrocław 1992, S. 37.

nicht leicht, es zu tun. Bruder Lutz dagegen schreckt nicht davor zurück und spricht das aus, was das Ich verschweigt. Für die Polenreise ist Lutz nicht besonders wichtig, bei der Abschiedsreise dagegen spielt er eine besondere Rolle. Lutz läßt Polenbilder ohne Kommentar, im entscheidenden Moment jedoch, wenn es darum geht, ob die Reisenden noch in Polen bleiben sollen, ist zwar das Ich die entscheidende Stimme, es beantwortet die Frage mit einem "nein", doch kommt der endgültige Abschiedsruf: *"Los geht's, (...). Richtung Heimat"*[533] von Lutz. Mit der Anerkennung der neuen Heimat wird die Polenreise vollendet. Bruder Lutz formuliert die Gedanken, die das Ich sich nicht auszusprechen traut. Er hat also eine besondere Funktion für die Auseinandersetzung mit der Vergangenheit. Er vermittelt zwischen der Polenreise und der Introspektion.

Der Tochter des Ich kommt im Roman die Rolle der Vermittlerin zwischen der Introspektion und der Außenorientierung zu. Diese Gestalt, die noch ziemlich unerfahren ist, sieht die Welt nicht im Zusammenhang mit der Weltgeschichte. Im Gegensatz zu ihrer Mutter wurde Lenka nicht Zeugin so bedeutender und verheerender historischer Geschehnisse und deswegen verbindet sie das Geschene nicht mit den Kriegsereignissen. Sie ist jung und durch ihre Bemerkungen gewinnen die Polenbilder an Lebendigkeit. Lenka sieht Polen als ein ganz normales Land mit ganz normalen Menschen. Sie ist unbefangen und drückt ihre Meinung ganz offen aus. Lenka gehört einer anderen Generation an als ihre Mutter. Daher vermittelt sie zwischen den zwei Generationen, zwischen der Generation ihrer Mutter, die den II. Weltkrieg erlebt hat und der Generation ihres Alters – der Nachkriegsgeneration. *"Lenka ist ein Kind des Jahrhunderts"*[534] und hat *"mit Eltern zu tun, die selbst nicht jung gewesen sind"*.[535] Bruder Lutz und das Ich sind Kinder des Krieges, weil ihr ganzes Leben vom Krieg geprägt wurde. Lenka fehlen diese Erfahrungen, deswegen ist ihr Weltverständnis ein anderes. *"Sie kennt das Wort ‚Pollack' nicht, sie kennt nicht das Wort ‚Pollackei', nicht den Ausdruck ‚polnische Wirtschaft'."*[536] Sie lebt in einer ganz anderen Welt als ihre Eltern. Wichtig ist aber, daß Lenka mit ihren Aussagen die Sichtweise ihrer Mutter relativiert, womit die Mutter mit einer anderen Meinung konfrontiert und nachdenklich gemacht wird.

Lenka muß immer *"an den Mann denken, der hinter der Kamera steht und dreht oder knipst, anstatt zu helfen. Sie lehnt die gängige Einteilung ab: Einer muß sterben, ein zweiter bringt ihn dazu, der dritte aber steht dabei und beschreibt, was der zweite mit dem ersten tut. Sie fordert bedin-*

---

[533] Wolf, Kindheitsmuster, S. 437.
[534] Ebenda, S. 203.
[535] Ebenda, S. 430.
[536] Ebenda, S. 43.

gungslose Einmischung." ⁵³⁷ In diesem Augenblick, in dem Lenka ihre Ansicht kundgibt, wird ihre Mutter ganz still, denn sie hat die Erfahrung gemacht, daß es nicht immer möglich ist, sich einzumischen, daß das Leben oft den großen Idealen nicht entspricht. Die wenigsten Menschen mischen sich ein und setzen das eigene Leben aufs Spiel, um das Leben der anderen zu retten. Das Schweigen der Mutter hängt nicht damit zusammen, daß ihre Tochter eine falsche Meinung vertritt, sondern sie weiß, daß die Wirklichkeit und die Lebenserfahrung manchmal dem Menschen seine idealistischen Vorstellungen rauben. Das Ich hat während des Kriegs mehrmals erlebt, daß die Angst stärker als alle Ideale sein kann. Nelly, deren Kindheit von großer Angst geprägt war, wollte *"Anerkennung und verhältnismäßige Sicherheit vor Angst und übermächtigem Schuldbewußtsein"* ⁵³⁸ erfahren, *"dafür liefert sie Unterwerfung und strenge Pflichterfüllung."* ⁵³⁹ Lenka, die sehr selbstbewußt zu sein scheint, kann die Menschen nicht verstehen, die einfach irgendwelche Pflichten erfüllen, ohne darüber nachzudenken, was sie eigentlich machen. Sie steht zu ihrer Wahrheit und möchte sie nicht in einer extremen Situation aufgeben, sondern immer dazu stehen und sich selbst treu bleiben.

Lenkas Worte bringen jedoch ihre Mutter zum Nachdenken. *"Heraustreten aus der Mörderreihe – wohin? In das Zuschauerpeleton, das die fälligen Zwischenrufe, Beschwichtigungen und Schlachtenbeschreibungen liefert?"* ⁵⁴⁰ Durch seine Tochter wird das Ich dazu gebracht, seine Meinung zu verifizieren. Lenkas Mutter versucht jedoch, den Fragen ihrer Tochter und ihren Aufforderungen auszuweichen. Die Tochter läßt sich aber nicht so einfach abspeisen und verlangt vom Ich eine Stellungnahme. *"Lenka hielt sich also an dich. Zuerst die üblichen Ausweichmanöver: Wie sie darauf komme und so weiter. – Spielt doch keine Violine, sagte sie".*⁵⁴¹ Das Schweigen ihrer Mutter auf die Frage nach der bedingungslosen Einmischung in das Geschehen hält Lenka nicht davon ab, weiter zu fragen und weiter über dieses Thema zu sprechen. Von seiner Tochter zu einer Stellungnahme gedrängt, äußert sich das Ich und meint, *"die vielen Leute, die felsenfest glauben, was die meisten denken und tun, sei normal."* ⁵⁴² Lenkas Mutter wundert sich, daß ihre Tochter keine Angst vor den Menschen hat, auch wenn sie anders denkt als sie. *"Angst? sagt Lenka. Wo ich doch sehe, was mit denen los ist? Und wenn sie dir auf den Leib rücken, ernsthaft? Dann krieg ich eine blödsinnige Wut und fange an zu*

---

⁵³⁷ Wolf, Kindheitsmuster, S. 203.
⁵³⁸ Ebenda, S. 249.
⁵³⁹ Ebenda.
⁵⁴⁰ Ebenda, S. 203.
⁵⁴¹ Ebenda, S. 481.
⁵⁴² Ebenda, S. 312.

brüllen. *Aber daß sie doch recht haben müssen, weil sie doch die meisten sind – die Idee kommt dir nicht? Nee, sagt Lenka."* [543] Das Ich hat die Erfahrung gemacht, daß Menschen im Angesicht der Angst und unter dem Zwang, der durch den Druck der Allgemeinheit entsteht, zu Haltungen fähig sind, die sie nie für möglich gehalten hätten. Lenkas Aufforderungen bringen ihre Mutter dazu, daß sie sich mit der eigenen Meinung und mit der von Lenka auseinandersetzt. Obwohl in dieser Auseinandersetzung die Lebenserfahrung, die Vergangenheit also, eine wichtige Rolle spielt, geht es in den Gesprächen zwischen Tochter und Mutter nicht um die Vergangenheit, sondern um die Gegenwart. Wenn Lutz seine Schwester in ihrem *"Kampf um die Erinnerung"* [544] unterstützt, so hilft Lenka ihrer Mutter bei dem Kampf um die Gegenwart.

Die Polenreise selbst hat eine Vermittlungsfunktion, die Reise vermittelt zwischen der inneren Welt des Ich und der Außenwelt, wobei die innere Welt sowohl die verinnerlichte Vergangenheit (Erinnerungen an die Heimat) als auch die Gegenwart des Ich (Wahrnehmung der heutigen Stadt) bedeuten und die Außenwelt sich auf das Damals und auf das Heute bezieht. *"Ursprünglich sollten Orte und Ereignisse während der Polenreise als Auslöser für die diversen Erinnerungen der Erzählerin dienen. (...) Nach den ersten Kapitel aber, wo Kindheitserinnerungen sich mit Eindrücken der polnischen Stadt von heute vermengen, hat Wolf die Möglichkeiten eines solchen Vergleiches schon ausgeschöpft, und die Polen-Erzählebene nimmt eine neue Funktion an. Die in Polen spielenden Passagen werden jetzt zum Medium für die Aufnahme anderer Stimmen als derjenigen der Erzählerin – vermitteln also nicht mehr zwischen Vergangenheit und Gegenwart, sondern zwischen erzählerischer Introspektion und Außenorientierung."* [545]

Für die Auseinandersetzung mit der Vergangenheit ist die Polenreise von Bedeutung, weil die Konfrontation des Ich mit dem Vergangenen durch diese Reise ausgelöst wird. Das Wiedersehen mit den Stätten der Kindheit regt das Gedächtnis an, sich zu erinnern. Heinrich Böll ist jedoch der Meinung, daß die in "Kindheitsmuster" thematisierte Reise als solche keine wichtige Rolle im Kampf um die Erinnerungen spielt. *"Die Reise nach L. als ein äußeres, als technisches Ereignis ist dabei gar nicht so wichtig, ja fast belanglos. (...) Die Reise, die dann bloß sechsundvierzig Stunden dauert, bringt der Erinnerung weniger als erwartet: Natürlich gibt es da Straßen, Plätze, Kirche, Häuser, Treppenstufen – aber vielleicht hätte ein alter Stadtplan, hätten ein paar alte Fotos und Ansichtskarten ebensoviel gebracht."* [546] Die lebendi-

---

[543] Wolf, Kindheitsmuster, S. 312.
[544] Wolfgang Emmerich, in: Christa Wolf. Materialienbuch, S. 115.
[545] Colin Smith, Deutsch-polnische Grenzüberschreitungen. Zu Christa Wolfs "Kindheitsmuster", in: Germano-Slavica, H. 3, 1989, S. 168.
[546] Heinrich Böll, in: Christa Wolf, Materialienbuch, S. 9.

gen Bilder bringen jedoch viel mehr als Fotos und Ansichtskarten. Vor allem sind alte Fotos keine Hilfe für die Auseinandersetzung mit der Heimat. Sie oder Ansichtskarten einer Stadt können nur das aufgehobene Bild bekräftigen und einige Erinnerungen wecken. Das in der Wirklichkeit Gesehene weckt aber wesentlich mehr Erinnerungen als erstarrte Bilder. Die Fotos gehören eher zu der inneren Welt des Menschen, weil sie Vergangenheit festhalten, die verinnerlicht wurde. Während einer Reise werden dagegen die aufgehobenen Bilder neu in der Außenwelt erfahren. Sie gehören der Wirklichkeit, weil sie nicht von der Erinnerungskraft des Menschen abhängen. Es ist aber auch nicht zu bestreiten, daß die alten Fotos bei dem Kampf um die Vergangenheit behilflich sind und viele Erinnerungen des Ich wecken. *"Ein großes Foto der Marienkirche, eins vom Stadttheater, wo sie zu Weihnachten den Froschkönig, die Schneekönigin oder das Tapfere Schneiderlein spielten und Nelly, die vor Aufregung Fieber hatte und nach der Vorstellung jedesmal krank wurde, ihr weißes Fellkrägelchen um die Schulter legen und in einer der vorderen Reihen sitzen durfte."* [547]

Die erstarrten Bilder verlieren jedoch von ihrem Zauber und von ihrer Kraft, wenn es sich um eine Auseinandersetzung mit der Gegenwart handelt. Die Polenreise ist wichtig für die Konfrontation mit der Gegenwart, wobei die Gegenwart auch die Heimatfrage umfaßt. *"Trotz des geringen Umfangs der Reiseschilderung und der Reflexionen über Polen im engeren Sinne ist dieser Teil von fundamentaler Bedeutung für das ganze Buch. Alle Erinnerungen kommen von dort her; alles Nachdenken empfängt von da aus seinen Sinn."* [548] Der Polenreise kommt also die bemerkenswerte Vermittlungsfunktion zu, dank der Reise findet das Ich Zugang zu seiner eigenen Vergangenheit und Zugang zur Gegenwart. Die Reise nach Polen wird deswegen *"als Bild jener großen Versöhnung mit der eigenen Person und der eigenen Vergangenheit begriffen."* [549]

In den ersten fünf Kapiteln des Romans dienen die Darstellungen von Polen fast ausschließlich der Auseinandersetzung mit dem Vergangenen. *"Das ist es: Kesselstraße 7, das Eisenbahnerhaus, in dem Nellys Mutter, Charlotte, ihre Kindheit verlebt hat."* [550] Das, was die Reisende auf ihrer Fahrt an die Stätten ihrer Kindheit sieht, ruft viele Stimmen ins Gedächtnis, die jetzt zu sprechen anfangen. *"Solche Stimmen nun, haufenweise. Als hätte jemand eine Schleuse hochgezogen, hinter der die Stimmen eingesperrt waren."* [551] Die Gegenwart löst einen

---

[547] Wolf, Kindheitsmuster, S. 127.
[548] Günter Jäckel, Nachdenken über Polen. Zu "Kindheitsmuster" von Christa Wolf, in: Acta Universitatis Wratislaviensis No 431, XXXIV, Wrocław 1978, S. 210.
[549] Wolf, Kindheitsmuster, S. 211.
[550] Ebenda, S. 45.
[551] Ebenda.

Strom der Erinnerungen aus, der nicht mehr aufzuhalten ist. Es ist aber eine besondere Gegenwart, nur das Jetzt der Heimat kann das Bewußtsein des Ich so lenken, daß das Vergangene lebendig wird und bewältigt werden kann. In den ersten fünf Kapiteln von "Kindheitsmuster" ist für die Konfrontation des Damals mit dem Heute weder Lutz noch Lenka so wichtig wie die Bilder von Polen. Lutz wird seiner Schwester nur behilflich, wenn es um die Bestätigung der aufgehobenen Bilder geht. Lenka wird von ihrer Mutter zweimal gefragt, wie es ihr denn in Polen gefällt, was sie entweder mit *"Nicht übel"* oder *"Einwandfrei"* [552] beantwortet. Das Ich arbeitet in dieser Phase der Reise für sich allein, es stellt die Gegenwart der Vergangenheit gegenüber, ohne seine Meinung in Gesprächen mit seinem Bruder oder seiner Tochter zu relativieren.

Um die Vergangenheit der Gegenwart gegenüberstellen zu können, hält das Ich seinen Geburtsort – Landsberg an der Warthe – von der Stadt, die Ziel der Reise ist – Gorzów Wielkopolski – streng getrennt. Der Erzähler des Romans spricht stets von G. vorher L. oder von früher L., heute G. Da die beiden Städte, die eigentlich ein und derselbe Ort sind, dauernd differenziert werden, schaffen sie eine Distanz zwischen Damals und Heute. Auf diese Art und Weise wird der zeitliche Unterschied verstärkt zum Ausdruck gebracht, denn der räumliche Kontrast macht den zeitlichen deutlich. *"Den Alten Friedhof von L. habt ihr gegen elf Uhr verlassen. Von der ehemaligen Friedeberger Chaussee her fahrt ihr wieder in G. ein"*.[553] Dieses Zitat veranschaulicht, daß die Reise nach Polen nicht nur eine Reise in den Raum, sondern vor allem eine Reise in die Zeit ist. L. ist ein Inbegriff der Vergangenheit und G. steht für die Gegenwart da. Das Ich bemüht sich jedoch, die beiden Städte, damit die Vergangenheit mit der Gegenwart, auszusöhnen, deswegen weist es darauf hin, daß es sich bei L. auch um G. handelt und umgekehrt. Das Auseinanderhalten dieser Orte ist ein Versuch, sich diesen Orten in gleichem Maße zu nähern und den zeitlichen Abstand, der zwischen den beiden Städten liegt, zu verringern, damit es möglich ist, G. und L. als eine Stadt zu betrachten und die Vergangenheit als Teil seines Selbst zu erkennen. Die Differenzierung der Orte hat die gleiche Aufgabe wie das Auseinanderhalten der Personen, die Wolf in ihrem Roman vornimmt. Auch die Städte *"sollen im ausgesprochenen Satz einander entfremdet werden"*[554], weil das Ich sich besser kennenlernen möchte.

Die Häuser, Kirchen und Parks von Gorzów Wielkoposki, die Lenkas Mutter während ihrer Reise sieht, tragen dazu bei, daß die Vergangenheit in einem bestimmten

---

[552] Wolf, Kindheitsmuster, S. 109.
[553] Ebenda, S. 427.
[554] Ebenda, S. 9.

Maße von der Gegenwart abhängig ist. Die Erinnerungen werden vom Jetzt bestimmt, sofern das Gegenwärtige ein Anstoß für das Herausholen der aufgehobenen Bilder ist. *"Ihr nähert euch dem Ende der kurzen GEWOBA-Häuserreihe, dem Rand der bewohnten Welt, damals wie heute. Du erkennst die Empfindung wieder, die jedesmal in Nelly aufkam, wenn sie den Fuß über diesen Rand setzte: ein Gemisch aus Verwegenheit, Neugier, Furcht und Einsamkeit."* [555] Die Gegenwart ruft im Ich Gefühle hervor, die es vor Jahren an demselben Ort gespürt hat. Das Aufgehobene besteht nicht nur aus Bildern und Stimmen, sondern die Erinnerung bilden vor allem Gefühle und Begebenheiten.

Das Innere und das Vergangene wird vom Äußeren und Gegenwärtigen stimuliert. Die Gegenwart kann jedoch auch die vergangene Zeit neu erfinden und so die Vergangenheit verändern, weil *"um so vieles leichter ist, Vergangenheit zu erfinden als sich zu erinnern."* [556] Sich zu erinnern ist eine mühselige Arbeit, auf die der Geist nicht immer vorbereitet ist. Der Geist neigt eher zur Erfindung als zur Erinnerung. Phantasien kommen viel schneller zustande als zusammenhängende Erinnerungen. Das menschliche Gedächtnis läßt nicht alle seine Schätze frei, deswegen braucht der Erzähler von "Kindheitsmuster" schon drei Jahre nach der Polenreise Notizzettel und Fotos, um den Verlauf der Reise wahrheitsgemäß wiederzugeben: *"an jenem Julisonntag des Jahres 71, an den du dich nun zu Jahresende 1974, schon mit Hilfe von Aufzeichnungen erinnern mußt".* [557] Um wieviel schwieriger ist es dann, sich an die Ereignisse zu erinnern, die schon über 26 Jahre zurück liegen. Bei dieser Erinnerungsarbeit übernehmen die Bilder von Polen die Funktion der Aufzeichnungen. Die Stadt, die Häuser und die Landschaft zeichnen für das Ich das auf, was vergessen sein könnte. Die jetzigen Gebäude bergen in sich die Stätten der Kindheit und auf diese Art und Weise geben sie die Erinnerungen frei.

Wie eng die Polenreise mit der Vergangenheit verflochten ist, macht ein Zitat besonders deutlich: *"Die Friedrichstraße ist für die Beine der sechsjährigen Nelly lang. Für das Auto sind das alles keine Entfernungen. Ihr wollt ja auch zuerst mal ins Hotel. Also trennen sich beim oft zitierten Fröhlichschen Haus eure Wege: Nelly muß links daran vorbei, die Schlachthofgasse hoch, muß die Viehherde vorüberlassen, die ins Schlachthoftor getrieben wird (…). Ihr dagegen laßt den neuen Bau aus Glas und Beton, der da an Stelle des zerstörten Fröhlichschen Hauses steht, links liegen, habt zweihundert Meter der ehemaligen Küstriner Straße zu fahren."* [558] Die Ebene der Kindheitsjahre und die Ebene der Polenreise scheinen parallel zu liegen. Auf der Straße sind zur glei-

---

[555] Wolf, Kindheitsmuster, S. 25.
[556] Ebenda, S. 197.
[557] Ebenda, S. 395.
[558] Ebenda, S. 124-125.

chen Zeit Nelly und das objektivierte Ich zu sehen. Die zwei Erzählebenen bilden in diesem Fragment eine untrennbare Einheit, als ob die eine ohne die andere nicht existieren könnte. Tatsächlich kommen die Darstellungen von Polen in den ersten Kapiteln des Romans ohne den Bezug zur Vergangenheit nicht zustande.

Die Erinnerungen können aber auch die Gegenwart der Polenreise hervorrufen. Die Vergangenheit, die gerade beschrieben wird, wird dann im Jetzt der Polenreise placiert. *"Tante Jette war auf Urlaub von der Anstalt. (Es handelte sich um die Brandenburgischen Heil- und Pflegeanstalten an der Friedeberger Chaussee, deren Gebäude ihr am Sonntag, dem 11. Juli 1971, als ihr ein Stück in Richtung des ehemaligen Ortes Friedeberg fuhrt, linker Hand habt liegen sehen) Tante Jette hatte einen Verlangsamer in sich."* [559] Daß die Beschreibung Polens aus einer Darstellung der Vergangenheit hervortritt, deutet darauf hin, daß die Erinnerungen nicht durch das Gesehene hervorgerufen werden, sondern daß das Vergangene wahrscheinlich erst nach der Polenreise, während der Entstehung des Romans, offenbar wird. Polen wird aus einer zeitlichen Perspektive geschildert. Die Polenreise findet am 11. Juli 1971 statt, die Beschreibung in diesem Zitat steht in der Vergangenheitsform. Die Polenschilderungen werden also rückblickend aus der Perspektive der Ebene der Entstehung des Romans ergänzt. In diesem Fall vermittelt Polen dem Anschein nach nicht mehr zwischen Vergangenheit und Gegenwart, weil das Bild des Landes im nachhinein eingefügt wird und keine Erinnerungen weckt. Es ist jedoch davon auszugehen, daß die in Polen gesehenen Häuser doch die Vergangenheit vermitteln, weil das Ich sich während der Reise Aufzeichnungen gemacht hat und es sie beim Schreiben des Romans benutzt. Die Aufzeichnungen sind während der Polenreise entstanden, die Polenreise entwickelt sich nicht aus den Aufzeichnungen.

Einige Schilderungen Polens werden von den Erinnerungen durch eine Klammer getrennt. Die Darstellungen in Klammern kommen meistens dann vor, wenn von Polen aus der Perspektive der Schreibebene berichtet wird. In den Rückblicken auf die Fahrt werden die Polenbeschreibungen von der Vergangenheit klar unterschieden. *"Auf dem Schulhof (den du am 10. Juli 71 betreten hast, indem du rechts an der Schule, dem roten Backsteinbau, vorbei durch die schmiedeiserne Pforte gingst, die immer noch nur angelehnt ist) – auf dem Schulhof ist Julia, wenn sie Pausenaufsicht hatte."* [560] Dadurch daß die Polenschilderungen eingeklammert werden, stehen sie am Rande der ganzen Erzählung, weil sie weder das Ziel der Reise noch das Ziel des Romans "Kindheitsmuster" sind.

---

[559] Wolf, Kindheitsmuster, S. 250.
[560] Ebenda, S. 286.

Obwohl nebenbei von Polen erzählt wird, spielen die Bilder des Landes, das dem Ich Heimat war, eine wesentliche Rolle im so mühseligen Prozeß des Sich-Selbst-Kennenlernens. Da auch das eingeklammerte Polen Auslöser der Erinnerungen ist, halten die Beschreibungen vom Jetzt der Stadt Gorzów Wielkopolski ihre Vermittlungsfunktion zwischen Vergangenheit und Gegenwart aufrecht. Zwar kommt der Polenreise diese Bedeutung in den ersten Kapiteln des Romans häufiger zu als in den weiteren Kapiteln (ab 6. Kapitel), dennoch wird die Möglichkeit solcher Gegenüberstellungen von Damals und Heute nicht ausgeschöpft.

Die Polenreise ist außer dem Medium zwischen Vergangenem und Gegenwärtigem auch ein Medium *"zwischen erzählerischer Introspektion und Außenorientierung."* [561] Ab dem 6. Kapitel werden die Mitreisenden nach ihrer Meinung gefragt, ab da wird auch die Meinung des objektivierten Ich durch die Aussagen seines Bruders und seiner Tochter relativiert. Lenkas Mutter wird mit anderen Einstellungen konfrontiert, so daß sie sich mehr nach außen und nicht ausschließlich nach innen richten muß. Lenka ist diejenige, die ihre Mutter dazu auffordern kann, sich nach außen zu orientieren und ihre Lebensansichten zu überprüfen. Da Lenka eine Gestalt ist, die in der Polenebene eine wichtige Rolle spielt, wird die Aufgabe, zwischen Innen- und Außenperspektive zu vermitteln, auf die ganze Polenebene übertragen. Selbst die Gedanken und die Probleme, die Lenka anspricht, werden von den Bildern der Polenreise angeregt. Lenkas Bemerkung, daß die Polen spontaner sind und sich nicht an ihrer Leistung allein orientieren, löst eine heftige Diskussion aus. Das Ich, das sich im ersten Moment hinter Fragen verstecken möchte, wird gezwungen Stellung zu nehmen.[562] Man hat den Eindruck, daß Lenkas Mutter ihre Meinung für sich behalten möchte, in Wirklichkeit ist sie sich jedoch nicht im klaren, was sie denkt. Die Polenschilderung regt ein Gespräch über die Wahrheit an. Lenka, die die Auseinandersetzung entfacht hat, weiß zum Schluß nicht mehr, wovon die Erwachsenen sprechen. *"Könnte mir vielleicht einer sagen, wovon ihr redet? Wir reden davon, sagtest du, (...), daß es noch andere Wahrheiten gibt als: Zwei mal zwei ist vier. Und ich frage mich, warum man diese Wahrheiten so spät erkennt und warum es so schwierig ist, über sie zu sprechen."* [563] Lenkas Mutter fällt es aber nicht nur schwer über diese Themen zu sprechen, sondern es fällt ihr auch schwer, ihre Gedanken laut auszusprechen und sich der Außenwelt zu öffnen.

---

[561] Colin Smith, Deutsch-polnische Grenzüberschreitungen. Zu Christa Wolfs "Kindheitsmuster", in: Germano-Slavica 6 (1989), H. 3, S. 168.
[562] Vgl. dazu: Wolf, Kindheitsmuster, S. 480-482.
[563] Wolf, Kindheitsmuster, S. 482.

Da die Schilderungen von Polen nicht nur ausschließlich zwischen den Erinnerungsbilder stehen, kommen sie auch als Hintergrundbilder der Auseinandersetzung mit der Gegenwart vor. *"Wie zwingt man festgelegtes Verhalten zu spontanem Ausdruck? TMÜ, sagt Lenka. Was soll das wieder sein? Ihr steuert auf das kleine Café an der Ecke zu, das neu ist. Drinnen ist es ziemlich leer, ein Mann sitzt am Klavier, der Kaffee kostet zehn Zloty. Ihr bekommt ihn türkisch, stark und gut, in großen Tassen. (...) TMÜ ist ein Fachausdruck aus der Biologiestunde und heißt: Tier-Mensch-Übergangsperiode. Da stecken wir mittendrin, sagt Lenka, oder? Mancher Tier, mancher schon mehr Mensch."* [564] Obwohl das Café-Bild in einem gegenwärtigen Gespräch verankert ist, ist es nicht ohne Bezug auf die Vergangenheit. Das Ich vergleicht jetzt fast unbemerkt sein aufgehobenes Bild mit dem vorgefundenen: das Café ist neu. Auch wenn dieses Bild den Anschein erweckt, daß Lenkas Mutter sich nur der Gegenwart widmet und sich nach außen orientiert, arbeitet sie innerlich ununterbrochen an ihrer Vergangenheit. Dennoch hat die Gegenwart jetzt Vorrang vor der Vergangenheit.

Ein Mittel, um den Haupttenor der Erzählung auf eine bestimmte Ebene zu lenken, ist die Relation der Schilderungen von Polen zu dem Erzählten. Wenn die Polenschilderungen nachzeitig sind, dann handelt es sich um Vergangenheitsbewältigung. Wenn aber die Polendarstellungen in den gegenwärtigen Gesprächen vorkommen, dann ist das ein Hinweis darauf, daß die Auseinandersetzung mit der Gegenwart Gegenstand der Erzählung ist. In dem Augenblick, in dem *"Lenka behauptet, der Tod gehe anders vor sich, als Lebende ihn sich vorstellen"* fahren die Reisenden *"durch den Ort, der früher Vietz hieß: Die Straßen sind jetzt beinahe leer, auf dem Lande ißt man pünktlich um zwölf. (...) Ihr spracht dann noch eine Weile über das merkwürdige Bedürfnis der Menschen, ihren Leib und Seele voneinander zu trennen, in Leben und Tod. Das Gespräch versiegte wegen Hitze und Müdigkeit."* [565] Der ganze Roman ist also um die Polenreise aufgebaut, die ein Auslöser zu einer Auseinandersetzung mit der Vergangenheit und zugleich mit der Gegenwart ist.

Anna, die Hauptgestalt des Romans "Weichselkirschen", versucht in Polen ihre Vergangenheit zu bewältigen, trotzdem wird im Roman nicht vom Damals, sondern vom Jetzt erzählt. Die Handlung ist in der Gegenwart verankert, die Polenreise hat also eine andere Bedeutung als die in "Kindheitsmuster". Da in "Weichselkirschen" die Gegenwart thematisiert ist, wird der ganze Roman anders aufgebaut. Es kommen nicht so viele Erinnerungsbilder vor. Die Vergangenheit wird zwar untersucht, doch nicht so intensiv wie das von dem objektivierten Ich gemacht wird. Annas Erinnerungen an ihre Kindheit werden nicht separat behandelt. Da das Vergangene als eine Voraussetzung für

---

[564] Wolf, Kindheitsmuster, S. 295.
[565] Ebenda, S. 450.

die Gegenwart betrachtet wird, gibt es keine Grenze zwischen dem, was vorher war und dem, was jetzt ist. In "Kindheitsmuster" ist zwar die Vergangenheit auch die Voraussetzung für die Gegenwart, die beiden Zeitebenen werden jedoch scharf voneinander getrennt. In "Weichselkirschen" dagegen bildet das Vergangene mit dem Gegenwärtigen eine Einheit.

Leonie Ossowski schiebt das Vorher in den Hintergrund und das Gegenwärtige wird als das Vordergründige aufgefaßt. Durch die Art und Weise, in der das Vergangene behandelt wird, bekommt die Vergangenheit einen niedrigeren Stellenwert im Roman. Anna möchte über ihre Vergangenheit gar nicht sprechen, sie verschweigt ihrer Tochter gegenüber, was sie in Polen macht, daß sie sich mit ihren Erinnerungen beschäftigt. Das Geschehene hat jedoch einen großen Einfluß auf das Jetzt, zugleich aber hat die Polenreise, die als Gegenwart dargestellt und als solche betrachtet wird, eine vermittelnde Funktion. Auch in diesem Roman wecken die Schilderungen Polens Erinnerungen, und lösen eine innere Arbeit aus, die das Alte dem Neuen gegenüberstellt. *"Anna fährt die Strecke mit dem Rad. Hinter dem einzelstehenden Bauernhof wird der Boden rechts und links des Weges feucht. Saure Wiesen, Weiden, Sumpfdotterblumen. Hier ist alles beim alten. Durchs Polnische fuhr man früher nicht. Im Polnischen hatte man nichts zu suchen, höchstens im Notfall. Wenn man im Sommer zum Baden nach Gola fuhr, war der Weg durchs Polnische kürzer und kühler. (...) Anna schiebt vorsichtig das Rad am Haus vorbei, über einen winzigen Hügel, wo zwischen Grasbüschen in rundgescharrten Kuhlen die Hühner ihr Sandbad nehmen."* [566] Die Vergangenheitsbilder werden in die Darstellungen der Gegenwart integriert, so daß man den Eindruck hat, die Vergangenheit sei von der Gegenwart umgeben und sie sei von ihr kaum zu unterscheiden. Im Gegensatz zu "Kindheitsmuster" werden hier die Erinnerungen weder kommentiert noch wird darüber nachgedacht. Anna begeht die Sünde, von der Kazimierz Brandys sagt, sie sei die Sünde unserer Zeit, sie will die Wahrheit über sich selbst nicht wissen. Da sie es selbst nicht wissen möchte, geht auch der Erzähler auf die Ereignisse der Vergangenheit kaum ein. Anna hätte eigentlich mehr Gründe als das Ich ihre Lebensgeschichte zu ergründen, weil ihre Vorgeschichte gleichzeitig eine Liebesgeschichte ist. Desungeachtet analysiert diese Gestalt die Vergangenheit nicht, mindestens nicht laut, so daß weder ihre Mitmenschen noch die Leser davon erfahren. Deswegen ist die Polenreise kein Gerüst, um das der Roman aufgebaut ist, sondern sie bildet den eigentlichen Inhalt des Romans.

---

[566] Ossowski, Weichselkirschen, S. 181-182.

Die Vergangenheit bleibt aber nicht unbeachtet, sie drängt sich in die Gegenwart hinein. *"Jedes Gespräch kaum angefangen, war von der Vergangenheit aufgerollt und eingewickelt worden."* [567] Die Polenbilder sind wie ein Schattenbild, aus dem die Vergangenheit hervortritt und das Anna keine Ruhe läßt, so daß es ihr klar wird, *"daß es unter ihren Notizen und Tonbändern nichts gibt, was sie zu Hause einer Zeitung oder Rundfunkanstalt anbieten kann. Nichts, was man in der Bundesrepublik nicht längst wüßte, nichts, was nicht in einem anderen Dorf auch geschehen könnte. Am Ende des schwarzen Weges ist für Anna nichts weiter übriggeblieben als ihre eigene Geschichte."* [568] Die Notizen, die Anna bis jetzt gemacht hat, sind für ihre journalistische Beschäftigung wertlos, weil sie sich schon vom ersten Tag ihres Aufenthaltes in Ujazd an mit ihrer Vergangenheit beschäftigt. Jetzt ist es auch ihr klar geworden, daß die Auseinandersetzung mit ihrer Lebensgeschichte das wichtigste ist. Den letzten Satz des Zitats kann man auf zweierlei Weise verstehen. Anna wird sich von diesem Zeitpunkt an nur mit ihrer Vergangenheit befassen und damit rückt ihr geschäftlicher Auftrag in den Hintergrund. Anna kann aber auch den Lesern ihre eigene Lebensgeschichte als Ergebnis ihrer Reise anbieten, dann wird sie sich mit der Vergangenheit nicht nur persönlich, sondern auch öffentlich auseinandersetzen.

Anna ist jedoch nicht imstande, sich ihrer Vergangenheit zu nähern. Sie läßt den Schmerz der Vergangenheit und den Schmerz um das Vergangene nicht zu. Diese Gestalt macht mit dem letzten Satz, der im Roman ausgesprochen wird, ihre Reise und ihre Bemühungen zunichte. *"Nichts"* [569] hat sie in Ujazd gemacht. Annas Geschichte bleibt sowohl ihr als auch dem Leser verborgen, der Leser lernt sie nur unvollständig kennen und zum Schluß erfährt er, daß die Reise eine Zumutung war, der Anna nicht gewachsen ist. Sie trägt ihre Vergangenheit und *"dieses schlimme Mißverständnis" "wortlos und in großer Hilflosigkeit (...) mit sich fort."* [570] Anna steht ihrer Lebensgeschichte hilflos gegenüber, die Ereignisse überwältigen sie und sie weiß nicht, wie sie damit umgehen soll. Deswegen schweigt sie darüber, sie schweigt schon während des Krieges und nach dem Krieg immer noch. Sie erzählt zwar Ludwik wie die Geschichte von ihrer Seite aus weitergegangen ist, sie berichtet aber davon ganz unbeholfen und die Ereignisse übersteigen ihre Kraft, ihre Vergangenheit macht sie immer noch verlegen und ratlos.[571]

---

[567] Ossowski, Weichselkirschen, S. 293.
[568] Ebenda.
[569] Ebenda, S. 379.
[570] Ebenda, S. 202.
[571] Vgl. dazu: Ossowski, Weichselkirschen, S. 191-202.

Der Polenreise kommt in "Weichselkirschen" eine zweifache Bedeutung zu. Ähnlich wie die Polenreise in "Kindheitsmuster" vermittelt auch diese Reise sowohl zwischen Vergangenheit und Gegenwart als auch zwischen der Innenwelt der Hauptgestalt und der Außenwelt. Die Polenbilder lösen in Anna einen Strom von Gedanken und Erinnerungen aus. Die Auseinandersetzung mit der Vergangenheit ist jedoch ein Mittel, um der Gegenwart und sich selbst näher zu kommen. Deswegen zwingt die Reise nach Polen die Reisenden zu einer Konfrontation mit der sie umgebenden Welt und mit der Meinung anderer Personen. Um sich mit der Gegenwart zu befassen, reichen jedoch die Polenbilder allein nicht aus. Dazu braucht Anna Gesprächspartner. Sie findet sie in ihrem Freund Oskar und in ihrer Tochter Vera. Diese beiden Gestalten reisen Anna nach und treffen sie in Polen. Man kann sie als diejenigen, die Polen besuchen und Anna bei ihrer Auseinandersetzung mit sich selbst behilflich sind, der Polenreise zuordnen. Vera und Oskar sind diejenigen, die die Aufgabe der Polenreise, zwischen dem Inneren von Anna und der Außenwelt zu vermitteln, übernehmen.

Obwohl Oskar selten zu Wort kommt, spielt er in "Weichselkirschen" eine wesentliche Rolle. Er ist derjenige, der imstande war, Anna zu der Polenreise zu überreden, deswegen ist er eine Schlüsselfigur bei Annas Konfrontation mit der Vergangenheit. Oskar regt Anna zu der Reise an und kümmert sich um ihre Organisation. *"Erstens, zweitens, drittens! Wie bekommst du Aufträge, wie Vorschüsse und wie eine Einladung der Polen? Das müssen wir herausfinden."* [572] Oskar sieht Annas Reise als eine große Chance für sie, ihr Ansehen in ihrem Beruf zu erhöhen. Er will etwas Gutes tun und seine Freundin vor Langeweile und Unmut bewahren, die sie empfinden muß, als ihr Mann ohne sie für längere Zeit verreist. Für ihn ist Annas Aufenthalt in Polen ein journalistischer Auftrag und er ermuntert Anna zur weiteren Arbeit. *"Ich will nach Hause, Oskar – ich halte das hier auf die Dauer nicht aus – die Leute – das Dorf – mein Zimmer – (…) Für die Leute hier, Oskar, bin ich nichts weiter als die Tochter des ehemaligen deutschen Gutsbesitzers! Auch gut! Dann mach eben daraus etwas! Tritt selbstbewußter auf. Du wirst von den Behörden unterstützt."* [573] Oskar kann es nicht nachvollziehen, warum Anna mit ihrer Vergangenheit solche Schwierigkeiten hat. Er versteht Annas Gefühle nicht, die sie von ihrer Arbeit abhalten. Sie steht hilflos da und kann weder ihre Schwierigkeiten mit dem Damals noch die mit dem Jetzt überwinden.

Da Anna Oskar am Telefon nicht verraten möchte, wovon sie von der Erfüllung ihres Auftrags abgehalten wird, reist Oskar ihr nach. Erst in Polen erfährt er die Lebens- und Liebesgeschichte von Anna. Dem Leser werden jedoch nur Bruchstücke von Annas

---

[572] Ossowski, Weichselkirschen, S. 55.
[573] Ebenda, S. 144.

Vergangenheit enthüllt. Viel wichtiger ist es, daß Oskar jetzt weiß, was Anna von ihrer Arbeit abgeschreckt hat. Er kann jetzt Stellung nehmen und das macht er, ohne Anna die Wahrheit vorzuenthalten. *"Deine Geschichte ist kitschig, sagt er schließlich, verdammt kitschig. (…) Du hast mir alles erzählt, haargenau, und ich habe keine Lust, mir noch einmal anhören zu müssen, was man mit deinem Herrn Ludwik gemacht hat. (…) Gut, sagt Oskar, es war meine Idee, dich nach Polen zu schicken. Eine journalistische Arbeit, habe ich mir gesagt, ist für dich besser, als wenn du allein zu Hause herumhängst und dich ärgerst, daß Julian ohne dich nach Mexiko gefahren ist. Glaubst du im Ernst, ich hätte dir Ujazd vorgeschlagen, wenn ich deine Kinderliebesgeschichte gekannt hätte?"*[574] Für Anna ist ihre Geschichte lebenswichtig, sie läßt sich immer noch von der Jugendliebe ergreifen und das Vergangene beeinflußt ihre Gegenwart. Auf einmal wird sie darauf aufmerksam gemacht, daß sie sentimental ist und daß an ihrer Geschichte nichts besonderes ist. Das, was Anna für etwas Einzigartiges und nur ihr Eigenes hielt, erweist sich als etwas Normales und laut Oskar Kitschiges.

Erst langsam hat Oskar Verständnis dafür, wie schwer es Anna gefallen ist, nach Ujazd zu fahren und sich ihrer Vergangenheit zu stellen. Er versucht Anna zu verstehen, doch kann er die Handlungsweise seiner Freundin nicht begreifen. *"Oskar begreift allmählich das Ausmaß dessen, was sie* (Anna) *so lang mit sich herumgeschleppt hat. Sag mal, Anna, sagt er fassungslos, bist du nach Ujazd gefahren, um dir zu beweisen, daß du alles vergessen hast?"*[575] Oskar fragt nach, weil er immer noch Schwierigkeiten hat, Annas Beweggründe für ihre Reise in ihren Heimatort nachzuvollziehen. Wenn auch Anna die Reise nach Polen unternommen hat, weil sie sich ihre Stärke beweisen wollte, so kann sie nur feststellen, daß sie gegenüber den Ereignissen der Vergangenheit nach wie vor hilflos ist. Anna hat nicht vergessen, teilweise lebt sie immer noch in ihrer Vergangenheit und kann sich von ihr nicht befreien.

Für die Auseinandersetzung mit der Vergangenheit sind die Begegnungen mit den Polen, den heutigen Bewohnern von Ujazd, besonders wertvoll. Ludwik ist derjenige, der in Annas Jugendwelt eine wichtige Rolle gespielt hat. Anna ist sehr gespannt auf die Begegnung mit diesem Polen, zugleich aber fürchtet sie sich davor, weil sie sich immer noch vor der Konfrontation mit ihrer Vergangenheit ängstigt. Das Wiedersehen von Anna und Ludwik trägt dazu bei, daß Annas Erinnerungen vervollständigt werden. Anna kennt die Geschichte von Ludwiks Verhaftung nur aus ihrer Sicht. Jetzt hat sie die Gelegenheit auch die Erinnerungen und Empfindungen des Vaters ihrer Tochter zu erfahren. Auf diese Art und Weise werden Annas Erinnerungsbilder überprüft und relativiert.

---

[574] Ossowski, Weichselkirschen, S. 311-312.
[575] Ebenda, S. 312.

Nicht nur Annas Wahrnehmung der Gegenwart braucht ein Gegenüber, durch das sie ihre Ansichten überdenkt. Sowohl Anna als auch Ludwik kennen nur einen Teil ihrer eigentlich gemeinsamen Geschichte. Allerdings zeigt Ludwik mehr Interesse an der Vergangenheit als Anna. Er *"kann die Augen schließen... Aus dem Sommertag wird ein kalter Novembermorgen".*[376] Dann fordert er Anna auf, ihm die Geschichte weiterzuerzählen: *"wie ging es damals weiter, nachdem wir uns zuletzt gesehen hatten? (...) Gut! Anna stößt sich vom Spiegel ab. (...) Ich werde es dir genau erzählen..."*[377] Anna und Ludwik brauchen einander um ihre Erinnerungen zu ergänzen. Die Aufgabe, die Erinnerungsbilder zu überprüfen, die in "Kindheitsmuster" Bruder Lutz erfüllt, übernehmen in "Weichselkirschen" die Polen, deswegen kann Anna allein nach Polen reisen. In Polen trifft sie Menschen, die ihr bei der Vergangenheitsbewältigung behilflich sind.

In Ujazd leben noch viele Menschen, die Anna als Kind gekannt haben und die sie noch kennt. Diese Tatsache ist wichtig, weil sie die Konfrontation mit der Vergangenheit ermöglicht. Annas Weltverständnis wird nicht nur im Hinblick auf die Gegenwart auf die Probe gestellt, sondern auch im Hinblick auf die Vergangenheit. Annas Erinnerungen werden nicht ausschließlich von Bildern des Schlosses oder der Landschaft beeinflußt. Sie werden vor allem durch die Begegnung mit lebenden Personen ausgelöst. *"Jesusmaria, die Anna! ruft Elka aus der Stube. (...) Freude in den klein gewordenen Augen. (...) Elkas unerwartete Herzlichkeit bringt Anna durcheinander. Schon wieder Erinnerungen, die sich in ihrem Hirn festsetzen und die Gegenwart schwermachen."*[378] Die Vergangenheit macht die Gegenwart schwer, die Erinnerungen beschatten das Jetzt, so daß Anna sich vom Vergangenen nicht befreien kann. Ihre Erinnerungen werden in den Gesprächen mit den Personen der Vergangenheit relativiert, somit wird Annas Vergangenheit in Frage gestellt, denn die Vergangenheitsbewältigung ist eine Auseinandersetzung mit dem eigenen Selbst. Sowohl die Konfrontation mit der Vergangenheit als auch die mit der Gegenwart vermitteln zwischen der Außenwelt und Annas inneren Welt. Anna, anders als das objektivierte Ich aus "Kindheitsmuster", wird der Meinung anderer Menschen ausgesetzt, auch wenn es um das Vergangene geht.

Obwohl die Vergangenheit einen großen Einfluß auf die Gegenwart ausübt, sind die Polen, die für die Erinnerungsbilder so wichtig sind, nicht mehr imstande, Annas Lebenseinstellung anzufechten. Die Mentalitätsunterschiede zwischen den Polen und Anna sind zu groß, als daß es möglich wäre, Annas Betrachtungsweise anzuzweifeln.

---

[376] Ossowski, Weichselkirschen, S. 191.
[377] Ebenda, S. 198.
[378] Ebenda, S. 160.

Nur die Gleichgesinnten können Anna zum Nachdenken bringen. Oskar und Vera sind diejenigen, die Annas Meinung in Frage stellen können. Obwohl weder Oskar noch Vera ihre Heimat in Polen haben, interessieren sie sich für das Land, in dem die Heimat ihrer Mutter und Freundin liegt. Anna ist ihnen wichtig, so wichtig, daß sie sich auf die Reise einlassen und Anna dabei helfen, sich in ihrem Leben neu zu orientieren. Julian, Annas Mann, hat dagegen in Annas *"Vergangenheit nichts zu suchen und paßt nicht hinein"* [579], weil einem, der in Polen nicht seine Heimat hat, *"Polen scheißegal"* [580] ist. Vera und Oskar, die in Polen auch nichts zu suchen haben, zeigen jedoch für Annas Vergangenheit Interesse.

Vera, die während ihres Besuchs in Polen auf alles sehr lebhaft reagiert, widerspricht ihrer Mutter oft und macht sie auf ihre eigene Denkweise aufmerksam, sie zweifelt die Aussagen ihrer Mutter an. Anna sagt zu ihrer Tochter: *"Er (Julian) mag Polen nicht besonders. Er paßt hier nicht her."* [581] Vera fällt aber etwas anderes auf: *"Du paßt weniger hierher! sagt Vera. Wieso? fragt Anna zurück (...) Vera lacht ihr Lachen. Sieh dich an, sieh dir zu, hör dir zu – alles ist negativ, Mist, rundweg zum Heulen. Macht dir hier gar nichts Spaß?"* [582] Nicht nur Annas Polenbild, sondern auch ihr Verhalten und ihre Reaktionen werden in Frage gestellt. Anna ist überrascht von den Bemerkungen ihrer Tochter, sie stutzt und hält inne. Veras Kritik bezieht sich auf das ganze Wesen ihrer Mutter. Anna paßt nicht zu Polen, sie sieht alles sehr negativ und verneint die Gegenwart. Vera fordert ihre Mutter auf, sich über ihr Verhalten Gedanken zu machen.

Annas Wahrnehmung wird nicht nur auf der persönlichen Ebene mit den Meinungen anderer Menschen konfrontiert. Um Annas Ansichten zu relativieren, wird auch die Meinung ihrer Schwester herangezogen, die aus der DDR nach Ujazd kommt, womit nicht nur die persönliche, sondern auch die politische Wahrnehmung thematisiert wird. Lora kommt nach Ujazd, um zu schauen, *"was aus allem geworden ist."* [583] Es ist davon auszugehen, daß diese Gestalt keine Schwierigkeiten im Umgang mit ihren Erinnerungen hat. Lora ist mit sich und mit dem, was vorher war, einverstanden. Deswegen ist ihr Blick frei von allerlei Belastung, obwohl sie genauso wie Anna bei ihrem Besuch in der verlorenen Heimat *"in ihre Kindheit taucht."* [584] Loras Wahrnehmung von Polen hängt nicht nur von der politischen Sicht ab, sondern hauptsächlich vom inneren Umgang mit

---

[579] Ossowski, Weichselkirschen, S. 168.
[580] Ebenda, S. 50.
[581] Ebenda, S. 307.
[582] Ebenda, S. 308.
[583] Ebenda, S. 38.
[584] Ebenda, S. 41.

der Vergangenheit. Lora ist von dem, was sie vorfindet, überwältigt, und nicht von dem Vergangenen vorbelastet. Ihr Mann bemerkt ihre Nervosität *"und erwartet Tränen. Die Veranda ist abgerissen, der Eingang dort ist auch neu, flüstert Lora, und sieh mal, hier im Park sind die Wege aus Beton! Überhaupt der Park (...) er wirkt schrecklich klein!"* [585] Das Wiedersehen mit der Heimat bringt Lora zu Tränen, weil die Heimat in ihren Erinnerungen anders aussieht als sie in Wirklichkeit ist. Sie kann jedoch die Veränderungen wahrnehmen, ohne dem Vergangenen nachzutrauern. Sie zeigt sich mit der Gegenwart einverstanden, somit wird aber auch deutlich, daß sie die Vergangenheit akzeptiert, sonst wäre sie nicht imstande, das Jetzt anzunehmen. Loras Schwester kann dagegen weder mit der Vergangenheit noch mit der Gegenwart umgehen. Die Vergangenheit belastet sie so stark, daß sie die Wirklichkeit nicht billigen kann. Anna und Lora sind Gegengestalten, und dadurch wird Annas Lebenseinstellung kritisiert. Ossowski gelingt es somit zu zeigen, daß die Wahrnehmung der Heimat weniger mit der politischen Gesinnung zu tun hat als mit der Wesensart der Personen. Zwar klingt in Loras Bemerkungen auch die sozialistische Sicht an, der Erzähler geht jedoch auf die Unterschiede zwischen der sozialistischen und der kapitalistischen Wahrnehmung nicht genauer ein. Die Unterschiede in der Gemütsart und in der inneren Disposition bleiben im Vordergrund.

Die verschiedenen Perspektiven, in denen von Polen und von der Vergangenheit, berichtet wird, sind für die Analyse von Annas Verhalten und ihres Inneren besonders wertvoll. Diese Gestalt wird nicht nur mit Meinungen gleichgesinnter Menschen, den Westdeutschen also, konfrontiert, sondern mit Anschauungen aus Ost und West, von Menschen, die zu ihrer Vergangenheit gehören, und von Menschen, die von Annas Lebensgeschichte kaum etwas wissen. Durch diese Mannigfaltigkeit der Anschauungen gewinnt auch die Polenreise an Bedeutung. Da alle Personen, deren Meinung für Annas Auseinandersetzung von Bedeutung ist, während der Polenreise auftreten, kann man die Funktion, die diese Gestalten erfüllen, auf die ganze Polenfahrt übertragen.

Die Reise nach Polen hilft Anna die Wahrheit über sich selbst zu erfahren. Bevor Vera und Oskar in Polen erscheinen, vermitteln die Polenbilder zwischen Vergangenheit und Gegenwart. Daher kommen die Beschreibungen des Landes nur im Zusammenhang mit Annas Erinnerungen vor. Sie verbinden das Vergangene mit dem Gegenwärtigen und sind ein Mittel, um das Vorher mit dem Jetzt zu versöhnen. Die Polenbilder sind das einzige Medium, das imstande ist, Annas Vergangenheit mit ihrer Gegenwart auszusöhnen, weil sie ein Bindeglied zwischen den beiden Wirklichkeiten sind. Nachdem An-

---

[585] Ossowski, Weichselkirschen, S. 37.

nas Tochter und ihr Freund nach Polen kommen, verschiebt sich die Funktion der Polendarstellungen auf die Vermittlung zwischen der Innen- und Außenwelt. Entscheidend ist jedoch, daß die Polenbilder immer noch ihre vermittelnde Funktion beibehalten. Jetzt sind sie ein Medium zwischen der Außenwelt, die durch die Meinung von Vera und Oskar vertreten ist, und Annas Innenwelt, zu der ihre Wahrnehmung, ihre Gedanken und ihre Weltanschauung gehören.

Es ist jedoch schwer, die zwei Bedeutungen der Polenreise zu differenzieren. Denn die Auseinandersetzung mit der Vergangenheit ist zugleich eine Konfrontation mit der Gegenwart. "Kindheitsmuster" von Christa Wolf und "Weichselkirschen" von Leonie Ossowski machen die Schwierigkeit mit dem Umgang mit der Geschichte und mit dem Jetzt deutlich. In beiden Romanen kommt der Polenreise eine besondere Bedeutung zu. Die Polenreise wird als die einzige Möglichkeit dargestellt, die den Romangestalten – dem objektivierten Ich und Anna – helfen können, die Wahrheit über sich selbst zu erfahren, um sich neu definieren zu können. Sowohl die Reise nach Gorzów Wielkopolski als auch die Reise nach Ujazd werden zu einer tief persönlichen Abrechnung mit sich selbst, wobei die Auseinandersetzung sich gleichermaßen auf die Vergangenheit als auch auf die Gegenwart bezieht.

Die Polenreisen zeigen den Reisenden auf, daß ihre Heimat in der Außenwelt nicht zu finden ist, daß die allzu starke Bindung an die Vergangenheit den Menschen daran hindert, sich in der Welt heimisch zu fühlen. Auffallend ist, daß die beiden Schriftstellerinnen erst nach ihrer Polenreise seßhaft geworden sind. Wolf gibt sogar zu, ihre *"Heimatsuche kann man aus häufigem Ortswechsel sicher herauslesen."* [586] In der Tat konnten Christa Wolf und Leonie Ossowski erst nach ihrem Besuch in der verlorenen Heimat und nachdem sie sich über den Verlust vergewissert haben, ein neues Zuhause finden. Seit 1976 lebt Christa Wolf in Berlin, vorher hat sie ihren Wohnsitz mehrmals gewechselt. Sie hat in Landsberg an der Warthe, Bad Frandenhausen, Jena, Leipzig, Halle und Kleinmachow bei Berlin gelebt. Leonie Ossowski lebt sein 1980 in Westberlin, vorher hat sie in Ober-Röhrsdorf, Oberrode/Hersfeld, Biberach/Riss und Mannheim gelebt. Obgleich die Schriftstellerinnen in ihren Romanen jede Ähnlichkeit mit lebenden oder verstorbenen Personen verneinen, kann man in "Kindheitsmuster" und "Weichselkirschen" autobiographische Züge feststellen. Das wichtigste ist vielleicht, daß die Polenreisen nicht nur literarisch, sondern auch in Wirklichkeit unternommen wurden. Daher

---

[586] Wolf, Die Dimension des Autors. Essays und Aufsätze. Reden und Gespräche 1959-1985, S. 65.

können die literarischen Eindrücke dieser Heimatreisen als die wirklichen Erfahrungen der Polenreisen angesehen werden.

IX
HEIMAT ZWISCHEN WIRKLICHKEIT UND IMAGINATION.
HEIMAT IM SCHAFFEN VON CHRISTINE BRÜCKNER

> "In dem Heimaterlebnis schwingt etwas tief Religiöses mit,
> auch bei dem, der es sich nicht eingestehen will,
> und wenn wir von jemandem sagen:
> er habe keine Heimat, so ist das ungefähr so viel, als ob wir sagten:
> sein tieferes Dasein habe keinen Mittelpunkt."
>
> Eduard Spranger

Für einen Menschen, der sich als Weltbürger versteht, kann zwar der ganze Erdkreis Heimat sein, dennoch kann die Welt als ganze niemandem Heimat werden, weil sie kein Mittelpunkt des menschlichen Lebens sein kann. Die Welt übersteigt die menschliche Vorstellung und Wahrnehmung. Umso auffallender ist das Bekenntnis von Christine Brückner: *"Wenn ich an der Westspitze der Insel Juist stehe, in diesem Niemandsland zwischen Wasser und Erde und Himmel, durchströmt mich ein starkes Gefühl, aber das ist kein Heimatgefühl, das ist ein kosmisches Gefühl: Ich bin ein Bewohner der Erde."* [587] Das Heimatgefühl wird durch ein die ganze Welt umfassendes Gefühl der Zugehörigkeit zu dieser Erde ersetzt. Die Heimat weitet sich in die Welt, die dem Menschen Heimat sein kann. Jede Ebene – vom Familienhaus, der nächsten Umgebung über die Stadt, das Land bis hin zur Welt – trägt Anzeichen von Heimat. Das, was jedem Menschen in der Erfahrung der Welt wichtig ist, bildet jeweils den Mittelpunkt seines Lebens. Die lebensnotwendigen Erfahrungen kann man nicht immer und nicht nur in seinem Geburtsort sammeln. Viele Menschen finden außerhalb ihres Herkunftslandes die ihnen entsprechenden Lebensbedingungen: *"Ich fühle mich auf einer griechischen Insel oder in den Straßen Roms wohler; Klima, Vegetation und die Spuren der antiken Welt sind mir gemäßer. Für die Dauer von einigen Wochen oder Monaten suche ich mir meine Heimat aus."* [588] Gleichwohl ohne eine Heimat zu haben, in die man zurückkehren kann, auf die man immer zurückgreifen kann, ist es nicht möglich, sich in der Welt heimisch zu fühlen, was Christine Brückner in ihren Poetischen Romanen zum Ausdruck bringt.

---

[587] Brückner, Hat der Mensch Wurzeln?, S. 180.
[588] Ebenda, S. 42.

IX.1. Entstehung der Poenichen-Romane

Im Sommer 1972 faßt Christine Brückner den Plan, sich mit dem Thema der Vertreibung, *"eines der großen tragischen Themen unseres Jahrhunderts"* [589], auseinanderzusetzen. Die in Waldeck (Hessen) geborene Schriftstellerin macht sich ein Thema zu eigen, *"das bisher nur von den Betroffenen dargestellt worden war"*.[590]
Bevor Christine Brückner den ersten Satz ihres Romanzyklus schrieb, hatte sie die deutsche Geschichte studiert. *"Noch einmal beschäftige ich mich ausgiebig mit der Ideologie des Dritten Reiches, deren Folge die Teilung Deutschlands war. Vertriebenenpolitik und Ostpolitik, um die ich mich vorher kaum gekümmert hatte, da sie mich nicht persönlich betrafen. Monatelange Vorarbeiten, bis ich dann endlich den ersten Satz schrieb: 'Vor wenigen Minuten wurde auf Poenichen ein Kind geboren...'"* [591] Christine Brückner forscht nach, um in ihren Romanen eine neue Realität entstehen zu lassen. Es handelt sich nicht nur um eine neue Realität in den Romanen, sondern auch um eine neue Realität für sie selbst, weil sie sich mit einem Thema der deutschen Geschichte auseinandersetzt, mit dem sie persönlich nichts zu tun hat. Sie ist keine Heimatvertriebene und hat das Schicksal von Millionen von Deutschen nicht miterlebt, trotzdem macht sie sich diese Problematik zu eigen. In ihren Romanen teilt sie das Schicksal der Vertriebenen und Heimatlosen. *"Sorgfältiges Quellenstudium"* [592] führt die Schriftstellerin in die gewählte Problematik ein, die ihre *"starke innere Anteilnahme"* [593] hervorruft. Ihr Mitempfinden weist darauf hin, daß Brückner sich in eine für sie neue Wirklichkeit hineinversetzt, die auch auf die Gegenwart einwirkt.

Es gibt jedoch bestimmte Zusammenhänge, die dazu beigetragen haben, daß Brückner sich mit diesem Abschnitt der deutschen Geschichte beschäftigt. Ein Onkel der Schriftstellerin hat in Pommern gelebt, wo sie während des II. Weltkrieges ihre Ferien verbrachte. Bei einer Reise nach Polen besucht sie das Gut ihres Onkels. *"Ich sah das Herrenhaus meines Onkels wieder, das mir als Vorbild für Poenichen gedient hatte, drei bemooste Säulenstümpfe als Beweis; dort hatte ich als junges Mädchen Ferien vom Krieg gemacht."* [594]
Bei einem Luftangriff auf Kassel wurde das Haus der Familie Brückner zerstört, die Mutter der Autorin der Poenichen-Romane wurde heimatlos. *"Wir brachten sie in Pfarrhäu-*

---
[589] Brückner, Hat der Mensch Wurzeln?, S. 92.
[590] Ebenda.
[591] Ebenda, S. 139.
[592] Ebenda, S. 92.
[593] Ebenda, S. 92-93.
[594] Ebenda S. 142.

*sern unter, wo wir Freundschaft erhofften, brachten sie zu ihrem Bruder nach Pommern".*⁵⁹⁵ Christine Brückner erlebt zwar nicht selbst die Vertreibung, sie kennt sie aber aus den Schicksalen des engsten Familienkreises. Sie meint, daß einige Themen sich dem Schriftsteller aufdrängen, daß er einige Themen nicht außer acht lassen kann. So betrachtet sie den II. Weltkrieg und die Heimatvertriebenenproblematik. Es sind Themen, denen die Schriftstellerin nicht ausweicht und die sie literarisch bearbeitet. Demgegenüber steht die persönliche Beziehung, die die Romanautorin mit dem deutschen Osten verbindet. Inwiefern bei der Entscheidung für die Vertriebenenproblematik die eigene Biographie von Christine Brückner eine Rolle spielt, wird noch genauer analysiert. Festzuhalten ist, daß eine Schriftstellerin, die nicht aus den ehemaligen deutschen Ostgebieten stammt, sich der Konfrontation mit der Problematik der Vertreibung gewachsen fühlt.

Christine Brückner will in ihren Romanen eine *"Frau in Krieg und Frieden"* ⁵⁹⁶ darstellen. *"Sie sollte aus dem Osten stammen, aus ihrer Heimat vertrieben werden und fortan eine Heimatlose und Ruhelose bleiben..."* ⁵⁹⁷ Die Wahl dieser Problematik zwingt die Schriftstellerin zu genauen Studien der deutschen Geschichte, zum Nachdenken über die eigene Lebensgeschichte und über die eigene Heimat. Sie gibt zu, daß sie sich vorher um *"die Vertriebenenpolitik und Ostpolitik (...) kaum gekümmert hatte".*⁵⁹⁸ Als eine, die von dem Schicksal Millionen Deutscher nicht direkt betroffen ist, hätte sich Christine Brückner um diese Problematik nicht kümmern müssen. Als Deutsche fühlt sich die Schriftstellerin jedoch verpflichtet, die deutsche Geschichte und die Frage der Vertriebenen nicht zu umgehen, sondern sich dieser Thematik zu stellen, denn *"wir können uns unsere Themen nicht aussuchen, sie drängen sich uns auf."* ⁵⁹⁹

Die Tatsache, daß die Schriftstellerin ein Thema wählt, das mit ihrer persönlichen Lebensgeschichte nichts zu tun hat, macht die Forschungsarbeiten schwieriger. Nicht nur die Problematik ist der Schriftstellerin neu, sondern auch die Gegend, aus der die dargestellte Familie stammt und aus der sie vertrieben wird. Christine Brückner gehört weder zu den Heimatvertriebenen, noch ist sie auf einem Gut aufgewachsen, noch ist Hinterpommern ihr Kindheitsland. Mit ihrer literarischen Beschäftigung betritt sie ein ihr in jeder Hinsicht fremdes Terrain. Die Autorin bekennt: *"Meine Studien gingen zurück bis in die Endmoränenzeit. Ich mußte mich, da der erste Teil des Romans auf einem pommerschen*

---

[595] Brückner, Hat der Mensch Wurzeln?, S. 36.
[596] Ebenda, S. 138.
[597] Ebenda.
[598] Ebenda, S. 139.
[599] Brückner, Deine Bilder, meine Worte, S. 8.

Gutshof spielt, um Dinge der Landwirtschaft kümmern, um die Kolonisation des Ostens, an der die Quindts beteiligt waren. Pommersche Geschichte, pommersches Platt, pommersche Gerichte".[600]
Die Schauplätze des zweiten und dritten Teils der Trilogie stehen der Schriftstellerin viel näher. Die deutschen Städte, die der pommerschen Vertriebenen zur Übergangsheimat werden, kennt Christine Brückner, mindestens teilweise, aus eigener Lebensgeschichte.

Eine pommersche Adelsfamilie steht im Mittelpunkt des Romangeschehens. Obwohl die Schriftstellerin sich wünscht, ein privates Schicksal darzustellen, kann sie bei der Vertriebenenproblematik den geschichtlichen Zusammenhang nicht umgehen, denn *"' private Schicksale' scheint es in unserem Jahrhundert nicht zu geben. Es ist ein Kapitel deutscher Geschichte am Beispiel einer Adelsfamilie aus Pommern geworden."*[601] In diesem Fall ist es nicht so, daß die kleinen und alltäglichen Begebenheiten die große Geschichte ausmachen, sondern die geschichtlichen Ereignisse werden Millionen von Deutschen zum Schicksal. Die Weltgeschichte und das menschliche Leben sind aufeinander bezogen, deswegen gelingt es der Schriftstellerin anhand einer fiktiven Familie das Schicksal vieler Menschen kurz nach dem II. Weltkrieg zu schildern.

IX.2. Das pommersche Land

Wälder, Seen, Ackerland gehören zur Landschaft von Hinterpommern. Im ersten Teil der Trilogie "Jauche und Levkojen" wird der Leser mit den Verhältnissen auf einem pommerschen Gut bis zum Ende des Krieges bekannt gemacht. Dieses Gut ist Schauplatz des Geschehens, die idyllische Landschaft bildet den Hintergrund für politische Meinungen und geschichtliche Zusammenhänge. Hinterpommern scheint seit Jahrhunderten unberührt von den Weltströmungen geblieben zu sein. Der Fortschritt ist bis hierher nicht durchgedrungen, die Pommern bleiben gegenüber den neuen Errungenschaften der Technik gleichgültig. Für Berliner herrschen in Hinterpommern mittelalterliche Verhältnisse: *"Sie mit Ihren Kutschen und Pferden, lieber Quindt, mit Ihren Petroleumlampen und Wasserpumpen! Sie leben hier wie im vorindustriellen Zeitalter! Man fährt inzwischen Auto! Man brennt elektrisches Licht!"*[602] Die Pommern werden als Menschen betrachtet, die hinter dem

---

[600] Brückner, Hat der Mensch Wurzeln?, S. 139.
[601] Ebenda, S. 138 – 139.
[602] Brückner, Jauche und Levkojen, S. 55.

Mond leben, ohne sich von den politischen Geschehnissen beeindrucken zu lassen. Man lebt in Pommern nicht "wie Gott in Frankreich", sondern *"wie Gott in Hinterpommern."*[603]

Obwohl *"Das Leben auf Poenichen (...) seinen Gang"* geht, *"endlos die Winter, endlos die Sommer"*[604] wird die abgeschiedene und harmonische Welt von dem Fortschritt eingeholt. Die Elektrizität setzt sich nicht nur auf dem Gut, sondern auch im Dorf durch. *"Eine Wasserleitung war gebaut worden, aber die Frauen gingen nach wie vor zum alten Brunnen, weil dort das Wasser nicht nach Kubikmetern berechnet wurde".*[605] Die technischen Neuerungen werden nicht freudig begrüßt, die Menschen bleiben eher unbeirrt bei ihren Gewohnheiten. Die ländliche Gegend bleibt außerhalb der großen fortschrittlichen Welt.

Pommern ist wie Schlesien ein Grenzland, trotzdem ist dieses Gebiet kein Kampfland, sondern ein ruhiges Brückenland. Das hängt damit zusammen, daß Pommern keine Gegend ist, die reich an Bodenschätzen wäre. Die Erde ist das einzig wertvolle dieses Landes, sie ist aber nicht einmal fruchtbar, *"nichts als Sand."*[606] Umso verwunderlicher ist die Verbundenheit der Menschen mit der Erde, man hält trotzdem, oder vielleicht gerade deshalb an ihr fest.

Als Einwohner eines Grenzlandes werden die in Pommern lebenden Deutschen nicht als echte Deutsche angesehen. Die Nähe von Polen wird als Anzeichen der Rückständigkeit dieser Menschen betrachtet. Da herrschen die sprichwörtlichen *"Zustände wie in Polen!"*[607]

Auf der Flucht werden die Pommern für *"halbe Polen"*[608] gehalten. Joachim Quint als kleiner Junge stellt sich die Frage: *"Welche Hälfte der Leute ist polnisch? Woran kann man das erkennen?"*[609] Solange er in Pommern lebte, hat sich diese Frage erübrigt, weil er und seine Familie sich als deutsche Pommern verstanden haben. Jetzt auf der Flucht wird die Identität des jungen Menschen in Frage gestellt. Die Mutter versucht es ihrem Sohn zu erklären und meint: *"Manche Leute haben das Herz eines Polen, und andere haben den Kopf eines Polen".*[610] Da stellt sich wieder die Frage: Wie ist das zu erkennen? Das pommersche Platt oder die Kenntnis der polnischen Sprache spielen dabei weniger eine Rolle, obwohl die

---

[603] Brückner, Jauche und Levkojen, S. 55.
[604] Ebenda, S. 109.
[605] Ebenda.
[606] Ebenda, S. 148.
[607] Ebenda, S. 110.
[608] Ebenda, S. 290.
[609] Ebenda, S. 289.
[610] Ebenda, S. 290.

Gewandtheit in einer bestimmten Sprache von dem intellektuellen Können, also vom Kopf, abhängig ist. Menschen, die einen Dialekt sprechen, werden als Fremde angesehen, und je nachdem welchen Dialekt sie sprechen, werden sie der jeweiligen Gruppe zugeordnet. Diejenigen Deutschen, deren Sprache slawische Prägungen aufweist, sind in den Augen der anderen halbe Polen.

Die Pommern selbst rühmen sich ihres "Pommerntums", denn *"Hauptsache ist das Pommersche, und das hat sich noch immer als das Stärkere erwiesen. Am Ende sind aus Goten, Wenden und Schweden, die alle einmal hier gesessen haben, gute Pommern geworden. Das Nationale hat nicht immer eine so große Rolle gespielt, sonst hätte nicht ein Quindt Woiwode in Polen werden können."* [611] Die Nationalität stellt sich als zweitrangig heraus, viel wichtiger ist die Heimatliebe, die Verbundenheit mit dem Land. Daraus kann man schließen, daß die Pommern den Kopf eines Deutschen und das Herz eines Polen haben. Die nationale Zugehörigkeit unterliegt der emotionalen Prägung.

Die dargestellten Pommern unterscheiden sich von den Oberschlesiern in Horst Bieneks Romanen in ihrer Religiosität. Den Pommern scheint die Erde ein einziges Heiligtum zu sein. Die Unterwerfung gegenüber der Religion bleibt aus. Der Grund dafür kann jedoch nicht allein darin liegen, daß Oberschlesier katholisch und Pommern evangelisch sind. Der Gutsbesitzer, der alte Quindt, unterstützt die Kirche finanziell und unterhält sich mit dem Pfarrer über die aktuellen Themen, läßt sich jedoch von der Kirche nicht beeinflussen. Darin besteht eben der größte Unterschied: die Oberschlesier bleiben unter dem Einfluß der katholischen Kirche, der pommersche Gutsbesitzer dagegen übt einen Einfluß auf die Kirche aus. Seine Machtposition ist ohne Zweifel in seiner finanziellen Lage begründet. Die armen Menschen können sich diese Freiheit nicht nehmen, sie, sowohl die Pommern als auch die Schlesier, haben gelernt hörig zu sein.

Es gibt jedoch einen Unterschied zwischen den Reichen aus Oberschlesien und denen aus Hinterpommern; er betrifft den Umgang mit der Erde. Die Diskrepanz besteht in der Industrialisierung des Landes. Die Reichen Oberschlesiens betrachten die Erde als eine Schatzhöhle, in der sich die Schätze, Kohle, befinden. Die Reichen Hinterpommerns sind Gutsbesitzer, weil Pommern eine landwirtschaftliche Gegend ist. Sie betrachten die Erde, ähnlich wie die Armen Oberschlesiens, als ihre einzige Ernährerin und leben direkt von den Früchten dieser Erde. Ihre Heimatverbundenheit erinnert an die der Oberschlesier, die im Zauberkreis ihrer Heimat stehen. Die Differenzen in der

---

[611] Brückner, Jauche und Levkojen, S. 45.

Heimaterfahrung liegen demzufolge nicht im Reichtum oder in der Armut der Menschen, sondern im unterschiedlichen Umgang mit der heimatlichen Erde.

Der Krieg stellt die pommersche Identität in Frage. Das Land und die Menschen werden gezwungen entweder ihre Identität zu verleugnen oder zu fliehen. Es ist fraglich, ob die Menschen ihr pommersches Dasein so lange verteidigen können wie die Polen. *"Polen war fast 150 Jahre lang geteilt. Aber Polen erwies sich als unteilbar. Die Bewohner blieben Polen, unter welcher Fahne sie auch lebten."*[612] Der alte Quindt, der immer an das Pommersche geglaubt hat, ist sich nicht mehr sicher, ob seine drei "P"-*"Preußen, Pommern, Poenichen"*[613] dem Krieg standhalten werden. Mit dem Kriegsende wird dieses Gebiet polnisch, damit geht das eine "P" für Preußen verloren. Poenichen wird zu Peniczyn und Pommern zu Pomorze. Merkwürdigerweise sind aus den drei deutschen "P" drei polnische "P" geworden: Polska, Pomorze, Peniczyn. Auf der nationalen Ebene ist keine Übereinstimmung zu finden. Geblieben ist das, was dem Menschen nahe steht, seine pommersche Landschaft.

Auch ohne Preußen und ohne Poenichen bleiben die Pommern ihren Eigenschaften, ihrer Prägung treu, die von Christine Brückner immer wieder hervorgehoben werden. Die Wesensart, die für die Bewohner Hinterpommerns charakteristisch ist, zeigt sich in der Fremde viel stärker als in der Heimat. Den Fremden fallen *"Pommersche Geduld, pommersche Genügsamkeit, aber auch pommerscher Eigensinn"*[614] auf. Die ländliche Gegend übt einen so starken Einfluß aus, *"daß Maximiliane pommersch bis auf die Knochen wurde, wenn schon nicht bis aufs Blut. Durch Umwelt und Erziehung war sie eine echte Quindt geworden."*[615] Der Familienname verkörpert das "Pommerntum" und wird auf eine bestimmte Art und Weise zur Heimat des Menschen. Die Einzigartigkeit, die für die Heimaterfahrung von großer Bedeutung ist, kann auch durch die familiäre Identität ausgedrückt werden.

---

[612] Brückner, Jauche und Levkojen, S. 277.
[613] Ebenda.
[614] Brückner, Nirgendwo ist Poenichen, S. 233.
[615] Brückner, Die Quints, S. 118.

IX.3. Die Heimatvorstellung in den Poenichen–Romanen

IX.3.1. Die Bedeutung der Romantitel

Christine Brückners Romane: "Jauche und Levkojen", "Nirgendwo ist Poenichen" und "Die Quints", fangen nicht mit einem Motto an. Die Schriftstellerin versieht jedoch jedes Kapitel mit einem kurzen Einführungszitat; alle diese Zitate zu analysieren ist wegen ihrer Menge nicht möglich. Es sind Worte berühmter Dichter oder Persönlichkeiten, Sprichwörter und Quintessenzen des alten, lebensklugen Quindt. Eine Besonderheit in Horst Bieneks Tetralogie sind die Einführungszitate. In Christine Brückners Romanen kann man den jeweiligen Romantiteln den besonderen Sinngehalt zuschreiben. Die Titel entsprechen dem Inhalt der Romane, vor allem aber bringen sie zum Ausdruck, was Christine Brückner mit ihrer Trilogie vorhat: *"Ein lebender Beweis für die prägende Kraft der Umwelt. Im Verlauf dieses Buches wird allerdings auch ein Gegenbeweis geliefert werden: Es kommt ganz auf die Erbmasse an."* [616] Die Schriftstellerin spricht hier zwar von dem ersten Teil des Romanzyklus, diese Aussage ist jedoch auch auf die Trilogie zu übertragen.

Der Titel des ersten Teils der Poenichen–Romane deutet auf die Kraft der Landschaft in der Heimaterfahrung hin. "Jauche und Levkojen" assoziiert man sofort mit der Natur und insbesondere mit Gerüchen, mit dem Geruch von Jauche und mit dem Duft von Levkojen. Die Natur dringt von außen in die menschliche Seele ein, das Innere des Menschen wird durch die Außenwelt beeinflußt und geprägt. Die Schriftstellerin macht in diesem Roman deutlich, wie stark der Einfluß der Umwelt auf einen Menschen sein kann. Maximiliane Quindt soll den Beweis dafür liefern, daß die ländliche Umgebung, in der sie aufwächst, ihr Leben gestaltet und verändert.

"Jauche und Levkojen" deutet die Gegenwärtigkeit der Heimat an, denn die Gerüche treten so deutlich hervor, daß es nicht möglich ist, sie nur der Vorstellungskraft zuzuschreiben. Die Landschaft, die oft für Heimat steht, und vor allem die Wahrnehmung der bestimmten Gerüche vergegenwärtigen die Heimaterfahrung, weil alle Dimensionen der Natur nur in der Heimat als dem Jetzt zu erfahren sind. Sowohl der Raum als auch die Zeit sind für das heimatliche Gefühl spezifisch; beide können auch im Gedächtnis aufgehoben werden, wahrnehmbar können sie jedoch nur in der Gegenwart

---

[616] Brückner, Jauche und Levkojen, S. 25.

sein. Wenn es einem Menschen möglich ist, sie wahrzunehmen, dann stimmt der Raum mit der Zeit überein und sie bilden beide eine Einheit, die für Heimat konstituierend ist.

Ein wenig überraschend ist die Zusammenstellung eines üblen Geruchs und eines Dufts. Sie sind jedoch auf dem Land ohne einander nicht zu denken. Da mischt sich die harte Arbeit mit der Herrlichkeit der Natur, denn zum menschlichen Leben gehören nicht nur die herrlichen Düfte, die unangenehmen Gerüche haben genauso ihre Berechtigung im Leben. Levkojen stehen für die schönen Seiten des Lebens, Jauche deutet auf die schlechten Erfahrungen, die jeder Mensch zu erleiden hat. In der Tat hat die Schriftstellerin diese Deutung im Sinn, als sie den Titel für ihren Roman auswählt: *"In jenem Winter lasen wir abends Fontanes Briefe an seine Frau vor. 'Durch mein offenstehendes Fenster strömt der hier, und auch wo anders, ständige Mischgeruch von Jauche und Levkojen ein, erster prävalirend, und giebt ein Bild aller Dinge. Das Leben ist nicht blos ein Levkojengarten.' Ich hatte das Motto gefunden und den Titel".*[617] In der Bildhaftigkeit der Darstellung findet die Schriftstellerin entsprechende Worte für ihr literarisches Vorhaben, die Einfachheit der Natur spiegelt die Komplexität des menschlichen Lebens.

Christine Brückner stellt in "Jauche und Levkojen" die Wirklichkeit der Kriegszeit dar. Die ländliche Idylle wird durch die Kriegsereignisse zerstört, 12 Männer aus Poenichen sind gefallen. Die Vorräte werden immer knapper, die Menschen immer unruhiger. Vielleicht deswegen steht "Jauche" an erster Stelle. Im II. Weltkrieg nehmen die unangenehmen Ereignisse überhand, der Geruch der Jauche steht dadurch im Vordergrund und schiebt sich vor die angenehmen Düfte des Lebens auf einem Landgut.

Die Menschen bleiben nach dem Heimatverlust ihr Leben lang friedlos, nirgendwo fühlen sie sich zu Hause, nirgendwo erleben und erfahren sie ihre Heimat wieder. Auf den Unfrieden nach dem Untergang der Heimat deutet der Titel des zweiten Teiles der Trilogie von Christine Brückner hin. "Nirgendwo ist Poenichen" hebt die Einmaligkeit der Heimaterfahrung hervor, so daß Maximiliane mit ihren Kindern nirgendwo auf der Welt heimatlichen Frieden und Geborgenheit findet. An keinem Ort der Erde findet diese Frau eine neue Heimat, bis zu ihrem Tod bleibt sie auf der Suche und auf der Flucht.

Christine Brückner betont in einer besonderen Weise dieses "nirgendwo", als ob Heimat ein Niemandsland wäre, als ob das Heimatgefühl nirgends zu erleben wäre. Das "Nein" zu der Heimat ist auf die Kriegsereignisse und die damit verbundene Vertreibung zu-

---

[617] Brückner, Hat der Mensch Wurzeln?, S. 141.

rückzuführen. Das "Nirgendwo" verweist auf den schmerzlichen Schnitt im Leben der Flüchtlinge.

Mit ihrem Titel "Nirgendwo ist Poenichen" verdeutlicht die Schriftstellerin die prägende Kraft der Heimat, die den Menschen zu Vergleichen zwingt. Denn es ist erst dann möglich, zu sagen, daß man nirgends seine Heimat findet, wenn man sich tatsächlich darum bemüht hat, die Heimat wiederzufinden; wenn man versucht hat, sich in der Welt heimisch zu fühlen. Erst nach der rastlosen Suche ist es erlaubt zu sagen: Nirgendwo ist meine Heimat, die ich verloren habe.

Für die Heimatsuche sind die Vergleiche charakteristisch. Maximiliane sucht die im Gedächtnis aufgehobene vertraute Welt in Deutschland, jedoch ohne Erfolg. Jede Stadt, in die Maximiliane Quint zieht, wird überprüft und mit Poenichen verglichen. Poenichen ist ein Inbegriff der Heimaterfahrung von Maximiliane Quint. Deswegen ist es gerechtfertigt zu sagen: Nirgendwo ist Heimat für einen Vertriebenen, er bleibt sein Leben lang heimatlos.

Die Schriftstellerin will mit ihren Romanen zeigen, daß nicht die Umwelt eine entscheidende Rolle in der Heimaterfahrung spielt, sondern die Heimat einem Menschen von seinen Vorfahren vererbt wird. In diesem Sinne wird die Heimaterfahrung auf eine andere Ebene übertragen. Die Autorin baut die Heimatvorstellung ihrer Romangestalten von der Erfahrung der Landschaft bis zu einer inneren Erfahrung auf. Die Heimat des alten Quint ist das pommersche Land mit seinen Wäldern und Seen. Für seine Enkelin Maximiliane ist zwar das pommersche Land auch Heimat, für ihr Heimatgefühl sind jedoch auch die Menschen maßgebend. Maximilianes Kinder vermissen in der Außenwelt die Heimat, ihre Mutter gibt ihnen das heimatliche Gefühl. Der dritte Roman trägt den Titel: "Die Quints". Die Darstellung von Heimat wird von den ganz einfachen Landschaftsbildern durch den Heimatverlust bis zur Verinnerlichung der heimatlichen Erfahrung geführt.

Mit dem Namen "Quints" weist die Schriftstellerin auf die Rolle der Menschen in der Heimaterfahrung hin. Wenn man die ersten zwei Romantitel betrachtet, dann wird deutlich, daß nach der Vertreibung die ganze Hoffnung auf die Menschen gesetzt wird. Nachdem die heimatliche Landschaft nicht mehr erfahren werden kann, nicht mehr Heimat sein kann, verlagert die Schriftstellerin das Heimatgefühl in das Innere der menschlichen Seele. Christine Brückner hält Heimat *"für ein Gefühl, einen Gedanken, mit dem"* sie sich *"auseinandersetzen muß"*.[618]

---

[618] Brückner, Hat der Mensch Wurzeln?, S. 43.

Der Titel des dritten Teils des Romanzyklus betont die Gefühlsmäßigkeit des Heimatbegriffes. Dadurch, daß Heimat von der Umgebung gelöst wird, gelingt es der Schriftstellerin zu zeigen, daß nicht die Prägung von außen, sondern *"die Erbmasse"* [619] maßgebend ist. Gleichwohl ist die Erbmasse nicht wortwörtlich zu verstehen. Mit diesem Ausdruck ist vielmehr die innere geistige Heimat gemeint. Das Gedankengut erweist sich als eine primäre Größe in der Heimaterfahrung. Obwohl es erst in dem letzten Roman des Zyklus so deutlich dargestellt wird, ist im ersten Teil schon angedeutet, daß der alte Quindt für Maximiliane Heimat bedeutet: *"Maximilianes Urvertrauen heißt Poenichen und Quindt, ist namentlich zu fassen."* [620] Es gibt für den Begriff "Heimat" andere Namen, es sind oft Städtenamen und bestimmte Landschaften; es können Philosophien, Religionen oder Menschen sein. Zu beachten ist dabei, ob diese Namen nur in der Außenwelt ihre Existenz haben oder ob sie den menschlichen Geist durchdringen und ins Innere aufgenommen werden.

IX.3.2. Die prägende Kraft der Landschaft

Der Leser der Poenichen-Romane hat die Möglichkeit, die Hauptgestalten jahrelang auf ihren Lebenswegen zu begleiten. Christine Brückners Trilogie endet nicht mit dem Kriegsende, sondern sie führt ihre Gestalten weiter. Deswegen kann man verfolgen, von welchem Bestand und von welcher Bedeutung die schon oft beschriebene prägende Kraft der Heimat ist.

Die Schriftstellerin hebt die Erstmaligkeit der Heimaterfahrung hervor. Die der Heimat eigenen Erfahrungen und Erlebnisse haben bei ihr eine besondere Bezeichnung, sie nennt sie Urerfahrungen, Urwahrnehmungen. *"Der kleine Joachim lag in der alten Quindtschen Wiege, die morgens in die Vorhalle gestellt wurde. Das erste Geräusch, das er wahrnahm, rührte von den Palmwedeln her, die sich im Wind bewegten; kein Rauschen, eher ein Rascheln. Später wird ihm dieses Geräusch zutiefst vertraut sein und Wohlbehagen in ihm auslösen, ohne daß er die Ursache davon kennen wird. Rascheln der Palmen, Rascheln des Schilfrohrs am See. Urgeräusche."* [621] Die ersten Wahrnehmungen eines Kindes sind die stärksten in seinem Leben, obwohl ihre Bedeutung dem Betroffenen oft im Unbewußten verborgen bleibt. Sie deuten auf den Ursprung des Lebens hin und führen das Leben auf seinen Ausgangspunkt zurück. Eine

---

[619] Brückner, Jauche und Levkojen, S. 25.
[620] Ebenda, S. 103.
[621] Ebenda, S. 209.

besondere Rolle kommt den Geräuschen, den Bildern, den Gerüchen zu, durch sie lernt ein Kind die Welt kennen.

Christine Brückner findet ein Mittel, um den besonders starken Einfluß der Umwelt in den ersten Lebensjahren jedes einzelnen zu betonen. "Ur" bedeutet laut Deutschem Wörterbuch *"den Anfang, das erste bezeichnend"*.[622] Demnach bezeichnet ein Urgeräusch das zuerst wahrgenommene Geräusch, damit kommt auch das Erste, das Ursprüngliche in der Heimaterfahrung zum Ausdruck. "Ur" kann aber auch *"einen hohen Grad (…), sehr"* [623] zum Ausdruck bringen. Die Intensität der heimatlichen Eindrücke für die kindliche Seele ist von großer Bedeutung. Ein Urgeräusch ist demzufolge ein Sinneseindruck, dessen Intensität kaum zu übertreffen ist. Die Intensität stärkt die prägende Kraft der Heimat. "Ur" wird auch benutzt, um *"Echtheit, Unverbrauchtheit"* [624] hervorzuheben. Der Ursprung, die Herkunft wird damit als das Wahre des menschlichen Lebens gedeutet. Die Urerlebnisse und die Urwahrnehmungen erweisen sich nicht nur als die ersten, sondern auch als die echten, die frei von der Subjektivität des Menschen sind. Das Urgeräusch ist objektiv und macht Heimat zu einer objektiven, echten, ersten und starken Erfahrung.

Die Objektivität des heimatlichen Gefühls ist jedoch nur den Kindern eigen. Die Erwachsenen verfügen über ein sehr stark selektierendes Aufnahmevermögen. Sie sind imstande die Sinneseindrücke einzuordnen und auszuwählen. Im Unterschied zu kleinen Kindern meinen sie, ganz bewußt entscheiden zu können, was sie auf sich von der Außenwelt wirken lassen. Maximiliane *"war erfüllt von Vortrauer, nahm mit, was Augen, Ohren und Nase mitnehmen können: Geräusche, Gerüche, Bilder."* [625] Auf den Weg in den Westen nimmt diese Gestalt ein unsichtbares Gepäck mit. Dieses Gepäck begleitet sie aber nicht nur auf der Flucht und unmittelbar danach, sondern es folgt und verfolgt Maximiliane auf allen Wegen ihres Lebens.

Die pommersche Landschaft überrascht durch ihre Weite. Die Besucher, die an solche Landschaftsbilder nicht gewohnt sind, sind *"nun doch überwältigt, von der Weite des Landes"*.[626] Für die in Pommern aufgewachsenen Menschen bedeutet die Weite dagegen

---

[622] Wahrig, Deutsches Wörterbuch, S. 1345.
[623] Ebenda.
[624] Ebenda.
[625] Brückner, Jauche und Levkojen, S. 280.
[626] Ebenda, S. 178.

den Lebensraum und sie empfinden andere Landschaften als viel zu eng. In der Fremde sind die Täler für sie *"eng, die Berge steil, das strengt das Herz an, auch psychisch."*[627] Die landwirtschaftliche Gegend bietet ihren Einwohnern ein Leben in und mit der Natur. Maximiliane ist ein Naturkind, die Bäume spielen in ihrem Leben eine große Rolle. Der Umgang mit der Natur fällt ihr viel leichter als der mit den Menschen. Sie verbindet ihre Leidenschaft, ihre Gefühle mit der Natur. Häufig läuft sie von den Menschen *"zum nächsten Eichbaum und umarmt ihn, drückt ihr von Wind und Erregung gerötetes Gesicht an die Rinde."*[628] Die Bäume bleiben ihr Wegbegleiter. Die Intensität, mit der Maximiliane die heimatliche Landschaft erfährt, ist nicht ohne Bedeutung für ihre Heimatverbundenheit und für ihre Heimatliebe, denn je intensiver die Berührung mit der Natur ist, desto tiefer dringt die Natur in die Seele des Menschen.

Jede Landschaft, die nach der Flucht erlebt wird, muß sich an der "Urlandschaft" messen lassen. Das aufgehobene Bild der Heimat macht die Menschen für andere Länder und Landschaften blind. Nach der Flucht *"lebte"* Maximiliane *"wie eine Halbblinde, hatte keinen Blick für fränkische Schönheit, verglich, was ihr vor die Augen kam, mit Hinterpommern."*[629] Die von den Menschen bewußt ausgewählten heimatlichen Bilder scheinen später eine eigenständige Existenz zu führen. Sie wirken auf das Unbewußte des Menschen und beeinflussen sein Handeln. Die aufgehobenen Bilder lassen sich nicht durch den Verstand festhalten und geraten zeitweilig außer Kontrolle.

Auffallend ist, daß in dem zweiten Teil der Poenichen-Romane, nach dem Heimatverlust also, ständig verglichen wird. In "Jauche und Levkojen" war die Heimat noch greifbar, jetzt ist sie nur in Erinnerungen und in den Vergleichen erreichbar. *"Mittagswolken stiegen auf, das Korn blühte, fast wie in Pommern. Dieses 'fast' schmerzte Maximiliane. Keine Kornblumen mehr, kein wilder Mohn, keine Kamille im blaugrünen, vom Ostwind sanft gewellten Feld"*.[630] Maximiliane ist imstande nur "fast" zu leben, nur "fast" zu sehen, "fast" einen Heimatersatz zu finden. Sie sieht die Welt durch Poenichen. Jede Landschaft wird unter die Lupe genommen, und wenn sie dem aufgehobenen Heimatbild nicht entspricht, dann ist sie nur eine "Fast–Landschaft". Der Blick der Vertriebenen bleibt an Unterschieden und nicht an Ähnlichkeiten haften. Es kostet sehr viel Kraft, darüber hinwegzukommen, daß die Fremde nur nahezu dem Eigenen entsprechen kann, daß sie niemals gleich sein können. Die Negation in diesem Zitat betont die Hoffnungslosigkeit der

---

[627] Brückner, Die Quints, S. 218.
[628] Brückner, Jauche und Levkojen, S. 178.
[629] Brückner, Nirgendwo ist Poenichen, S. 66.
[630] Ebenda, S. 212.

Heimatsuche. Wie schon erwähnt, ist Heimat nirgendwo zu finden, denn "Nirgendwo ist Poenichen". Die Vergänglichkeit der Landschaft kommt auf diese Art und Weise besonders zum Ausdruck. In diesem Sinne vergeht mit der Landschaft auch die Heimat. Das Vergehen geschieht jedoch nur äußerlich, die Außenwelt unterliegt viel mehr den fremden Einflüssen als die Innenwelt des Menschen. Wenn die innere Heimat verginge, wäre es nicht möglich, die äußere Heimat zu suchen und die Wirklichkeit mit der Erinnerung zu vergleichen.

Im dritten Teil der Poenichen-Romane fehlen die Vergleiche der Landschaften. In "Die Quints" sind eher Feststellungen zu finden, die die prägende Kraft der Umwelt genauer bestimmen. *"An wie vielen Plätzen hatten ihr schon die Linden geblüht, als wären ihr die Lindenbäume gefolgt, von Poenichen über Hermannswerder, zum Eyckel, nach Marburg, nach Kassel, nach Paris."* [631] Die Lindenbäume vertreten die heimatlichen Landschaftsbilder. Sie sind ein Bild, ein Geräusch und ein Duft zugleich. Alle Dimensionen der Landschaft sind Maximilianes treue Wegbegleiter. Nach vielen Jahren in der Fremde verzichtet sie auf Vergleiche, denn *"andere Bäume und eine andere Landschaft, daran hatte sie sich gewöhnt, damit hatte sie sich einverstanden erklärt in jener halben Stunde, die sie auf einem der drei Säulenstümpfe im Dickicht des ehemaligen Parks von Peniczyn verbracht hatte."* [632] Die zeitliche und räumliche Distanz erleichtert dem Menschen, sich mit dem Verlust abzufinden und sich auf das jetzige Leben zu konzentrieren.

Das Verfließen der Zeit allein reicht Maximiliane nicht für ein Einverständnis mit ihrer eigenen Lebensgeschichte. Erst eine Reise in die ehemalige Heimat verhilft dieser Gestalt zu einer Auseinandersetzung mit sich selbst. In dem Augenblick der Begegnung mit der verlorenen Heimat erklärt sie sich damit einverstanden, daß sie andere und fremde Landschaften erlebt. Von nun an sieht Maximiliane nicht mehr den Unterschieden, sondern den Ähnlichkeiten der Fremde mit der Heimat entgegen. Das Wiedersehen schwächt die Erinnerungen nicht, es hilft dem Menschen, seinen Blick wieder nach vorn zu richten und nicht an der Vergangenheit zu haften. Dieser Blickwechsel ist darin zu sehen, daß die Landschaft, die der heimatlichen ähnlich ist, Maximiliane keinen Schmerz mehr bereitet, sondern sie mit Freude erfüllt: *"Die Rückfahrt hatte sie über Lüneburg geführt, nicht durch die schönsten Gegenden der Heide, aber dieser erste Eindruck vom Zugfenster aus war nicht ungünstig gewesen: Kiefern, Birken, Sandwege, sogar eine Schafherde."* [633] Jede Übereinstimmung der Wirklichkeit mit der Erinnerung erfreut das Herz des Menschen und wird nicht

---

[631] Brückner, Die Quints, S. 21.
[632] Ebenda, S. 109.
[633] Ebenda, S. 223.

mehr als Schmerz empfunden. Die Landschaft profitiert jetzt von dem "fast". Die Kongruenz der Bilder zählt, die Unterschiede treten in den Hintergrund, sie werden nicht mehr beachtet, sie werden zwar gesehen, es wird ihnen aber nicht mehr nachgetrauert.

Die prägende Kraft der Landschaft läßt mit der Zeit nicht nach. Obwohl Maximiliane sagt: *"Wer kein Zuhause hat, kann überall hin"*[634], sucht sie immer nach einem Zuhause. Sie konnte und kann immer noch nicht überall hin. Sie versucht zwar, sich überall zurechtzufinden, dies gelingt ihr jedoch nicht. Als ihr letztes Zuhause sucht Maximiliane ein Kloster in der Lüneburger Heide aus. Bei ihrer Entscheidung spielt die Landschaft dieser Gegend eine wesentliche Rolle, denn *"die Lüneburger Heide erinnert an die Poenicher Heide."*[635] Christine Brückner will zwar zeigen, daß es nicht allein die Umwelt ist, die einem Menschen Heimat gibt, sondern daß kulturelles und geistiges Erbe für die Identität eines Menschen entscheidend sind. Die Poenichen-Romane beweisen dennoch, daß die Landschaft zwar nicht die wichtigste Rolle im Leben von Maximiliane spielt, daß sie jedoch eine Besonderheit darstellt. Die Heimatbilder verfolgen diese Gestalt ihr Leben lang und üben einen großen Einfluß auf die Wahl des neuen Zuhause aus.

IX.3.3. Namentlich gefaßte Heimat – Menschen

Das Gefühl der Geborgenheit kann der Mensch nur in der Wechselbeziehung mit anderen Menschen erfahren. Die Natur sorgt für das Wohlbefinden des Menschen, kann aber sein Verlangen nach Vertrauen, Zuversicht und Geborgenheit nicht stillen. Auch wenn Christine Brückner meint: *"Dieses Dorf ist mein Nährboden. Dort ist mir Urvertrauen zugewachsen, das nur ein anderes Wort ist für Gottvertrauen"*[636], sind unter dem Wort "Dorf" nicht die Landschaftsbilder, sondern die Bewohner dieses Dorfes zu verstehen. Der Schriftstellerin wuchs das Urvertrauen zu, wobei das Zuwachsen auf die passive Stellung des Subjekts hindeutet. Man darf das Gefühl der Sicherheit dank der menschlichen Liebe und Zuwendung erfahren. Die vertrauten Menschen sorgen, bewußt oder unbewußt, dafür, daß die Kinder sich sicher und geborgen fühlen, und auf diese Art und Weise prägen sie ihr Sein und ihr Inneres. Die Erwachsenen können ihr Sicherheitsgefühl aktiv gestalten. Sie sind auch auf die anderen Menschen angewiesen, sie hängen jedoch von anderen nicht so ab wie die Kinder. Die Erwachsenen können einen Ersatz für die menschliche

---

[634] Brückner, Die Quints, S. 12.
[635] Ebenda, S. 231.
[636] Brückner, Hat der Mensch Wurzeln?, S. 23.

Zuwendung in der Philosophie, in der Religion oder in der Leistung und anspruchsvollen Arbeit finden. Das Gefühl der Geborgenheit wächst ihnen nicht mehr zu, sie gestalten ihr Leben selbst, nicht ihre Umwelt tut das.

Maximiliane, die auf einem Landgut ohne Vater und Mutter aufwächst, erlebt trotzdem sehr viel Liebe. Das Kind wird oft bemitleidet, weil man meint, daß ausschließlich die Eltern ihrem Kind Heimat sein können. Das kleine Mädchen hat jedoch einen Großvater, der den Bedürfnissen seiner Enkelin nach Liebe und Zuwendung genügen kann. Auf die Bemerkungen der Dorfbewohner: *"Das arme Kind – hat keinen Vater und keine Mutter"*.[637] antwortet der auktoriale Erzähler mit den Worten: *"Aber sie hatte eine Heimat, sie wuchs furchtlos auf, hatte diesen Großvater"*.[638] Demzufolge besteht Heimat aus Landschaft, Sicherheit und Menschen. Für Maximiliane ist Heimat etwas ganz Konkretes, ihr *"Urvertrauen heißt Poenichen und Quindt, ist namentlich zu fassen."*[639]

Die Natur und die Menschen scheinen für die Heimaterfahrung gleich wichtig zu sein. Im Angesicht der Flucht fällt Maximiliane der Abschied von Pommern schwer; viel mehr Kraft verlangt jedoch der Abschied vom Großvater, der sich für Poenichen entscheidet und auf seinem Gut bleibt, denn *"dafür hatte er gelebt"*.[640] Die Trennung von ihrem Großvater fällt der jungen Mutter einerseits schwer; in dem Augenblick, in dem sie von der Entscheidung des alten Quindt erfährt, will sie auch in der Heimat bleiben; andererseits hat man das Gefühl, daß ihr dieser Abschied doch keine Schwierigkeiten bereitet, weil sie mit einem Urvertrauen ausgerüstet ist und in diesem Sinne wird sie ihre Heimat nie verlassen oder verlieren können. Das geistige Erbe, das von den Menschen weitergegeben werden kann, läßt den Menschen niemals heimatlos werden. Maximiliane bleibt *"eine Quindt, auch ohne Poenichen."*[641]

Die Kinder wurzeln in ihren Eltern, in ihrer Familie. Maximiliane hatte als Kind Heimat als einen Ort erfahren können, ihre Kinder erleben innerhalb einer kurzen Zeit verschiedene Orte, Städte, Länder. Da sie in jeder Stadt nur kurz leben, gelingt es ihnen nicht, sich diese Landschaften zur Heimat zu machen. Maximiliane trauert ihrer Heimat nach, deswegen macht sie *"es ihren Kindern (...) schwer!"*[642] Ihre Kinder sind auf sie angewiesen, auch auf ihre Heimatlosigkeit. Joachim merkt das und stellt seiner Mutter gegen-

---

[637] Brückner, Jauche und Levkojen, S. 108.
[638] Ebenda.
[639] Ebenda, S. 103.
[640] Ebenda, S. 276.
[641] Brückner, Jauche und Levkojen, S. 282.
[642] Brückner, Nirgendwo ist Poenichen, S. 180.

über fest: *"Du wurzelst in Poenichen, wir in dir"*.[643] Maximiliane ist ein Nährboden für ihre Kinder, sie selbst wurzelt sowohl in Poenichen als auch in ihrem Großvater, dem alten Quindt. Die menschliche Nähe kann alle Bindungen des Menschen zur Außenwelt ersetzen. Es erfordert eine genauere Analyse, um festzustellen, inwieweit der Satz von Joachim auf alle Kinder von Maximiliane Quint zutrifft. Daß sie ihren Kindern Heimat ist, kann man nicht bestreiten, fraglich ist, ob sie ihren Kindern das Fehlen aller Bindungen zur Umwelt ersetzen kann.

Der älteste Sohn von Maximiliane, Joachim erfährt noch die ländliche Idylle auf dem Gut in Pommern. *"Damals bestand die Welt für ihn, Joachim, ebenso wie für seine Mutter aus Poenichen."*[644] Er nimmt die pommersche Landschaft wahr und ist imstande, sie im Inneren zu bewahren. Das Bild prägt sich im Gedächtnis des Jungen so stark ein, daß er das bewahrte Bild mit den wirklichen Landschaften vergleichen kann. In einer schwedischen Landschaft entdeckt er Ähnlichkeiten mit Pommern und lebt einige Jahre in dieser Gegend. *"Larsgarda ließ sich mit Poenichen nicht vergleichen. Oder doch? Ein Stück Land, ein Seeufer, Waldwege, Bäume."*[645] Das Fragezeichen in diesem Satz deutet darauf hin, daß es Joachim nicht bewußt ist, welche Spuren in ihm die pommersche Landschaft hinterlassen hat.

Obwohl er Heimat erleben durfte, ist er ein furchtsames Kind. Weder durch die Landschaft noch durch seine Mutter wächst ihm das Urvertrauen zu. Er wurzelt, wie er selbst bemerkt, in seiner Mutter, er kann aber seine Heimat nicht namentlich fassen. Deswegen begibt *"er sich auf Spurensuche"*[646] nach seinem Ursprung, nach seinem Vater. Seine Mutter ist auch nicht in einer intakten Familie aufgewachsen, trotzdem stillt die großväterliche Liebe alle Bedürfnisse Maximilianes. Joachim, um sich seiner Identität sicher zu sein, braucht die Auseinandersetzung mit seinem Vater und will *"sich die Lebensschauplätze seines Vaters ansehen."*[647] Seine Suche nach dem Vater kann man mit einer Suche nach der verlorenen Heimat vergleichen. In beiden Fällen ist für die Konfrontation die Frage nach eigener Identität ausschlaggebend. Beide Auseinandersetzungen (mit der Heimat und mit dem Vater) verlangen einen Blick in die Vergangenheit und sind eine Voraussetzung für einen Blick in die Zukunft.

Nach der Reise nach Polen ist Maximiliane äußerlich ruhiger geworden, innerlich ändert sich ihre Sehnsucht nach Heimat nicht. Sie duldet den Heimatverlust, billigt ihn

---

[643] Brückner, Nirgendwo ist Poenichen, S. 185.
[644] Brückner, Die Quints, S. 28.
[645] Ebenda, S. 24.
[646] Ebenda, S. 72.
[647] Ebenda, S. 73.

aber nicht. Ihr Sohn setzt sich mit seinem Vater auseinander und scheint innere Ruhe errungen zu haben. Er forscht nach und entdeckt seinen Vater, ohne auf den Grund seines Ich gekommen zu sein. Joachim ist ein Flüchtlingskind, *"das einen Flüchter zur Mutter hatte"*.[648] Er meint, er sei mit seinem Vater fertig geworden, aber nicht mit sich selbst. Er bleibt ein Flüchter und bevor er mit sich selbst im Klaren ist, flieht er in die Politik.

Als öffentliche Person spricht Joachim in seinen Reden oft von Heimat. Er bekennt: *"Das Wort Heimat habe er, seines Wissens, als erstes im Zusammenhang mit 'heimatvertrieben' und 'Behelfsheimat' gehört, also nicht etwas Beständigem oder gar Unverlierbarem".*[649] Von Kindheit an erfährt dieser Mensch einen ständigen Ortswechsel. Von einem Ort zum anderen zieht er mit seiner Mutter und seinen Geschwistern, daher findet er an keinem Ort der Erde Zuflucht und Schutz. Als Erwachsener verläßt er Deutschland, *"weil es das Land"* seines *"Vaters war"* [650] und sucht sich selbst eine Heimat aus. Er wünscht sich nichts sehnsüchtiger als ein paar Plätze in der Welt zu haben, *"an denen er weiß, wo der Schlüssel liegt."*[651] Demzufolge kann man ein Heimatgefühl nicht nur an einem bestimmten Ort haben, sondern überall dort, wo man sich wohl, geborgen und angenommen fühlt. Obwohl er seine Mutter als seine Heimat betrachten möchte, gelingt es Joachim nicht, sich der Kraft der Heimat als einer Landschaft zu entziehen. Je öfters er über Heimat nachdenkt, desto häufiger bekennt er sich zu seiner pommerschen Herkunft, und als seinen Geburtsort nennt er sogar den polnischen Namen von Poenichen – Peniczyn, als ob er damit betonen möchte, daß er ein Heimatvertriebener ist.

Joachims Suche nach einem Zuhause macht deutlich, daß die Menschen allein keine Heimat füreinander sein können. Die Eigenartigkeit und die Besonderheit der Heimat liegt in ihrer Komplexität. Sicher ist Joachim ein Quint, daher kommt es bei ihm auf die Erbmasse an. Sie allein erweist sich jedoch nicht als ausreichend für Joachim, ohne die Wechselwirkung von Landschaft und Menschen kann er keine Heimat erfahren.

Maximiliane hat ihre Kinder in den Krieg hinein geboren, sie sind *"zu oft umgetopft worden."* [652] Darin liegt der Grund dafür, daß ihre Kinder keine Heimat in einer Landschaft erfahren, es fehlt ihnen an der Kontinuität in dem Erleben eines Ortes. Da sie kein dauerhaftes Zuhause haben, fühlen sie sich überall zu Hause; andererseits lastet auf ihnen das "Flüchtlingsdasein". Die Heimatlosigkeit hinterläßt Zeichen in den Seelen von

---

[648] Brückner, Die Quints, S. 113.
[649] Ebenda, S. 146.
[650] Ebenda.
[651] Ebenda, S. 147.
[652] Ebenda, S. 14.

Joachim, Edda, Viktoria und Mirka. Viktoria sehnt sich danach etwas besitzen zu können: *"Ich brauche etwas (…) etwas, das mir gehört, zu mir gehört!"*[653] Sie braucht etwas, womit sie sich identifizieren kann, das ihr ein Zugehörigkeitsgefühl verleihen kann. *"Viktoria hat sich immer zurückgesetzt gefühlt. (…) Eingezwängt zwischen eine tüchtige ältere und eine schöne jüngere Schwester! Nie ein eigenes Bett, nie ein eigenes Zimmer, in Marburg nicht, in Kassel nicht".*[654] Die familiären Verhältnisse – die vielen Geschwister – wirken auf Viktoria einschüchternd und sind nicht imstande, ihr eine Bindung mit der Umwelt zu ersetzen. Wie schon erwähnt, besitzen nicht nur Menschen Heimat, sondern auch die Heimat besitzt den Menschen. Viktoria möchte die Erfahrung der gegenseitigen Abhängigkeit erleben. Sie möchte Heimat haben, um von ihr verzaubert zu werden, um sich in ihrem Netz geborgen zu fühlen. Viktoria ist ein altgewordenes Suchkind, das *"bisher wie ein Spürhund jeder fremden Fährte gefolgt war".*[655] Sie lebt ständig in der Fremde, deswegen wünscht sie sich etwas Eigenes zu haben.

Jedes Kind hat auch in Bezug auf Heimat andere Bedürfnisse. Damit wird noch einmal deutlich, daß Heimat eine zutiefst persönliche Erfahrung ist, die man individuell betrachten muß. *"Sie, Tora Flüchtling, hätte ein Zuhause nötig gehabt".*[656] Ihren Bedürfnissen, die ihr als Kind nicht erfüllt wurden, kann sie nun selbst als Erwachsene genüge tun. Sie kauft ein Haus und baut sich ein Zuhause, eine Heimat auf. *"Viktoria, die so lange Zeit nicht gewußt hatte, was man brauchte und was sie selbst brauchte, hatte es endlich gefunden: ein Haus, ein eigenes Dach überm Kopf, Erde unter den Füßen, Mauern zum Schutz, meterdick."*[657] Die meterdikken Mauern symbolisieren die Schutzlosigkeit und Hilflosigkeit dieser Frau, die, um sich innerlich geborgen zu fühlen, äußere Sicherheit braucht. Viktorias Sehnsucht nach einem Zuhause beweist, daß das geistige Zuhause von dem äußeren Zuhause abhängt; daß es einem Menschen nicht möglich ist, ein inneres Dasein aufzubauen, ohne eine äußere Heimat zu haben. Mit ihren Wünschen distanziert sich diese Frau von ihrer Mutter, die von den Erinnerungen an ihre Heimat lebt. Die Tochter wirft ihrer Mutter vor, daß sie nicht für geregelte Lebensumstände ihrer Kinder gesorgt hat. Viktoria kann sich keine innere Heimat aufbauen, weil sie als Kind keine äußere Heimat hatte; sie hat nichts, woran sie sich erinnern kann.

---

[653] Brückner, Die Quints, S. 20.
[654] Ebenda, S. 184.
[655] Ebenda.
[656] Ebenda, S. 185.
[657] Ebenda, S. 186.

"*Zumindest für drei ihrer Kinder war Maximiliane die richtige Mutter; den Anforderungen dagegen, die Joachim und Viktoria an eine Mutter stellten, wurde sie nicht gerecht (…). Beide waren als Einzelkinder angelegt (…). Sie hätten Aussprache und Auseinandersetzung nötig gehabt*".[658] Sowohl Joachim als auch Viktoria haben andere Wünsche und Träume als ihre Geschwister, die mit dem ständigen Ortswechsel viel besser zurecht kommen. Die menschliche Bindung ist für sie tatsächlich ausreichend, und für das Gefühl der Geborgenheit brauchen sie keine Außenwelt.

Edda ärgert sich über ihre Mutter, die den Heimatverlust jahrelang nicht wahrnimmt und dadurch ihren Kindern erschwert, sich in der Welt heimisch zu fühlen. Schon als Kind setzt sie sich mit der Heimatverbundenheit ihrer Mutter auseinander und will Poenichen nicht als ihre Heimat erben. *"' Warum schreibst du nicht Marburg' fragt sie. (…) 'Wir kommen aus Poenichen, und wir gehören nach Poenichen' antwortet Maximiliane. Edda, die den Jähzorn ihres Vaters geerbt hat, läuft rot an: 'Ich will aber nicht aus Poenichen sein! Ich will nicht immer ein Flüchtling sein! Und ich will auch nicht immer in einem Behelfsheim wohnen!'"* [659] Viel früher als ihre Schwester Viktoria fängt Edda an, sich mit Heimat auseinanderzusetzen. Sie weiß um ihre Wünsche und Bedürfnisse, deswegen kann sie mit ihnen umgehen und scheut sich nicht vor einer Konfrontation mit ihrer Mutter. Obgleich man sagen muß, daß die beiden Schwestern eigentlich dieselben Wünsche haben, gehen sie doch ganz anders mit ihnen um. Deswegen kann Edda viel früher seßhaft werden als Viktoria: sie lebt nun mit ihrem Mann auf einem Gut in Schleswig – Holstein.

Die jüngste Tochter von Maximiliane zeigt sich im Umgang mit den Menschen und mit der Heimat als das einfachste der Kinder. Sie ist *"ein Kellerkind, in einem Luftschutzbunker an einem unbekannten Ort östlich der Oder von einem Soldaten der Sowjetarmee gezeugt."* [660] In den ersten Jahren ihres Lebens hat Mirka eine Chance, Heimat in der Außenwelt zu erleben. Ihre Mutter läßt es aber nicht zu, daß eines ihrer Kinder die Städte, in denen sie ihre Kindheit verbringen, für ihr Zuhause halten. Das Flüchtlingdasein sollte auf die Seele und die Gemütsart von Mirka große Auswirkungen haben, trotzdem erlebt Mirka Marburg als einen Ort der Geborgenheit. Sie gibt, ohne lange zu überlegen, diese Stadt als den Ort ihrer Herkunft an. Mirkas Zufriedenheit mit der Welt wirkt ein wenig überraschend: *"Diese Frau war weder auf Selbstfindung noch auf Selbstverwirklichung bedacht; sie war einverstanden mit sich, mit ihrer Herkunft und mit ihren Lebensumständen".*[661] Die

---

[658] Brückner, Nirgendwo ist Poenichen, S. 101.
[659] Ebenda, S. 102.
[660] Brückner, Die Quints, S. 64.
[661] Ebenda, S. 65.

Wesensart der jüngsten Tochter von Maximiliane liefert ein Zeugnis dafür, daß die Kontinuität in der Erfahrung der Außenwelt eine wesentliche Rolle im Leben eines Menschen spielt. Mirka erlebt in ihrer Kindheit im Gegensatz zu ihren Geschwistern nur zwei verschiedene Wohnorte. Deswegen wächst in ihr ein Gefühl der Sicherheit, das Joachim, Golo, Edda und Viktoria weder auf der Flucht noch in den verschiedenen Aufenthaltsorten erleben durften.

Die Menschen können füreinander Wurzel in einem bestimmten Raum und in einer bestimmten Zeit sein. Als Lebende und Tote sind die Menschen ihren Familien und Freunden eine Heimat. Der früh ums Leben gekommene Sohn Golo, könnte Maximiliane die Erde, in der er begraben wurde, zu einer heimatlichen Erde machen. Sie weist jedoch alles ab, was mit Poenichen nichts zu tun hat. "*Solch ein Toter, den man der Erde zurückgibt, verschafft ein Heimatgefühl!*" [662] Maximiliane ist nicht imstande ihren eigenen Sohn als ihre Wurzel zu betrachten. Aus Angst um ihre wirklichen pommerschen Wurzeln scheitern alle ihre Versuche, ein neues Zuhause aufzubauen. Pommern hat die Ausschließlichkeit, Maximilianes Heimat zu sein. Für diese Gestalt ist die Einzigartigkeit und Erstmaligkeit in der Heimaterfahrung entscheidend. Sie lebt von den Erinnerungen und von der inneren Beziehung zu Poenichen und zu ihrem Großvater. Diese Landschaft und dieser Mensch bleiben Maximilianes Heimat und haben einen alleinigen Anspruch darauf, ihre Heimat zu sein.

Die Lebenswege von Maximilianes Kindern zeigen die Wechselwirkung von Landschaft und Menschen in der Heimaterfahrung. Bei jedem dieser Menschen haben diese Aspekte einen anderen Stellenwert. Sie deuten darauf hin, daß sowohl Landschaft als auch Menschen für ein Urvertrauen unentbehrlich sind. Trotz des unterschiedlichen Umgangs mit dem Zuhause hat jedes von Maximilianes Kindern gleiche Bedürfnisse: das Verlangen nach Geborgenheit, Sicherheit, Zugehörigkeit und Angenommenwerden. Alle wurzeln zwar in ihrer Mutter, die Wurzeln sind jedoch unterschiedlich stark und reichen bei Joachim und vor allem bei Viktoria nicht für ein Heimatgefühl. Daraus läßt sich schließen, daß jeder Mensch eine persönliche Rangfolge der heimatlichen Aspekte festlegt. Die Poenichen–Romane bestätigen die Individualität dieser Kategorie und machen deutlich, daß die Landschaft und die Menschen in einem ständigen Wechselverhältnis bleiben.

---

[662] Brückner, Nirgendwo ist Poenichen, S. 173.

IX.3.4. Heimatverlust

Schon die vorhergehenden Kapitel enthalten Hinweise darauf, daß der Heimatverlust ein Wendepunkt im Leben der Vertriebenen ist. Man ist aber bei den Poenichen–Romanen versucht zu glauben, daß die Hauptgestalten den Verlust begrüßen, weil sie als Heimatlose überallhin gehen können. Erst wenn man das Leben von Maximiliane und ihren Kindern genauer betrachtet, merkt man, daß der Verlust nicht nur auf der Mutter, sondern auch auf ihren Kindern lastet und ihr späteres Dasein überschattet. Maximiliane vererbt ihren Kindern den Heimatverlust, weil sie ihr Leben lang um ihre Heimat trauert. Anstatt einer Heimat bekommen diese Kinder ein "Nirgendwo", unter dem auch sie leiden.

Die Worte von Maximiliane: *"Wenn man kein Zuhause hat, kann man überallhin!"* [663] stellen sich als falsch heraus. Maximiliane ist sich ihres Schmerzes nicht bewußt. "Überallhin" bedeutet für sie: überallhin außer nach Poenichen, weil eben Poenichen verloren ist. Ihr Leben enthüllt "überallhin" als eine ewige Suche nach der Heimat, überall in der Welt sucht sie Poenichen, ohne es zu finden. Man könnte meinen, daß Maximiliane ihren Heimatverlust nur unbewußt verarbeitet und daß sie über ihn einfach hinwegkommt, worauf viele ihrer Aussagen hindeuten. Der aufmerksame Leser findet eine Unstimmigkeit zwischen ihrer Verhaltensweise und ihren Aussagen. Maximiliane vertraut ihrem Sohn an, daß sie zwei Lebensansichten hat: eine für sich *"und eine für die anderen!"* [664] Dieses kurze Bekenntnis erklärt den Zwiespalt in der Seele und im Verhalten dieser Frau. Zugleich gesteht sie ein, daß sie zwei Leben führt: eines für sich und eines für andere. Es ist bemerkenswert, daß Maximiliane sich ihrer Widersprüchlichkeit und Zerrissenheit bewußt ist und daß sie ihr Tun zu deuten vermag.

Die Flüchtlingskinder erhalten einen verlorenen, also einen imaginären Ort als Mitgift, sie müssen von den Erinnerungen ihrer Eltern satt werden. Wie sie damit umgehen, wurde schon erläutert. *"Über Jahre werden sie und ihre Kinder als 'Kriegshinterbliebene' und 'Heimatvertriebene' in den Sammelbecken der Statistiken auftauchen."* [665] Die Heimatlosigkeit bedrückt die Heimatvertriebenen nicht nur innerlich, was schon eine sehr große psychische Belastung ist. Diese Last wird ihnen auch äußerlich auferlegt und die innere Last wird durch den Einfluß von Außen vergrößert. Sie sehnen sich danach, *"aus den Statistiken hin-*

---

[663] Brückner, Jauche und Levkojen, S. 311.
[664] Brückner, Nirgendwo ist Poenichen, S. 185.
[665] Ebenda, S. 7.

auswachsen" [666] zu können. Sie möchten als Deutsche betrachtet werden und sie möchten, daß man ihnen ihre Herkunft nicht mehr anlastet und zum Vorwurf macht.

Maximiliane verläßt ihre Heimat, die ihr ein Paradies war und bleiben wird. Sie sieht die Vertreibung als Einbuße an, die ihr aufgezwungen wurde. Sie lebt *"einige Jahre lang, wie sie es ausdrückte, 'ohne festen Wohnsitz'."* [667] Und auf die Frage: *"Sie müssen doch irgendwo polizeilich gemeldet sein?"* antwortet sie: *"Ich habe mich in meinem Heimatort bisher nicht polizeilich abgemeldet."* [668] Millionen von Deutschen werden zwangsläufig aus ihrer Heimat abgemeldet. Sie melden sich in ihren Herkunftsorten nicht ab, einerseits weil sie zur Flucht gezwungen werden, andererseits weil sie in ihren Erinnerungen immer wieder in ihre Geburtsorte reisen.

Es kommt immer wieder zu Auseinandersetzungen zwischen den Vertriebenen und denjenigen Deutschen, die ihre Heimat behalten konnten. *"Vertreibung und das alles, das geht einem doch allmählich auf die Nerven! Tatsache ist doch nun mal, daß wir den Krieg verloren haben!"* [669] Die Vertriebenen sind in der Heimatfrage viel empfindlicher, sie verstehen sich als alleinige Opfer des Krieges, weil sie mit ihm den Lebenszusammenhang, ihre Heimat verloren haben. Sie tun, als hätten sie *"die 'Heimat' für"* sich *"gepachtet"*. Maximiliane berichtigt diese Einstellung und meint: *"Nicht gepachtet! Besessen."* [670] Die Distanz läßt den Menschen seine Heimat entdecken, deswegen können diejenigen, die in ihrer Heimat bleiben durften, kein Verständnis für die Flüchtlinge aufbringen. Sie sind nicht imstande den Schmerz des Heimatverlustes zu verstehen.

Der Heimatverlust ist umso schmerzlicher, je tiefer die Bindung mit der Heimat ist. Der Schmerz ist jedoch auch durch die äußeren Verhältnisse bedingt; die Einbuße hängt von dem Reichtum ab. Die Größe des Landguts spielt eine Rolle nicht nur bei dem Verlust, der infolge der Kriegsereignisse eintritt, sondern auch bei dem nochmaligen Verlust bei einem Wiedersehen mit der alten Heimat. *"Je größer der Besitz war, desto größer ist auch der Verlust. (…) Soweit die Herrenhäuser stehengeblieben sind, sitzen jetzt statt der Rittergutsbesitzer die Kolchosendirektoren drin."* [671]
Der erneute Verlust der Heimat schmerzt die Betroffenen oft viel mehr als die aufgezwungene Einbuße. Nach dem Krieg leben die Vertriebenen mit der Hoffnung, daß sie

---

[666] Brückner, Die Quints, S. 123.
[667] Ebenda, S. 233.
[668] Ebenda.
[669] Ebenda, S. 107.
[670] Ebenda.
[671] Brückner, Nirgendwo ist Poenichen, S. 307.

ihre Heimat wiedersehen werden. Sie pflegen sie im Gedächtnis und lassen die Häuser, Gärten und Güter nicht verfallen. Mit dem Wiedersehen verfliegt die Hoffnung auf eine glückliche Rückkehr in die Heimat und in die Kindheit. Das Vertriebensein wird dadurch unwiderruflich.

Durch Hoffnung und Sehnsucht getrieben begibt sich Maximiliane *"auf die Suche nach Poenichen"*[672] und reist nach Polen, nach Pomorze, nach Peniczyn. Als sie es findet, stellt sie fest: *"Nichts gibt sich mehr zu erkennen."*[673] In diesem Augenblick verliert sie ihre Heimat abermals, und diesmal ist ihr der Verlust viel bewußter. Die zeitliche Distanz zeigt ihr Werk: die räumlichen Veränderungen. Die Speisekammer, aus der Maximiliane ihre Lebenskräfte schöpfte, *"ist leer"*.[674] Es bleibt ihr nichts anderes als Erinnerungen, die ihren Geist beleben und ihr immer wieder Kraft geben. Der auktoriale Erzähler meint: *"Jetzt wird auch sie seßhaft werden können."*[675] Nach ihrem Besuch in Polen kann Maximiliane seßhaft werden, sie wird es jedoch nicht. *"Seit jener Reise ins ehemalige Hinterpommern hat sie sich verändert. Sie lebt im festen Angestelltenverhältnis im Burg – Hotel Eyckel, dem ehemaligen Stammsitz der Quindts"*.[676] Da Maximiliane spürt, daß sie Poenichen endgültig verloren hat, kann sie sich um ihre Gegenwart und Zukunft kümmern. Sie lebt einige Jahre in der Burg Eyckel, ohne sich dort heimisch zu fühlen. Sie kann keine Wurzeln schlagen, weil sie immer noch in Poenichen wurzelt, deswegen fällt ihr der ständige Ortswechsel leicht. Im Alter sucht sich Maximiliane ein Kloster als ihr Zuhause aus und zieht wieder um. Man merkt, daß sie, nachdem sie ihr Poenichen wiedergesehen hat, oder eher besucht hat, ruhiger geworden ist, zur richtigen Ruhe kommt sie jedoch nicht. Nach der Flucht bleibt sie ihr Leben lang *"eine Heimatlose und Ruhelose"*.[677]

Maximiliane ist eine von vielen Deutschen, die in ihr Kindheitsland reisen. Mit einem Sonderzug begibt sie sich mit vielen anderen Leidensgenossen nach Hinterpommern. Die kollektive Erfahrung bildet den Hintergrund für eine Einzelgeschichte. Die Beschreibung der Heimatreise entsteht aus dem Wechselspiel der individuellen und kollektiven Erfahrung. Maximiliane hört *"wie jetzt von 'Zuhause' gesprochen wird, von Leverkusen und Gelsenkirchen, nicht mehr von Maldewin und Bütow und Rügenwalde, daß man Reiseandenken eingekauft hat (...) man hat alles wiedergesehen, man wird von zu Hause die entwickelten Farbfotos*

---

[672] Brückner, Nirgendwo ist Poenichen, S. 311.
[673] Ebenda, S. 312.
[674] Ebenda, S. 317.
[675] Ebenda.
[676] Brückner, Die Quints, S. 8.
[677] Brückner, Hat der Mensch Wurzeln?, S. 138.

schicken, man wird Pakete schicken, die Maße für die Gardinen hat man sich aufgeschrieben, falls man sie nicht – von früher her – noch im Kopf hat."[678] Die Darstellung der Erlebnisse der anderen Deutschen, die in die Heimat reisen, hebt die Andersartigkeit der Erfahrungen von Maximiliane hervor. Sie scheint sich als einzige mit ihrer Herkunft in einer so tief inneren Art und Weise auseinanderzusetzen. Den anderen Deutschen fällt die Auseinandersetzung viel leichter. Sie haben schon ein neues Zuhause. Obgleich dieses Zuhause mit der Heimat nicht zu vergleichen ist, denn sie fahren erst *"in die Heimat, dann"* fahren sie *"nach Hause."* Sie *"haben beides."*[679] Demnach ist die Wiederbegegnung mit der Heimat ein Verlust und ein Gewinn zugleich. Die Heimat wird verloren und gewonnen in zweifacher Hinsicht. Da man seine Heimat nicht seinen Erinnerungen entsprechend vorfindet, geht sie verloren. Sie wird jedoch nicht vergessen, von dem äußeren Verlust profitiert die Erinnerungskraft des Menschen, so wird der Heimat neues Leben geschenkt. Die Wiederbegegnung mit der Heimat ist ein Gewinn, weil der Verlust dem Menschen den Wert seines jetzigen Zuhauses klar macht.

Christine Brückner hält "Heimat" und "Zuhause" sehr streng auseinander, damit betont sie, daß man nur eine einzige und einmalige Heimat haben kann. In Christa Wolfs "Kindheitsmustern" endet die Heimatreise mit dem Ausruf *"Richtung Heimat."*[680] Diese Aussage relativiert den Heimatbegriff und macht die Heimat zu einer wiederholbaren Erfahrung. Christine Brückner faßt "Heimat" anders auf, in ihren Romanen macht sie deutlich, daß Heimat einmalig ist und daß es ausgeschlossen ist, eine neue Heimat zu haben, nur ein neues Zuhause ist erlaubt.

IX.3.5. Recht auf Heimat

Die Lebensgeschichte der pommerschen Familie *"spiegelt ein Stück Zeitgeschichte."*[681] Obgleich Pommern lange vom Krieg verschont bleibt und man dort lange wie "Gott in Hinterpommern" leben kann, wird auch dieser Landstrich in die Weltgeschichte einbezogen. Pommern wird polnisch, weil Stalin erklärt hatte, *"die alten polnischen Gebiete Ostpreußen, Pommern und Schlesien müßten an Polen zurückgegeben werden. Dieser Satz machte sechs-*

---

[678] Brückner, Nirgendwo ist Poenichen, S. 309 – 310.
[679] Ebenda, S. 310.
[680] Christa Wolf, Kindheitsmuster, S. 437.
[681] Brückner, Die Quints, S. 265.

hundert Jahre deutscher Geschichte null und nichtig." [682] Die Flüchtlinge und die Vertriebenen werden ihres Rechts auf Heimat beraubt und sind dazu gezwungen, sich eine neue Heimat zu suchen. Joachim möchte jedoch nicht als Heimatvertriebener bezeichnet werden, er ist ein Pommer und hat, wie er meint, *"nur über zehntausend Morgen Pommern zu verfügen, deren Erbe er sei. Wenn er damit zur Befriedigung der Welt beitragen könne, sei er bereit, auf dieses irreale Anrecht auf Heimat zu verzichten."* [683] Mit diesem Satz wird das Recht auf Heimat angefochten. Joachim meint aber nicht das Recht auf Heimat als ein Menschenrecht, das ein Grundrecht jedes Menschen ist, sondern ein Recht auf die angestammte Heimat, auf die vererbte Heimat.

Ähnlich wie Edda mit ihren Kindern aus den Statistiken herauswachsen möchte, empfindet Joachim Flucht und Vertreibung, die in Gesprächen unmittelbar mit Verlust in Verbindung gebracht werden, als eine Belastung. Er ist empört und wundert sich, warum *"nicht deutlich erkannt und gesagt"* wird, *"daß die Ostdeutschen wesentlich zum Wiederaufbau des wesentlichen Teiles des zerschlagenen Deutschen Reiches beigetragen haben".* [684] Anstatt immer wieder von Verlust zu reden, sollte man die Vertriebenen als gleichberechtigte Deutsche anerkennen. Die Menschen, die jenseits von Oder und Neiße gelebt haben, dürfen kein Anlaß mehr zu Mitleid sein. Der größte Wunsch dieser Menschen ist es, sich in Deutschland heimisch fühlen zu dürfen. Dieses Gefühl hängt jedoch nicht nur von ihnen ab, denn die Menschen sind füreinander für ihre Heimat verantwortlich.

Um des Friedens willen erklärt sich Joachim bereit, auf sein Pommern zu verzichten. Seine Mutter dagegen zeigt ein Desinteresse gegenüber politischen Fragen. Für sie ist die Heimatfrage eine persönliche Angelegenheit. Trotzdem fährt sie mit ihren Kindern zu einem Pommerntag nach Kassel. Noch im Jahre 1958 nutzen die Frauen den Tag, um nach den vermißten Männern zu suchen. Der Tag der Vertriebenen dient sowohl den persönlichen Begegnungen als auch den politischen Bekanntmachungen, die sich auf das Recht auf Heimat beziehen. *"POMMERN LEBT"* [685] ist der Ausruf dieses Tages und aller folgenden Pommerntage. Das gleiche Schicksal verbindet die Menschen und gibt ihnen das Gefühl der Zusammengehörigkeit. In Maximiliane kommt jedoch das Gefühl *"der Zugehörigkeit und Geborgenheit unter Menschen des gleichen Schicksals (…) nicht auf".* [686] Obwohl Maximiliane nicht entschädigt werden möchte, sondern wie andere

---

[682] Brückner, Nirgendwo ist Poenichen, S. 26.
[683] Brückner, Die Quints, S. 292.
[684] Ebenda, S. 293.
[685] Brückner, Nirgendwo ist Poenichen, S. 178.
[686] Ebenda, S. 190.

Pommern in ihre Heimat zurückkehren will, fühlt sie sich unter den Vertriebenen fremd. Die politischen Erklärungen sind ihr fern, für sie ist Heimat ein Teil der privaten Geschichte und nicht der Weltgeschichte.

Merkwürdigerweise bleiben die Gutsbesitzer und die adligen Pommern der Poenichen-Romane solchen Heimattreffen fern, wenngleich sie die größten Ansprüche auf das Recht auf Heimat haben. Sie scheinen, ähnlich wie Joachim, um des Frieden willen auf ihren Besitz verzichtet zu haben. Bei diesen Treffen kommen hauptsächlich diejenigen Pommern zusammen, die bis zum Kriegsende auf einem Gut arbeiteten und selbst kein Land besaßen.[687] Sie berufen sich auf ihre Rechte und möchten die Wiedervereinigung Deutschlands und Pommerns. Von den Pommern unbemerkt ändert sich die Stellung der Bundesrepublik Deutschland zur Heimatfrage. Die Menschen merken nicht, daß seitens der Regierung *"aus der vor kurzem 'geforderten' inzwischen nur noch eine 'erstrebte' Wiedervereinigung geworden war."*[688] Die Pommern selbst verlangen, daß *"ihnen und ihren Kindern die Rückkehr in die alte angestammte Heimat ermöglicht wird."*[689] Von der Regierung werden jedoch diese Ansprüche nicht ernst genommen. Die Minister, die zu solchen Treffen eingeladen werden, reisen vom Pommerntag zum Schlesiertag und sagen allen Vertriebenen das gleiche.

Nur eine kleine Gruppe der Pommern ist imstande zu erkennen, daß Heimat kein angestammtes Eigentum ist, das von Generation zu Generation weitergegeben wird, ungeachtet dessen, ob dieses Land den Kindern wirklich eine Heimat ist. Jahrzehnte später verkünden die Pommern dieselben Forderungen wie vor Jahren: *"'Recht auf Heimat', 'Sehnsucht nach Wiedervereinigung', 'die verlorenen Ostgebiete werden ein Teil eines künftigen Europas werden.'"*[690] Maximilianes Enkel, der in Schleswig – Holstein sein Zuhause hat, zeigt großes Interesse für die Vertriebenenproblematik. Er ist ein Beispiel für das Weitergeben der Forderungen auf angeborene Heimat, nicht der Heimat selbst.

---

[687] Vgl. dazu: Brückner, Nirgendwo ist Poenichen, S. 178.
[688] Brückner, Nirgendwo ist Poenichen, S. 178.
[689] Ebenda.
[690] Brückner, Die Quints, S. 300.

IX.3.6. Auf der Spur von Heimat

Die in die Heimat Reisenden suchen in der Gegenwart die Vergangenheit. Maximiliane ist nach Polen gekommen, nicht nur um Poenichen zu finden, sondern die ganze Welt ihrer Kindheit. Zu dieser Welt gehört auch Kolberg und diese Frau ist in Kołobrzeg, *"um das alte Kolberg zu finden."* [691] Der Blick des fließenden Wassers läßt Maximiliane merken, daß alles fließt, auch die Zeit, daß nichts so bleibt wie es einmal war. Die Begegnung mit Kolberg bereitet sie auf die viel wichtigere Begegnung mit Poenichen vor. Obwohl Maximiliane am Anfang ihrer Begegnung bemerkt: *"Nichts gibt sich mehr zu erkennen"* [692], findet sie sich in der Landschaft ihrer Kindheit zurecht und sieht gewisse Ähnlichkeiten der Gegenwart mit der Vergangenheit. Sie kann sich nur auf die Natur verlassen, *"sie geht weiter und steht unvermutet am Ende des Parks, wo die Akazien seit jeher blühten und auch jetzt wieder blühen."* [693] Die Natur ist auch verläßlicher als die Gedächtnisbilder, weil die Maße der Erwachsenen mit denen der Kinder nicht übereinstimmen, deswegen steht Maximiliane *"unvermutet am Ende des Parks".*

Sie gibt auf ihrer Spurensuche nicht auf, obgleich sie das Herrenhaus nicht finden kann, *"nicht einmal dessen Trümmer."* [694] Sie verläßt sich auf ihr aufgehobenes Bild von Poenichen, auf der Suche können ihr leider ihre Augen nicht helfen, weil die Veränderungen so tiefgreifend sind. *"Und dann sind es nicht ihre Augen, sondern ihr Fuß ist es, der, daranstoßend, das zerborstene Stück einer Säule entdeckt."* [695] Auf dem Gut, auf dem sie aufgewachsen ist, kann sie ihre Heimat nicht finden. Sie kann nicht einmal vergleichen, weil die Zerstörung endgültig ist. Der Zusammenstoß der Wirklichkeit mit der Vergangenheit löst die äußere Heimat auf, er verlagert den Begriff in den geistigen Bereich.

Eine Reise in die Heimat kann zu einer tiefen Auseinandersetzung mit dem eigenen Dasein werden. Am Beispiel einer "Krankheit" – Fingernägelkauen – zeigt Christine Brückner die Bedeutung des Wiedersehens mit dem Kindheitsland für die Psyche des Menschen. Lange bleibt der Grund dafür, daß Maximiliane an ihren Fingernägeln kaut, unbekannt. Die Ursache dieser Reaktion auf die Außenwelt wird *"im Dickicht des ehemaligen Parks"* [696], in Peniczyn aufgedeckt, denn da *"hat sie zum letzten Mal an ihren Nägeln ge-*

---

[691] Brückner, Nirgendwo ist Poenichen, S. 308.
[692] Ebenda, S. 312.
[693] Ebenda.
[694] Ebenda.
[695] Ebenda.
[696] Brückner, Die Quints, S. 8.

kaut. Danach nie wieder." [697] Mit dem einfachen Bild weist die Schriftstellerin auf die Bedeutung einer Reise in die Welt der Kindheit hin. Fingernägelkauen ist eine Kinderkrankheit, die ihre Ursache tief im Inneren hat. Demnach ist Maximiliane bis zu dem Wiedersehen mit der Heimat ein Kind geblieben, das nur in einem Traum von einer heilen Welt gelebt hat. Die Tatsache, daß sie es nie wieder macht, deutet ihr Erwachsensein an. Obwohl diese Frau aus ihrem Paradies vertrieben worden ist, hat sie dieses Paradies innerlich nie verlassen, sie hat es vielmehr zu einer Wirklichkeit gemacht, die sie unbedingt erreichen und erleben wollte. Da sie in der imaginären Wirklichkeit gelebt hat, konnte sie sich nirgendwo Zuhause fühlen. Erst jetzt erkennt Maximiliane die Grenze, die zwischen Realität und Phantasie liegt.

Als einer der Enkel von Maximiliane nach Poenichen fahren will, warnt sie ihn, *"daß er nichts finden wird."* [698] Es ist interessant, daß ein Jugendlicher, der eine Heimat hat, sich auf eine Reise in die Heimat seiner Großmutter einläßt. Wahrscheinlich verspricht er sich von der Reise nichts als Abenteuer, denn man kann nicht davon ausgehen, daß Maximiliane ihm ihre Heimat vererbt hat. Trotzdem zeigt sich der Junge während eines Pommerntages als ein Pommer, der auf sein Recht auf die angestammte Heimat pocht. Auf die Idee ihres Enkels reagiert Maximiliane gelassen, so wie sie schon immer auf alle Ereignisse reagiert hat. Sie erteilt *"bereitwillig alle Auskünfte"* [699], skizziert eine Karte und schließt ihre Hinweise mit den Worten: *"Ich weiß es nicht mehr. Sag ihm, er muß es suchen."* [700] An dieser Stelle ist man verleitet zu denken, daß Maximiliane es wirklich nicht weiß. Das Gespräch zeigt jedoch eher ihr Desinteresse gegenüber dem, was ihr Enkel vorhat. Nach ihrer Reise nach Polen interessiert sich Maximiliane nicht mehr für dieses Land, für ihr Kindheitsland. Sie läßt ihre Heimat nur in ihrem Inneren leben, ohne irgendwelchen Wirklichkeitsbezug.

Die Natur scheint alle Veränderungen überleben zu können, nicht nur politische und territoriale Veränderungen, sondern auch diejenigen, die mit dem Fortschritt zu tun haben. Joachim, der nach der Flucht aus Pommern seine Jugendzeit in Marburg verbrachte, kommt in die Stadt seiner Jugend. Während dieser Begegnung sucht er *"nach dem Fußweg am Ufer der Lahn und fand ihn nicht. Er ging über Brücken, die er nicht kannte, verlief sich am Ortenberg, wo er lange gewohnt hatte, (...). Das Behelfsheim der Quints war längst abgerissen, nur*

---

[697] Brückner, Die Quints, S. 8.
[698] Ebenda, S. 298.
[699] Ebenda.
[700] Ebenda, S. 299.

die japanischen Kirschbäume, (...) hatten alle Veränderungen überlebt." [701] Joachim läßt sich von den Unterschieden zwischen der Wirklichkeit und seinen Gedächtnisbildern nicht beunruhigen. Er fühlt sich sogar *"durch das Wiedersehen mit der Stadt seiner Jugend belebt".* [702] Obwohl er die Stadt seiner Jugend nicht mehr findet und ihm diese Stadt von heute fremd vorkommt, reagiert er bei dieser Begegnung anders als seine Mutter beim Wiedersehen mit Hinterpommern. Die unterschiedliche Reaktion ist wahrscheinlich weniger in dem Generationunterschied begründet. Sie liegt vielmehr darin, daß Joachim sich durch diese Begegnung mehr zu Poenichen, zu seiner wirklichen Heimat hingezogen fühlt. Als siebenjähriges Kind hat Joachim mit seiner Mutter und seinen Geschwistern Hinterpommern verlassen. Erst als erwachsener Mann vermag er die wirklichen Wurzeln seines Lebens zu erkennen und anzuerkennen. Von nun an *"verstärkte sich sein bisher wenig ausgeprägtes Gefühl, aus Pommern zu stammen."* [703]

IX.3.7. Heimat – geistige Nahrung

Die Auflösung der Heimat als einer Kategorie, die sich nur auf die Außenwelt bezieht, trifft bei den Vertriebenen mit dem Wiedersehen mit dem Kindheitsland zusammen. Maximiliane meint, als sie ihr Gut wiedergefunden hat, daß ihre Speisekammer leer sei. Wie erwähnt, löst die Wiederbegegnung mit dem Kindheitsland die äußere Heimat auf, deswegen behauptet sie, daß Poenichen nicht mehr ihre geistige Nahrung sein kann. In dem Augenblick, in dem sie ihre Heimat in Pommern nicht mehr erleben darf, werden ihre aufgehobenen Bilder zu einer Erinnerung. Vorher bedeuten die bewahrten Bilder für Maximiliane die Wirklichkeit. Sie glaubt über 30 Jahre an Poenichen und daran, daß dieser Ort nicht den Einflüssen der Zeit und der Welt unterliegt. Sie träumt und hofft, ihre Heimat unverändert vorzufinden, deswegen lebt sie wie in einem Traum und beim Erwachen erwartet sie, wieder in der heilen Welt der Kindheit zu sein. Als sie keine Übereinstimmungen zwischen der Vergangenheit und der Gegenwart findet, kann sie sich an ihre Heimat nur erinnern und sie wirklich verinnerlichen. Bis jetzt gelingt es ihr nicht, die Wirklichkeit und die Imagination auseinanderzuhalten. Der nochmalige Verlust beim Wiedersehen stellt bei Maximiliane den wirklichen Anfang der geistigen Heimat dar.

---

[701] Brückner, Die Quints, S. 140 – 141.
[702] Ebenda, S. 142.
[703] Ebenda, S. 151.

Wenn auch Maximiliane ihre Speisekammer als leer betrachtet, bezieht *"sie, geistig, von dorther noch immer ihre Nahrung"*.[704] Um bei einer räumlichen und zeitlichen Entfernung von Poenichen die geistige Lebenskraft empfangen zu können, braucht Maximiliane ihr Erinnerungsvermögen. Die reichen Erlebnisse der Kinderjahre und die geistige Verbundenheit mit Pommern bilden eine Quelle der Erinnerungen. Auch nach ihrer Reise *"legte Maximiliane auf alle Erinnerungen an Poenichen Wert."*[705] Das pommersche Gut führt immer noch ein eigenständiges Leben in ihrem Gedächtnis. Maximilianes Auseinandersetzung mit sich selbst verwandelt jedoch die aufgehobenen Bilder, die sie mit der Wirklichkeit verwechselte, in Erinnerungen. Vorher sprach sie von Poenichen als von etwas Realem, jetzt hat sie Erinnerungen an die Welt ihrer Kindheit. Auf diese Weise ist Pommern unverlierbar. Es kann als Kultur- und Gedankengut weitergegeben werden. Dementsprechend erweisen sich die Worte: *"Es kommt ganz auf die Erbmasse an"*[706] als wahr.

Die Erbmasse ist sowohl als vererbbare Fähigkeiten und Eigenschaften als auch als geistige Hinterlassenschaft zu verstehen. Das Erbgut wird oft in erster Linie mit der genetischen Anlage eines Menschen in Verbindung gesetzt. Die Bedeutung dieses Erbguts heben die Poenichen-Romane hervor. Maximiliane sagt zu ihrem Großvater: *"Du wirst in deinen Enkeln weiterleben!"*[707] Das Leben wird weitergegeben, um dem ewigen Wechsel von Nehmen und Geben, von Leben und Tod seine Dauer zu gewähren. Maximiliane denkt sich, *"irgendwo stirbt jemand, seine Seele wird frei und sucht einen neuen Platz"*.[708]

Die genetische Veranlagung eines Menschen bleibt ihm selbst und der Außenwelt oft unbewußt. Christine Brückner scheint der Frage nach der Gewichtung des genetischen Erbguts eines Menschen und seiner Sozialisation für die Heimaterfahrung nachzugehen. Wie erwähnt, entscheidet sie schon am Anfang ihrer Romane, daß die Erbmasse der Sozialisation überlegen ist. Maximiliane glaubt an die Kraft der erblich bedingten Wesensart ihrer Kinder, denn *"alles vererbt sich, aber nicht immer an den Richtigen."*[709] Der Leser bekommt jedoch keine klare Antwort. Es stellt sich heraus, daß es schwierig ist, zu entscheiden, in welchem Maße das menschliche Verhalten durch die genetische Anlage und in welchem Maße es durch die Erziehung bedingt ist. Die beiden prägenden Kräfte üben in ständigem Wechsel ihren Einfluß auf den Menschen aus. Im letzten Teil des

---

[704] Brückner, Nirgendwo ist Poenichen, S. 149.
[705] Brückner, Die Quints, S. 115.
[706] Brückner, Jauche und Levkojen, S. 25.
[707] Ebenda, S. 248.
[708] Ebenda, S. 248.
[709] Brückner, Nirgendwo ist Poenichen, S. 234.

Romanzyklus wird festgestellt, daß Maximiliane *"durch Umwelt und Erziehung (...) eine echte Quint geworden"* [710] ist. Der Versuch, zu zeigen, daß es ganz auf die Erbmasse ankommt, scheitert an dieser Stelle. Der Gedanke kann nur gerettet werden, wenn man unter "Erbmasse" sowohl das geistige Erbe als auch die genetische Anlage versteht. *"Es kommt ganz auf die Erbmasse an"* [711], die ganze Erbmasse besteht jedoch nicht nur aus der vererbbaren Anlage, sondern auch aus der geistigen Hinterlassenschaft. Joachims Vorfahren konnten ihm *"ihren Grundbesitz im Osten nicht vererben, statt dessen haben sie"* ihm *"eine Reihe von Grundsätzen vererbt."* [712] Eindeutig bekommt er für sein Leben keine äußere Heimat als Mitgift, sondern eine innere. Die geistige Heimat, die Grundsätze seines Lebens sind seine Erbmasse, die er wahrscheinlich durch die Erziehung an seine Kinder weitergeben wird.

Horst Bienek bezeichnet Heimat als Kindheit, Christine Brückner tut das nicht. Die Art und Weise, in der Heimat dargestellt und charakterisiert wird, überzeugt jedoch davon, daß Heimat und Kindheit identisch sind. Kindheit und Heimat sind der Anfang des menschlichen Lebens, als solche bilden sie auch den Mittelpunkt im Leben jedes einzelnen. Deswegen kann man Heimweh als Sehnsucht nach der Kindheit betrachten. Dieses Gefühl verspürt Maximiliane auch nach ihrem Besuch in Pommern. Obwohl sie nicht mehr in der imaginären Welt ihrer aufgehobenen Bilder lebt, kommen immer wieder Augenblicke, in denen sie das Gefühl der Geborgenheit und des "Kindseins" vermisst. *"Auch sie"* Maximiliane, eine Erwachsene, *"hatte Heimweh."* [713]

Weder der Krieg noch ein Wiedersehen mit der Heimat sind imstande, die Liebe zur Heimat zu mindern. Maximiliane liebt ihre Heimat nach wie vor, diese Liebe ist von einer Dauer, die sich mit nichts anderem in ihrem Leben vergleichen läßt. Der alte Quindt entscheidet sich auch für sein Poenichen, das ihm wichtiger und wertvoller als das eigene Leben ist.

Ein polnisches Mädchen, das auf dem pommerschen Gut Haus- und Kindermädchen war, folgt der Liebe zu einem Mann und flieht mit ihm nach Frankreich. Dennoch kann die Liebe zu diesem Menschen der Liebe zur Heimat nicht standhalten. Anja bekennt, *"daß aber die Liebe zu Polen doch stärker sei als die zu Claude und sie jetzt nach Hause zurückkehren wolle."* [714] Demnach ist Heimat für Anja eine Kraft, der sie nicht entkommen kann

---

[710] Brückner, Die Quints, S. 113.
[711] Brückner, Jauche und Levkojen, S. 25.
[712] Brückner, Die Quints, S. 268.
[713] Ebenda, S. 53.
[714] Brückner, Nirgendwo ist Poenichen, S. 69.

und die Verbundenheit mit der Heimat erweist sich allen menschlichen Beziehungen als überlegen.

IX.3.8. Heimat – Wurzel des Lebens

Die Bäume werden in den Poenichen-Romanen häufig als Sinnbild für menschliches Leben benützt. Die Menschen, die in einer idyllischen Landschaft aufgewachsen sind, werden als Naturkinder betrachtet. Sie bilden ein Beispiel für die Wechselwirkung zwischen der Natur und den Menschen. Maximiliane findet immer wieder Analogien zwischen dem menschlichen Leben und den Bäumen. *"Wenn man alt ist, alt genug,"* meint sie, *"dann sollte man stehenbleiben und Wurzeln schlagen. Als Baum sollte man noch eine Weile weiterleben und nicht gleich unter die Erde müssen und mit einem Stein beschwert werden."* [715] Das "Wurzelnschlagen" hängt nicht mit dem Alter einer Person zusammen, sondern mit der inneren Verbundenheit mit ihrem Land. Durch die Kriegsereignisse werden die Pommern der Poenichen-Romane gezwungen, sich von dem eigenen Ursprung zu lösen. Sie können in ihrer Erde keine Wurzeln schlagen, sie müssen ihre Erde verlassen, dies lastet auf ihren Seelen.

Zeit und Alter scheinen jedoch für die innere Verbundenheit nicht allein entscheidend zu sein. Maximilianes *"Wurzeln stecken in Pommern"*,[716] obwohl sie da weniger als die Hälfte ihres Lebens verbracht hat. Für die innere Verbundenheit mit der Heimat ist nicht nur die Zeit und die Landschaft ausschlaggebend, sondern die Intensität der Heimaterfahrung. Maximiliane weigert sich woanders Wurzeln zu schlagen, und gegenüber einem Pfarrer meint sie, sie sei kein Baum, deswegen könne sie überhaupt keine Wurzeln schlagen. Ein Mensch hat keine Wurzeln, man kann ihn auch nicht "umpflanzen", weil er nur einen einzigen Ursprung haben kann. An einer anderen Stelle jedoch gibt Maximiliane ihrem Sohn gegenüber zu, daß sie Wurzeln statt Beine hat, und sie hofft, daß ihre Kinder Beine haben.[717]

Das Leben dieser Frau wird im letzten Teil des Zyklus in einem Traum zusammengefaßt. Joachim träumt von seiner Mutter und erzählt ihr: *"dir wuchsen Wurzeln. Ich sah in die Erde hinein und sah, wie diese Wurzeln in die Tiefe drangen und kräftiger wurden, und*

---

[715] Brückner, Jauche und Levkojen, S. 248.
[716] Ebenda, S. 313.
[717] Vgl. dazu: Brückner, Nirgendwo ist Poenichen, S. 185.

oben, über der Erde, schrumpftest du." [718] Auf dem pommerschen Gut Poenichen empfindet Maximiliane die Urgefühle und gleichzeitig wachsen ihr Wurzeln. Die Flucht und die darauf folgende jahrelange Suche nach einem Zuhause kann ihre Wurzeln nicht ausreißen, der Mittelpunkt ihres Lebens bleibt immer Pommern. Daran kann weder der Krieg noch die Sorge für ihre Kinder, noch die zeitliche Distanz etwas ändern. Auch die Wiederbegegnung mit der Heimat vermag Maximilianes Wurzeln nicht herauszureißen. Alle diese Erfahrungen tragen sogar zu der Stärke der inneren Verbundenheit bei, so daß Maximilianes Dasein außerhalb des heimatlichen Einflusses zu schrumpfen beginnt.

Als Maximiliane den Traum ihres Sohnes hört, gesteht sie, daß sie nicht mehr weiß, ob die Heimat im Leben eines Menschen tatsächlich so wichtig ist. *"Der alte Quindt hat immer gesagt: 'Ein Stück pommersche Erde, das ist auch was.' Aber jetzt denke ich, ob es nun pommersche Erde ist oder diese hier, Sandboden ist überall leicht. Vielleicht ist das alles gar nicht so wichtig."* [719] Es läßt sich daraus schließen, daß Maximiliane an ihrem Lebensweg zweifelt. Sie stellt ihre Sehnsucht, ihre ständige Suche nach Heimat und ihre Flucht in Frage. Ihr Leben zeigt jedoch das Gegenteil, die Heimat ist Anfang und Ende, Inhalt und Ziel ihres Lebens.

IX.4. Christine Brückners wahre Heimat

IX.4.1. Heimat – der Raum der Kindheit

Die Schriftstellerin Christine Brückner hält sich für eine "erschriebene Pommerin". Sie ist keine Heimatvertriebene, sie ist nicht jenseits der Oder und Neiße aufgewachsen. Das Thema des deutschen Ostens und der Vertreibung drängt sich ihr auf und sie setzt sich mit ihm auseinander. Wenn man erfährt, daß die Autorin der Poenichen–Romane ihre Heimat im Sinne der Flüchtlinge nicht verloren hat, stellt sich die Frage, wo die Heimat von Christine Brückner ist und was für sie Heimat bedeutet. Ihre Ansichten sind wohl in die Romane eingeflossen, wie sie jedoch persönlich zu diesem Thema steht, kann man aus den verschiedenen autobiographischen Texten der Schriftstellerin erfahren.

Innerhalb einiger Jahre erlebt die Autorin viele verschiedene Wohnorte: Kassel, Halle, Marburg, Stuttgart, Nürnberg, Krefeld, Düsseldorf. Als Heimat bezeichnet sie aber nur einen einzigen Ort: Waldeck, den Ort ihrer Geburt und ihrer Kindheit. In die-

---

[718] Brückner, Die Quints, S. 302.
[719] Ebenda.

sem Dorf ist ihr *"Urvertrauen zugewachsen, das nur ein anderes Wort ist für Gottvertrauen."* [20] Der Ort, in dem Christine Brückner geboren wurde, ist ihr *"Nährboden"*.[21] Das Urvertrauen, das sie in ihrer Heimat erfahren darf, wird zu einem Ort der inneren Geborgenheit, auf die sie ihr Leben lang zurückgreifen kann. Christine Brückner hebt Heimat als eine geistige und zutiefst innere Erfahrung hervor, die mit der Außenwelt wenig zu tun hat.

"Dort" hat sie *"laufen und sprechen und schreiben gelernt: das Wichtigste."* [22] Da, wo man zuerst die Welt erblickt und sie langsam wahrnehmen lernt, ist Heimat. Heimat hängt unmittelbar mit der Kindheit zusammen, denn "dort" kann man sowohl als einen Ort als auch als einen Zeitraum verstehen. Mit der Heimat verbindet man jedoch den Ort, sie ist ein Ausdruck für den Raum, in dem man die Kindheit erlebt hat. Daher ist Heimat der Erlebnisraum der Kindheit, oft wird auch für "Heimat" der Ausdruck "Kindheitsland" bedeutungsgleich verwendet. Die Bezeichnung "Kindheit" hat eine zeitliche Dimension, so wird eine Phase des menschlichen Lebens bezeichnet. Laufen, sprechen und schreiben lernt man in der Kindheit und in der Heimat. Die zeitliche Spanne der Kindheit kann kaum unterbrochen werden, das kann nur in Verbindung mit den das Leben erschütternden Ereignissen geschehen, die den Menschen allzu schnell in die erwachsene Welt hineinführen. Die räumliche Dimension kann viel schneller, auch innerhalb der Kindheit, unterbrochen werden. In diesem Fall besteht die Heimat aus verschiedenen Bildern der einzelnen Orte, die man in seiner Kindheit erlebt hat.

IX.4.2. Heimat in der Fremde

Für Christine Brückner ist es *"keine Frage: Das ist meine Heimat, ein Dorf mit nur 400 Einwohnern, wenige Kilometer von der ehemaligen Residenzstadt Arolsen entfernt"*.[23] Es hat keinen Einfluß auf die Heimaterfahrung, wie viele Orte man als Erwachsener erleben mag. Der Raum der Kindheit übt einen Einfluß auf das Menschenleben aus, der das Bewußte und Unbewußte eines Menschen gestaltet. Heimat ist der Raum, in dem man die Welt und ihre Größenordnung kennenlernt. Durch die Sozialisation wird das Kind mit den ethischen oder religiösen Werten vertraut gemacht. In der Kindheit und in der Heimat bildet

---

[20] Brückner, Hat der Mensch Wurzeln?, S. 21.
[21] Ebenda.
[22] Ebenda, S. 41.
[23] Ebenda, S. 41.

sich die Wertordnung des Menschen aus. Deswegen wird die Heimat und damit auch die Kindheit als Mittelpunkt des Lebens bezeichnet. Daher überrascht Christine Brückners Heimatauffassung, wenn sie meint, daß sie sich *"für die Dauer von einigen Wochen oder Monaten"* [724] eine neue Heimat aussucht.

Einerseits hält die Schriftstellerin ihren Geburtsort für ihre Heimat, andererseits erfährt sie ein heimatliches Gefühl überall dort, wo sie sich wohl fühlt. In diesem Sinne kann die ganze Erde dem Menschen Heimat werden. Auf diese Art und Weise löst die Schriftstellerin die Enge und die Beschränktheit der heimatlichen Welt auf. *"Heimat halte ich für ein Gefühl, einen Gedanken, mit dem ich mich auseinandersetzen muß; ein Begriff, der mir das Herz erwärmt, aber nicht den Kopf verwirrt."* [725] Ein Gefühl und ein Gedanke können nur von innen kommen, sie können in freien und demokratischen Ländern nicht von außen aufgezwungen werden, obwohl sie durch die Bilder der äußeren Welt hervorgerufen werden. Ein Bild oder ein Duft kann den Menschen zurück in seine Kindheit und in seine Heimat versetzen: *"Später, als ich in Italien reiste, holte mich in den Kirchen der warme Lilienduft für glückliche Augenblicke in den Pfarrgarten."* [726] Wenn die menschliche Seele so frei ist, daß sie die Ähnlichkeiten mit der Heimat und nicht die Unterschiede sucht, kann sie überall Heimat erleben. Die heimatlichen Düfte und Geräusche sensibilisieren und fördern die Wahrnehmungskraft des Menschen. Christine Brückner ist imstande, den Ton einer Cis–Glocke *"aus allen Glocken der Welt (...) bis hin nach Bethlehem"* [727] herauszuhören, denn aus der Heimat stammt das Wahrnehmungsvermögen und die Sensibilität des Menschen.

Man merkt bei Christine Brückner eine gewisse Leichtigkeit im Umgang mit der Heimatproblematik, die darin begründet ist, daß sie keine Heimatvertriebene ist. Deswegen fällt es ihr leichter als den Menschen, die ihre Heimat durch Flucht oder Vertreibung verloren haben, sich mit dem Thema der Heimat und der Vertreibung auseinanderzusetzen. Maximiliane, die Romanfigur der Poenichen–Romane, *"hatte Poenichen verloren, ihre Heimat im Osten; ich hatte weniger verloren, ein zerstörtes Elternhaus, was zählte das schon?"* [728] Ein zerstörtes Haus ist mit einem Heimatverlust nicht zu vergleichen, obwohl beides einen Verlust darstellt. Was die beiden Verluste voneinander unterscheidet, ist das Ausmaß der Einbuße. Mit Heimat ist die ganze Welt der Kindheit gemeint, ein Haus bedeutet dagegen nur einen Teil dieser Welt. Der Heimatverlust, wie ihn die Vertriebenen erleben,

---

[724] Brückner, Hat der Mensch Wurzeln?, S. 42.
[725] Ebenda, S. 43.
[726] Brückner, Ständiger Wohnsitz, S. 205.
[727] Brückner, Hat der Mensch Wurzeln?, S. 178.
[728] Ebenda, S. 80.

wird durch die politischen Zusammenhänge gesteigert, weil in der Heimat der Ostpreußen, der Schlesier und der Pommern jetzt nicht nur eine andere Sprache gesprochen wird, sondern weil diese Gebiete nicht mehr zu Deutschland, sondern zu Polen gehören.

Christine Brückner mußte zwar *"fort aus dem Dorf, wo"* sie *"alle Menschen kannte und wo alle"* sie *"kannten"* [29], sie bezeichnet dieses Dorf jedoch nicht als ihr Dorf, weil sie *"nicht mehr in dieses Dorf"* [30] gehört. Das Gefühl der Zugehörigkeit kann nur dann aufsteigen, wenn man wiedererkennt und was noch wichtiger ist, wenn man wiedererkannt wird. Wiedererkennen kann man sowohl die Landschaft als auch die Menschen, die in dem Geburtsort leben. Wiedererkannt kann man dagegen nur von Menschen werden. Daher hängt das Erleben der Heimat unmittelbar von der Erfahrung der menschlichen Nähe ab. Die Schriftstellerin hat in dem Dorf nicht nur lesen und sprechen gelernt, sie kannte in dem Dorf Menschen, die ihr das Gefühl der Geborgenheit und der Zugehörigkeit geben konnten. Die Wechselwirkung bestimmter Elemente ist in der Heimaterfahrung von großer Bedeutung; diese Korrelation kann nur im Hinblick auf menschliche Bindungen zustande kommen. 1960 zieht die Schriftstellerin nach Kassel und bezeichnet diesen Ort als ihren ständigen Wohnsitz. Zum Umzug nach Kassel fühlt sich Christine Brückner durch *"das Angebot an Natur, (...) das Angebot an Kultur"* bewogen, sie meint jedoch, daß *"wichtiger als beides sind die Freunde, die uns hier halten."* [31]

IX.4.3. Heimat – Ursprung und Rückhalt des Lebens

Christine Brückner hebt bei ihrer Heimatauffassung ein Phänomen hervor: die Veränderung des Menschen. Die Schriftstellerin sagt: *"Meine Heimat kann sich sehen lassen, alles stimmt hier noch, nur: ich stimme nicht mehr, ich 'habe mein Dorf verwachsen', so wie ein Kind aus seinem Kinderkleid herauswächst."* [32] Außer Zweifel bleibt, daß die Landschaft und die Stätten der Kindheit sich durch den industriellen Fortschritt ständig verändern. Viel wichtiger sind jedoch die Veränderungen, die den Menschen selbst betreffen. Das Erwachsenwerden hängt mit einem Neubeginn zusammen. Ein Erwachsener wird durch die Einflüsse der Außenwelt und durch die Interaktion mit anderen Menschen weiterhin erzogen. In der Kindheit hat der Mensch jedoch Konturen und Form bekommen. Die

---

[29] Brückner, Hat der Mensch Wurzeln?, S. 73.
[30] Ebenda, S. 116.
[31] Ebenda, S. 126.
[32] Ebenda, S. 178.

erlebten Ereignisse prägen den Menschen, und wenn er seine alte Heimat besucht, dann ist nicht nur die Landschaft diejenige, die sich verändert hat, sondern auch der Mensch ist inzwischen ein anderer geworden. Diese Tatsache wird häufig von den Heimatvertriebenen außer acht gelassen. Ihr Blick ist bei einer Reise in die Heimat hauptsächlich nach außen gerichtet. Die Wunde des Lebens, die durch Flucht und Vertreibung entstanden ist, läßt sie im Augenblick des Wiedersehens die innere Wandlung, die sie in ihrem Werdegang durchgemacht haben, nicht bemerken. Sie sind von den äußeren Unterschieden überwältigt und sehen über ihr verändertes Selbst hinweg.

Häufig schreibt man jeder Liebe, auch der Heimatliebe, Blindheit zu. Die innere Verbundenheit mit dem Land der Kindheit läßt die Menschen das wahre Bild ihrer Heimat nicht sehen. Mit der Zeit wird der Ort, den man verlassen hat, zu einem Wunderland. Die zeitliche Distanz regt das menschliche Gedächtnis zu Verschönerungen an. Man möchte die heile Welt der Kindheit zu einem Paradies erheben. Dennoch betrachten die Menschen ihre Heimat auch mit einem kritischen Blick. *"Wo die Erinnerung die Vergangenheit vergoldet hatte, was sie so gern tut, zeigte sich beim zweiten, kritischen Blick, daß es sich nicht um Gold, sondern um Dublee handelte."* [733] Horst Bienek meint, daß *"der erste Blick tötet"* [734], dieser Blick tötet den Traum von dem Wunderland, der durch die zeitliche Entfernung entstanden ist und man *"braucht den zweiten Blick, um zu begreifen."* [735] Aus Angst vor dem vernichtenden Blick sträuben sich viele Menschen ihre verlorene Heimat zu besuchen. Sie möchten die Erinnerung unversehrt bewahren. Der erste Blick, der ihr "Wunderland" zunichte macht, erschüttert die Besucher und sie warten nicht ab, sie lassen den zweiten Blick, der ihnen zu begreifen hilft, nicht zu.

Christine Brückner betrachtet die Heimatliebe als etwas Positives: *"Die Liebe macht nicht blind, auch nicht die Liebe zu der Stadt, in der man ein Kind war, sie schärft eher den Blick, sucht zu verteidigen und ihrerseits den rechten Maßstab anzulegen."* [736] Die Schriftstellerin schreibt dem liebevollen Blick die Schärfe der Wahrnehmung zu und die Fähigkeit, die Welt in den richtigen Proportionen zu sehen. Der erste Eindruck bei einem Wiedersehen vernichtet das Paradiesische der Heimat, aber nicht die Heimat selbst. Deswegen macht die Liebe zu dem Land der Kindheit nicht blind, sondern sie ruft das wirkliche Bild dieses Landes wieder ins Leben. Die Erinnerungen, die die Vergangenheit vergoldet haben, werden revidiert und richtiggestellt.

---

[733] Brückner, Hat der Mensch Wurzeln?, S. 121.
[734] Bienek, Birken und Hochöfen. Eine Kindheit in Oberschlesien, S. 5.
[735] Ebenda.
[736] Brückner, Hat der Mensch Wurzeln?, S. 103.

Man kann nur dem Äußeren der Heimat entwachsen, der innere Gehalt bleibt dem Menschen erhalten. Heimat ist zwar Mittelpunkt des menschlichen Lebens, sie ist aber nicht das Leben selbst. Deswegen kann sie dem Menschen nur einen Rückhalt in der Welt bieten, sie selbst kann nicht zur ganzen Welt werden. Man wächst aus der Heimat heraus. In ihren Romanen vergleicht Christine Brückner den Menschen mit einem Baum. Dieses Gleichnis ist für die Heimatverbundenheit sehr passend. Heimat ist die Wurzel und der Ursprung des menschlichen Daseins. Der Mensch schöpft aus dieser Quelle die Kräfte für sein Leben, trotzdem bleibt er nicht bei dem Ursprung, sondern er entwickelt sich weiter. Die Werte, die ihm in der Heimat zugewachsen sind, bleiben ein Leben lang seine Anhaltspunkte. Nur eine fanatische Heimatliebe kann die Welt überschatten, sie wird für die Beschränktheit und den Fremdenhaß verantwortlich gemacht, dann wird Heimat zur geheiligten Enge, *"in der man sich unvermeidlich seine Erwähltheit bestätigen muß, mit einem gehobelten Brett vor dem Kopf."* [737]

IX.4.4. Zerstörte Heimat

Als Kind zieht Christine Brückner mit ihrer Familie nach Kassel, wo ihre Eltern ein Haus gebaut haben. Der Umzug ändert jedoch nichts an ihrem Heimatgefühl, ihre Heimat bleibt nach wie vor Waldeck. Wie erwähnt, kommt die Schriftstellerin 1960 nach Kassel zurück. Sie weigert sich aber zu sagen, daß sie in ihre Vaterstadt zurückgekehrt ist. *"Ich bin nicht in meine Vaterstadt zurückgekehrt. Ich bestreite das. Ich erkannte nichts wieder und wollte nichts wiedererkennen".* [738] Der Krieg und seine Folgen zerstören auch Deutschland, so daß viele Deutsche den Heimatverlust der Vertriebenen nachempfinden können. Sie können zwar in ihre Heimatstädte zurückkehren, dennoch finden sie kaum etwas vor, was sie an ihre Heimat erinnern könnte. Christine Brückner weigert sich, *"das alte Kassel"*, das die Stadt ihrer Jugend ist, *"wiederzufinden"*, weil in ihrer Erinnerung *"nichts als Trümmer und Tote"* [739] sind. Die Erlebnisse der Schriftstellerin, die in ihr bei der Wiederbegegnung mit der Stadt ihrer Jugend aufkommen, gleichen denen der Heimatvertriebenen, die ihre Kindheitsländer besuchen. *"Das Vergessen war leichtgemacht. Die Straßen trugen neue Namen"* [740], nicht nur die Städte der ehemaligen deutschen Ostprovinzen waren in ihrem al-

---

[737] Siegfried Lenz, Heimatmuseum, S. 120.
[738] Brückner, Hat der Mensch Wurzeln?, S. 120.
[739] Ebenda.
[740] Brückner, Hat der Mensch Wurzeln?, S. 120.

ten Zustand nicht mehr vorzufinden; vielen, die den II. Weltkrieg überlebt hatten, wurde die Heimkehr durch die Zerstörungen schwer gemacht.

Die Autorin der Poenichen–Romane meint, daß sie nicht nach Kassel zurückkehrt, sondern hierher kommt, denn *"hier gab es keine Fäden mehr, die ich nach zwanzigjähriger Abwesenheit wieder hätte aufnehmen können, hier war alles zerstört, Häuser und Erinnerungen."* [741] Nach so vielen Jahren zieht sie in ihre Vaterstadt zurück und wählt Kassel als ihren ständigen Wohnsitz. Demnach ist nicht die zeitliche Distanz dafür entscheidend, daß es keine Übereinstimmungen mit den aufgehobenen Bildern gibt, sondern es sind die Folgen des Kriegs. Bei den Heimatvertriebenen wurde die räumliche und zeitliche Distanz für den Heimatverlust als ausschlaggebend hervorgehoben. Diese Distanz entsteht jedoch auch bei einem freiwilligen Verlassen der Heimat. Bei einem Wiedersehen mit dem Land der Kindheit, das in einem anderen Staat liegt, kommt die politische und die sprachliche Distanz hinzu. Die Tatsache, daß es den Besuchern nicht möglich ist, in ihre Heimat zurückzuziehen, macht die Tragik des Wiedersehens aus.

Christine Brückner kommt in eine ihr wohl bekannte und zugleich eine fremde Stadt, die Stadt ist aber deutsch. Deswegen kann sie Zerstörungen und Unterschiede hinnehmen und sich in Kassel eine neue Existenz aufbauen. Das Einverständnis mit der Nichtübereinstimmung der tatsächlich vorgefundenen und der im Gedächtnis aufgehobenen Stadt hängt damit zusammen, daß es nicht ihre eigentliche Heimat ist. Sie fühlt sich zwar durch einige Unterschiede ihrer Erinnerungen beraubt, die Differenzen betreffen jedoch nicht ihren Geburtsort. Ihre Heimat kann die Schriftstellerin unverändert in der Außenwelt immer wieder sehen, *"mein Heimatdorf blieb mir erhalten."* [742]

Christine Brückner sucht sich unbeschwert für die Dauer einiger Monate eine neue Heimat aus, die ihren aktuellen Wünschen und Bedürfnissen entspricht. Sie kann die *"Erfahrungen eines Astronauten, der die Sonne hinter Afrika untergehen sah und den ganzen Planeten Erde als 'Heimat' empfand"* [743] nachvollziehen. Sie ist imstande, überall auf der Welt ein heimatliches Gefühl zu entwickeln. In der Fremde kann man sich heimisch fühlen, trotzdem kann man da Heimat als solche nicht erleben. Für Heimat ist die Gesamtheit ihrer Aspekte: Sprache, Landschaft, Menschen entscheidend. Obgleich die Schriftstellerin sich dazu bekennt, daß sie *"ein Bewohner der Erde"* [744] ist, gibt es etwas, woran es ihr

---

[741] Brückner, Ständiger Wohnsitz, S. 60.
[742] Brückner, Hat der Mensch Wurzeln?, S. 179.
[743] Ebenda S. 42.
[744] Brückner, Hat der Mensch Wurzeln?, S. 180.

außerhalb der deutschsprachigen Länder mangelt. *"Wenn ich unterwegs etwas vermisse, dann ist es die deutsche Sprache, mein Lebenselixier."* [745]

IX.4.5. Heimat – Reichtum und Aufgabe

"Eine Heimat zu haben ist kein Verdienst, sondern ein Geschenk. Eine Heimat für andere zu schaffen, das wäre eine Aufgabe." [746] Die Kinder können sich eine Heimat nicht aussuchen. Sie werden in eine Welt, in ein Land hineingeboren, das ihnen zur Heimat wird. Die Eltern können den Raum ihrer Kindheit für sie aussuchen, dennoch bleibt das Land der Kindheit dem Zufall überlassen. Durch die Sozialisation wachsen dem Menschen die Urgefühle zu, er erlebt in dem Raum seiner Kindheit die Menschen, die Sprache und die Landschaft, durch die die kindliche Seele geprägt wird. Das Kind erfährt Heimat passiv, aktiv zeigt sich die Außenwelt mit all ihren Komponenten. Deswegen ist Heimat kein Verdienst, man kann sie sich nicht verdienen, man muß sie sich schenken lassen, denn Heimat steht jedem Menschen zu. Viele sprechen von einem Recht auf Heimat, für Christine Brückner ist es ein Geschenk, eine Heimat zu haben, weil das Recht auf Heimat noch immer nicht überall anerkannt wird. So kann auch die Aufgabe, anderen Heimat zu schaffen, verstanden werden. Das Recht auf Heimat soll als ein elementares Menschenrecht von allen und für alle respektiert werden. In dieser Hinsicht ist "Heimat" nicht als Raum der Kindheit zu verstehen, sondern als Lebensraum überhaupt.

Heimat entsteht durch die wechselseitigen Beziehungen unter den Menschen. Demnach ist die Aufgabe, *"anderen eine Heimat zu bereiten"* [747], auch innerhalb der Familie, des Bekanntenkreises zu verwirklichen. Menschen sind einander Heimat, sie gehören zu dem Raum, in dem Kinder aufwachsen. Erwachsene Menschen können einander auch ein heimatliches Gefühl vermitteln. Den Kindern sind ihre Eltern und Spielkameraden ein Teil der wohl vertrauten Welt, sie sind ein Stück Heimat. In der Fremde von anderen angenommen zu sein, bedeutet oft ein Stück Heimat erleben zu dürfen. Den heimatlichen Raum beleben die Menschen und sie machen einen wichtigen Teil seines Inhalts aus. Die Landschaft bildet das Äußere der Heimaterfahrung, die Menschen stellen das Innere dieser Erfahrung dar.

---

[745] Brückner, Hat der Mensch Wurzeln?, S. 42.
[746] Ebenda, S. 43.
[747] Ebenda, S. 181.

Wenn man Heimat als geistiges und kulturelles Gut auffaßt, dann kann man Heimat als einen schriftstellerischen Vorsatz begreifen. Die Schriftsteller, die Heimat literarisch zu deuten versuchen, lassen die Leser eine neue Heimat in ihren Romanen finden. Die Leser des Romanzyklus von Christine Brückner erleben Pommern als Heimat und begleiten die Romanfiguren auf ihrer Heimatsuche. Die literarische Auseinandersetzung mit der Heimatproblematik macht dem Menschen häufig erst die Heimatfrage bewußt, so daß er sich selbst mit diesem Thema konfrontiert sieht. Diejenigen, die in ihrer Heimat bleiben dürfen, machen sich meistens keine Gedanken über den Wert des Zuhause. Deswegen kann Christine Brückner diejenigen, die sich ihres Ursprungs bewußt sind, darum nicht verstehen, weil *"sie als Last empfinden, was doch ihr Reichtum ist: zu wissen, wohin man gehört, Wurzeln zu haben."* [748] Demnach sind die Menschen, die sich ihrer Heimat bewußt sind, reicher als die "Heimatlosen": Sie sind heimatlos, weil ihnen ihre Heimat verborgen bleibt, weil sie nicht einmal wissen, daß sie eine Heimat haben. Die schriftstellerische Aufgabe ist es, "Heimat" in das Bewußtsein der Menschen zu rufen. Auf diese Art und Weise tragen die Schriftsteller dazu bei, daß Menschen eine Heimat haben. Zweifellos gebührt jedoch der Dank jenen, *"die ihre Heimat verloren haben und uns, die sie behalten haben, deutlich machen, was das heißt: Heimat haben, zu Hause sein."* [749]

---

[748] Brückner, Hat der Mensch Wurzeln?, S. 98.
[749] Ebenda, S. 181.

X
POENICHEN ROMANE – EIN ZEUGNIS DER ZEITGESCHICHTE

"Es hilft nichts, sich die Vergangenheit zurückzurufen,
wenn sie nicht einigen Einfluß auf die Gegenwart ausübt."
Charles Dickens

Das Vergangene ist nach Christa Wolf nicht tot, *"es ist nicht einmal vergangen. Wir trennen es von uns ab und stellen uns fremd."* [750] Die Grenze zwischen Vergangenheit und Zukunft liegt im Jetzt. Da Gegenwart eine Schnittstelle zwischen Vorher und Nachher ist, reicht die Vergangenheit bis in die Gegenwart hin, und die Zukunft hat im Jetzt ihren Anfang. Die Menschen versuchen, das Vergangene vom Jetzt abzutrennen, was jedoch nicht möglich ist, weil es nur eine Entfremdung vom eigenen Selbst ist. Die Vergangenheit gehört genauso zu einem Menschen wie seine Gegenwart und seine Zukunft. Die Konfrontation mit der eigenen Vergangenheit hilft dem Menschen, sein Selbst zu finden. Die Autobiographie *"dient in erster Linie dem persönlichen Heil. Das Bekenntnis, die Mühe der Rückbesinnung ist gleichzeitig die Suche nach einem verborgenen Schatz, nach einem letzten freisprechenden Wort, das in letzter Instanz ein Leben wiedergutmacht, an dessen Wert man zweifelte."* [751] Die literarische Auseinandersetzung mit dem eigenen Leben ist eine Möglichkeit, sich nicht von der Vergangenheit abzuwenden, sondern sie weiterleben zu lassen, ohne jedoch an ihr festzuhalten, sie gar zum Lebensinhalt zu machen und dadurch das eigene Leben zum Erstarren zu bringen.

Viele Schriftsteller versuchen, sich der eigenen Kindheit zu stellen. Sie schreiben Autobiographien, in denen sie sich mit der eigenen Vergangenheit, mit ihrem Werdegang auseinandersetzen und auf diese Art und Weise persönlich "geheilt" werden, was Georges Gusdorf als die Aufgabe der autobiographischen Schriften hervorhebt. Christine Brückner beschreibt in den Poenichen-Romanen die Geschichte einer pommerschen Familie. Die Schriftstellerin selbst ist jedoch keine Pommerin, sie wurde im hessischen Waldeck geboren und nicht in Poenichen wie die Hauptfigur ihrer Romane. Brückner

---

[750] Christa Wolf, Kindheitsmuster, S. 9.
[751] Georges Gusdorf, Voraussetzungen und Grenzen der Autobiographie, in: Die Autobiographie: zu Form und Geschichte einer literarischen Gattung, hrsg. von Günter Niggl, S. 135.

setzt sich mit der Vergangenheit auseinander, die nicht ihre Vergangenheit ist. Inwiefern kann dann das Zurückrufen der fremden Vergangenheit einen Einfluß auf die eigene Gegenwart ausüben?

X.1. Umgang mit der Geschichte

Die Poenichen-Romane stellen in erster Linie die Geschichte einer deutschen Familie dar, die in dem ehemaligen deutschen Osten ein Gut besaß. Im Mittelpunkt des Romangeschehens steht Maximiliane, mit deren Geburt die Trilogie anfängt. Der Romanzyklus endet nicht mit dem Tod dieser Gestalt, man verläßt die Realität der Romane als Maximiliane noch lebt. Das Leben dieser Person umfaßt die wichtigsten Ereignisse der Weltgeschichte des 20. Jahrhunderts. Maximiliane wird am 8. August 1918 auf einem pommerschen Landgut geboren. Aus der Familiengeschichte der Quindts erfährt man vom I. Weltkrieg, in dem der Vater von Maximiliane gedient hat und in dem er ums Leben gekommen ist. *"Wenige Tage nach jener Depesche traf dann auch der Brief des Regimentskommandeurs ein. Er teilte den leidtragenden Eltern und der jungen Witwe mit, daß der Leutnant Achim von Quindt an der Spitze seines Zuges gefallen sei. Eine Kugel habe ihm die Brust durchschlagen."* [752] Die historischen Daten werden nur genannt, soweit sie für die Handlung der Romane von Bedeutung sind. Der I. Weltkrieg bildet den Hintergrund für das Geschehen auf dem Gut und hat seine Folgen für das Leben in Poenichen.

Die Pommern und die Quindts sind ein Teil der Geschichte des 20. Jahrhunderts wie jeder Mensch dieses Jahrhunderts mit seinem Dasein. Trotzdem bleiben die Geschehnisse des II. Weltkriegs im Hintergrund, das Leben der Pommern, die während des Kriegs auf ihrem Land bleiben dürfen, steht im Vordergrund der Romanhandlung. Man erfährt vom Ausbruch des Krieges wie beiläufig. Der alte Quindt, der normalerweise kein Radio hört, nimmt aus dem Rundfunk *"die Übertragung der Hitler-Rede"* [753] zur Kenntnis. Die Rede wird zwar wiedergegeben, sie macht aber weder auf die Romangestalten noch auf den Leser einen Eindruck. Der alte Quindt erkundigt sich täglich, wer dem Deutschen Reich den Krieg erklärt hat. Der Erzähler meint, daß in dieser Situation die Niederkunft Maximilianes an Bedeutung verloren hat. Die Ereignisse auf Poenichen und die landwirtschaftlichen Probleme gewinnen jedoch schnell wieder an Bedeutung, denn die Pommern machen sich nicht viel aus den Geschehnissen des Krieges. Es gibt zwar

---

[752] Brückner, Jauche und Levkojen, S. 49.
[753] Ebenda, S. 224.

welche, die daran glauben, daß nur Hitler dem deutschen Volk helfen kann: *"Da hilft nur einer: Adolf Hitler! Der wird dem deutschen Volke Raum verschaffen!"* [754], die meisten wollen jedoch von dem Führer nichts wissen: *"Und daß der Führer eine ganze Stunde lang auf dem Manövergelände – auf eurer Poenicher Heide! – war, habt ihr überhaupt nicht wahrgenommen? Nein."* [755] Der Krieg wird auf Poenichen kaum wahrgenommen, eigentlich nur dann, wenn die Gutsbewohner in direkter Weise von den Kriegsereignissen betroffen werden und das Leben auf dem Gut kurzfristig gestört wird. *"Die letzten Kampfhandlungen fanden Anfang Oktober statt, dann hatte der Polenfeldzug ein Ende. Mehr als eine halbe Million polnischer Kriegsgefangener standen der deutschen Volkswirtschaft zur Verfügung, darunter zehn Landarbeiter für Poenichen."* [756] Auffallend ist, daß die Abschnitte, die die deutsche Geschichte betreffen, meistens ein sachlicher Kommentar oder eine Erklärung des Erzählers sind. Man hat den Eindruck, daß die Gestalten der Romane am Lauf der Geschichte nicht teilnehmen. Sie stehen außerhalb der großen Ereignisse der Weltgeschichte, denn in Pommern lebt man wie Gott in Frankreich.

Maximilianes Mann Viktor wird eingezogen. Von den Kriegsereignissen erfährt man entweder aus seinen Briefen an seine Frau oder aus den Gesprächen, die er während seiner Heimataufenthalte in Poenichen führt. Maximiliane schickt ihrem Mann *"zweimal in jeder Woche (...) ein Gedicht (...); die Briefe, die dieser (Viktor) ebenso regelmäßig schrieb, glichen weiterhin den Wehrmachtsberichten, bei völliger Geheimhaltung der militärischen Lage und seiner Gefühle, Gedichte hin, Parolen her."* [757] Das Leben auf Poenichen gleicht einem Gedicht, dessen Schönheit weder durch die sachlichen Wehrmachtsberichte noch durch den Krieg zu zerstören ist. Bei jedem seiner kurzen Aufenthalte in Poenichen hält Viktor *"einen ausführlichen Vortrag über die Bevölkerungspolitik im Osten. 'Die Baltendeutschen werden bereits in einer großangelegten Aktion ins Wartheland umgesiedelt! (...) Eine gewaltige Heim-ins-Reich-Bewegung hat ihren Anfang genommen! Bewegung kommt in das erstarrte Europa. Deutsche und Volksdeutsche. (...) Wir werden Rußland erobern! Russische Erde! Pommern hat mir einen Vorgeschmack des Ostens gegeben, des künftigen großdeutschen Lebensraumes.'"* [758] Viktor Quint ist ein begeisterter Anhänger Hitlers. Er begrüßt den siegreichen Zug der deutschen Armee in den ersten Monaten des Krieges mit großer Freude. Für Viktor hat Deutschland seinen Führer nicht verdient, er glaubt bis zu seinem Tod an den Führer.

---

[754] Brückner, Jauche und Levkojen, S. 110.
[755] Ebenda, S. 216.
[756] Ebenda S. 226.
[757] Ebenda S. 258.
[758] Ebenda, S. 242.

Er ist eine der wenigen Gestalten der Poenichen-Romane, die seinem Vaterland während des Krieges so eifrig dient und von der Richtigkeit des Krieges überzeugt ist. Die Quindts mit "d" bleiben ihrer Heimat und nicht ihrem Vaterland treu.

Für Christine Brückner sind die Menschen viel wichtiger als die historischen Ereignisse. Sie zeigt viel mehr, wie die einzelnen Menschen durch die Propaganda der Nationalsozialisten beeinflußt wurden und wie sie selbst die Ideologie verbreitet haben, als daß sie die punktuellen Ereignisse des II. Weltkriegs schildert. Sie stellt die Pommern als sture Menschen dar, die sich von keiner Weltanschauung beeinflussen lassen. Es gibt zwar auch unter ihnen Anhänger des Nationalsozialismus, das sind jedoch Ausnahmen. Die Pommern kümmern sich um ihr Land und nicht um die Weltgeschichte, deswegen wird sie nur am Rande der Romanhandlung erzählt. Der Grund dafür liegt auch darin, daß Pommern von den Luftangriffen lange verschont geblieben ist. *"Der Osten wird zum Luftschutzkeller des Reichs. Immer noch keine Luftalarme in Hinterpommern, immer noch keine feindlichen Flugzeuge über dem Land."* [759] Der Krieg dringt nicht bis nach Poenichen durch, so kommt auch die Romanhandlung ohne direkte Beschreibung des Kriegsgeschehens aus.

Die Vertriebenenproblematik, die Heimatlosigkeit und die Heimatsuche stehen im Zentrum des Romangeschehens. Diese historischen Ereignisse werden auch direkt dargestellt. Man erlebt sie unmittelbar mit den Romangestalten. Sie werden nicht mehr aus zweiter Hand erfahren, der Leser wird jetzt zum Zeugen der deutsch-polnischen Geschichte. Das ist auch das Thema, mit dem sich Christine Brückner auseinandersetzen will. Der II. Weltkrieg ist nur die Vorgeschichte der Ereignisse des Jahres 1945. Die Schriftstellerin geht in ihrem Romanzyklus auf die Folgen des Krieges genauer ein. Sie interessiert sich für die Schicksale der Deutschen während und nach der Vertreibung. Die Haupthandlung der Poenichen-Romane fängt da an, wo die Gleiwitzer Romane enden, mit der Vertreibung. *"Der Treck setzt sich in Bewegung. Zwei Ochsengespanne, vier Pferdegespanne, zwei Trecker. 143 Personen auf acht Wagen. (…) Leichter Schneefall setzt ein. Am letzten Wagen baumelt die Schiefertafel: Quindt – Poenichen."* [760]

Christine Brückner beschreibt die Flucht von Maximiliane mit ihren Kindern. Das Schicksal dieser Familie bleibt für die Schriftstellerin von größerer Bedeutung als die geschichtliche Genauigkeit, die in den Kommentaren des Erzählers nachgetragen wird. Diese Informationen gehören nicht direkt zur Handlung, sie werden von keiner der Romangestalten ausgesprochen. Es sind Ergänzungen des Erzählers, der die Situation der

---

[759] Brückner, Jauche und Levkojen, S. 254.
[760] Ebenda, S. 283.

Romangestalten auf diese Art und Weise vor dem historischen Hintergrund erklärt. Maximiliane ist *"eine unter 13 Millionen, die die deutschen Ostgebiete vor den anrückenden sowjetischen Truppen verlassen haben"*.[61] Dem Strom der Flüchtlinge folgt ein halbes Jahr später ein Strom der Vertriebenen, die durch eine Erklärung von Stalin zum Verlassen ihrer Häuser gezwungen werden. *"Etwa zur gleichen Zeit hatte der englische Ministerpräsident Churchill geäußert, daß die Vertreibung die befriedigendste und dauerhafteste Methode sei, da es auf diese Weise keine Vermischung fremder Bevölkerungen gebe, aus denen doch nur endlose Unruhen entstünden."* [62]

Der Erzähler ist derjenige, der Stellung zu der politischen Lage nimmt, die Romangestalten bleiben die Unwissenden, die sich den Entscheidungen fügen und sie *"um des Friedens willen"* [63] bereitwillig hinnehmen. Die Betroffenen erfahren am wenigsten von den Beschlüssen der Siegermächte, weil es zu dieser Zeit weder Zeitungen noch Post gibt. Die Flüchtlinge und die Vertriebenen interessieren sich vielmehr dafür, wie sie überleben können, *"die Bevölkerung richtet sich darauf ein, auch den Nachkrieg zu überleben."* [64] Die sachlichen Informationen, die sich auf die geschichtlichen Ereignisse beziehen, trägt die Schriftstellerin nach, weil sie für die jeweilige Situation der Romangestalten von Bedeutung sind. *"Ich wollte kein Heldenepos schreiben und auch keine Flüchtlingselegie. Ich hatte mir ein privates Schicksal vorgenommen, aber 'private Schicksale' scheint es in unserem Jahrhundert nicht zu geben. Es ist ein Kapitel deutscher Geschichte am Beispiel einer Adelsfamilie aus Pommern geworden"*.[65]

Die einfachen Menschen bleiben außerhalb der politischen Entscheidungen, die erst wahrgenommen werden, wenn deren Folgen schon sichtbar werden. Durch die Entscheidungen der Politiker werden jedoch alle Menschen in die Weltgeschichte involviert. Deswegen läßt Brückner den Erzähler die politischen und geschichtlichen Zusammenhänge nachtragen. Viktor Quint und der alte Quindt gehören zu den wenigen Menschen auf Poenichen, die sich in der Politik auskennen. Jeder von ihnen nimmt jedoch die Geschichte anders wahr und zieht andere Schlüsse daraus. Maximiliane kümmert sich nicht um Politik, es ist aber undenkbar, daß sie nichts davon weiß, sie hält sich einfach zurück und wird eher gezwungen, ein privates Leben zu führen. Auf Poenichen heißt es immer *"Schluck's runter!"* oder *"Halt du dich da raus."* [66] Nicht nur die Frauen haben sich tatsäch-

---

[61] Brückner, Nirgendwo ist Poenichen, S. 5.
[62] Ebenda, S. 26.
[63] Ebenda.
[64] Brückner, Jauche und Levkojen, S. 306.
[65] Brückner, Hat der Mensch Wurzeln?, S. 138-139.
[66] Brückner, Die Quints, S. 205.

lich herausgehalten, auch die Kinder dürfen ihre Meinung nicht sagen. Auf Poenichen herrscht "Großvaterherrschaft". Die dargestellten Menschen verschweigen ihre Kenntnisse und Erkenntnisse lieber, als daß sie zu viel sagen. Sie haben sich daran gewöhnt, ihre eigene Meinung für sich zu behalten und sie zu schlucken, weil man dann weniger Schaden anrichten kann, als wenn man sie öffentlich sagt.

Christine Brückner konzipiert ihre Gestalten nach ihren eigenen Vorstellungen, die Geschichte bietet ihr jedoch einen bestimmten Rahmen für ihre Erfindung, an den sie sich auch hält. *"Alles geschah nach meinem Willen. Scheinbar. In Wahrheit sind die Möglichkeiten des Autors begrenzt. Wenn er seine Heldin 1918 in Hinterpommern zur Welt kommen läßt, ist ihr Schicksal weitgehend festgelegt. Außerdem hörten meine Figuren bald auf, sich an meine Regie zu halten, sie emanzipierten sich. Meine Heldin bekam ein Kind nach dem anderen, was ich nicht vorgesehen hatte, was aber dem Geist der Zeit und der Ideologie ihres Mannes entsprach, der den künftigen deutschen Ostraum mit Quints bevölkern wollte."* [767] Brückner fühlt sich manchmal gezwungen, das Konzept ihrer Gestalten zu ändern, um der historischen Wahrheit gerecht zu werden. Sie bekennt sich als Schriftstellerin zu einer Moral, der sie sich unterordnet: *"Wenn es beim Schreiben eine Moral für mich gibt, dann ist es die, glaubwürdig zu sein"*. [768] Glaubwürdig kann die Schriftstellerin nur dann sein, wenn sie den historischen Rahmen beachtet und ihre Gestalten nicht gegen den Geist der Zeit konzipiert. Der historische Rahmen scheint auch oft stärker zu sein als die eigene Erfindung, sonst könnte Christine Brückner nicht sagen, daß die Freiheit des Schriftstellers in Wirklichkeit begrenzt ist.

Joachim Quint erbt die politischen Interessen seines Großvaters und seines Vaters. Er wird Politiker und mischt sich in die Geschichte ein, wie es schon seine Vorfahren gemacht haben, die in Polen Woiwode waren. Für eine schwedische Zeitung schreibt Joachim einige Berichte aus und über Deutschland. In einem seiner Berichte stellt er Deutschland als ein Land der Extreme dar. *"Ich sah hier in Deutschland dieselben Schwierigkeiten und Probleme, die ich aus Schweden und auch aus anderen europäischen Ländern kannte, aber hier werden sie als 'Katastrophen' bezeichnet. Man spricht von bildungspolitischer Katastrophe, von Einwanderungs-Katastrophe. Es wird gestreikt, es kommt zu Aussperrungen, in einem demokratischen Staat übliche Vorgänge, aber hier wird von 'Terror' geredet."* [769] Das Deutschland der 70er und 80er Jahre wird kritisiert: *"Hat man Angst, sich an etwas zu freuen, etwas zum Vergnügen zu tun?"* [770] Die Wohlstandsgesellschaft, die Menschen, die keine Freude mehr am Leben

---

[767] Brückner, Hat der Mensch Wurzeln?, S. 140.
[768] Ebenda, S. 152.
[769] Brückner, Die Quints, S. 174.
[770] Ebenda, S. 175.

haben, werden von Joachim angegriffen. Die Menschen verlangen immer mehr von ihrem Staat, sie selbst möchten von sich aus nicht viel geben. Vor allem sind die Deutschen, die Joachim darstellt, ein Volk, das unzufrieden ist und immer das Negative sieht, ohne das Positive zu bemerken, geschweige denn sich darüber zu freuen. Joachim ist auch derjenige, der seine Gesprächspartner und die Leser darauf aufmerksam macht, daß bei allen *"Gesprächen über Flucht und Vertreibung (…) immer nur von Verlust die Rede"* [771] ist, er fragt sich: *"Warum wird nicht deutlich erkannt und gesagt (…), daß die Ostdeutschen wesentlich zum Wiederaufbau des wesentlichen Teiles des zerschlagenen Deutschen Reiches beigetragen haben?"* [772] Christine Brückner bemüht sich, ein kritisches Bild der deutschen Gesellschaft zu vermitteln. Auf dem Hintergrund der deutschen Geschichte übt sie eine Gesellschaftskritik, die für sie bedeutender als die geschichtliche Genauigkeit der Darstellung ist.

Die geschichtlichen Ereignisse müssen jedoch beachtet werden, denn sie schaffen Raum für das menschliche Leben. *"Die Dinge, die Zutaten waren gegeben. Die Eiszeit hat die Landwirtschaft in Pommern bestimmt. Die Besiedlung des Ostens ist vornehmlich durch den Adel erfolgt. Die Historie mit allem Auf und Ab war gegeben. Zwei Weltkriege, Inflation, Weltwirtschaftskrise, Drittes Reich, Flucht und Vertreibung, Währungsreform, Wiederaufbau, Wiederbewaffnung – das alles war zu respektieren, den Freiraum aber, den mir die Historie gelassen hat, den habe ich mit Phantasie gefüllt."* [773] Um die Geschichte verstehen zu können, ist die Darstellung der menschlichen Schicksale entscheidend, erst dann ist das geschichtliche Bild vollständig. Brückner zeigt in ihrem Romanzyklus die Wechselwirkung der Geschichte und der privaten Lebensläufe. Das Menschenleben wird von der jeweiligen politischen und historischen Lage beeinflußt. Das Leben der einzelnen Menschen macht aber auch die Geschichte aus.

In einem Interview, das mit Joachim Quint geführt wird, macht die Schriftstellerin deutlich, wie das Verhältnis eines menschlichen Lebens zu der Zeitgeschichte ist.
'Sie sind Jahrgang 1938. Wir sind also etwa gleichaltrig.'
'Wenn ich richtig informiert bin, stammen Sie aus Westdeutschland, Herr Leroi? Im Gegensatz zu Ihnen habe ich meine Heimat verlassen müssen, bereits mit sechs Jahren, zu Fuß, weitgehend zu Fuß.'
'Ihre Lebensgeschichte spiegelt ein Stück Zeitgeschichte.'
'Ein vergleichsweise kleiner Spiegel für ein so großes Gegenüber.'" [774] Joachim nennt die historischen Ereignisse ein großes Gegenüber, daß mit einem Menschenleben nicht verglichen

---

[771] Brückner, Die Quints, S. 293.
[772] Ebenda.
[773] Brückner, Hat der Mensch Wurzeln?, S. 169.
[774] Brückner, Die Quints, S. 265.

werden darf. Diese Aussage weist auf die Spannung hin, die zwischen dem Individuum und dem Kollektiv besteht. Obwohl Joachim sich dagegen wehrt, sein Leben der Weltgeschichte, die nicht nur aus dem Leben eines Menschen besteht, gegenüberzustellen, ist nicht zu bestreiten, daß das Kollektive der Zeitgeschichte aus dem Individuellen der Lebensgeschichte abzuleiten ist. Joachim ist eines der Kinder, die mit ihren Eltern ihr Zuhause verließen und im Westen ein neues Zuhause suchten. Während des Krieges gibt es keine Einzelschicksale. Nicht nur Joachim hat seine Heimat zu Fuß verlassen müssen, sein Schicksal ist auf Hunderte, Tausende und Millionen zu übertragen. Joachim möchte trotzdem sein eigenes Schicksal haben, das mit keinem anderen zu vergleichen ist. Dennoch machte der II. Weltkrieg jede Lebensgeschichte zu einem Teil der Weltgeschichte.

X.2. Realität der Romane und Wirklichkeit

Christine Brückner hat die Geschichte der pommerschen Adelsfamilie so realistisch dargestellt, daß sie oft gefragt wurde, ob die Poenichen-Romane autobiographisch sind. *"Da ist doch vieles biographisch', sagten später die Kritiker und die Leser. 'Nur jemand, der selbst aus der Heimat vertrieben wurde, kann das Schicksal der Deutschen aus dem Osten wirklich verstehen!' Aber ich bin keine gebürtige Pommerin, allenfalls eine erschriebene. Fünf Jahre lang habe ich das Schicksal der Heimatvertriebenen freiwillig zu dem meinen gemacht."* [775] Die Schriftstellerin bestreitet die Vermutungen der Literaturkritiker und der Leser über ihre Herkunft. Sie ist keine Pommerin, sie wurde in Hessen geboren und ist in Waldeck aufgewachsen. Später zieht sie mit ihren Eltern nach Kassel. Ihre Romane finden Anerkennung sogar bei den Vertriebenenverbänden, die ihr einen Preis verleihen wollen. Sie soll den Kulturpreis der Pommern bekommen. *"Ich habe den Preis mit der Begründung: 'Ich habe in Pommern nichts verloren…' abgelehnt."* [776] Die Schriftstellerin wundert sich, warum ihre Poenichen-Romane für eine Autobiographie gehalten werden, *"obwohl sie nicht in der Ich-Form geschrieben sind, viele Leser tun das trotz meines Einspruchs, noch immer."* [777]

Die Schriftstellerin erhebt Einspruch. Die Leser halten Maximilianes Leben für das Leben von Christine Brückner. Sie möchte aber nicht, daß ihr Leben mit der Fiktion verwechselt wird. Trotz ihres Protests und der Unterschiede zwischen ihrem Lebenslauf und dem Lebensweg der Romanfigur Maximiliane sind bestimmte Übereinstimmungen

---

[775] Brückner, Hat der Mensch Wurzeln?, S. 140.
[776] Brückner, Woher und wohin: Autobiographische Texte, S. 265.
[777] Brückner, Hat der Mensch Wurzeln?, S. 153.

nachzuweisen. Brückner konzipiert ihre Romangestalt als eine Ruhelose und Heimatlose. Maximiliane wechselt nach der Flucht aus Poenichen ständig ihren Wohnort. Sie sucht ununterbrochen und in der ganzen Welt ihre Heimat. Die Schriftstellerin bekennt sich zu ihrer eigenen Ruhelosigkeit. *"Nach dem Krieg war ich lange ohne festen Wohnsitz. Was ich besaß, hatte in einem einzigen Koffer Platz. Ich wechselte die Adressen rasch, lebte möbliert auf Abruf, das entsprach meinem Lebensgefühl. Nicht zu früh seßhaft! Nicht zu früh Besitz! (...) Und immer noch sage ich: (...) Wer weiß denn, wie lange ich bleibe?"* [778] Maximiliane sagt ihren Kindern immer wieder "Das brauchen wir nicht". Sie kann ohne Besitz, ohne materielle Güter auskommen, obwohl sie auf einem Gut aufgewachsen ist und als Kind Land und Wälder besaß. Später braucht sie keinen Besitz. Als Ruhelose zieht sie oft um. Die Ruhelosigkeit der Romanfigur ist in ihrer Heimatlosigkeit begründet. Maximiliane hat ihre Heimat verloren und findet nun keinen Ort auf der Erde, wo sie seßhaft werden kann. Christine Brückner *"hatte weniger verloren, ein zerstörtes Elternhaus, was zählte das schon?"* [779] Die Ruhelosigkeit der Schriftstellerin hängt zwar nicht mit Heimatlosigkeit zusammen, dennoch scheint der ständige Ortswechsel eine Suche zu sein, vielleicht auch eine Suche nach heimatlicher Geborgenheit. Die Romanautorin sagt oft, daß Maximiliane ihr ihre Heimat in Pommern vermacht habe. Sie wünscht sich vielleicht, eine Heimat zu haben, die sie suchen und an die sie sich erinnern kann.

Da Christine Brückner keine Erinnerungen an eine verlorene Heimat hat, schafft sie in ihren Romanen eine neue Welt, eine neue Realität, an die sie sich erinnern kann. Die Fiktion ihrer Romane hat einen so großen Einfluß auf ihr Leben, daß sie oft ihre persönlichen Gedanken nicht mehr von denen ihrer Romangestalten unterscheiden kann. Sie beschreibt nicht ihre eigenen Erlebnisse, die Handlung der Romane ist also nicht vom Erinnerungsvermögen der Romanautorin abhängig. Die Poenichen-Romane hängen vielmehr von der Gegenwart ab, in der sie entstanden sind.

Man kann zwar sagen, daß Horst Bienek seine Romane nur aus seiner Erinnerungskraft schrieb, daß seine gegenwärtige Meinung keinen Einfluß auf die Romanhandlung hatte, dennoch ist die Vergangenheit für die Handlung der Gleiwitzer Tetralogie entscheidend. Christine Brückner setzt sich nicht mit ihrer eigenen Vergangenheit auseinander, sondern mit der Vergangenheit der Heimatvertriebenen, zugleich aber gestaltet sie ihr Selbst literarisch. Die Poenichen-Romane beinhalten wenig Erinnerungen der Autorin, sie sagen jedoch viel über die Gegenwart aus.

---

[778] Brückner, Hat der Mensch Wurzeln?, S. 180.
[779] Ebenda, S. 80.

Christine Brückner ist der Meinung, *"daß Phantasie Wirklichkeit herstellt."* [780] Die Realität der Romane dringt in die Wirklichkeit ein. Die Schriftstellerin spürt, wie nah einander die erfundene und die wirkliche Welt sind. Sie betrachtet ihre Romangestalten, die sie erfunden hat, als lebende Personen, zu denen sie eine besondere Beziehung hat. *"Dieser alte Quindt ist die tragende Figur des Romans. Ich selbst habe keinen meiner Großväter gekannt, ich habe mir einen Großvater nach meinen Wünschen 'erschrieben'. Seine 'Quindt-Essenzen', die berühmt waren, werden von uns – meinem Mann und mir, aber auch von Freunden und Lesern – gern zitiert. 'Geld kann gar nicht bar genug sein', sage ich, zitiere aber nur Quindt. Wenn wir ein wenig kostspielig reisen, sage ich: 'Quindt zahlt alles!' Ihm verdanke ich eine gewisse Wohlhabenheit, als hätte ich wirklich einen reichen Großvater beerbt."* [781] Die Schriftstellerin erfüllt sich ihre persönlichen Wünsche, indem sie eine neue Realität schafft. Diese Realität ist die gewünschte und willkommene, sie ist ein Ersatz für die Kinderwünsche, die nicht erfüllt werden können.

Christine Brückner *"wollte eine Alters-Kommune gründen, eine Lebensgemeinschaft alter Menschen, die neue Wege gehen wollen, ökologisch, ökumenisch, auch ökonomisch. Sie sollten verwirklichen, was sich in ihrem Leben nicht hatte verwirklichen lassen."* [782] Dieses Vorhaben wurde in Wirklichkeit nie realisiert. Sie meint, daß sie für dieses Konzept nicht geeignet sei. Literarisch kann sie jedoch ihren Plan durchführen. Maximiliane sucht sich ein Kloster aus, in dem sie die letzten Jahre ihres Leben verbringen möchte, nachdem sich ihre eigenen Worte "Ich brauche es nicht" gegen sie selbst gewendet haben und sie auf dem Eyckel nicht mehr gebraucht wird. Sie entscheidet sich für ein Leben mit anderen Frauen, die in einer Art Wirtschafts- und Wohngemeinschaft leben möchten. *"Die Klosterordnung besagt, daß sich hier alleinstehende evangelische Frauen zu einer Lebensgemeinschaft auf christlicher Grundlage verbinden, in der sie kulturellen, kirchlichen und sozialen Zwecken dienen können."* [783]

Insgesamt bekennt sie sich dazu, sich dank ihrer schriftstellerischen Arbeit alle ihren Wünsche und Träume erfüllen zu können. In der Realität der Romane tritt das ein, was in Wirklichkeit nicht in Erfüllung gegangen ist, und was nicht in Erfüllung gehen kann. Die Schriftstellerin schickt ihre Romangestalten dorthin, wo sie selbst nicht hinfahren kann. *"Ich neige dazu, meinen Romanfiguren meine eigenen Wünsche zu erfüllen. Maximiliane von Quindt zum Beispiel (...). Sobald es nur anging, habe ich sie nach Paris geschickt; dort hat sie einen Maler kennengelernt, der wohl eher zu mir als zu ihr gepaßt hätte. Sie durfte in Paris leben!*

---

[780] Brückner, Hat der Mensch Wurzeln?, S. 168.
[781] Ebenda, S. 165.
[782] Brückner, Ständiger Wohnsitz, S. 148.
[783] Brückner, Die Quints, S. 225.

Dann habe ich die beiden auf Reisen geschickt, sie haben längere Zeit in der Toskana verbracht, wo alles meinen eigenen Wünschen entsprach. Der Maler brauchte Motive, aber in Wirklichkeit wollte ich meiner Heldin ein paar Plätze der Welt zeigen, die ich liebe." [784]

Die Verflechtung der Fiktion mit der Wirklichkeit ist so stark, daß die Schriftstellerin selbst Schwierigkeiten hat, sie auseinanderzuhalten. *"Ich gehe durch die Ketzerbach. Dort hat Maximiliane eine Fischbratküche betrieben, (...). Ich sehe nach, ob die Akazien auch nicht gefällt sind. Heute morgen habe ich gesehen, daß dort Platanen stehen. Mehrfach hat man mir geschrieben, daß man sich an diese Fischbratküche in der Ketzerbach gut erinnern kann. Hat es diese Fischbratküche in der Ketzerbach nun gegeben oder nicht?"* [785] Die Fiktion ist für die Romanautorin fast Wirklichkeit geworden. Dieses Zitat bezieht sich auf Marburg, einen der Wohnorte der Schriftstellerin. Die Stadt ist zugleich eine "Behelfsheimat" der Familie Quint. Brückners Erinnerungen an die Stadt mischen sich mit der Realität ihrer Romane. Wenn die Romanhandlung mit den Erinnerungen der Schriftstellerin zu tun hat, dann kann die Autorin die Fiktion von der eigenen Vergangenheit nicht unterscheiden, weil da nicht nur die Erfindung mit der Wirklichkeit zusammenfällt, sondern auch die Vergangenheit mit der Gegenwart. Vier verschiedene Realitäten werden zusammengefügt und erweisen sich als untrennbar.

Obwohl Phantasie und Wirklichkeit parallel existieren, kann man sie auseinanderhalten, denn sie liegen in der Gegenwart. Das Erlebte, das in der Vergangenheit liegt, spielt in diesen Romanen weniger eine Rolle. Deswegen kann Christine Brückner ihre eigene Erfindung vom wirklichen Leben unterscheiden: *"Über Golos Grab – das es nicht gibt – ist Gras gewachsen."* [786] Wenn die Vergangenheit in die Gegenwart miteinbezogen wird, dann stellt es sich als schwierig heraus, die verschiedenen Ebenen, die einen anderen Realitätswert haben, voneinander abzugrenzen. Marburg gehört zur Vergangenheit der Schriftstellerin, zugleich ist Marburg ein Teil ihrer Imagination. Das Reale mischt sich mit dem Erfundenen und Christine Brückner weiß nicht eindeutig zu sagen, ob die bestimmten Ereignisse in Wirklichkeit stattgefunden haben. Die Aussagen der Leser der Poenichen-Romane verleiten die Autorin dazu, ihre Imagination für Wirklichkeit zu halten. Aber im Grunde hat es Christine Brückner erreicht, daß ihre Imagination von vielen Lesern ihrer Romane als das Wahre verstanden wurde.

Die Realität der Romane kann im Gegensatz zur Wirklichkeit unverändert fortbestehen. *"Die von mir erfundene Welt von Poenichen bleibt so bestehen, wie ich sie angelegt habe, darin*

---

[784] Brückner, Deine Bilder. Meine Worte, S. 126.
[785] Brückner, Hat der Mensch Wurzeln?, S. 165..
[786] Ebenda, S. 164.

unterscheidet sich Phantasie von Wirklichkeit, sie erweist sich als die Beständigere. Die Siegerin." [787] Die Phantasie siegt über die Wirklichkeit, auf die der Mensch weniger Einfluß hat als auf die eigene Vorstellungskraft. Das Erfundene bleibt von den Einwirkungen der Außenwelt verschont und hängt nur von dem Erfindenden ab. Ein abgeschlossener Roman ist eine in sich geschlossene Realität, die nicht verändert werden kann. Nur Christine Brückner hat Zugang zur Realität ihrer Romane als diejenige, die sie erschaffen hat. Der Leser kann sich nur in der literarisch erschaffenen Welt bewegen, ihm wird ein Rahmen für seine Vorstellungskraft gegeben, den er zu beachten hat.

Christine Brückner kennt sich in der von ihr erfundenen Welt besonders gut aus, es ist ihre Welt. Die Realität der Romane steht ihr viel näher als die Wirklichkeit, auch näher als eigene Erfahrungen. Die Schriftstellerin meint: *"Ich kenne mich im Leben meiner Romanfiguren besser aus als im eigenen".*[788] Einerseits ist es selbstverständlich, daß man das eigene Werk, das in diesem Fall die Realität der Romane ist, so gut kennt. Andererseits ist es jedoch verwunderlich, daß dieses Werk der Schriftstellerin wichtiger als das eigene Leben vorkommt. Die eigene Vergangenheit wird nicht festgehalten. Festgehalten wird die Imagination, die der Schriftstellerin wohl bekannt und sehr vertraut ist. Fremd scheint nicht nur das selbst Erlebte zu sein, sondern auch andere Menschen, denen man begegnet ist. *"Erfundene Menschen sind mir vertrauter als erlebte."* [789] Die Wirklichkeit erscheint Christine Brückner fremd, weil sie die Wirklichkeit kaum beeinflussen kann, wohl aber ihre eigene Erfindung. Die erfundenen Gestalten bleiben so wie sie angelegt wurden, ihr Leben und ihre Entfaltung hängt von der Schriftstellerin ab. *"Die erfundenen Geschichten: da stimmt noch alles, bis auf den Tag."* [790]

Die Wirklichkeit kann auf die Romanhandlung nicht mehr einwirken, die Realität der Romane kann dagegen einen Einfluß auf die Wirklichkeit ausüben. *"Die Romanfiguren haben Leben gewonnen, sind aus dem Buch ins Leben eingedrungen."* [791] Die Literatur kann also die Wirklichkeit beeinflussen. Die Poenichen-Romane bestimmen das Leben der Schriftstellerin. Sie gehören zum Lebenslauf der Romanautorin. Zugleich aber übt die erfundene Welt einen großen Einfluß auf das gegenwärtige Leben von Christine Brückner aus, nicht nur während der Arbeit an den Romanen, sondern auch nach deren Abschluß. Die Romangestalten werden als reale Personen angesehen, die ein eigenständiges Leben füh-

---

[787] Brückner, Hat der Mensch Wurzeln?, S. 165-166.
[788] Brückner, Woher und wohin: Autobiographische Texte, S. 76.
[789] Brückner, Hat der Mensch Wurzeln?, S. 157.
[790] Ebenda, S. 158.
[791] Ebenda, S. 165.

ren und die in der Wirklichkeit anzutreffen sind. *"In diesen vier Stunden des 20. Juni 1948 hätte ich meiner Heldin begegnen können; dieses eine Mal haben sich unsere Lebenswege berührt. Maximiliane stand dort unsichtbar, als noch nicht einmal konzipierte Romanfigur, ich stand dort ganz real. Zeit- und Ortsangaben stimmen ebenso wie die Angaben über das Wetter: strömender Regen."* [92] Es ist nach Christine Brückner der einzige Berührungspunkt, der zwischen ihrem Leben und dem Leben von Maximiliane besteht. Die Romangestalt steht zwar unsichtbar da, sie dringt jedoch in das Leben der Schriftstellerin ein, sonst könnte sie nicht wahrgenommen werden. Es gibt aber auch andere Berührungspunkte zwischen den beiden Wirklichkeiten, denn die imaginären Gestalten wirken auf Christine Brückner ein.

Der alte Quindt hat eigene Lebensquintessenzen, die seine Lebensweisheit zusammenfassen. Diese Lebensweisheiten hat ihm die Autorin in den Mund gelegt, weil sie sich diese Figur ausgedacht hat und ihr Leben verliehen hat. Trotzdem betrachtet sie ihre Erfindung als eine freie und eigenständige Person, die sie auf ihrem Lebensweg begleitet. *"Ich schreibe unter eingehende Rechnungen: 'Q. z. a.' (Quindt zahlt alles.)"* [93] Auch die anderen Romangestalten genießen bei Christine Brückner und ihrem Mann einen *"vollen Familienanschluß; es wurde über sie wie über nahe Verwandte gesprochen."* [94] Die Romanfiguren werden zu Personen, die als in Wirklichkeit lebende oder als solche, die in Wirklichkeit gelebt haben, betrachtet werden. Aus diesem Grunde meint die Schriftstellerin, daß sie eine ihrer Gestalten zitiert, obwohl sie ihre eigenen Worte anführt. Wenn die Romangestalten als eigenständige Personen angesehen werden, dann ist es auch gerechtfertigt, ihnen ihre Aussagen zuzuschreiben und nicht sich selbst als den eigentlichen Verfasser der jeweiligen Äußerungen darzustellen. *"Ich sage dann: Versprichst du mir das? Und er sagt: Das verspreche ich dir! Eine Unterredung im Halbernst geführt. Ich zitiere mich selbst, zitiere Mosche Quint, den ältesten Sohn der Maximiliane aus Poenichen, der ängstlich ist und sich bei der Mutter vergewissert: Versprichst du mir das? Und dann sagt sie: Das verspreche ich dir!"* [95]

Einerseits haben die Romangestalten Zutritt in das Leben von Christine Brückner, andererseits nimmt sie an dem Leben ihrer Gestalten teil, sie leidet und freut sich mit ihnen. Wie eine Mutter, die an dem Leben ihrer Kinder teilhat, so nimmt die Schriftstellerin teil am Leben der Gestalten ihres Romanzyklus. Das Schicksal von Maximiliane und ihren Kindern nimmt sich Brückner *"zu Herzen"*, es ist ihr *"an die Nieren gegangen, buchstäb-

---

[92] Brückner, Woher und wohin: Autobiographische Texte, S. 76.
[93] Brückner, Hat der Mensch Wurzeln?, S. 34.
[94] Ebenda, S. 139.
[95] Ebenda, S. 67.

lich." [796] Die Romanautorin beschreibt das Schicksal der Familie Quint mit tiefer innerer Anteilnahme. Die literarische Auseinandersetzung mit dem Heimatverlust läßt sie die Erlebnisse und den Schmerz der Vertriebenen mitfühlen und an dem Verlust mitleiden... Ihr inneres Mitempfinden und Mitleiden ist so stark, daß sie während der Arbeit an den entsprechenden Kapiteln ihres Romanzyklus krank wird. Sie wird krank *"an Herz und Nieren."* [797] Die Schriftstellerin meint ironisch: *"Andere werden krank geschrieben, ich schreibe mich selber krank."* [798] Dennoch betrachtet sie die Arbeit an ihren Romanen als ein Geschenk und als ihre Fluchtburg, in die sie vor dem Alltag fliehen kann. Sie fühlt sich in ihrer Phantasie wohl, die Realität ihrer Romane entspricht ihren Träumen, deswegen sehnt sie sich danach, nach anderen alltäglichen Beschäftigungen dorthin zurückkehren zu dürfen. *"Vorerst waren noch schlechte Zeiten, es mußte, zum Broterwerb, vieles andere nebenher geschrieben werden. (…) Schriftstelleralltag, aus dem ich dann zur Belohnung nach Poenichen zurückkehren durfte."* [799] Die Schriftstellerin lebt gleichzeitig in zwei verschiedenen Wirklichkeiten. Die eine Wirklichkeit ist der Alltag mit allen seinen Sorgen, die andere Wirklichkeit ist ihre schriftstellerische Erfindung. Die imaginäre Realität ist im Unterschied zur Wirklichkeit berechenbar, da kann nichts Unvorhergesehenes passieren, was dem Menschen Sorgen bereiten könnte.

1976 fährt Christine Brückner nach Polen, sie sucht das verlorene Poenichen in Hinterpommern. Die Schriftstellerin besucht mit ihrem Mann das Gut ihres Onkels, das sie als Vorbild für ihre Romane genommen hat. Poenichen ist ein erfundener Ortsname, trotzdem meint Brückner, daß sie sich *"auf die Suche nach dem verlorenen Poenichen"* [800] begibt. Ein Ort wird gesucht, den es eigentlich nicht gibt. Er wird aber gefunden, weil das Gut ihres Onkels wirklich existierte. Die Wirklichkeit mischt sich auch während dieser Reise mit der Phantasie. Die Romanautorin kommt von der Fiktion zur Wirklichkeit, von der Wirklichkeit ist sie jedoch ausgegangen, sonst könnte sie Poenichen, das Gut ihres Onkels, nicht finden.

"Im Juni 1976 reiste ich stellvertretend für meine inzwischen fast sechzigjährige Heldin mit Kühner ins polnische Pommern (…). Wir verliebten uns beide in das sommerliche Pommern." [801] In den 70er Jahren blüht der Heimwehtourismus. In dieser Zeit reisen auch Christa Wolf

---

[796] Brückner, Hat der Mensch Wurzeln?, S. 140.
[797] Ebenda.
[798] Ebenda.
[799] Ebenda, S. 141.
[800] Ebenda, S. 142.
[801] Ebenda, S. 142.

und Leonie Ossowski nach Polen, in ihre Heimatorte. Der Unterschied ist jedoch, daß die Heimat von Christine Brückner nicht im heutigen Polen liegt. Sie schließt sich indessen dem Strom des Tourismus *"in halbversunkene Kindheiten"* [802] an. Die Reisen nach Polen, die als Reisen in die Heimat zu verstehen sind, stellen eine Modeerscheinung der 70er Jahre dar. Der Grund dieser Erscheinung liegt in der geschichtlichen Entwicklung der Außenpolitik zwischen Polen und der Bundesrepublik Deutschland. 1970 wurde ein Vertrag zwischen der Volksrepublik Polen und der Bundesrepublik Deutschland über die Grundlagen der Normalisierung ihrer gegenseitigen Beziehungen unterzeichnet, in dem die Bundesrepublik die Grenzen Polens anerkennt und für unantastbar erklärt. Die beiden Staaten *"bekräftigen die Unverletzlichkeit ihrer bestehenden Grenzen jetzt und in der Zukunft und verpflichten sich gegenseitig zur uneingeschränkten Achtung ihrer territorialen Integrität."* [803] Von diesem Zeitpunkt an werden die diplomatischen Beziehungen zwischen den beiden Staaten aufgenommen.[804] Die Erklärung über die Anerkennung der bestehenden westlichen Grenze Polens war die Bedingung und der Grund dafür, daß die polnische Grenze für die westdeutschen Touristen geöffnet wurde.

Christine Brückner verliebt sich in Maximilianes Heimat. Wie sie selbst sagt, hat sie sich *"in Hinterpommern eine Heimat erschrieben"* [805], sie lernt sie aber auch persönlich kennen. Dank dieser Reise gewinnt sie das Gefühl für die Empfindungen der Heimatvertriebenen, die nun ihre Heimatorte besuchen. Sie versucht, das Schicksal dieser Menschen zu teilen. Da die Romanautorin sich so intensiv mit der Geschichte dieses Landes beschäftigt, da sie das Leben ihrer Figuren mit innerer Anteilnahme darstellt und da sich ihre Wünsche und Empfindungen zu eigen macht, fühlt sie sich in dem ihr eigentlich fremden Land heimisch: *"Ich habe mich nicht fremd gefühlt."* [806]

Erst nach ihrer eigenen Reise nach Polen läßt die Schriftstellerin auch ihre Romangestalt in die Heimat fahren. Maximiliane sucht ihre Speisekammer, aus der sie lebenslang ihre geistige Nahrung bezogen hat. Sie steigt *"eines Tages in den Sonderzug einer Reisegesellschaft (...), um nach Pommern zu fahren"*.[807] Ähnlich wie ihre Romanfigur reisen

---

[802] Christa Wolf, Kindheitsmuster, S. 14.

[803] Vertrag zwischen der Bundesrepublik Deutschland und der Volksrepublik Polen über die Grundlagen der Normalisierung ihrer gegenseitigen Beziehungen vom 7. Dezember 1970; ("Warschauer Vertrag"), in: www.auswaertiges-amt.de/6_archiv/1/6-1s.html, S. 1.

[804] Vgl. dazu: Wolfgang Plat, Deutsche und Polen. Geschichte der deutsch-polnischen Beziehungen, S. 1978.

[805] Brückner, Hat der Mensch Wurzeln?, S. 181.

[806] Ebenda.

[807] Brückner, Nirgendwo ist Poenichen, S. 303.

Christine Brückner und ihr Mann mit einer Reisegesellschaft nach Pommern, die sich auf Heimatreisen spezialisiert hat.[808] Die Schriftstellerin bleibt mit ihrem Mann zuerst in Kolberg, auch Maximiliane *"bleibt in Kołobrzeg, um das alte Kolberg zu finden."* [809] Sowohl Christine Brückner als auch Maximiliane finden bei ihrem Besuch in Poenichen die Säulen des Herrenhauses wieder. Die Säulen sind das einzige, das von dem ehemaligen Herrenhaus übrig geblieben ist. Die Beschreibung der Reise könnte also als eine autobiographische Darstellung aufgefaßt werden. Die Schriftstellerin könnte ein Ereignis aus ihrer eigenen Biographie gestaltet haben. Es ist aber demgegenüber zu beachten, daß die Reise nach Polen unternommen wird, weil Maximiliane aus einer Gegend stammt, die im heutigen Polen liegt. Brückner sagt auch, daß sie als Heimwehtouristin die Reise nach Pommern stellvertretend für ihre Romangestalt, unternommen hat. Die Reisebeschreibung hat also doch keinen autobiographischen Hintergrund. Die Autorin paßt ihre eigene Biographie an die ihrer Romangestalt an. Sie kann die Vertreibung nicht stellvertretend für Maximiliane erleben, sie kann nur das Leid des Verlustes nachempfinden. Um jedoch ihrer Gestalt näher zu kommen und um sie besser verstehen zu können, fährt Brückner nach Polen.

Diese Reise ist besonders wichtig, weil deren Beschreibung für den Romanzyklus entscheidend ist. *"Mit dem Blick auf dieses Wiedersehen mit der verlorenen Heimat wurden beide Bücher geschrieben, jedes Kapitel, jeder Satz."* [810] Das Wiedersehen mit der Heimat ist der entscheidende Augenblick im Leben von Maximiliane. Die Wiederbegegnung ist Folge der Flucht aus der Heimat. Maximiliane flieht, weil die russische Armee heranrückt, deswegen kann man die Flucht nicht als eine freie Entscheidung ansehen. Das Wiedersehen mit Poenichen ist ein freier Entschluß von Maximiliane, sie möchte ihre Heimat wiedersehen und sich des äußeren Verlustes vergewissern. Der Verlust der Heimat, der durch die äußeren Umstände verursacht wurde, ist ein Schnittpunkt im Leben dieser Romangestalt. Die Reise nach Pommern und das Wiedersehen mit Poenichen sind jedoch auch ein Schnittpunkt in der Biographie von Maximiliane, dieser Schnitt ist noch schmerzlicher, weil der Schmerz des Wiedersehens durch das Leid der Flucht und des äußeren Heimatverlustes vergrößert wird.

Brückners Reise nach Polen ist jedoch noch kein Beweis dafür, daß die Schriftstellerin sich mit ihrer Romangestalt identifiziert. Die Polenreise ist eine Forschungsreise, um die Realität der Romane möglichst realistisch darzustellen, auch wenn die Ro-

---

[808] Vgl. dazu: Brückner, Erfahren und erwandert, S. 118.
[809] Brückner, Nirgendwo ist Poenichen, S. 308.
[810] Brückner, Hat der Mensch Wurzeln?, S. 142.

manautorin sagt, daß sie sich stellvertretend für Maximiliane auf das Wiedersehen einläßt. Was jedoch wichtiger ist, eignet sie sich auch Eigenschaften und Beschäftigungen an, die ihrer Lebensweise nicht entsprechen, sie übernimmt einige Eigenarten von Maximiliane. *"Lange Zeit lief ich im Haus und Garten barfuß, was weder zu mir paßt noch mir guttut, ich ahmte meine Heldin Maximiliane nach, die ein Naturkind war, barfuß Auto fuhr."* [811] Die Romangestalt wird zu einem Vorbild für die Schriftstellerin, die diese Figur konzipiert hat. Brückner probiert Dinge aus, die sie gewöhnlich nicht machen würde. Erfüllt sich die Schriftstellerin auch in diesem Falle ihre geheimen Wünsche oder ist das wirklich eine bloße Nachahmung? Die Aussagen von Brückner weisen darauf hin, daß sie bemüht ist, sich in ihre Gestalt hineinzuversetzen. Es ist ihr wichtig, die Person, die sie literarisch gestaltet, zu verstehen, deswegen versucht sie alles, um sich in Maximiliane einfühlen zu können. Dazu gehört auch das Barfußlaufen.

Die engen Zusammenhänge, die zwischen dem Leben von Christine Brückner und dem Leben ihrer Gestalt bestehen, könnten darauf hinweisen, daß die Poenichen-Romane als Christine Brückners Autobiographie zu verstehen sind. In der Autobiographie werden Informationen *"über eine außerhalb des Textes liegende 'Realität'"* [812] gegeben. Die Poenichen-Romane können nicht als Texte, die Referenten in der Außenwelt haben, betrachtet werden. Außer dem historischen Rahmen, an den sich die Schriftstellerin hält, gibt es fast keine Referenz der erfundenen Realität auf die Wirklichkeit. Bei Christine Brückner ist eine umgekehrte Referenz zu beobachten. Die Gewohnheiten der Romanautorin haben einen referentiellen Bezug auf die erfundene Welt. Die Realität, die durch und in der Sprache entsteht, gewinnt den Status der zu referierenden Wirklichkeit. Die außersprachliche Welt verliert dabei ihren Status als Bezugspunkt. Die umgekehrte Referenz kann auch verifiziert werden. Die außersprachliche Welt, die Wirklichkeit also, wird auf ihre Richtigkeit in Bezug auf die Realität der Romane geprüft. Die Autobiographie läßt aber die umgekehrte Referenz nicht zu, denn die Biographie des Schriftstellers und die außersprachliche Wirklichkeit sollen der Referent sein. Christine Brückner geht es oft darum, zu zeigen, wie eng die imaginäre Welt mit der Wirklichkeit zusammenhängt. Um das zu beweisen, hebt sie in besonderer Weise die umgekehrte Referenz hervor, indem sie auf den Einfluß der erfundenen Realität auf ihr Leben hinweist. Diese Referenz verdeutlicht am besten die Relationen, die zwischen den beiden Realitäten beste-

---

[811] Brückner, Hat der Mensch Wurzeln?, S. 166.
[812] Philippe Lejeune, Der autobiographische Pakt, in: Die Autobiographie: zu Form und Geschichte einer literarischen Gattung, hrsg. von Günter Niggl, S. 244.

hen. Im Falle der umgekehrten Referenz stellt sich also heraus, daß Phantasie Wirklichkeit schaffen kann.

Die neuen Gewohnheiten, die Brückner von ihren Gestalten übernimmt, legt sie nach einiger Zeit wieder ab. *"Schwieriger wird es dann, wenn ich mir die Weltanschauung meiner Figuren zu eigen gemacht habe. (...) Die Maximen der Maximiliane Quint greifen tief in mein Leben, ebenso die Quindt-Essenzen des alten Quindt."* [813] Der alte Quindt, der erfahren und lebensklug ist, und seine Enkelin sind sich in ihrer Gesinnung sehr ähnlich. Viktor Quint setzt sich für die Bevölkerung des Ostens ein und glaubt unbeirrbar an die Zukunft des Reiches. Christine Brückner vertritt diese Ideologie nicht und die Lebenseinstellung von Viktor Quint bleibt ihr fremd. In diesem Fall kann sie ganz genau zwischen ihrer eigenen Gesinnung und der von Viktor unterscheiden. Die Lebensmaximen von Maximiliane und die Quintessenzen des alten Quindt entsprechen der Geisteshaltung der Schriftstellerin. Sie muß sie nicht erfinden, weil sie ihrer eigenen Weltanschauung gleichkommen. Es ist nicht verwunderlich, daß die Schriftstellerin die Gedanken dieser Personen von ihren eigenen nicht mehr unterscheiden kann, weil es dieselben Ansichten sind.

"Immer wieder heißt es: Da ist doch vieles autobiographisch. Ich kann die Frage nicht beantworten, Phantasie und Wirklichkeit sind dicht verwoben, mag sein, daß einige Romanfiguren eine gewisse Ähnlichkeit mit mir haben, viel deutlicher aber ist, daß sie es sind, die Einfluß auf mich nehmen".[814] Die erfundene Realität kann ohne die Wirklichkeit nicht betrachtet werden, sie erweist sich vielmehr als die Welt, die einen sehr großen Einfluß auf die Wirklichkeit ausübt und die beständig ist. Deswegen existiert die imaginäre Welt nicht nur in der Phantasie oder in den Romanen. Wenn sie die Angewohnheiten und das Leben der Schriftstellerin beeinflussen kann, dann bedeutet das, daß die erfundene Welt den ihr gegebenen Rahmen als eine geschlossene Realität brechen kann. Auf diese Art und Weise kann Phantasie Wirklichkeit herstellen.

Die Phantasie dringt aber nicht nur in das Leben von Christine Brückner, sondern auch in das Leben der Leser ihrer Romane. *"Bald nach Erscheinen von 'Jauche und Levkojen' erhielt ich Briefe, auch Anrufe. Da hatte jemand im Januar '45 den alten Baron von Quindt erschossen vor dem Herrenhaus in Poenichen liegen sehen. Da rief mich eine alte Dame an und versicherte mir beglückt, daß sie in Berlin im 'Adlon' mit dem Baron Quindt getanzt habe."* [815] Die Schriftstellerin meint, daß dies ein Beweis dafür sei, *"wie auch die nachschaffende Phantasie des Lesers Fakten*

---

[813] Brückner, Hat der Mensch Wurzeln?, S. 166-167.
[814] Ebenda, S. 166.
[815] Ebenda, S. 165.

schafft."[816] Die Phantasie des Lesers gründet gleichwohl in der Phantasie der Schriftstellerin. Ohne die erfundene Welt und ohne die erfundenen Personen könnten sich die Leser mit ihnen nicht identifizieren und sie für in Wirklichkeit lebende Personen halten, denen sie sogar begegnet sind. Die Erfindung schafft die Wirklichkeit, weil die imaginäre Welt als wahr empfunden wird. Bemerkenswert ist, daß die Wirklichkeit beeinflußt wird und nicht die Phantasie. Die Leser der Romane sind nicht imstande, in die Realität der Romane einzudringen. Die erfundene Realität bewahrt ihre Souveränität, die keine Einwirkungen von außen zuläßt. Die Wirklichkeit ist demnach offener als die Realität der Romane, die in sich geschlossen ist, denn sie läßt sich von der Phantasie bestimmen.

Für Christine Brückner gehört die Realität der Romane mit der Wirklichkeit zusammen. Sie kann die beiden Realitäten in ihrem Leben nicht voneinander abgrenzen. Schreiben bedeutet für sie Leben. *"Oft werde ich gefragt: Warum schreiben Sie? Warum nicht gleich: Warum leben Sie? (...) Die Übereinstimmung zwischen Leben und Schreiben hat sich erst spät eingestellt. Zuerst die Lebenserfahrung, dann die Schreiberfahrung. Leben gleich Einatmen, Schreiben gleich Ausatmen."*[817] Das Leben ist das Primäre, das Schreiben das Sekundäre. Ohne die Lebenserfahrung könnte Christine Brückner keine neue Welt erfinden, keine neue Realität gestalten und sich mit ihren Romangestalten identifizieren. Obwohl ihre Aussagen darauf hinweisen, daß ihre Erfindung auf sie einen Einfluß hat, bleibt ihre eigene Erfahrung und ihre eigene Gesinnung das Ursprüngliche, von dem die Phantasie ausgeht.

Für Christine Brückner ist Schreiben *"ein Vorgang des Vergessens"*.[818] Die Poenichen-Romane sind jedoch keine Auseinandersetzung der Schriftstellerin mit ihrer eigenen Vergangenheit, in diesem Sinne können ihre Romane kein Vorgang des Vergessens sein. Obwohl sie sagt, daß sie durch Schreiben ihr Gedächtnis entleert, ist ihre Trilogie nicht als Versuch, ihr eigenes Gedächtnis zu entleeren zu verstehen. Diese Worte sagt Christine Brückner in einem ganz anderen Zusammenhang. Sie erinnert sich an ihre Mutter und meint, daß das schriftliche Zusammenfassen ihrer Erinnerungen ein Vorgang des Vergessens ist. Diese Worte kann man auch auf die Poenichen-Romane übertragen. Die Schriftstellerin übersieht ihr eigenes Leben während des Schreibens und ihre eigenen Erlebnisse rücken in den Hintergrund Christine Brückner vergißt sich, indem sie ihre Romangestalten nachahmt und indem sie ihre eigenen Worte als die der erfundenen Personen zitiert. Nach den alltäglichen Beschäftigungen flieht sie in die Welt ihrer Ro-

---

[816] Brückner, Hat der Mensch Wurzeln?, S. 165.
[817] Ebenda, S. 87.
[818] Ebenda, S. 24.

mane, um sich und die Wirklichkeit zu vergessen, denn *"Schreiben ist ein Vorgang des Vergessens."*[819]

---

[819] Brückner, Hat der Mensch Wurzeln?, S. 24.

XI
DIE ERZÄHLTE WELT DER POENICHEN-ROMANE

*"Wenn ich unterwegs etwas vermisse,
dann ist es die deutsche Sprache,
mein Lebenselixier."*
Christine Brückner

1972 wird Christine Brückner mit ihrem Mann in einen Autounfall verwickelt. *"Totalschaden. Aber wir blieben am Leben, wie durch ein Wunder. (...) Es mußte sich lohnen, daß ich weiterlebte. Und ich wollte leben. Das bedeutete in meinem Fall: Ich wollte weiterschreiben."* [820] Im selben Jahr entwirft sie den Plan, die Geschichte einer *"Frau in Krieg und Frieden"* [821] zu schreiben. Das neue Lebensgefühl, das die Romanautorin nach dem Autounfall hat, übt einen Einfluß auf ihre schriftstellerische Arbeit aus. Die Poenichen-Romane sind aus der Freude über jeden geschenkten Tag ihres Lebens, aus dem starken Willen, ihrem Leben einen tieferen Sinn zu geben, und auch aus der Kraft, etwas zu verändern, entstanden. Wie Christine Brückner selbst sagt, ist etwas von ihrem neuen Lebensgefühl in die Poenichen-Romane eingeflossen. Maximiliane Quint hat einen starken Überlebenswillen. Sie möchte leben, sie kämpft um das Leben für sich und für ihre Kinder. Der Krieg und die Flucht sind nicht imstande, dieser Frau den Mut zu nehmen, sie kann sich dank ihres Willen zum Leben in jeder Situation durchsetzen. Obwohl die Handlung der Poenichen-Romane von dem I. und II. Weltkrieg abhängt, ist der Romanzyklus weder ein Heldenepos noch eine traurige Geschichte. Der erste Teil der Trilogie *"sollte ein heiterer Roman werden."* [822] Als einen heiteren Roman kann man nicht nur "Jauche und Levkojen" bezeichnen, sondern auch "Nirgendwo ist Poenichen" und "Die Quints" sind heitere Romane. Die Freude, die in dem Gefühl "leben zu dürfen" begründet ist, wird im ganzen Romanzyklus deutlich, obwohl der letzte Teil des Zyklus über zehn Jahre nach dem Autounfall geschrieben wurde.

---

[820] Brückner, Hat der Mensch Wurzeln?, S. 138.
[821] Ebenda.
[822] Ebenda.

Die Poenichen-Romane werden oft als eine deutsche Chronik bezeichnet. Der Schriftstellerin geht es jedoch vielmehr um die einzelnen Menschen als um eine chronikhafte Darstellung der deutschen Geschichte.

Horst Bienek will ein Requiem für seine Provinz schreiben. Die Absichten der beiden Schriftsteller unterscheiden sich hier klar voneinander. Bei Bienek steht die Provinz im Mittelpunkt, bei Brückner ist die Provinz nicht von so großer Bedeutung, nicht nur weil Hinterpommern nicht ihre Heimat ist, sondern weil in den Poenichen-Romanen das menschliche Schicksal, das deutsche Schicksal des 20. Jahrhunderts das Thema ist. Horst Bienek erzählt in seiner Tetralogie zwar auch von den Menschen, die Menschen verkörpern aber die Provinz. Die Darstellung der Oberschlesier ist ein Mittel, um das Land Oberschlesien zu zeigen. Bei Christine Brückner ist es umgekehrt. Sie schildert in "Jauche und Levkojen" die Provinz, das Bild Hinterpommerns dient aber der Darstellung der Menschen, die in diesem Land ihre Heimat haben. Beide Romanzyklen haben einen anderen Schwerpunkt. Bienek legt großen Wert darauf, daß die Leser durch seine Romane Oberschlesien kennenlernen. Er schreibt seine Tetralogie, um seine Heimat für sich und für andere Menschen festhalten zu können. Christine Brückner läßt aus ihrer Phantasie Wirklichkeit werden, sie läßt eine neue Welt entstehen, die zur geistigen Heimat der Schriftstellerin wird. Die Poenichen-Romane haben nicht die Aufgabe, das pommersche Land festzuhalten. Die "Mutter Courage" des II. Weltkrieges – Maximiliane Quint – ist diejenige, die die Schriftstellerin darstellen will. Sie kann weder die Provinz noch ihre Gestalten in der Phantasie ihrer Romane festhalten, weil die Personen der Trilogie eine Erfindung der Romanautorin sind. Deswegen kann man nicht sagen, daß Brückner die Wirklichkeit festzuhalten versucht, sie versucht ihre Imagination durch das Schreiben festzuhalten, aber nicht die Wirklichkeit.

Die Poenichen-Romane können dennoch eine deutsche Chronik genannt werden. Der Romanzyklus umfaßt über 80 Jahre der deutschen Geschichte, die im 20. Jahrhundert kaum von der Weltgeschichte zu trennen ist. Die Haupthandlung bilden 60 Jahre aus dem Leben von Maximiliane. Der Zyklus beginnt mit Maximilianes Geburt, man begleitet sie auf ihrem Lebensweg fast bis zu ihrem Tod. Es ist aber schwer auszumachen, wann diese deutsche Chronik endet, es sind wahrscheinlich die 80er Jahre des 20. Jahrhunderts. Neben der Haupthandlung werden einige Ereignisse nachgetragen, die für die Gestaltung des Personenensembles entscheidend sind. Die Vorzeithandlung umfaßt die Geschichte der Großeltern und der Eltern von Maximiliane. Die Haupthandlung der Romane faßt jedoch das Leben von Maximiliane, also von 1918 bis ca. 1984.

Der zeitliche Umfang, der in den Romanen dargestellt wird, verlangt eine andere Schreibweise als die Darstellung von Horst Bienek, die 6 Jahre der deutschen Geschichte einschließt. Bienek stellt einzelne Tage dar. Die ersten drei Romane seiner Gleiwitzer Tetralogie spielen jeweils an einem einzigen Tag. Das Verhältnis der erzählten Zeit zur Erzählzeit entspricht annähernd der wirklichen Zeit, die man, um von einem Tag zu berichten, braucht. Deswegen nehmen die Beschreibungen der alltäglichen Tätigkeiten wie auch die Wahrnehmung bestimmter Ereignisse aus verschiedenen Perspektiven viel Raum ein. Die verschiedenen Perspektiven, aus denen berichtet wird, bewahren die Schilderung eines Tages vor der Einseitigkeit des Berichts, sie zeigen die Vielfalt der Wahrnehmungen und Erfahrungen dieses einen Tages.

Christine Brückner dagegen beschränkt sich in ihrer Schreibweise nicht auf einen Tag. Die Handlung der Romane ist auf über 60 Jahre verteilt. Der erste Teil umfaßt die Jahre 1918 bis 1945. Die erzählte Zeit der Haupthandlung von 27 Jahren wird auf 307 Seiten der Erzählzeit wiedergegeben. In "Nirgendwo ist Poenichen" begleitet der Leser Maximiliane und ihre Kinder während und nach der Flucht bis Maximiliane im Jahre 1976 eine Reise nach Polen unternimmt. Das Verhältnis der erzählten Zeit zur Erzählzeit ist dem des ersten Teils fast gleich, 31 Jahre werden auf 312 Seiten erzählt. Der letzte Teil des Romanzyklus umfaßt die kürzeste Zeit, es sind nicht Jahrzehnte, die in "Die Quints" dargestellt werden, sondern ungefähr 7 Jahre, für deren Darstellung 313 Seiten benötigt werden.

Die Distanz des Erzählvorgangs zu der erzählten Handlung bleibt in den einzelnen Romanen der Trilogie nicht gleich. Die Ereignisse in "Jauche und Levkojen" werden aus der Perspektive von 50 bis 30 Jahren beschrieben. Die erzählte Zeit dieses Romans ist viel weiter entfernt von dem Erzählakt des zweiten Romans, in dem die Perspektive eine Zeitspanne von 30 Jahren bis zu nur wenigen Monaten oder sogar Tagen umfaßt. In den 70er Jahren wird die Geschichte von 1945 bis in die 70er Jahre erzählt, genau bis 1976. Der Erzähler schildert also die Ereignisse mit abnehmender zeitlicher Distanz. Die Ereignisse der erzählten Zeit nähern sich den Ereignissen aus der Gegenwart des Erzählers. Zum Schluß von "Nirgendwo ist Poenichen" stimmt die erzählte Zeit mit dem Erzählvorgang fast überein, sie sind nur durch einzelne Tage oder sogar Stunden voneinander getrennt, deswegen kann man sagen, daß die Ereignisse der erzählten Zeit sich mit denen des Erzählaktes in den Abschlußkapiteln des zweiten Teils der Poenichen-Romane decken. Die Zeit, die in "Die Quints" geschildert wird, reicht unmittelbar an die Gegenwart des Erzählers heran.

XI.1. Die Darstellungsweise von Christine Brückner

Die Gestalten der Poenichen-Romane sind zwar die Handelnden, sie werden jedoch von außen nach innen erzählt. Man lernt die Mitglieder der Familie Quint und andere Personen der Romane hauptsächlich durch die Beschreibungen des Erzählers kennen, sie werden von außen beobachtet. Die Handlungsweise von Maximiliane, Joachim, Edda, Golo, Viktoria und Mirka wird vom Erzähler wiedergegeben. Der allwissende Erzähler schildert die Gestalten und deren Verhalten aus einer Perspektive, die die Darstellung zu einer Wiedergabe des Geschehens macht. Der Leser befindet sich selten mitten im Geschehen, wo er selbst alles erfahren und miterleben kann, er erfährt vielmehr die Geschichte aus zweiter Hand, von einem Erzähler, der alles miterlebt hat und davon berichtet.

Das Innere Maximilianes und ihrer Kinder bleibt dem Leser oft verborgen, man weiß nicht genau, was sie denken. Das Innere kann nur vom Äußeren, von der Darstellung ihrer Handlungsweise abgeleitet werden. Die Romangestalten bleiben dem Leser in gewissem Maße ein Geheimnis; er kann nicht in den Gedanken der Personen lesen, wie es in Bieneks Romanen der Fall ist. Die Wesensart der Personen wird vom Erzähler gedeutet, die Personen selbst stellen sich nicht dar. Joachim *"braucht Versprechungen, braucht jemanden, der ihm zu seinem Recht verhilft. Dagegen sein Bruder Golo: für ihn beginnen die besten Jahre seines Lebens, ihm muß keiner zu seinem Recht verhelfen, eher müßte man ihn daran hindern, Unrecht zu tun. Für ihn bedeutet die Flucht ein einzigartiges Abenteuer. Um Edda muß man sich ebenfalls nicht sorgen: ein Sonntagskind. Nur Viktoria wird immer und überall zu kurz kommen, obwohl jeder ihr etwas zusteckt".*[823]

Die Wiedergabe des Geschehens und die Kommentare des Erzählers überwiegen in Brückners Romanzyklus. Die Dialoge nehmen nicht so viel Raum ein wie die Schilderungen des auktorialen Erzählers. *"Mach die Augen auf! Sieh mich an! Dreißig Jahre nach seinem Tod haben die väterlichen Befehle noch Gewalt über den Sohn. An die eine Wand seines Zimmers hat er die Vergrößerung eines Fotos seines Vaters gehängt, an die gegenüberliegende Wand in gleicher Größe eine Fotografie Adolf Hitlers, beide in Uniform. Der Führer und der Verführte."*[824] Die Beschreibungen der Personen sind zugleich ein Kommentar zu deren Verhaltensweise. Der Erzähler der Poenichen-Romane ist ein Kommentator des Geschehens, der seine eigene Sichtweise und seine eigene Meinung über die Romangestalten an den Leser weitergibt. Der Erzähler der Gleiwitzer Romane dagegen ist eher unparteiisch. Es ist eine objektive

---

[823] Brückner, Jauche und Levkojen, S. 284.
[824] Brückner, Die Quints, S. 30.

Schilderung des Geschehens. Die Meinung der einzelnen Romangestalten wird bei Bienek hervorgehoben, der Erzähler selbst und seine Betrachtungsweise bleiben im Hintergrund.

Der Erzähler der Poenichen-Romane nimmt Stellung zu den politischen Ereignissen und zu den Erlebnissen der Familie Quint. *"Etwa zur gleichen Zeit hatte der englische Ministerpräsident Churchill geäußert, daß die Vertreibung die befriedigendste und dauerhafteste Methode sei, da es auf diese Weise keine Vermischung fremder Bevölkerungen gäbe, aus denen doch nur endlose Unruhen entstünden. Er sehe auch nicht, sagte er, weshalb es für die Bevölkerung Ostpreußens und der anderen abgetretenen Gebiete in Deutschland keinen Platz geben sollte, schließlich seien im Krieg sechs oder sieben Millionen Deutsche getötet worden. Eine nüchterne Berechnung, die aber stimmt. (...) Die Austauschbarkeit des Menschen schien wieder einmal bewiesen."* [825] Die sachliche Aussage gibt Auskunft über die Meinung des Erzählers. Er kritisiert zwar nicht die Entscheidung, die von den Mächtigen, den Siegern des II. Weltkrieges getroffen wurde, sieht aber gleichzeitig die Schärfe der politischen Entscheidungen und die Absurdität ihrer Begründung. Der Erzähler vermittelt dem Leser auf diese Art und Weise eine Weltanschauung, für die eine gewisse Distanz zu den politischen Entscheidungen grundlegend ist. Die Geschichte soll ernst genommen werden, man kann aber ihrem Verlauf nicht immer zustimmen. Eine distanzierte Sicht bestimmter Ereignisse hilft dem einzelnen, sie objektiv zu betrachten, und das wiederum macht es möglich, eigene und fremde Fehler zu sehen.

Die Aussagen der einzelnen Personen sind voneinander durch Anführungszeichen getrennt. Die Kommentare des Erzählers folgen, wie in der Gleiwitzer Tetralogie, unmittelbar den Aussagen, sie sind jedoch von den Worten der Romangestalten zu unterscheiden. *"'Niemand hat gesagt, daß es gerecht wäre, Edda!' antwortete Maximiliane. 'Es war auch nicht gerecht, daß Großmutter Jadow mehr als dreißig Jahre lang eine hohe Pension bezogen hat und Opa Preißing nur eine kleine Rente. Es geht nicht gerecht zu auf der Welt. Trotzdem versuche ich, es möglichst gerecht zu machen. Siehst du nicht, daß Tora mehr benötigt als du? Sie schafft es nicht allein.' Es ist unwahrscheinlich, daß Edda das Lob in den Worten der Mutter gehört hat."* [826] Der Erzähler ist derjenige, der jede Aussage zu deuten vermag, der die verborgenen Gefühle entdeckt und ans Licht bringt. Der Erzähler ist eindeutig auktorial. Er begleitet die einzelnen Personen auf ihren Lebenswegen, er kennt sich sowohl in der Vergangenheit als auch in der Gegenwart der Realität der Romane aus. Nur von der Zukunft weiß er nichts Genaues. Hier stellt sich der Erzähler auf die Ebene des Lesers, der die Lebensgeschichte der Romangestalten nicht kennt und nicht voraussehen kann, was passieren wird. Die Unwis-

---

[825] Brückner, Nirgendwo ist Poenichen, S. 26-27.
[826] Ebenda, S. 123.

senheit des Erzählers ist aber nicht echt, mit seinen Zweifeln macht er den Leser nur auf entscheidende Fragen aufmerksam. *"Ihr wird das Singen nicht vergehen und auch nicht das Lachen, obwohl sie eigentlich nichts zu lachen hat, und sie wird weiterhin Baumstämme umarmen, auch wenn sie vorerst die Arme voller Kinder hat. Ihre Wurzeln stecken in Pommern. Ob sie je neue Wurzeln bilden wird?"* [827] Der Erzähler weiß genau, wie es Maximiliane in Zukunft gehen wird, er kann ganz genau sagen, daß sie immer noch gern singen wird und daß sie Bäume umarmen wird. Daher ist es unvorstellbar, daß er nicht weiß, ob sie neue Wurzeln bilden wird. Die Frage erweist sich also als eine rhetorische Frage. Maximiliane wird nie neue Wurzeln bilden, weil ihre Wurzeln in Pommern stecken. Die Unsicherheit des Erzählers und das Zurückhalten der Antwort auf die gestellte Frage hängt mit Brückner´s Absicht zusammen. Wenn die Frage schon jetzt beantwortet wäre, würden sich die folgenden Romane erübrigen, die eigentlich die Antwort auf diese Fragestellung sind.

Der Leser wird vom Erzähler direkt angesprochen, er wird als aktiver Mitgestalter der neuen Realität betrachtet. Der Erzähler stellt Fragen an den Leser, er fordert ihn auf, den Atlas aufzuschlagen und Poenichen zu suchen.

"Wo dieses Poenichen liegt?
Wenn Sie sich die Mühe machen wollen, schlagen Sie im Atlas die Deutschlandkarte auf. (...) Suchen Sie Dramburg, immerhin eine Kreisstadt (poln. Drawsko), an der Drage gelegen, die Einwohnerzahl unter zehntausend. Etwa 30 Kilometer südwestlich von Dramburg liegt Arnswalde (poln. Choszczno), (...) südöstlich in etwa derselben Entfernung dann Deutsch Krone (poln. Walcz), nicht mehr Hinterpommern, sondern bereits Westpreußen." [828] Es ist interessant, wie Christine Brückner die erfundene Realität ihrer Romane mit der Wirklichkeit verbindet, wie sie die Lage des, wie sie sagt, erfundenen Ortes Poenichen in der Wirklichkeit auszumachen sucht. Vermutlich beschreibt sie die Lage des Gutes ihres Onkels, das ihr als Vorbild für Poenichen gedient hat. Der Erzähler wendet sich mit diesen Worten direkt an den Leser, den er zu einer aktiven Mitarbeit einlädt und der Leser wird zu einem Ansprechpartner des Erzählers. Die Stelle erinnert an eine Lesung, während der sich der Autor an seine Zuhörer wendet. Zugleich ist diese Stelle eine didaktische Aufgabe. Der Wissende versucht dem Unwissenden sein Wissen zu vermitteln und hilft den weniger Erfahrenen beim Aneignen des neuen Stoffes. Die Fragen des Erzählers, die an den Leser gerichtet werden, stellen sich dann als Aufgaben heraus, die der Leser lösen soll. *"Der letzte Satz des alten Quindt kann so nicht stehenbleiben: 'Aufs Blut kommt´s an.' Meint er das ironisch? Schwingt nicht immer ein wenig Ironie mit, wenn er von 'den Quindts' spricht? Wenn von dem 'Erben', dem 'Stamm-*

---

[827] Brückner, Jauche und Levkojen, S. 313.
[828] Ebenda, S. 10-11.

halter' die Rede ist? Was weiß er überhaupt von den Vorfällen in Zoppot? Was ahnt er?" [829] Die Fragen fordern den Lesern auf, Stellung zu dem Romangeschehen und zu den Romangestalten zu nehmen und für sich die Fragen zu beantworten. Einerseits ist also der Leser durch eine bestimmte Sichtweise des Erzählers beeinflußt, andererseits wird ihm die Freiheit gelassen, sich seine eigene Meinung zu bilden.

Die vielen Fragen, die in das Romangeschehen eingebaut werden, sind eine Hilfestellung, die den Leser auf die richtige Spur bringen soll. Die Fragen weisen den Leser auf eine bestimmte Denkweise hin, sie lenken seine Aufmerksamkeit vom Unwichtigen auf das Entscheidende. *"Lassen sich Grundsätze vererben? Werden sie zu erworbenen Eigenschaften? Der alte Quindt hatte sich vom Patrioten zum Pazifisten entwickelt, der junge Quint fing als Pazifist an. Was hatte er, der als Siebenjähriger seine Heimat verließ, mitbekommen? Was hatte er aufgesogen, möglicherweise mit der Muttermilch, mit der er ja bereits Gedichtzeilen zu sich genommen hatte?"* [830] Da die Fragen im dritten Teil des Romanzyklus stehen, ist zu erwarten, daß sie schon durch das Romangeschehen selbst beantwortet wurden. Andererseits ist anzunehmen, daß diese Problematik noch genauer veranschaulicht werden soll, weil der Frage eine Antwort folgt.

Die Abschnitte, die die Fragen beinhalten, geben unmittelbar die Meinung des Erzählers wieder. Sie sind aber zugleich Gedanken der Schriftstellerin beim Schreiben ihrer Romane. Wenn die Fragen als Aufgaben an den Leser aufgefaßt werden, dann haben sie neben der didaktischen Funktion auch eine Vermittlungsfunktion: sie vermitteln zwischen der Erfindung und der Wirklichkeit. Obwohl die Romane eine schriftstellerische Erfindung sind, stellen sie eine geschlossene Realität dar. Die Fragen, mit denen der Leser aufgefordert wird, in die Realität der Romane einzudringen, verbinden die erfundene Welt mit der Wirklichkeit. Dank dieser Fragen bekommt der Leser Zugang zu Maximilianes Welt, so daß er die Grenze zwischen der Wirklichkeit und der Imagination frei überschreiten kann. Die Fragestellungen können aber auch als solche verstanden werden, die die Schriftstellerin sich selbst stellt. In diesem Fall wäre das die Ebene des Erzählvorgangs, die in das Romangeschehen eingebaut wird. Die Fragen haben dann eine Verdeutlichungsfunktion. Die Schriftstellerin weist sich selbst zurecht, um nicht vom Thema abzukommen. Die Fragen helfen ihr, das Wichtigste im Auge zu behalten. Dafür, daß in die Handlung der Poenichen-Romane die Ebene der Entstehung der Romane eingeflochten wurde, sprechen noch andere Aussagen. *"(...) Und du? Was sagst du?*

---

[829] Brückner, Jauche und Levkojen, S. 17.
[830] Brückner, Die Quints, S. 113.

Was wird Maximiliane sagen? 'Ach-', sagte sie. Und als letztes wieder: 'Grüß die Schöne!'" [831] Die Frage: Was wird Maximiliane sagen? gehört zu einem Selbstgespräch des Erzählers. Es wird nicht darauf gewartet, bis sich der Leser darüber Gedanken macht, sondern die Frage wird sofort beantwortet. Entscheidend ist, daß die Fragen und Anmerkungen wie *"Was Edda hatte sagen wollen, wissen wir also nicht"* [832] nicht zur Realität der Romane gehören. Derartige Aussagen sind der Erzählebene zuzuordnen.

Die direkten Aufforderungen an den Leser zu einer Mitarbeit stehen häufig im Plural. Der Erzähler versteht die Leser als Mitwirkende, die einen Beitrag zu dem Roman leisten können. Maximiliane wird als ein Fall angesehen, der gemeinsam zu prüfen und zu lösen ist. *"Man hegt jetzt natürlich die schlimmsten Befürchtungen für die Entwicklung dieses Kindes. Mußte in ihm nicht Urangst entstehen als Folge der Geburtsangst? Aber in unserem Falle war die Trennung von Mutter und Kind bereits vor der Geburt erfolgt".* [833] "Man" kann sich an dieser Stelle sowohl auf die Dorfbewohner als auch auf die Leser beziehen, die sich als diejenigen, die neue Realität erleben, Sorgen um das Kind machen. Die Wendung "in unserem Falle" deutet darauf hin, daß mit "man" eher die Leser als die Dorfbewohner gemeint sind, mit denen sich der Erzähler verbündet.

Der Leser beurteilt die Geschehnisse des Romans aus einer Perspektive, die dem Erzählakt näher steht als der erzählten Zeit. "Jauche und Levkojen" wurde 1975 herausgegeben. Die Menschen, die den II. Weltkrieg mit- und überlebt haben, aber auch diejenigen, die den Krieg aus den Geschichtsbüchern kennen, lesen den Roman mit einer bestimmten Furcht. Sie wissen, was der II. Weltkrieg mit sich gebracht hat und wie viele Menschen während der Flucht aus ihrer Heimat ums Leben gekommen sind. Deswegen *"fragt man sich"*, *"den Zweiten Weltkrieg mit seinen Folgen vor Augen, wie Maximiliane ihn durchstehen soll."* [834] Jeder, der den Roman liest, fürchtet um das Leben von Maximiliane und ihrer Kinder. Bei derartigen Fragen und Behauptungen stellt sich der Erzähler auf die Ebene des Lesers, der über gleiche oder ähnliche Erfahrungen verfügt. Die Befürchtungen, die mit den historischen Ereignissen zusammenhängen, gelten für jeden Menschen, der die Geschichte kennt. Anders ist es mit den Fragen, die das persönliche Leben der Romangestalten betreffen. Da die Romangestalten eine schriftstellerische Erfindung sind, können die Fragen nach ihrem Leben und ihrer Wesensart nur vom Erzähler beantwortet werden. In diesem Fall ist der Leser der Unwissende, der zwar etwas ahnen

---

[831] Brückner, Die Quints, S. 154.
[832] Ebenda, S. 222.
[833] Brückner, Jauche und Levkojen, S. 32.
[834] Ebenda, S. 253.

kann, der jedoch auf die direkten Antworten und auf die Darstellung des Erzählers angewiesen ist.

XI.2. Rückwendungen und Vorausdeutungen

Der Erzähler beschreibt rückschauend die Geschehnisse, die einen direkten Einfluß auf das Geschehen der Haupthandlung ausüben. Nach den genauen Zeitangaben über die Geburt eines Kindes und der exakten Beschreibung der Lage des Geburtsorts holt der Erzähler von "Jauche und Levkojen" die Geschichte der Großeltern des neu geborenen Kindes nach. Es ist eine aufbauende Rückwendung, die von Eberhard Lämmert auch als eine nachgeholte Exposition bezeichnet wird.[835] In der aufbauenden Rückwendung trägt der Erzähler *"Material – faktische Vorgänge zumeist, aber auch seelische Entwicklungen – (...) welches den isoliert vergegenwärtigten Handlungseinsatz in einen verständlichen Zusammenhang einfügt und gleichzeitig die Entfaltung künftiger Phasen unterbaut"*[836] nach. In der nachgeholten Exposition von "Jauche und Levkojen" lernt der Leser die Personen der Handlung kennen, indem er einige Erlebnisse aus dem Leben der Großeltern und der Eltern von Maximiliane erfährt.

Der auktoriale Erzähler kennt die Unterschiede zwischen damals und heute, zwischen der Imagination und der Wirklichkeit. *"Zoppot also. Ein internationaler Badeort schon damals, in dem der deutsche Kaiser gern weilte, vermutlich auch in jenem Sommer 1896; später dann Hitler, Gomulka, Castro, jeder zu seiner Zeit."*[837] "Damals" bezieht sich in dieser Textstelle auf die Zeit, die vor der eigentlichen Handlung des Romans liegt. "Damals" kann also sowohl als "damals" zu der erzählten Zeit des Romans verstanden werden, als auch als "damals", das vor dem Erzählakt liegt. Der Erzähler weiß von der Hitler-, Gomulka- und Castrozeit, deswegen kann er von Zoppot rückblickend aus der Perspektive der Jahrzehnte berichten. In dieser Passage läßt sich ein Rückschritt in die Geschichte und gleichzeitig eine Vorausdeutung erkennen. Es wird die Vergangenheit mit der Zukunft in Verbindung gebracht, es ist derselbe Ort, der in den vergangenen Jahren ein internationaler Badeort war und es in den kommenden Jahren bleiben wird.

Die Vergangenheit, die vor der Gegenwart der erzählten Zeit liegt, kann als eine eingeschobene Rückwendung in das Romangeschehen eingebaut werden. Eberhard

---

[835] Vgl. dazu: Eberhard Lämmert, Bauformen des Erzählens, S. 104.
[836] Ebenda.
[837] Brückner, Jauche und Levkojen, S. 19.

Lämmert unterscheidet in "Bauformen des Erzählens" zwischen Rückschritten, Rückgriffen und Rückblicken. Der Erzähler der Poenichen-Romane bedient sich häufig der Rückschritte. Es sind *"Einschnitte im Erzählfluß, an denen der Erzähler eine neue Richtung nimmt oder mit anderen Mitteln die bisherige fortsetzt, (...). Was auf dem neuen Schauplatz bislang geschah, was die neu eingeführte oder wieder auftretende Person bisher erlebte, das mag für den weiteren Verlauf notwendig zu wissen oder doch merkwürdig genug sein, um hier mitgeteilt zu werden."* [838] Die Rückschritte ähneln zwar einer Episode, dennoch sind sie mit ihr nicht gleichzustellen, weil sie im Gegensatz zu einer Episode wieder in die Gegenwartshandlung hineinführen. In "Nirgendwo ist Poenichen" trägt der Erzähler einige Ereignisse aus den ersten Tagen des Lebens von Joachim nach, um die Ursache für sein Ängstlichsein zu liefern. Der Erzähler nennt diese Nachtragung eine Episode. *"Diese Episode in einer sonst glücklichen Kindheit mußte nachgetragen werden, da sie möglicherweise die Ursache dafür war, daß Joachim ein ängstliches Kind wurde, das der Nähe bedurfte und der Vertröstungen."* [839] Im Sinne von Lämmert ist jedoch diese nachgetragene Geschichte als ein Rückschritt und nicht als eine Episode zu betrachten. Der Erzähler fügt diese Geschichte in das gegenwärtige Romangeschehen ein, um die Gegenwart weiter erzählen zu können. Die Erklärung des Erzählers, die die Gründe für die Schilderung der Kindheitserlebnisse nennt, führt zugleich in die Gegenwartshandlung zurück. Dieser Rückschritt im Erzählfluß hat einen aufdeckenden Charakter, er deckt Joachims Inneres auf.

Die Rückschritte in die Vergangenheit dienen dem Erzähler der Poenichen-Romane dazu, bestimmte Gründe für das Verhalten der Romangestalten aufzudecken. Mit den Worten: *"Erklären läßt sich alles"* [840] beleuchtet der Erzähler bestimmte Ereignisse aus dem Leben von Viktoria, um ihre Sehnsucht nach einem Zuhause zu erklären. Auch diese Geschichte führt den Leser in die Gegenwartshandlung hinein. Der Erzähler stellt sich viele Fragen, die er mit dem Rückschritt in die Vergangenheit zu beantworten versucht. Der Rückschritt ist also eine Antwort. Dieses Frage-Antwort Gefüge läßt den Rückschritt nicht als Episode oder Nebenhandlung erscheinen, sondern führt die Handlung direkt in die Gegenwart zurück. Es werden verschiedene Ereignisse aus dem Leben der Quints genannt, alle diese Ereignisse liegen in der Vergangenheit, die Gegenwart wird indes mit dem Satz angedeutet: *"Und Viktoria, die so lange Zeit nicht gewußt hatte, was man brauchte und was sie selbst brauchte, hatte es endlich gefunden: ein Haus, ein eigenes*

---

[838] Eberhard Lämmert, Bauformen des Erzählens, S. 112.
[839] Brückner, Nirgendwo ist Poenichen, S. 221.
[840] Brückner, Die Quints, S. 184.

Dach überm Kopf, Erde unter den Füßen, Mauern zu Schutz, meterdick." [841] Der Rückschritt ist ein Einschnitt im Erzählfluß, der die Vergangenheit unmittelbar an die Gegenwart anschließt. Im eben genannten Beispiel ist es einerseits die Frage-Antwort Konstruktion und andererseits das erzählerische Zusammenfügen bestimmter Ereignisse, die die Vergangenheit mit der Gegenwart verbinden.

Der Erzähler als der Allwissende hat das Leben der Romangestalten im Griff. Die rhetorischen Fragen, die er stellt, täuschen seine Unwissenheit vor. Die Fragen geben vor, daß der Erzähler zu einem bestimmten Zeitpunkt, der zur Realität der Romane gehört, nicht mehr weiß als der Leser. Die Allwissenheit des Erzählers läßt sich ganz deutlich an folgender Textstelle zeigen: *"Als Maximiliane zehn Jahre alt ist, haben die Bäume sie eingeholt. Wenn sie Poenichen verlassen muß, wird der Wald des Friedens gerade 20 Jahre alt sein, und die Bäume werden eine Höhe von zehn Metern erreicht haben. Man wird dann zwar von einem Wald sprechen können, aber von Frieden nicht."* [842] Es kann zwar entgegengehalten werden, daß es nicht schwierig ist, die Flucht vorauszusehen, wenn ein Mensch 1918 als Deutscher in Pommern geboren wird. Die Schriftstellerin hatte jedoch die Freiheit, ihre Gestalt in Pommern weiter leben oder fliehen zu lassen. Der Erzähler greift vor, er weiß, daß Maximiliane ihre Heimat verlassen wird. Er weiß genau, wie groß die Bäume bei ihrer Flucht aus Poenichen sein werden. Dieses In-die-Zukunft-Schauen des Erzählers wird von Eberhard Lämmert als Vorausdeutung bezeichnet.

Der Erzähler ist sich ganz sicher, wie die Zukunft von Maximiliane aussehen wird, deswegen sind seine Voraussagen den zukunftsgewissen Vorausdeutungen zuzurechnen. Wenn auch die Gewißheit des Erzählers in diesem Ausschnitt angezweifelt werden kann, so liefert eine andere Textstelle ein Zeugnis, das keinen Zweifel an der Allwissenheit des Erzählers läßt. *"Eine Mutter Courage des Zweiten Weltkriegs. Aber noch findet das Schauspiel auf Deutschlands Straßen statt, noch nicht auf der Bühne. Wenn sie, zehn Jahre später, das Stück von Bert Brecht auf der Bühne sehen wird, wird sie am Schluß sagen: 'Am besten war der Karren!'"* [843] Diesmal greift der Erzähler viel weiter vor als in dem ersten Zitat. Die erste Vorwegnahme bezieht sich auf denselben Roman. Diese Vorausdeutung ist intern, weil sie *"einen späteren Punkt innerhalb der erzählerischen Chronologie"* [844] vorwegnimmt. Die Beschreibung der Flucht wird noch im ersten Teil der Trilogie beschrieben. Der zweite Blick in die Zukunft geht weiter, er betrifft schon den zweiten Teil der Poenichen-Romane, deswegen

---

[841] Brückner, Die Quints S. 186.
[842] Brückner, Jauche und Levkojen, S. 105.
[843] Ebenda, S. 293.
[844] Jochen Vogt, Aspekte erzählender Prosa, S. 123.

ist er in gewissem Sinne als extern zu betrachten. Die Vorausdeutung, daß Maximiliane das Stück von Brecht auf der Bühne sehen wird, greift über den Endpunkt des Romans hinaus.

Die Aussagen des Erzählers lassen sich nicht immer auf ihre Richtigkeit überprüfen, weil nicht alle Ereignisse, die von ihm vorausgesehen werden, in den Romanen dargestellt werden. Für eine Vorausdeutung ist es auch nicht entscheidend, ob sie erfüllt wird. Bei einigen der Vorausdeutungen des Erzählers läßt sich ihre Richtigkeit jedoch ganz genau nachprüfen. *"Wenn jene Quindts, die das erste Weihnachtsfest nach dem Krieg miteinander gefeiert haben, später davon erzählen werden, wird immer von dem Gebäck die Rede sein. 'Ohne alles mit Essig', werden sie sagen".*[845] 294 Seiten später heißt es: *"Die Erinnerungen gingen auch zu jenem denkwürdigen Weihnachtsabend 1945 zurück, der sich in dem Bericht der alten Frau Hieronimi zu einer bethlehemitischen Legende verklärte: 'Irgendwie urchristlich! Wir teilten das Wenige, das wir besaßen, miteinander. Wir tranken ein warmes Getränk, das uns köstlich schmeckte. Wir aßen ein Gebäck, das wir miteinander gebacken hatten, ohne alles mit Essig! (...)'"*[846] Dies ist ein Beispiel für eine zukunftsgewisse und interne Vorausdeutung des Erzählers. Das, was der Erzähler im ersten Abschnitt als einen Blick in die Zukunft darstellt, tritt wirklich ein. Die Aussage: *"Sie werden sagen"* läßt eigentlich keinen Zweifel daran, daß das Vorausgesagte in Erfüllung gehen wird. Seine Voraussage klingt sehr überzeugend, in diesem Fall tritt das Angekündigte auch ein. Zum Schluß von "Nirgendwo ist Poenichen" steht eine Vorausdeutung, die sich in der Form von der eben zitierten nicht unterscheidet. Der Erzähler sagt auch dieses Mal mit Gewißheit: *"Jetzt wird auch sie seßhaft werden können."*[847] Der letzte Teil des Romanzyklus macht jedoch deutlich, daß Maximiliane, um die es sich bei dieser Behauptung handelt, nicht seßhaft wird. Entscheidend ist aber, daß sie seßhaft werden kann. Diese Vorausdeutung impliziert, daß Maximiliane nicht wirklich seßhaft werden muß.

Zu den Vorausdeutungen des Erzählers gehören auch die Mottoworte, die jedes Kapitel der Trilogie einleiten. Die einführenden Vorausdeutungen sind *"Hilfen, die der Erzähler dem Leser zum Verständnis der künftigen Vorgänge gibt und mit denen er seine Erwartungen weckt".*[848] Das 16. Kapitel von "Jauche und Levkojen" wird mit den Worten von Hermann Göring eingeleitet: *"Wer Jude ist, bestimme ich!"*[849] Dem Leser wird mit diesem

---

[845] Brückner, Nirgendwo ist Poenichen, S. 43.
[846] Ebenda, S. 292.
[847] Ebenda, S. 317.
[848] Eberhard Lämmert, Bauformen des Erzählens, S. 143.
[849] Brückner, Jauche und Levkojen, S. 139.

Zitat die Thematik des Kapitels angedeutet. Es handelt sich um Maximilianes Mutter, die einen Arzt jüdischer Abstammung geheiratet hat und deswegen gezwungen wird, Deutschland zu verlassen. Die einleitenden Worte sind sehr aussagekräftig. Sie weisen darauf hin, daß in diesem Kapitel die Judenproblematik thematisiert wird, zugleich aber machen sie den Mechanismus der nationalsozialistischen Ideologie und Propaganda deutlich. Diese Worte lassen auch keine andere Lösung für Vera und ihren Mann zu, es wird von oben bestimmt, wer Jude ist und was mit ihm geschieht.

Nicht alle Mottoworte sind so eindeutig, wie die eben zitierten. Das 26. Kapitel von "Nirgendwo ist Poenichen" wird von einem kirgisischen Sprichwort eingeleitet: *"Der Abend ist klüger als der Morgen".*[850] Die Sprichwörter sind allgemeingültige Wahrheiten, die sich auf viele Ereignisse oder Erfahrungen des Menschen übertragen lassen. Die Erfahrungen des Tages lassen den Menschen klüger werden. In diesem Kapitel wird Maximilianes Reise nach Polen, in ihre Heimat geschildert. Nach den Einführungsworten ist der Leser gespannt, welche Erlebnisse Maximiliane klüger machen werden. Während der Reise sieht sie ihre Heimat wieder und kann sie kaum wiedererkennen. Sie sucht die Speisekammer ihres inneren Lebens, findet sie aber leer. Reicher um diese Erlebnisse kehrt Maximiliane wieder nach Deutschland zurück. Das Motto trifft zu, Maximiliane hat während ihrer Reise nach Poenichen etwas gelernt, sie ist klüger geworden. Der Morgen ist ihr Leben bis zu der Reise in die Heimat, der Abend ist das Leben danach. Da das Motto nicht so eindeutig ist und den Leser vieles erwarten läßt, macht es den Leser umso neugieriger auf das, was kommt. Die Vorausdeutungen können eine Vorwegnahme sein, dann lassen sie keinen Zweifel an dem Geschehen, das erzählt wird. Sie können aber auch Träger der Spannung einer Erzählung sein, dann tragen sie dazu bei, daß der Leser gespannt auf das Kommende wartet.

Am Ende des Romanzyklus sieht Joachim seine Mutter im Traum. In diesem Traum schlägt Maximiliane Wurzeln und *"oben, über der Erde"*[851] schrumpft sie. Dieser Traum hat eine doppelte Funktion für das Romangeschehen, er ist sowohl als eine auflösende Rückwendung als auch als eine abschließende Vorausdeutung zu verstehen. Maximiliane weigert sich zwar, sich als eine die Wurzeln hat, zu sehen, trotzdem vergleicht sie sich oft mit einem Baum, und sie hofft, daß ihre Kinder keine Wurzeln haben wie sie, sondern Beine. Der Traum als eine Rückwendung weist darauf hin, daß Maximiliane eine Person ist, die ganz tiefe Wurzel hat, obwohl sie die Tatsache, daß sie in ihrer Heimat verwurzelt ist, immer wieder bestreitet. Der zeitliche Abstand läßt die Bindung an ihre

---

[850] Brückner, Nirgendwo ist Poenichen, S. 301.
[851] Brückner, Die Quints, S. 302.

Heimat immer stärker werden, deswegen fängt Maximiliane an zu schrumpfen. Sie entfernt sich von ihren Kindern und von der Wirklichkeit. Joachims Traum hat parallel zu der rückschauenden auch eine vorausdeutende Funktion. Der Prozeß des Wurzelnschlagens ist noch nicht abgeschlossen. Joachim möchte nachsehen, ob seine Mutter schon unter der Erde verschwunden ist. Der zeitliche Abstand zu der Heimaterfahrung wächst, mit ihm intensiviert sich die innere Verbundenheit mit dem Heimatland. Der Erzähler deutet damit an, daß Maximiliane eine Ruhelose ist und bleiben wird, daß ihre Wurzeln nicht nur in Poenichen sind, sondern daß sie immer tiefer in die Heimaterde drängen.

XI.3. Das epische Präteritum und das historische Präsens

Die Ereignisse aus Maximilianes Leben, die von der erzählten Zeit her gesehen in der Zukunft liegen, stehen im Futur. Das Tempus wird in der Trilogie von Christine Brückner häufig gewechselt. Der Wechsel erfolgt jedoch einheitlich und hängt von der erzählten Zeit ab. Die erzählte Zeit wird als Gegenwart angenommen und je nachdem, ob die Ereignisse vor oder nach den eben erzählten Handlungen liegen, werden sie dementsprechend in den Vergangenheitsformen oder in den Zukunftsformen ausgedrückt. *"Maximilianes Schicksal wurde mit der Abgabe des 'Fragebogens zur Erlangung des Lastenausgleichs' ein weiteres Mal aktenkundig und wird eines Tages samt den Akten in Kellern verschwinden und – später – durch den Reißwolf gehen. Sie wird dann wieder eine Privatperson werden und keine Kriegshinterbliebene mehr sein, kein Flüchtling mit dem Flüchtlingsausweis der Kategorie A, worin ihr der ständige Aufenthalt im Bundesgebiet seit dem Oktober 1945 bescheinigt wurde; statt dessen ein Flüchter mit einem Reisepaß, der die rasch erworbenen Heimaten und Wohnsitze häufig wechselt."*[852] Die Abgabe des Fragebogens und das Ausstellen des Flüchtlingsausweises bilden die Gegenwart der erzählten Zeit, Maximiliane wird in der Zukunft aus den Akten verschwinden und sie wird kein Flüchtling mehr sein, sondern eine Ruhelose. Die Behauptung des Erzählers ist eine eingeschobene Vorausdeutung, sie steht im Futur, weil sie sich auf die Zukunft bezieht. Das Präteritum dieses Ausschnittes ist das epische Präteritum, das *"anders als das historische Präteritum des Wirklichkeitsberichts keine reale, historische Vergangenheit, sondern fiktive Gegenwärtigkeit, eine Präsenz des erzählten Geschehens in unserer Einbildungskraft"*[853] bezeichnet.

---

[852] Brückner, Nirgendwo ist Poenichen, S. 165.
[853] Joachim Vogt, Aspekte der erzählenden Prosa, S. 29.
Vgl. dazu: Harald Weinrich, Tempus. Besprochene und erzählte Welt, S. 27.

Obwohl das epische Präteritum im Erzählen die Gegenwart ausdrückt, stehen viele Passagen der Poenichen-Romane im Präsens. Das historische Präsens läßt den Leser an dem Geschehen teilhaben. Die Kraft des Ausdrucks in Bezug auf die Gegenwart ist beim Präsens viel stärker als beim Präteritum. Der Erzähler fängt in der Vergangenheitsform an, einen Ausschnitt aus dem Leben von Maximiliane und ihren Kindern darzustellen, dann wechselt er ganz schnell ins Präsens. *"Aber sie besaß natürlich eine Straßenkarte; auch dafür hatte Joachim, der sich um alle Reise- und Autopapiere kümmerte, gewissenhaft gesorgt. Morgens im Drugstore, während ihre Kinder noch frühstückten, breitete Maximiliane ihre Karte auf dem Tisch aus, und sofort beugten sich mehrere Fernfahrer darüber, um mit ihr die Tagesroute zu besprechen".*[854] Einige Zeilen weiter heißt es: *"Vor der Brückenauffahrt in Memphis gerät Maximiliane wieder zwischen zwei Lastzüge und überquert, ohne ihn zu sehen, den Mississippi. Joachim macht sie anhand der Straßenkarte darauf aufmerksam."*[855] Die Ereignisse, die im Verhältnis zu der erzählten Zeit in der Vergangenheit liegen, stehen im Plusquamperfekt, die gegenwärtigen Geschehnisse stehen im Präteritum, dann aber wechselt der Erzähler vom Präteritum ins Präsens, um den Leser von der Gegenwärtigkeit des Geschehens zu überzeugen.

Das Präsens wird oft eingesetzt, wenn es sich um Tätigkeiten und Erfahrungen von Maximiliane handelt. Maximiliane ist in Begleitung eines Mannes, der ihr seine Probleme offenbart. *"Auf dem Weg dorthin schob er seinen Arm unter den ihren (…) und erzählte".*[856] Dieses Ereignis ist die Gegenwart des Romangeschehens, genauso wie die Reaktion von Maximiliane, die aber im Präsens steht: *"Wieder einmal hört Maximiliane nicht zu, sondern hört nur die Stimme, und die erinnert sie an Martin Valentin".*[857] Durch das Präsens wird die Aufmerksamkeit des Lesers auf Maximiliane und ihre Gedanken gelenkt. Sie steht im Vordergrund des Geschehens. Obwohl beide Personen in derselben Zeit stehen, werden sie anders dargestellt. Herr Wasser erzählte und Maximiliane hört zu. Das Erzählen und das Zuhören sind gleichzeitig. Dem Erzähler ist jedoch Maximiliane wichtiger und er versucht mit dem Tempuswechsel die Rangfolge der Personen und die ihrer Empfindungen festzulegen.

Die Formen des Plusquamperfekts kommen in den Poenichen-Romanen nicht oft vor. Diese Tempusformen werden auch durch genaue Zeitangaben unterstützt: *"Als sein Sohn und Erbe 1915 Soldat geworden war, hatte er dafür gesorgt, daß dieser zu jenem Regiment kam,*

---

[854] Brückner, Nirgendwo ist Poenichen, S. 129-130.
[855] Ebenda, S. 131.
[856] Ebenda, S. 108.
[857] Ebenda, S. 108..

bei dem seit jeher die Quindts gestanden hatten".[858] Mit der Angabe des Jahres 1915 betrifft die Aussage eindeutig Ereignisse, die vor der Haupthandlung des Romans liegen. Die Zeitangaben sind eine Legitimation, die den Erzähler zum Benutzen des Plusquamperfekts berechtigen.[859]

Die erfundene Realität hat, genau wie die Wirklichkeit, eine räumliche und eine zeitliche Dimension. Beide Dimensionen, die zeitliche und die räumliche, sind eine Realität, die nicht verändert werden kann. Die Realität ist zeitlich begrenzt, die Vergangenheit reicht nur so weit, wie sie dargestellt wird, also bis Ende des 18. Jahrhunderts. Die Gegenwart wird auf die Jahre 1918 bis 1984 verteilt. Die Zukunft reicht auch nur bis 1984. Der zeitliche Rahmen und die Räume des Geschehens machen die Geschlossenheit dieser Realität aus, die mit ihrer Vergangenheit, Gegenwart und Zukunft konstant bleibt.

Einige Präsensformen haben jedoch mit der erzählten Zeit der Romane nichts zu tun. Es sind die Stellen, in denen sich der Erzähler direkt an den Leser wendet. Diese Fragen oder Aufforderungen zur Mitarbeit stehen im Präsens, das gnomisches Präsens genannt wird. Der Erzähler tritt aus seiner Erzählung heraus und tritt in die Gegenwart des Lesers ein, um ihm etwas vorzuschlagen. Auch die Maximen und Quintessenzen, die so reichlich im Romanzyklus von Christine Brückner vorhanden sind, stehen im Präsens, weil sie eine allgemeine Wahrheit vermitteln. Die Allgemeingültigkeit dieser Aussagen kommt in ihrer präsentischen Form zum Ausdruck: *"Aufs Blut kommt's an"*[860] oder *"Wer an Gott glaubt, der hat es leichter, der weiß wenigstens, bei wem er sich beklagen kann".*[861] Die Quintessenzen treten aus der erzählten Zeit heraus. Sie gelten sowohl für die erzählte Zeit als auch für die Gegenwart des Lesers.

---

[858] Brückner, Jauche und Levkojen, S. 8.
[859] Vgl. dazu: Brückner, Nirgendwo ist Poenichen, S. 220.
[860] Brückner, Jauche und Levkojen, S. 17.
[861] Brückner, Nirgendwo ist Poenichen, S. 44.

XII
HEIMAT – VERGANGENHEIT, GEGENWART, ZUKUNFT?

> "Gegen den Schmerz um die verlorene Zeit
> gibt es nur das eine Mittel:
> ihr einen Sinn zuzuerkennen."
> Siegfried Lenz

Heimat wird meistens als der Geburtsort angesehen, wobei nicht immer zwischen dem Land und dem Ort unterschieden wird. Oft geht das eine - der Ort - in das andere - das Land - über; maßgebend ist, daß die Heimat der Geburtsort oder das Land der Geburt ist. In diesem Sinne bedeutet Heimat den Ursprung des Lebens. Die Herkunft weist auf etwas in der Vergangenheit Liegendes, zugleich aber auf etwas Gegenwärtiges hin. Dem Menschen ist seine Herkunft allgegenwärtig. Sie bleibt dem Menschen sein ganzes Leben lang erhalten, weil man nur einen einzigen Ursprung haben kann.

Die Besonderheit der Heimat liegt in ihrer Einmaligkeit und in der Eigenartigkeit der Lebenserfahrung. *"Der Anfang. Das, was Heimat ist und immer sein kann. Immer das Erste. Das erste gehörte, gelernte Wort. Die Stimme der Mutter, die Muttersprache. Der erste Blick, die erste Ansicht vom Menschen, der Umgebung; die erste Landschaft, an der alle späteren, und seien sie unvergleichlich, gemessen werden. Der erste Schritt, mit dem man in die Welt stürzt. Die erste Erfahrung mit anderen, eine selbstverständliche soziale Unterweisung. Lernen, was Nachbarschaft heißt. Nähe nutzen, Weite ahnen. Die erste Schulstunde. Der erste Freund. Die erste Liebe. Die erste Lüge (…)".*[862] Es sind die Grunderfahrungen jedes Menschen, die einmalig und erstmalig sind, aus diesen Grunderfahrungen besteht Heimat, die deswegen auch etwas Unverwechselbares ist. Wenn man Heimat als die ersten Erfahrungen ansieht, dann wird sie zu einer prägenden Kraft, die zu der Individualität und Einmaligkeit jedes einzelnen Menschen beiträgt. Genauso wird die Kindheit als die prägende Kraft des menschlichen Lebens betrachtet. Dadurch sind die beiden Begriffe – Heimat und Kindheit – in bestimmter Hinsicht gleichzustellen. *"Heimat, das ist für die meisten Menschen realiter die Erlebniswelt ihrer Kindheit".*[863] Die ersten Erlebnisse des Menschen sind in der Kindheit verankert, in der Kind-

---

[862] Christian Graf von Krockow, Heimat. Erfahrungen mit einem deutschen Thema, S. 83-84.
[863] Iring Felscher, Heimatliebe – Brauch und Mißbrauch eines Begriffs, in: Görner, Rüdiger (Hrsg.), Heimat im Wort: die Problematik eines Begriffs im 19. und 20 Jahrhundert, S. 17.

heit erfährt man zum ersten Mal die Welt, die Menschen, die Natur. Deswegen verwundert die Aussage nicht: *"In der Kindheit also und nirgendwo sonst ist das angelegt, was wir Heimat nennen."* [864] Heimat als das Kindheitsland macht ihre Unverwechselbarkeit und Einmaligkeit noch deutlicher. Um so überraschender wirken die Aussagen der Protagonisten vieler Romane, die von der alten und neuen Heimat sprechen[865]. Die bisherigen Ausführungen schließen im Grunde die Möglichkeit einer nochmaligen Heimat aus, manche deutschen Schriftsteller halten es jedoch für möglich, eine neue Heimat zu haben.[866]

XII.1. Die Diskontinuität in der Heimaterfahrung

Die Distanz ist ein Aspekt, der die Heimaterfahrung möglich macht, Heimat wird zu einem Erinnerungsbegriff. Dank dem gewonnenen zeitlichen und räumlichen Abstand beginnt man das Heimatland überhaupt zu erkennen und zu schätzen. So lange man in seiner Heimat lebt, nimmt man sie gar nicht wahr. *"Man muß Heimat haben, um sie nicht nötig zu haben."* [867] Die alte Heimat übt auf den Menschen einen großen Einfluß aus, sie gibt dem Menschen Maßstäbe für sein ganzes Leben. Da Heimat das Kindheitsland ist, liegt sie wie die Kindheit in der Vergangenheit, wobei sie aber nicht, wie es vielleicht anzunehmen wäre, der Vergangenheit angehört, sie reicht ja bis in die Gegenwart.

Viele von denjenigen, die in ihre Heimat reisen, ängstigen sich vor der Wiederbegegnung mit der alten Heimat: *"Warum fürchtest du dich, warum sagst du, die Reise sei gewünscht und gefürchtet von dir? Ich? Ich fürchte vielleicht, daß die Maße nicht stimmen."* [868] Befürchtet wird auch, daß die Menschen, die den Wiederkehrenden Heimat waren und vielleicht noch sind, nicht mehr angetroffen werden können. Selbst wenn das Äußere der Heimat sich nicht verändert hat, findet man die Heimat nicht mehr. *"Fünfzig Jahre später war ich wieder in dem Haus, in dem er damals wohnte, der gleiche Aschekasten stand noch da, nichts war weggefegt,*

---

[864] Christian Graf von Krockow, Heimat. Erfahrungen mit einem deutschen Thema, S. 9.
[865] Vgl. dazu: Arno Surminski, Aus dem Nest gefallen. Geschichten aus Kalischken, S. 120.
Heinrich Böll, Werke. Essayistische Schriften und Re den 2. 1964 – 1972, 1979, S. 113-116.
[866] Vgl. dazu: Christa Wolf, Kindheitsmuster, S. 435-37.
[867] Jean Améry, Wieviel Heimat braucht der Mensch?, in: Jenseits von Schuld und Sühne. Bewältigungs-versuche eines Überwältigten, S. 79.
[868] Helga Schütz, Die Polenreise, in: Das Erdbeben bei Sangerhausen und andere Geschichten, S. 183. Vgl. dazu: Christa Wolf, Kindheitsmuster, S. 109 und 155.

und es lief mir ein eiskalter Schauer über den Leib. Ich mußte schnell weggehen."[869] Das Wiedersehen kann zu einem schmerzlichen Riß werden, es kann zu einem nochmaligen Heimatverlust kommen. Dieser Verlust ist durch die Übereinstimmung der Vergangenheit mit der Gegenwart bedingt. Natürlich ist es kaum zu erwarten, daß die vergangene Welt mit der gegenwärtigen Wirklichkeit deckungsgleich ist. Diese Art des Heimatverlustes hängt von jedem einzelnen ab, von den äußeren Bedingungen weniger als von der Vorstellungs- und Erinnerungskraft eines Menschen.

Wirklich verloren *"sei die Heimat erst dann, wenn sie verschwiegen werde oder wenn sich niemand mehr ihrer erinnerte."*[870] Die Schriftsteller haben ihre Heimat der Vergessenheit entrissen, dank ihres Erinnerns und ihrer Darstellung wird ihre Heimat der Gegenwart und der Zukunft geschenkt. Mit ihren literarischen Zeugnissen von Heimat lassen die Schriftsteller nicht zu, daß die Aussage wahr wird: *"Wenn wir einmal nicht mehr sind – und das dauert nicht lange –, ist Schlesien noch einmal verloren, nämlich in den Menschen."*[871] Viele dieser Menschen sind bereits gestorben, mit ihnen ist tatsächlich die ostpreußische oder oberschlesische Heimat endgültig der Vergangenheit preisgegeben. Mit dem Tod dieser Menschen entsteht eine Lücke in der Heimaterfahrung, für die die Kontinuität unerläßlich ist. *"Konstituierend für das Heimatgefühl ist das Gefühl von Kontinuität".*[872]

Durch einen Bruch in der Heimaterfahrung kommt man überhaupt erst zur Heimat. Die Distanz und die Diskontinuität in dem Erleben eines vertrauten Ortes ist *"nicht das Ende einer Heimat, sondern ihr Anfang."*[873] Aus diesem Grund sind die Heimatbeschreibungen der deutschen Schriftsteller so genau und so lebhaft, sie gewinnen mit der Zeit an Deutlichkeit und an Plausibilität. *"Nie zuvor war Masuren mir so deutlich vorgekommen, so einsehbar, nie zuvor gelang es mir, sein geheimes Wesen, eine Mischung aus Starrsinn und Ergebenheit, so gelassen zu entziffern. Abwesend gewann es vielsagende Schärfe."*[874] In diesem Sinne erweist sich der Heimatverlust als ein Gewinn. Es darf allerdings nicht vergessen werden, daß

---

[869] Janosch, Gastmahl auf Gomera, S. 80.

[870] Siegfried Lenz, Heimatmuseum, S. 594.

[871] Herbert Berger, Einzelzimmer mit Bild, in: Wurzeln. Herkunft – Bindungen – Wechselbeziehungen. Erzählungen, bearb. von Peter Nasarski, S. 154.

[872] Ansgar Häfner, Heimat und Kontinuität, in: Belschner, Wilfried / Siegfried Grubitzsch / Christian Leszczynski / Stefan Müller – Doohm (Hrsg.), Wem gehört die Heimat? Beiträge der politischen Psychologie zu einem umstrittenen Phänomen, S. 64.

[873] Christian Graf von Krockow, Heimat. Erfahrungen mit einem deutschen Thema, S. 16.

[874] Siegfried Lenz, Heimatmuseum, S. 591.

für die meisten Vertriebene mit der Heimat der *"Zusammenhang des Lebens"* [875] verloren ging.

XII.2. Die verlorene Heimat

Die meisten der deutschen Schriftsteller, die aus den ehemaligen deutschen Ostgebieten stammen, erzählen von der verlorenen Heimat. Siegfried Lenz beschwört *"das verlorene Land"* [876]; Gisela Schalk denkt *"manchmal, es ist zwar schlimm, die Heimat zu verlieren"* [877]; Christa Wolf reist literarisch *"in die einst jubelnde und jetzt verlorene Heimat"*.[878] Das Schaffen der deutschen Schriftsteller, die aus Ostpreußen, Schlesien oder Pommern stammen, wird in der polnischen Literaturwissenschaft als "die Literatur der verlorenen Heimat" bezeichnet. Für die Vertriebenen und die Emigranten gehören "Heimat" und "verloren" zusammen. Oft können die Menschen, die vertrieben wurden, an die Heimat nicht anders als an etwas Verlorenes denken. Des ungeachtet wird die Tatsache des Verlusts der Heimat in Frage gestellt. Franz Neubauer meint: *"bei der Verwendung des Begriffes der 'verlorenen Heimat' ist der Verdacht nicht auszuschließen, daß damit von bestimmter Seite unterschwellig politische Zielsetzungen verfolgt werden. Die auch nur gedankenlose Verwendung dieser Floskel kann unbewußt diese Zielsetzung fördern. Verbindet sich denn nicht mit 'verloren' etwas Endgültiges? Oder auch etwas, was durch eine höhere Macht initiiert wurde, woran letztlich niemand schuldig ist – außer allenfalls jener, der dieses 'Verlorene' verloren hat? Und verharmlost die Beschreibung 'verloren' in diesem Zusammenhang nicht einen Vorgang, der mit Verlieren nun wirklich nichts zu tun hat, sondern der mit ganz anderen Bezeichnungen zu verstehen ist – hat er doch nicht zuletzt Hunderttausenden von Menschen das Leben gekostet? Vertriebenen haben ihre Heimat nicht 'verloren'! Weder in der Betrachtung des historisch – politischen Vorganges, noch in der Bewertung des gegenwärtiges Zustandes, noch im Blick auf die Zukunft, am allerwenigsten in ihren Herzen. (…) Wer also den Vertriebenen bewußt einzureden versucht, daß ihre Heimat als 'verloren' zu gelten habe, macht sich nicht nur zum Komplizen der Vertreibung – denn auch stillschweigende Hinnahme bedeutet letztlich Komplizenschaft -, sondern stellt sich auch aktiv gegen ihre Bemühungen zur Überwindung des Gewaltprin-*

---

[875] Ulla Lachauer, Ostpreußische Lebensläufe, S. 43.
[876] Siegfried Lenz, Heimatmuseum, S. 15.
[877] Gisela Schalk, Die Reise, in: Wurzeln. Herkunft – Bindungen – Wechselbeziehungen. Erzählungen, bearb. von Peter Nasarski, S. 60.
[878] Wolf, Kindheitsmuster, S. 74.

zips."[879] Es ist nicht zu bestreiten, daß das "Verlieren" der Heimat kein friedlicher und gewünschter Prozeß war, der gar von den Betroffenen begrüßt wurde. Die Lebenswurzeln der Vertriebenen wurden aus dem Heimatboden ausgerissen. Dies war entweder eine Gewalttat oder ein politischer Zwang. Diese Aussage unterstellt jedoch den deutschen Schriftstellern Komplizenschaft mit der Vertreibung, weil sie über ihre verlorene Heimat schreiben. Es ist eine Stimme, die an den Berliner Appell vom 06.09.1998 erinnert. In diesem Appell wendet sich der Bund der Vertriebenen *"an Polen und an die Tschechische Republik, die Geschichte in all ihren Facetten aufzuarbeiten."*[880] Die Vertreibung aus der Heimat wird als *"schwerste Menschenrechtsverletzung"*[881] bezeichnet.

Auf Anregung einer polnischen Zeitung wurden deutsche Schriftsteller, unter anderen Christa Wolf und Siegfried Lenz, aufgefordert zu diesem Appell Stellung zu nehmen. Es ist auffallend, daß die Autoren derselben Meinung sind. Siegfried Lenz, selbst ein Vertriebener, weiß um den Schmerz des Heimatverlustes, zugleich aber weist er, ähnlich wie Christa Wolf, auf die Reihenfolge der Geschehnisse in den Jahren 1933-1945 hin. *"Wir müssen uns eingestehen, daß es auch in der Geschichte die kausalen Zusammenhänge gibt".*[882] *"Zuerst haben die Deutschen Polen überfallen und als die Besatzungsmacht haben sie ein fürchterliches Regiment geführt, dann wurden die Deutschen aus den polnischen Gebieten vertrieben."*[883]

Wenn man von Heimatverlust spricht, denkt man meistens an den Exodus des Jahres 1945. Der Prozeß der Vertreibung hat jedoch einige Jahre früher angefangen. Vertrieben oder zum Verlassen ihrer Heimat gezwungen wurden alle Gegner des Nationalsozialismus. Darunter waren viele deutsche Schriftsteller oder Intellektuelle, die ins Exil flüchteten. Die Menschen, die zu Hause blieben, wurden oft nicht verschont. Die Menschen verloren einen Teil ihrer Heimat, indem sie (die Heimat) künstlich verdeutscht wurde. *"Eugen Lawrenz will mit nuscht als Freundlichkeit im Kopf den langen Birkenweg nach Panistrugga gegangen sein (…), als er feststellen mußte, daß die alten Hinweisschilder nach Marczinowen und Malczewen ersetzt worden waren, statt zu den ihm bekannten Ortschaften führten die Abzweigungen jetzt nach Martinshöhe und Maleten. Er hielt das für einen Irrtum oder für eine Dreidammligkeit (…) danach fragte der Ofensetzer, ob im Bezirk womöglich eine neue Krankheit ausgebrochen sei, die Taufkrankheit, worauf der Gendarm dem Fragesteller empfahl, ihn künftig nicht*

---

[879] Franz Neubauer, Verlorene Heimat – alte Heimat – neue Heimat?, in: Zehetmair, Hans / Zöpfl, Helmut (Hrsg.), Heimat heute, S. 119-121.

[880] Berliner Appell, 10.09.1998, in: home.t-online.de/home/hans.Proemm/ bdv.htm

[881] Ebenda.

[882] Siegfried Lenz, in: Gazeta Wyborcza 19-20.09.1998, S.22.

[883] Christa Wolf, Ebenda, S. 22.

mehr mit Iwaschkowski anzureden, sondern mit Hausbruch, Waldemar Hausbruch. (...) Was nitzt, sagte er, wenn alles schön deitsch klingt und is doch aufjezwungen: Przepiorken wird man immer Przepiorken bleiben, auch wenn es jetzt dreimal Wachteldorf heißt." [884] Der Heimatverlust ist daher ein Prozeß, dessen Ursache in der Forderung nach größerem Lebensraum liegt. Um Heimat zu besitzen, versuchte man krankhaft sie den Menschen zu nehmen, sie durch aufgezwungene Veränderungen sich zu eigen zu machen.

Die im Jahre 1950 in Stuttgart verabschiedete "Charta der Vertriebenen" enthält einen Verzicht auf Rache und Vergeltung und eine gewaltsame Wiedergewinnung der verlorenen Ostgebiete. Sie wird als ein Dokument der Heimatliebe betrachtet. *"Dennoch tauchen im Text der Charta weder die Namen Hitler noch die seiner Paladine auf, so wenig wie die von Buchenwald oder Auschwitz, ganz zu schweigen von einer Geste, von nur einem einzigen Wort des Schmerzes gegenüber den ausgemordeten Völkern. (...) In diesem allseits als Zeugnis politischer Vernunft und moralischer Größe gepriesenen 'document humain' fehlt jeder Hinweis auf die Vorgeschichte von Flucht und Vertreibung, wird die Verbindung zwischen Ursache und Wirkung gekappt, die Chronologie der Ereignisse ignoriert und das eigene Leid als das schwerste seiner Zeit beschworen."* [885] Dieses Dokument ist dadurch doch kein Ausdruck der ehrlichen Heimatliebe, es ist ein Versuch, die Liebe zu eigenen Zwecken zu instrumentalisieren. Vielleicht sind die Schriftsteller einige der wenigen Menschen, die den höchsten Grad der Liebe leben können, nämlich *"zu lieben ohne zu besitzen."* [886] Oftmals verzichten die Schriftsteller auf das Wort "Heimat" bis, wie Gregor während seiner vergeblichen Reise in Kurt Ihlenfelds Roman sagt, *"bis unser Verhältnis zu Polen eine vernünftige, gerechte, humane Regelung gefunden hat."* [887] Horst Krüger deutet darauf hin, daß Polen für einige Deutsche ein Land war, *"das man seit zwanzig Jahren auf eine vorsichtige Weise in Klammern gesetzt hat. Polen gibt es. Es ist da. Es steht nicht in Anführungszeichen. Es ist nicht sogenannt. Es existiert, aber es ist wie in Klammern getan. (...) Die Klammer heißt: 'Bis zu endgültigen Regelung im Friedensvertrag'. Die Klammer heißt: 'Die deutschen Ostprovinzen – gegenwärtig unter polnischer Verwaltung.'"* [888] Dieser Standpunkt war zwar weder die offizielle politische Haltung noch die Meinung der Mehrheit, er dient jedoch der Vervollständigung des allgemeinen Polenbildes und der Heimatproblematik.

---

[884] Siegfried Lenz, Heimatmuseum, S. 415-417.
[885] Ralph Giordano, Ostpreußen ade. Reise durch ein melancholisches Land, S. 105.
[886] Marion Gräfin Dönhoff, Kindheit in Ostpreußen, S. 221.
[887] Kurt Ihlenfeld, Gregors vergebliche Reise, S. 175.
[888] Horst Krüger, Von Breslau bis Danzig, polnisch, in: Stadtpläne. Erkundungen eines Einzelgängers, S. 55.

Am 14. Dezember 1990, nach der Wiedervereinigung Deutschlands, kam es in Warschau zur endgültigen Bestätigung der schon bestehenden Ostgrenze Deutschlands und der Westgrenze Polens.[889] In diesem Vertrag erklären die Vertragsparteien, *"daß die zwischen ihnen bestehende Grenze jetzt und in Zukunft unverletzlich ist, (…) daß sie gegenseitig keinerlei Gebietsansprüche haben und solche auch in Zukunft nicht erheben werden."*[890] Die Klammern, in denen der Staat Polen für manche jahrelang stand, werden demnach aufgehoben. Demgegenüber ist es aber nicht möglich, daß sich das Bewußtsein der Menschen von einem Tag auf den anderen ändert. Der Vertrag selbst war ein langjähriger Prozeß, genauso wie der Gewaltverzicht und der Verzicht auf die gewaltsame Wiedergewinnung der verlorenen Heimat jahrelange Entwicklungen sind.

Im Jahre 1991 unterzeichneten die Bundesrepublik Deutschland und die Republik Polen einen "Vertrag über gute Nachbarschaft und freundschaftliche Zusammenarbeit". Somit verpflichten sich die beiden Länder zu einer friedlichen Zusammenarbeit unter Berücksichtigung der Menschenrechte und streben dauerhafte Verständigung und Versöhnung an. Diesen friedlichen Prozeß regten immer wieder die deutschen Schriftsteller an. Aus ihrer Heimatliebe riefen sie zur Versöhnung auf. *"Wenn wir unsere verlorene Heimat wirklich lieben, wenn wir sie den Enkeln nahebringen möchten – und wenn wir auch die Enkel genug lieben, um sie vor der Wiederkehr des Unheils behüten zu wollen, dann gibt es nur einen Weg, diesen einzigen: Wir müssen erkennen und anerkennen, daß Heimat dem Menschen gehört, nicht dem Wahn".*[891] Die Literatur der verlorenen Heimat stellt einen Versuch dar, die Heimat dem Verlust nicht preiszugeben, sie der Vergessenheit zu entreißen. Die Schriftsteller haben *"zur Heimat zurückgefunden mit Hilfe der Literatur."*[892]

---

[889] Vgl. dazu: Vertrag zwischen der Bundesrepublik Deutschland und der Republik Polen über die Bestätigung der zwischen ihnen bestehenden Grenzen vom 14. November 1990, in: Bulletin des Presse- und Informationsamtes der Bundesregierung vom 16. November 1990, Nr. 134, S. 1394.
[890] Vertrag zwischen der Bundesrepublik Deutschland und der Republik Polen über die Bestätigung der zwischen ihnen bestehenden Grenzen vom 14. November 1990, in: Bulletin des Presse- und Informationsamtes der Bundesregierung vom 16. November 1990, Nr. 134, S. 1394.
[891] Christian Graf von Krockow, Heimat. Erfahrungen mit einem deutschen Thema, S. 146.
[892] Günter Grass, Werkausgabe in zehn Bänden, Bd. X, Gespräche mit Günter Grass, S. 25.

XII.3. Heimat – das Eigene und das Fremde

Der Verbundenheit mit der Heimat schreiben viele Kritiker das Klischeehafte zu. Heimat erscheint dann als Gefängnis des Menschen. *"Sie möchten (…) die Heimat verantwortlich machen für eine gewisse Art von hochmütiger Beschränktheit, sie möchten ihr Fremdenhaß anlasten, den borniertem Dünkel der Seßhaftigkeit. Sie möchten sie verstehen als geheiligte Enge, in der man sich unvermeidlich seine Erwähltheit bestätigen muß, mit einem gehobelten Brett vor dem Kopf."*[893] Es ist aber die Frage, ob man sich durch die *"geheiligte Enge"* festhalten läßt oder ob man sie als Ausgangspunkt und Stützpunkt betrachtet. Das falsche Heimatverständnis - obwohl man eigentlich von keinem "falschen" Heimatverständnis sprechen darf, weil dieses Verständnis sehr individuell ist - hängt nach Micha Brumlik mit Pathologien zusammen. *"Ein Zuviel von Raumerfahrung als Wohnraum würde alle Möglichkeiten einer distanzierten und verändernden Haltung zu den räumlichen Bezügen, in denen man lebt, unmöglich machen und damit zu Bornierung und Provinzialität führen."*[894] Zuwenig Raumerfahrung führt dementsprechend zu *"Ortlosigkeit und Schutzlosigkeit."*[895] Heimat kann deswegen nur als eine Verschmelzung von Eigenem und Fremdem verstanden werden, sonst wird sie im Fall des Zuviel zu Provinz und im Fall des Zuwenig zu Exil. Das Eigene und wohl Bekannte fließt mit dem Fremden und dem Neuen zusammen, sie bilden eine zur Heimat werdende Einheit. *"Das Fremde ist nicht mehr als Gegensatz zur Heimat zu begreifen, sondern gehört zu ihr. Heimat ist der Ort der Verflechtung von Eigenem und Fremdem. Verflechtung bedeutet weder Verschmelzung noch Trennung, sondern 'eine Form der Abhebung im gemeinsamen Feld.'"*[896] Nur auf diese Art und Weise kann der Heimatbegriff gerettet werden. Heimat kann ohne das

---

[893] Siegfried Lenz, Heimatmuseum, S. 119.

[894] Micha Brumlik, Diesseits von Utopie und Mythos. Versuch, zu einem vernünftigen Begriff von Heimat zu kommen, in: Ernst Bloch und die Heimat, Jahresheft der Ernst – Bloch – Gesellschaft 1990, S. 42.

Vgl. dazu: Jean Améry, Wieviel Heimat braucht der Mensch?, in: Jenseits von Schuld und Sühne, S. 80.

[895] Micha Brumlik, Diesseits von Utopie und Mythos. Versuch, zu einem vernünftigen Begriff von Heimat zu kommen, in: Ernst Bloch und die Heimat, Jahresheft der Ernst – Bloch – Gesellschaft 1990, S. 42.

[896] Peter Biehl, Heimat in theologischer und religionspädagogischer Perspektive. Plädoyer für ein eschatologisch gebrochenes Heimatverständnis, in: Jahrbuch der Religionspädagogik, Bd. 14, Heimat – Fremde, S. 37.

Fremde überhaupt nicht existieren, *"denn eine heimische Welt, die alle Fremdheit abstreifen würde, wäre keine Lebenswelt mehr, sondern ein Mausoleum."* [897]

Heimat ist *"eine Gemeinschaft des Zwangs, denn der erste gesellschaftliche Nahbereich ist keine Sache der Wahl, sondern des Zufalls der Geburt."* [898] Heimat als den Geburtsort kann man sich nicht aussuchen. Sie wird uns weitergegeben oder eventuell für uns von unseren Eltern ausgesucht. Die moderne industrialisierte Welt läßt den Menschen häufig keine Wahl. Durch die Technisierung und Automatisierung ist die Menschheit mobiler geworden. Damit ist auch die Arbeitsmobilität verbunden. Der Mensch kann sich das Zuhause, die Arbeitsstelle nicht immer aussuchen, das Zuhause sucht ihn aus. Da herrscht das Prinzip des kleineren Übels – man hat lieber eine Arbeit, die das Leben ermöglicht, als ein Zuhause in der Heimat. In diesem Sinne wird uns die Heimat aufgezwungen, *"wir treten nur auf, um etwas zu erfüllen oder zu vollstrecken oder um in etwas hineinzuwachsen, was ein kombinierender Zufall längst für uns ausgesucht hat..."* [899] Daher ist das Recht auf Heimat als ein allgemeingültiges Recht, als ein Menschenrecht zu verstehen und nicht als das Recht auf angestammte Heimat. Deswegen wird oft für Heimatrecht als *"die aktuell erfahrene Heimat"* [900] plädiert, *weil "wenn es nach rückwärts auf die Heimat der Vorväter ausgedehnt wird,"* [901] endlose Konflikte die Folgen sein würden.

Der Mensch möchte sich als ein freies Wesen verstehen, die Freiheit gebührt ihm. Deswegen soll jedem Menschen die freie Wahl der Heimat zustehen. *"Wo einer seine Heimat haben will, das soll er selbst bestimmen können, ohne daß andere das Recht haben, ihm diesen Wunsch abzusprechen..."* [902] Die Realität der heutigen Welt macht uns immer wieder deutlich, daß die Freiheit des Menschen allzu oft nur eine Wunschvorstellung ist. Das Recht auf Heimat wurde und wird immer wieder mißbraucht, um politische Wahnvorstellungen durchzusetzen. Die Heimat, die in ihrem Grundgedanken Frieden ist, assoziiert man mit einem Kriegsaufruf; sie wird instrumentalisiert, um den Menschen für den Krieg und den Kampf um "die Heimat" zu gewinnen. Der Nationalsozialismus sorgte durch den Mißbrauch des Heimatbegriffes dafür, daß Heimat in Verruf kam. *"Wie sie uns mit Hei-*

---

[897] Bernhard Waldenfels, Heimat in der Fremde, in: Heimat. Analysen, Themen, Perspektiven, Hrsg. Bundeszentrale für politische Bildung, S. 121.
[898] Thomas E. Schmidt, Heimat. Leichtigkeit und Last des Herkommens, S. 97.
[899] Siegfried Lenz, Heimatmuseum, S. 14.
[900] Iring Fetscher, Heimatliebe – Brauch und Mißbrauch eines Begriffs, in: Görner, Rüdiger (Hrsg.), Heimat im Wort: die Problematik eines Begriffs im 19. und 20. Jahrhundert, S. 27.
[901] Ebenda, S. 17.
[902] Siegfried Lenz, Heimatmuseum, S. 233.

matsinn düngten! Was ihnen nicht alles einfiel, um Heimat als kräftespendendes Stichwort auf den Markt zu bringen. Da wurden Heimatdivisionen herangeführt, weil man von ihnen musterhafte Verbissenheit erwartete. Heimatliebe sollte umschlagen in äußersten Wehrwillen. Heimaterde, Heimatstolz, Heimatlaut: sie sollten uns inspirieren, erfüllen, begeistern. Wie Ausdauer sich bezahlt machen kann, sollten wir beispielsweise aus der Heimatgeschichte entnehmen, und was wir schon früh als Gewißheit ansehen durften, war der sogenannte Dank der Heimat. Unaufhörlich, wie gesagt, gingen die Parolen in dich ein, du konntest dir schon vorkommen wie unter einem Dauertropf".[903]

Die Heimat entsteht aus dem Zusammenspiel von Geschichte und Leben jedes Menschen. Obwohl wir in die Geschichte und in menschliche Beziehungen hineingeboren werden, ist Heimat kein statischer Begriff. *"Heimat ereignet sich, wo die Familie (…) noch zugegen ist, wo die Landschaft eine tägliche Erfahrung ist, ebenso wie die Gewohnheiten und Rituale des Nahbereiches, wo die kleinen Ereignisse Epoche machen und sich zu wieder und wieder erzählten Geschichten auffädeln."* [904] Heimat ist dementsprechend ein dynamischer Begriff. Sie ereignet sich in der Interaktion des Menschen mit der Umwelt, mit anderen Menschen und mit dem kulturellen Erbe. Die Auseinandersetzung eines Menschen mit sich selbst und mit dem eigenen Leben läßt die Heimat nicht unverändert. Sie beginnt mit jedem Menschen neu und wird von ihm mitgestaltet.

XII.4. Natur als Heimat

Herbert Berger, Johannes Bobrowski, Marion Gräfin Dönhoff, Günter Grass, Kurt Ihlenfeld, Janosch, Wolfgang Koeppen, Christian Graf von Krockow, Siegfried Lenz, Hans Lipinsky – Gottersdorf, Leonie Ossowski, Gisela Schalk, Helga Schütz, Arno Surminski, Christa Wolf und viele andere deutsche aus Ostpreußen oder Schlesien stammende Schriftsteller unternahmen eine wirkliche oder eine literarische Reise in ihew verlorene Heimat. Die Beschreibungen dieser Reisen lassen vor unseren Augen die ostpreußische oder die schlesische Landschaft erblühen. *"Wenn ich auf die Frage nach meiner Heimat auch heute, ohne nachzudenken, antworte: Ostpreußen und nicht Hamburg, wo ich doch seit über vierzig Jahren lebe und gern lebe, dann gibt es dafür vor allem einen Grund: Mir fehlen die Landschaft, die Natur, die Tiere jener untergegangenen Welt."* [905] Die Natur erweist sich als ein sehr wichtiger Faktor in der Heimaterfahrung, wobei sie als eine mehrdimensionale Größe zu

---

[903] Siegfried Lenz, Heimatmuseum, S. 536.
[904] Thomas E. Schmidt, Heimat. Leichtigkeit und Last des Herkommens, S. 26.
[905] Marion Gräfin Dönhoff, Kindheit in Ostpreußen, S. 210.

verstehen ist. Die menschliche Wahrnehmung besteht aus Sehen, Hören, Schmecken, Riechen und Fühlen. Das stärkste Heimatgefühl kann man vielleicht erst haben, wenn alle Dimensionen abgedeckt werden. Das Bild, bei vielen Menschen das entscheidende, ist ohne den Geruch, den Geschmack, das Hören nicht zu denken. *"Bei jedem Sandkorn, das dir zwischen die Zähne gerät, schmeckst du den Sand vom Sonnenplatz."* [906] Man sucht seine Heimat in den Bildern, in den Gerüchen, in den Geräuschen. Wenn man sie wieder einmal erleben darf, geben sie dem Menschen ein Gefühl von Glück und Geborgenheit. Ein Geruch kann nach Janosch für einen Menschen zur Heimat werden: *"Mahorka war für mich Heimat, (…) Ich wurde im Mahorkarauch geboren, (…) ich bin mit Mahorka gebeizt wie ein geräucherter Hecht. Mahorka, Knoblauch, Zwiebeln – das reicht für lebenslanges Heimweh."* [907] Die Intensität der Wahrnehmung bleibt nicht ohne Bedeutung. Je stärker die Wahrnehmung die Seele durchdringt, desto intensiver ist die Verbundenheit mit der Heimat. Die Bilder, die Gerüche oder die Geräusche prägen sich bei dem Menschen so stark ein, daß man sich sein ganzes Leben lang nach ihnen sehnt. Wenn man sie aber als nicht angenehm erfuhr, verabscheut man sie für immer.

Die Wiederbegegnung mit der alten Heimat besteht aus Vergleichen. Das Aufbewahrte wird gesucht und auf das wirklich Vorgefundene projiziert. *"Endlich kamst du drauf: der Geruch. Lutz, wie riecht es hier? Lutz grinste: Längst gemerkt. Wie früher. – Der alte Sommergeruch über Schlucht und Sandberg und Jordans Garten."* [908] Einerseits werden die bestimmten Gerüche oder Geräusche in der Erinnerung festgehalten und durch Erinnern ins Leben gerufen, andererseits können sie die Erinnerungen wecken: *"…so kommt kühle, reine Luft ins Zimmer, und dieser herrliche Geruch von triefenden Kiefern, gelöschtem Staub, es lockert den Geist, die Gedanken, er ruft neue Erinnerungen herauf, das Geräusch, der Geruch."* [909] Die gegenwärtig wahrgenommenen Geräusche, Gerüche, Bilder wirken auf den menschlichen Geist ein und öffnen die längst im Herzen verschlossenen Gefühle und Gedanken. Den Erinnerungen wird freie Bahn gegeben und sie fließen aus dem Menschen wie ein Strom, was oft bei älteren Menschen zu erleben ist.

---

[906] Christa Wolf, Kindheitsmuster, S. 16.
[907] Janosch, Polski Blues, S. 15 – 16.
[908] Christa Wolf, Kindheitsmuster, S. 168.
[909] Kurt Ihlenfeld, Gregors vergebliche Reise, S. 42.

XII.5. Die Menschen als Heimat

Die Landschaft macht das Äußere der Heimat aus. Außer den Bildern, den Gerüchen, den Geräuschen sind der Heimat die Menschen eigen, die noch wichtiger als alles andere zu sein scheinen. *"Da nützt kein Blick auf die vertrauten Felder, die alten Birnbäume und Eichen, die Waldkette am Horizont, die Störche auf dem Schornstein der ehemaligen Gutsbrennerei. Anna will nach Hause, dahin, wo sie hergekommen ist, und am liebsten sofort."* [910] Die Natur kann zwar beim Wiedersehen mit der alten Heimat das Gefühl der Vertrautheit geben, dies ist allerdings für das Erfahren der Heimat nicht ausreichend. Erst die Menschen können das heimatliche Bild mit Leben füllen. Ohne die Gewißheit zu haben, daß die Menschen, die uns Heimat waren, noch da sind, gibt es kein Zurück. *"Aber wir müssen zurück, Siechmunt, wir müssen, weil alles auf uns wartet: die Bäume und Seen, und der Schloßberg und die Felder und der alte Fluß, der die Flöße trägt. Nein, Simon, sagte ich, wir werden nicht mehr erwartet dort in Lucknow; die anderen, die uns hätten erwarten können – es gibt sie nicht mehr. Kein Laut, der dich erinnert, kein Gesicht, das aufglänzt bei deinem Anblick, keine Hand, die unentrinnbare Beziehungen erneuert, weil die andern fort sind, verschollen und versunken, darum wird es den Augenblick nicht geben, auf den du hoffst."* [911] Die Menschen machen einen bestimmten Ort zu Heimat, zu einem Ort der Geborgenheit, wo man sich aufgenommen und aufgehoben fühlt. Wenn die Menschen fehlen, dann fehlt ein wichtiger Aspekt der Heimaterfahrung und um so schmerzlicher ist die Wiederbegegnung mit der Heimat. Die Bilanz des Wiedersehens fällt schockierend und furchterregend aus, weil die Heimat Sicherheit ist. In der Fremde fühlt man sich meistens schutzlos. Ohne die geliebten Menschen ist es für viele nicht möglich, das Gefühl der Geborgenheit zu haben.

"In der Heimat beherrschen wir souverän die Dialektik von Kennen – Erkennen, von Trauen – Vertrauen." [912] In der Heimat erkennt man die Welt, kennt man die Menschen; in der Heimat traut man sich zu leben, vertraut man den Menschen. Auch hier besteht jedoch die Gefahr einer pathologischen Abweichung von Heimat, wenn es zu einem Zuviel *"an Nähe und Vertrautheit"* [913] kommt. Diese Abweichung, die sich durch *"Langeweile und Kon-*

---

[910] Leonie Ossowski, Weichselkirschen, S. 297-98.

[911] Siegfried Lenz, Heimatmuseum, S. 649.

[912] Jean Améry, Wieviel Heimat braucht der Mensch?, in: Jenseits von Schuld und Sühne. Bewältigungsversuche eines Überwältigten, S. 80.

[913] Micha Brumlik, Diesseits von Utopie und Mythos – Versuch, zu einem vernünftigen Begriff von "Heimat" zu kommen, in: Ernst Bloch und die Heimat, Jahresheft der Ernst – Bloch – Gesellschaft 1990, S. 42

formismus"[914] zeigt, wird Provinz genannt. Damit ist aber nicht gesagt, daß man in der Heimat nicht das stärkste Gefühl des Verstandenwerdens haben kann.

Verstanden werden kann man nicht nur in der Heimat. Die geistige Heimat muß mit dem Geburtsort nicht gleich sein. Das geistige Zuhause hat mit dem an den Boden gebundenen Zuhause kaum etwas zu tun. Die geistige Heimat hängt mit dem Gefühl der Geborgenheit und des Aufgenommenseins sehr eng zusammen. Diese Gefühle – der Geborgenheit und des Angenommenseins – können in der Religion, in den gesellschaftlichen oder politischen Aktivitäten erfahren werden. Maßgebend ist das Gedankengut einer bestimmten Gruppe, mit dem wir uns identifizieren.

Heimat entsteht in der Interaktion mit den Menschen. Wichtig ist dabei, daß wir selber nicht nur für unsere Familie, sondern auch für andere Menschen ein Stück Heimat sind. *"Indem wir in Räumen aufwachsen und sozialisiert werden, indem Räume, zu denen für uns bedeutsame Menschen und Dinge gehören, unsere Triebe formen, unsere Bedürfnisse prägen und unsere Wünsche artikulieren, gehören diese Räume zu unserer Identität, wie auch wir umgekehrt für andere zur Identität dieser Räume gehören."*[915]
Die Heimat in den Menschen zeigt sich als etwas sehr lebendiges. Sie ist kein statischer Gegenstand, sondern als geistige Heimat besitzt sie eine "Seele". Trotz seiner Abstraktheit erweist sich dieser Begriff als etwas Greifbares. Greifen und begreifen kann man ihn als Natur und vor allem als Menschen.

XII.6. Sprache als Heimat

Nicht nur die Bilder und die Menschen können ein Leben lang aufgehoben und verinnerlicht werden, sondern vor allem die Sprache und insbesondere die Muttersprache. Wie prägend ihre Kraft ist macht die Aussage von Janosch deutlich: *"Manche Wörter denke ich polnisch: Brot, Knoblauch, Hase zum Beispiel."*[916] Heimat sprengt alle Grenzen, auch die deutschen Grenzen. Wenn jemand in Schlesien oder Ostpreußen aufgewachsen ist, ist seine Muttersprache nicht Hochdeutsch; ähnlich wie in ganz Deutschland, wo das Hochdeutsche kaum als Muttersprache bezeichnet werden kann. Als erste Sprache ler-

---

[914] Micha Brumlik, Diesseits von Utopie und Mythos – Versuch, zu einem vernünftigen Begriff von „Heimat" zu kommen, in Ernst Block und die Heimat, Jahresheft der Ernst – Bloch – Gesellschaft 1990, S. 43.
[915] Ebenda, S. 40.
[916] Janosch, Gastmahl auf Gomera, S. 10.

nen die Kinder die Sprache der Mutter, des Vaters und der Gleichaltrigen, die sich in dem privaten Bereich häufig des Dialekts, einer sprachlichen Varietät der Hochsprache, bedienen. Daher ist es nicht verwunderlich, daß die Menschen, die nahe an der polnischen Grenze aufgewachsen sind, neben der deutschen Sprache auch mit dem Polnischen vertraut wurden. Die Sprache wird als Heimat des Menschen angesehen. Martin Heidegger meint sogar: *"Die Heimat gibt es nicht auf dieser Erde. (…) Sprache ist, aus ihrem Walten und Wesen gesprochen, jeweils Sprache einer Heimat, Sprache, die einheimisch erwacht und im Zuhaus des Elternhauses spricht. (…) Im Dialekt wurzelt das Sprachwesen. In ihm wurzelt auch, wenn die Mundart die Sprache der Mutter ist, das Heimische des Zuhaus, die Heimat."* [917] In der jeweiligen Muttersprache wurzelt die Identität der Menschen. Die Sprache ermöglicht den Zugang zur Welt. Jedes Wesen, jeder Gegenstand "entsteht" in der Sprache und in ihr bekommen sie ihren Sinn. Das Aufnehmen einer Bezeichnung für ein Objekt in den Wortschatz einer bestimmten Sprache entscheidet über dessen Existieren im menschlichen Bewußtsein, damit in der Welt überhaupt. Ohne den Gegenständen einen Namen zu geben, kann man sie nicht in eine Struktur der Wahrnehmung einordnen. Erst die Bezeichnung der Dinge ruft sie ins Leben und ermöglichen ihnen eine Existenz. Wie wichtig die Sprache für einen Menschen und für sein Leben ist, macht ein Zitat aus Siegfried Lenz` "Heimatmuseum" deutlich: *"die Vergeßlichkeit nahm zu, die Welt um ihn herum wurde mitunter vollständig namenlos, eine fremde, weiße Welt, die er aufhörte zu besitzen, weil er sie nicht bezeichnen konnte."* [918]

Die Angst vor einer Heimatreise gründet darin, daß in den ehemaligen deutschen Ostgebieten kein Deutsch gesprochen wird. Das objektivierte Ich in Christa Wolfs "Kindheitsmuster" überlegt sich: *"wie grüßt man auf polnisch?"* [919] Bei dem Reisenden in Günter Grass` "Die Unkenrufe" kommen heimatliche Gefühle und Erinnerungen auf, wenn er die Sprache seiner Heimat hört, sie *"wärmt Erinnerungen auf. So sprachen Opa und Oma väterlicherseits. So maulten Nachbarn, Bierkutscher, Werftarbeiter, die Fischer in Brösen, die Arbeiterinnen der Margarinefabrik Amada, Dienstmädchen, sonnabends Marktfrauen, am Dienstag Müllmänner, mit gemildert sich breitmachendem Gemaule sogar Studienräte, Post- und Polizeibeamte und sonntags der Pastor von der Kanzel."* [920] Unser Herz spielt immer wieder die Melodie der Muttersprache. Wie froh ist man, wenn man in der Fremde diese heimatliche Melodie

---

[917] Martin Heidegger, Sprache und Heimat, in: Denkerfahrungen 1910 – 1976, S. 88.
[918] Siegfried Lenz, Heimatmuseum, S. 254.
[919] Christa Wolf, Kindheitsmuster, S. 21.
[920] Günter Grass, Die Unkenrufe. Eine Erzählung, S. 128.

der Muttersprache hört. Da steigt in dem Menschen ein Gefühl der Heimatverbundenheit und der Geborgenheit auf.

Die Sprache beeinflußt die Denkweise des Menschen. Damit hängen, mindestens teilweise, die verschiedenen Mentalitäten, die man den Völkern zuschreibt, zusammen. Deswegen fühlen sich viele Menschen in der Sprache der Heimat verstanden und angenommen.

Die Sprache deutet Heimat und bedeutet Heimat. In der Sprache identifizieren die Menschen die ihnen vertraute und die fremde Welt, überdies sich selbst. Für Hilde Domin, die viele Jahre im Exil lebte, *"ist die Sprache das Unverlierbare, nachdem alles andere sich als verlierbar erwiesen hatte. Das letzte, unabnehmbare Zuhause. Nur das Aufhören der Person (der Gehirntod) kann sie mir wegnehmen. Also die deutsche Sprache. In den anderen Sprachen, die ich spreche, bin ich zu Gast. Gern und dankbar zu Gast. Die deutsche Sprache war der Halt, ihr verdanken wir, daß wir die Identität mit uns selbst bewahren konnten. Der Sprache wegen bin ich auch zurückgekommen."* [921] Die Sprache bestimmt die Identität des Menschen und wird zu dessen Identität. Heimat ist das, womit sich der Mensch identifiziert und worin er sich wiedererkennt, demzufolge die Sprache.

Im Fall der Deutschen, die ihre Heimat in Schlesien, Ostpreußen, Pommern hatten und haben, ist die Sprache ein wichtiger Grund dafür, daß es keine Rückkehr gibt. In diesen Gebieten wird Polnisch gesprochen. Dazu kommt, daß hier kein Deutschland mehr ist. Kurz nach der Vertreibung sprachen viele *"in aller Unschuld von 'Rückkehr'"*.[922] Mit der Zeit änderte sich ihre Einstellung, sie gaben zu: *"Wer weiß, ob wir gehen würden, selbst wenn wir könnten"*.[923] Die Zeit ist das beste Heilmittel. Die Zeit begründet eine neue Heimat, in der die alte immer noch ihr eigenständiges Leben weiterführt. Allgemein gibt es keine Rückkehr, *"es gibt überhaupt für keinen eine Rückkehr zu dem, was einmal war, selbst wenn wir, durch Wunder und ein genaues Gedächtnis geleitet, die zerrissenen Fäden wieder aufnehmen und sie nur kurz zusammenknoten: Einmal jetrännt – für immer jetrännt, sagte Sonja Türk; nuscht is mit neuem Beginnen."* [924] Heimat ist durch wirkliches Zurückkommen nicht wiederzugewinnen, *"weil niemals der Wiedereintritt in einen Raum auch ein Wiedergewinn der verlorenen Zeit ist."* [925] Entscheidend ist eben nicht der Raum, den man vielleicht noch wiederfinden

---

[921] Hilde Domin, Heimat, in: Aber die Hoffnung. Autobiographisches aus und über Deutschland, S. 12.
[922] Gisela Schalk, Die Reise, in: Wurzeln. Herkunft – Bindungen – Wechselbeziehungen. Erzählungen, bearb. von Peter Nasarski, S. 57.
[923] Ebenda.
[924] Siegfried Lenz, Heimatmuseum, S. 538.
[925] Jean Améry, Wieviel Heimat braucht der Mensch?, in: Jenseits von Schuld und Sühne, S. 72.

kann, sondern die Zeit, die nicht aufzuhalten ist. Die Zeit nimmt uns die Menschen, die Sprache und auch die Landschaft.

"*Heimat wird mit jedem Menschen neu geboren, wie sie auch mit jedem Menschen stirbt.*" [926] Es gibt wahrscheinlich so viele Formen von Heimat wie es Menschen gibt. Jeder einzelne hat eine nur ihm eigene Heimatvorstellung, deswegen entsteht und verschwindet Heimat mit jedem einzelnen Menschen. Wir sind ja auch ein Stück Heimat für andere, wenn wir nicht mehr da sind, dann geht mit uns ein Teil Heimat für andere Menschen verloren. Jede Veränderung zerstört und formt Heimat. Sie "war" nicht, sondern sie ist in dem Hier und Jetzt.

XII.7. Heimat – eine Erinnerung

Heimat ist ein Begriff, der, wie vorher ausgeführt, erst durch die Distanz präsent und wahrnehmbar wird. Der zeitliche und räumliche Abstand weist auf die Tatsache hin, daß Heimat der Vergangenheit angehört. Heimat existiert als eine Erinnerung. Die Heimatvertriebenen verließen ihr Zuhause mit Sack und Pack. Viel prägnanter war jedoch ein anderes Gepäck, das sie mitnahmen, sie nahmen Erinnerungen und Erlebnisse mit, die sie lebenslang begleiten sollten. Somit ist jedes Sicherinnern an die Heimat eine Reise in die Vergangenheit. Jede Heimatbeschreibung ist zugleich eine Erinnerung, ist eine zutiefst innere Reise. "*Zur Reise in die verlorene Heimat taugt ein einziger Zug. Er wartet an einem ganz besonderen Bahnsteig, und sein Schild sagt: Erinnerung.*" [927] Die Schriftsteller treten ihre Reise nicht unbeschwert an, eher belastet und voll Angst vor dem nochmaligen Heimatverlust. Sie treten "*die Reise doch wohl im Rahmen der Gefühlsgeographie an.*" [928] Die Pläne und Karten der Gefühlsgeographie sind wahrscheinlich die genauesten Landkarten, die je entworfen wurden. "*Was jetzt? – Schule, sagtest du. Böhmstraße. – Findest du hin? – Im Schlaf*".[929] Die Kraft und Genauigkeit der Erinnerung ist bewundernswert, die Sicherheit in dem Sichbewegen in den Erinnerungen kann gleichwohl zu einem schmerzlichen Zusammenstoß der Vergangenheit mit der Gegenwart führen. Häufig stimmt die Wirklichkeit mit der sehr tief eingeprägten Vorstellung nicht überein, so wie es Anna in Ossows-

---

[926] Christian Graf von Krockow, Heimat. Erfahrungen mit einem deutschen Thema, S. 140.
[927] Ebenda, S. 53.
[928] Kurt Ihlenfeld, Gregors vergebliche Reise, S. 23.
[929] Christa Wolf, Kindheitsmuster, S. 277.

kis "Weichselkirschen" formuliert: *"Nichts will in das alte Bild von Ujazd passen."*[930] Gerade die Tatsache, daß sich die Bilder (im Gedächtnis aufgehobene und tatsächlich vorgefundene) voneinander unterscheiden, macht das Wiederkommen so schwierig, daß man davor Angst hat. Die Wiederkommenden fürchten sich vor dem, was sie jetzt in ihrer Heimat vorfinden, vor dem, was jetzt anders ist. Die Genauigkeit der Erinnerungen kann für die Heimat tödlich sein. Andererseits kann die Auseinandersetzung mit der eigenen Lebensgeschichte zu einer Auseinandersetzung mit sich selbst werden. Daher ist sowohl die Angst als auch die Freude über eine Heimatreise verständlich. *"Dir ist jetzt klar, warum du sechsundzwanzig Jahre lang nicht erpicht gewesen bist, hierherzukommen. Unausgesprochene und uneingestandene Vorwände – Heimatverlust, möglicher Wiedersehensschmerz – hielten nicht länger stand. Du scheutest eine Begegnung, die unvermeidlich sein würde."*[931] Unvermeidlich ist die Begegnung, unvermeidlich ist der Wiedersehensschmerz, weil der Mensch neugierig ist, weil er sich nach seiner Heimat sehnt. Die Erinnerungen allein sind nicht ausreichend, man möchte Gewißheit haben, die Gewißheit, Wurzeln zu haben.

Für Günter Grass war eine Reise nach Polen, im Jahre 1958 *"eine Reise zurück. Ich wußte, daß das, was ich hier vorfinde, für mich verloren ist, etwas ganz Fremdes, ganz anders ist. Und dennoch war ich in Gdansk auf der Suche nach Spuren von Danzig".*[932] Das Aufspüren der eigenen Geschichte führt die Schriftsteller in ihr Kindheitsland. Die Auseinandersetzung mit der in der Erinnerung festgehaltenen Heimat ist unvermeidlich, denn *"die Reise ins Erinnern scheidet uns nicht vom Leben, sondern führt zu ihm hin."*[933] Die innere Arbeit ist ein Gewinn, der durch eine Reise nach Hause angeregt wird. Außer diesem sehr tief in der Seele liegenden Grund für eine Heimatreise gibt es noch einen einfachen Grund, der bei diesen Reisen eine große Rolle spielt: Heimweh. Für Janosch ist Polen *"ein Heimwehland"*[934], die Sehnsucht nach dem Zuhause ist ein so starkes Gefühl, daß man an dem Heimweh *"krepieren"*[935] kann. In den 70-er Jahren blühte *"der Tourismus in alte Heimaten"*[936] und *"in halbversunkene Kindheiten"*[937]. Horst Krüger nennt die "Heimwehtouristen" *"ein wunderliches Völkchen, bunt gemischt. Sie melden keine Ansprüche an. Sie klagen kein unveräu-*

---

[930] Leonie Ossowski, Weichselkirschen, S. 105.
[931] Christa Wolf, Kindheitsmuster, S. 155.
[932] Günter Grass, in: Kobylinska, Lawaty, Stephan, Deutsche und Polen. 100 Schlüsselbegriffe, S. 547.
[933] Christian Graf von Krockow, Heimat. Erfahrungen mit einem deutschen Thema, S. 82.
[934] Janosch, Polski Blues, S. 23.
[935] Ebenda, S. 16.
[936] Christa Wolf, Kindheitsmuster, S. 10.
[937] Ebenda, S. 14.

ßerliches Recht ein wie ihre Verbandsfunktionäre. Sie klagen überhaupt nicht. Das sind keine Revanchisten. Es sind empfindsame Seelen, etwas heimwehkrank." [938] Die Protagonisten der Romane der Literatur der verlorenen Heimat, die in ihr Land gefahren sind, sitzen dort *"wißbegierig, was es mit der Vergangenheit auf sich hatte."* [939] Das Herausfinden und die Arbeit an der eigenen Lebensgeschichte sind die Voraussetzung für eine neue Heimat. Zu der alten Heimat findet man dank der Distanz, zu der neuen Heimat ebenso. Nachdem die Erinnerung ihre Bestätigung oder Verneinung gefunden hat, kann man sich in dem Hier und Jetzt heimisch fühlen. Wie sehr Heimat auch eine auf die Vergangenheit hindeutende Erinnerung sein mag, gehört sie doch nie der Vergangenheit an, denn *"das Vergangene ist nicht tot; es ist nicht einmal vergangen."* [940] Die Vergangenheit reicht bis in die Gegenwart, es gibt also auch keine endgültig vergangene Welt. *"Was meinen Sie? Eine vergangene Welt? Also das alles kommt Ihnen vor wie eine vergangene Welt, vergessen und tot, sagen Sie, glücklich überwunden? – Ich weiß nicht, mein Lieber, für mich gibt es keine vergangene Welt, keine abgebuchte Zeit, so einfach nur heruntergepflückt vom Abreißkalender der Geschichte; ich bin vielmehr davon überzeugt, daß alles Vergangene dauert, weil es nicht heilbar ist...*
Ja das Vergangene ist unter uns, als Schmerz oder als Möglichkeit." [941] Das Vergangene, damit auch die verlorene Heimat, ist eher sowohl als Schmerz als auch als Möglichkeit zu verstehen. Wenn man auch die Spuren der eigenen Geschichte zu verwischen vermag, ohne sich damit richtig auseinanderzusetzen, wird man von der Geschichte, von der Vergangenheit nicht frei. Die vergangenen Ereignisse holen einen Menschen ein und so lange man sich mit der eigenen Vergangenheit nicht auseinandergesetzt hat, so lange kann man sich der Gegenwart nicht stellen, denn Vergangenheit möchte in dem Jetzt friedlich weiterleben. Zygmunt, der Hüter des Heimatmuseums in dem Roman von Siegfried Lenz, zerstört dieses Museum, weil er der Vergangenheit zurückgeben wollte, *"was ihr gehört und was sie uns nur vorübergehend lieh. Schon aber regt sich das Gedächtnis, schon sucht und sammelt Erinnerung in der unsicheren Stille des Niemandslands."* [942] Die Zerstörung, das Verschweigen der Vergangenheit ist keine Lösung, weil das menschliche Gedächtnis ohne das Erlebte nicht arbeiten kann. Das Erlebte bildet den Menschen und trägt zu seiner Identität bei. Als die zur Identität des Menschen gehörige Größe kann die Vergangenheit

---

[938] Horst Krüger, Ostpreußen. Nachworte auf eine Provinz, in: Tiefer deutscher Traum. Reisen in die Vergangenheit, S. 52.

[939] Leonie Ossowski, Weichselkirschen, S. 310.

[940] Christa Wolf, Kindheitsmuster, S. 9.

[941] Siegfried Lenz, Heimatmuseum, S. 64.

[942] Ebenda, S. 655.

nicht zurückgewiesen werden. Die Herkunft eines jeden Menschen kann man weder zerstören noch verleugnen, deswegen ist der Weg, der zur Heimat führt, ein Weg zu sich selbst und zu dem Ursprung des eigenen Lebens.

XII.8. Die innere Heimat

Mittels der Erinnerungen wird Heimat zu einer zutiefst inneren Erfahrung. Diese Erfahrung kann den Heimatvertriebenen nie weggenommen werden, Heimat ist dann eine unverlierbare Größe, die der Mensch in sich trägt. Diejenigen, die ihre Heimat nicht in sich tragen, suchen sie vergeblich in der Außenwelt. *"Pfff. Hawaii oder Kuźnice! Wenn du den Himmel nicht in dir trägst, suchst du ihn vergeblich in Hawaii oder sonstwo."* [943] Janosch spricht hier zwar vom Himmel und nicht von Heimat, Heimat wird aber oft mit dem Paradies verglichen. Die Vertreibung aus der Heimat betrachten viele Schriftsteller als Vertreibung aus dem Paradies. Das Land der Kindheit erscheint meistens als die unberührte, unversehrte und ideale Welt. Das Verlorene kommt den Menschen immer makellos und mustergültig vor. Aus diesem Grund überrascht die Gleichstellung des Himmels mit der Heimat nicht.

Jean Améry hat sich die Frage gestellt: Wieviel Heimat braucht der Mensch? Seine Antwort ist: *"um so mehr, je weniger davon er mit sich tragen kann. Denn es gibt so etwas wie mobile Heimat oder zumindest Heimatersatz."* [944] Mobile Heimat kann man erst dann haben, wenn man die äußere Heimat verinnerlicht hat, denn *"heimatlos sein ist auch kein Gegensatz zu Heimat, die man hat, die man braucht, die man in sich hat oder eben nicht, durch Verlust oder Verzicht. Wer heimatlos geworden ist, kann sehr wohl zeitlebens Heimat in sich tragen, und wer daheim geblieben ist, ohne Heimat sein."* [945] Das Äußere – die Landschaft, der Raum, die Menschen – ist für Heimat kein absolutes Maß. Entscheidend für ein heimatliches Gefühl des Me-

---

[943] Janosch, Polski Blues, S. 126.
[944] Jean Améry, Wieviel Heimat braucht der Mensch?, in: Jenseits von Schuld und Sühne, S. 76.
[945] Paul Parin, Heimat, eine Plombe. Rede a, 16. November 1994 beim 5. Symposion der Internationalen Erich Fried Gesellschaft für Literatur und Sprache in Wien zum Thema "Wieviel Heimat braucht der Mensch und wieviel Fremde verträgt er", S. 14.

schen ist sein Inneres, das ihm Heimat sein kann. *"Wer ein gutes Selbstgefühl hat, der hat Heimat, wem es daran gebricht, der habe Heimat."* [946]

Sind wir uns dann selbst Heimat, wenn wir mit uns selbst einverstanden sind? Wahrscheinlich ist das ein Grad der Heimatlichkeit, der von einigen wenigen erreicht werden kann. Denn selbst die Schriftsteller, die imstande sind, zu lieben ohne zu besitzen, brauchen Heimat. Zwar ist für sie das äußere Zuhause nicht maßgebend, trotzdem kehren sie gern in ihrem Schaffen, in ihren Gedanken an ihren Ursprung zurück. *"So blicke ich zurück und blicke voraus. Hin und wieder bin ich daheim in meinem Kopf oder das Herz wird mir warm, wenn ich diesen und jenen von Nord und Süd, aus West und Ost wieder treffe. Nicht nur, wenn ich dorthin wieder zurückkehre"* [947], sondern vielmehr in den Träumen. Das Land, das man in sich trägt bleibt ungefährdet von den äußeren Verhältnissen; *"in unserem Gedächtnis führen die Dinge eine reinere Existenz, unbeschädigt, ungefährdet."* [948] Demzufolge erweist sich Heimat als *"eine Denkfigur des Innehaltens"* [949], des In-sich-Schauens. Eine Landschaft, die Menschen können uns erst zur Heimat werden, wenn sie ein Stück von uns geworden sind, wenn sie in unser Innenleben integriert sind. [950] Denjenigen, die vergebens ihre Heimat suchen, kann man mit den Worten von Janosch sagen: *"du mußt begreifen, daß du das, was du suchst, nie verloren hattest."* [951] Demgemäß bedeutet Heimat einen Teil des Innenlebens des Menschen, der zwar nicht verloren werden kann, der allerdings dem Menschen häufig nicht bewußt ist. Die Literatur zeigt alle Facetten von "Heimat" auf und bringt die Leser auf die Spur ihrer eigenen Heimat. Die geistige Heimat lebt in der Gegenwart und ist eng sowohl mit der Vergangenheit als auch mit der Zukunft verknüpft. Obwohl das Innenleben immer in der Gegenwart stattfindet, kann man es nicht nur dem Jetzt zuschreiben. Seine Wurzeln hat es im Vorher, seine Reife im Nachher.

---

[946] Paul Parin, Heimat, eine Plombe. Rede a, 16. November 1994 beim 5. Symposion der Internationalen Erich Fried Gesellschaft für Literatur und Sprache in Wien zum Thema "Wieviel Heimat braucht der Mensch und wieviel Fremde verträgt er", S. 18.
[947] Dagmar von Mutius, Einladung in ein altes Haus. Geschichten von Vorgestern, S. 12.
[948] Siegfried Lenz, Heimatmuseum, S. 628.
[949] Thomas E. Schmidt, Heimat. Leichtigkeit und Last des Herkommens, S. 112.
[950] Vgl. dazu: Wolfgang Thüne, Die Heimat als soziologische und geopolitische Kategorie, S. 76.
[951] Janosch, Polski Blues, S. 129.

XII.9. Weitergeben der Heimat

Da die Heimat etwas Einzigartiges ist und mit jedem Menschen neu geboren wird, macht sie die Gegenwart aus. Sie kann auch nicht vererbt werden. Trotzdem weisen die literarischen Zeugnisse auf die Möglichkeit des Vererbens von Heimat hin. Viele Nachkommen der Vertriebenen reisen in deren Heimat, weil sie *"das Gejammer der Alten nicht mehr hören"* [952] konnten. Nach Siegfried Lenz kann Heimat auch dort sein, *"wo man selbst nie gewesen ist."* [953] Was einem *"an Erinnerung fehlt"*, kann man *"durch Einbildung"* ersetzen, *"durch Einbildung und gesammelte Kenntnisse."* [954]

Die innere geistige Heimat schließt nicht aus, daß man Heimat vererben kann. Das äußere Zuhause und das Recht auf angestammte Heimat unterliegt dem Vererben nicht, das innere Zuhause dagegen kann weitergegeben werden ohne den Frieden zu stören. In diesem Sinne stellt Heimat eine Größe dar, die nicht in die Vergangenheit verbannt sein muß. Sie lebt vielmehr von der Erinnerung, wenn sie aber nicht weitergegeben wird, stirbt sie. Die alten Menschen hoffen, daß ihre Heimat noch weiterleben wird. *"Wenn nur etwas in ihr haften bleibt, dann habe ich jedenfalls den Stab übergeben, denn es ist wie in einer Stafette: sie übernimmt, und ich gebe ab. Vielleicht besucht sie eines Tages meine Stadt, redet mit den Menschen, die jetzt dort wohnen und leben, für die Jugend gibt es gangbare Brücken, sie führen zu den Ursprüngen, schaffen Bindungen. Wenn ich den Weg nicht mehr gehen kann, wird sie es tun."* [955] Den Vertriebenen liegt sehr viel an dem Weitergeben ihrer Heimat, wichtiger scheint aber zu sein, daß sie damit zukünftiges Leid verhindern wollen. Mit der Heimat geben sie ihre eigene Lebensgeschichte weiter, mit all dem Leid und Schmerz, die als "Warnschilder" für die Nachkommen benutzt werden. Heimat für andere schaffen heißt demzufolge: die eigene verlorene Heimat nicht verschweigen, sondern sie als Gedankengut weiterleben lassen. Für die Zukunft wird das Alte, Verlorene weitergegeben. Heimat ist zwar immer in der Vergangenheit angesiedelt, erfahren wird sie jedoch in der Gegenwart und sie wird für die Zukunft aufgehoben. *"Da alles Heimischwerden von einer Vorgeschichte abhängig bleibt, ist dieser Prozeß nie vollendbar, nie in*

---

[952] Horst Krüger, Ostpreußen. Nachworte auf eine Provinz, in: Tiefer deutscher Traum. Reisen in die Vergangenheit, S. 52.
[953] Siegfried Lenz, Heimatmuseum, S. 141.
[954] Ebenda.
[955] Herbert Berger, Einzelzimmer mit Bild, in: Wurzeln. Herkunft – Bindungen – Wechselbeziehungen. Erzählungen, bearb. von Peter Nasarski, S. 154 – 155.

einen festen Besitz zu überführen. Wir haben immer noch Heimat vor uns." [956] Die Frage, ob Heimat Vergangenheit, Gegenwart oder Zukunft ist, kann man nicht eindeutig beantworten. Heimat gehört jeder dieser Ebenen gleichermaßen an. Entscheidend ist dennoch, was sie für die Menschen bedeutet.

Um die Überlegungen zum Thema Heimat abzuschließen, möchte ich noch ein Zitat anführen, das Heimat als zugehörig zu jeder Zeitebene definiert: *"Erinnerung als Heimat zu haben, ist viel. Aber es kann nicht alles sein. Um von verwirklichter Heimat sprechen zu können, muß sie gegenwärtig erlebbar sein. Und so sehr Heimat immer erst herzustellende ist und deshalb auch erst immer in der Zukunft sein kann, so sehr kann Heimat nicht darin aufgehen, Erwartung eines Zukünftigen zu sein. Heimat nur als Vergangenheit und nur als Zukunft ist nur reduzierte Heimat."* [957]

---

[956] Bernhard Waldenfels, Heimat in der Fremde, in: Heimat. Analysen, Themen, Perspektiven, hrsg. von Bundeszentrale für politische Bildung, S. 114,
[957] Rainer Piepmeier, Philosophische Aspekte des Heimatbegriffs, Ebenda, S. 103.

PRIMÄRLITERATUR

1. Berger, Herbert, Einzelzimmer mit Bild, in: Wurzeln. Herkunft-Bindungen-Wechselbeziehungen. Erzählungen, bearb. von Peter Nasarski, Berlin/Bonn 1985.
2. Bienek, Horst, Beschreibung einer Provinz. Aufzeichnungen, München 1986.
3. Bienek, Horst, Birken und Hochöfen. Eine Kindheit in Oberschlesien, Berlin 1999.
4. Bienek, Horst, Die erste Polka, München Wien 1975.
5. Bienek, Horst, Die Zelle, München 1990.
6. Bienek, Horst, Erde und Feuer, München Wien 1984.
7. Bienek, Horst, Gleiwitzer Kindheit. Gedichte aus zwanzig Jahren, München Wien 1976.
8. Bienek, Horst, Reise in die Kindheit. Wiedersehen mit Schlesien, München Wien 1988.
9. Bienek, Horst, Septemberlicht, München 1984.
10. Bienek, Horst, Zeit ohne Glocken, München 1991.
11. Bobrowski, Johannes, Mäusefest, in: Lippmanns Leib. Erzählungen, Stuttgart 1987.
12. Brückner, Christine, Die Quints, Berlin 1997.
13. Brückner, Christine, Hat der Mensch Wurzeln? Autobiographische Schriften, Berlin 1988.
14. Brückner, Christine, Jauche und Levkojen, Berlin 1997.
15. Brückner, Christine, Nirgendwo ist Poenichen, Berlin 1997.
16. Brückner, Christine, Ständiger Wohnsitz. Kasseler Notizen, Berlin 1999.
17. Brückner, Christine, Woher und wohin: Autobiographische Texte, hrsg. von Walter Pape, Frankfurt/M – Berlin 1995.
18. Brückner, Christine; Kühner, Otto Heinrich, Deine Bilder. Meine Worte, Frankfurt/M Berlin 1990.
19. Capote, Truman, Andere Stimmen, andere Räume. Die Grasharfe, Berlin 1978.
20. Dickens, Charles, Große Erwartungen, München 1956.
21. Dönhoff, Marion Gräfin, Kindheit in Ostpreußen, Berlin 1991.
22. Faulkner, William, Als ich im Sterben lag, Frankfurt/M 1997.
23. Fels, Ludwig, Die Eroberung der Liebe. Heimatbilder, München 1985.

24. Giordano, Ralph, Ostpreußen ade. Reise durch ein melancholisches Land, Köln 1994.
25. Grass, Günter, Die Blechtrommel, Luchterhand 1959.
26. Grass, Günter, Die Unkenrufe. Eine Erzählung, Göttingen 1992.
27. Ihlenfeld, Kurt, Gregors vergebliche Reise, Wien 1981.
28. Janosch, Gastmahl auf Gomera, München 1999.
29. Janosch, Polski Blues, München 1993.
30. Kant, Hermann, Der Aufenthalt, Berlin 1988.
31. Kempowski, Walter, Mark und Bein. Eine Episode, München 1992.
32. Koeppen, Wolfgang, Es war einmal in Masuren, Frankfurt/M 1991.
33. Kohtz, Harald, Heimat, in: Westpreußen – Jahrbuch. Aus dem Land der unteren Weichsel, hrsg. von Hans-Jürgen Schuch, Bd. 44, Münster 1994.
34. Krockow, Christian Graf von, Die Reise nach Pommern, München 1993.
35. Lachauer, Ulla, Ostpreußische Lebensläufe, Reinbek bei Hamburg 1998.
36. Lasker – Schüler, Else, Heimweh, in: Gedichte. Eine Auslese, ausgewählt von Ute Bogner, Weinheim o.J., S. 135.
37. Lenz, Siegfried, Heimatmuseum, Hamburg 1988.
38. Lenz, Siegfried, So zärtlich war Suleyken. Masurische Geschichten, Hamburg 1965.
39. Lipinsky – Gottersdorf, Hans, Heimat an der Prosna, in: Der Sprosser schlug am Pratwa-Bach. Geschichten und Berichte, Würzburg 1984.
40. Losch, Otto K. F., Heimat, in: Westpreußen – Jahrbuch. Aus dem Land der unteren Weichsel, hrsg. von Hans-Jürgen Schuch, Bd. 46, Münster 1996.
41. Lüdtke, Franz, Brücke zur Heimat, in: Westpreußen – Jahrbuch. Aus dem Land der unteren Weichsel, hrsg. von Hans – Jürgen Schuch, Bd. 33, Münster 1983.
42. Miegel, Agnes, Glück und Last, in: Westpreußen – Jahrbuch. Aus dem Land der unteren Weichsel, hrsg. von Hans-Jürgen Schuch, Bd. 48, Münster 1998.
43. Müller, Armin, Der Puppenkönig und ich, Rudolstadt 1987.
44. Mutius, Dagmar von, Einladung in ein altes Haus. Geschichten von Vorgestern, Heidenheim/Brenz 1980.
45. Nietzsche, Friedrich, Vereinsamt, in: Gedichte. Eine Auslese, ausgewählt von Ute Bogner, Weinheim o.J., S.122.
46. Ossowski, Leonie, Herrn Rudolfs Vermächtnis, München 1998.
47. Ossowski, Leonie, Weichselkirschen, München 1996.
48. Perfahl, Jost (Hrsg.), Was man liebt, kann nie vergehen. Gedanken über Heimat, München 1992.

49. Schalk, Gisela, Die Reise, in: Wurzeln. Herkunft – Bindungen – Wechselbeziehungen. Erzählungen, bearb. Von Peter Nasarski, Berlin/Bonn 1985.
50. Schneider, Rolf, Die Reise nach Jarosław, Darmstadt 1981.
51. Schütz, Helga, Die Polenreise, in: Das Erdbeben bei Sangerhausen und andere Geschichten, Berlin – Weimar 1972.
52. Warm, Eberhard, Meiner Heimat, in: Westpreußen – Jahrbuch. Aus dem Land der unteren Weichsel, hrsg. von Hans-Jürgen Schuch, Bd.39, Münster 1989.
53. Wolf, Christa, Kindheitsmuster, München 1994.

SEKUNDÄRLITERATUR

1. "Für mich ist Glück, nichts zu brauchen." Ein Gespräch mit dem Zeichner und Autor Janosch, in: Goldmann Info, Juni '99.
2. Altmaier, Peter / Koschyk, Hartmut, Recht auf die Heimat in EU-Grundrechtcharta. Zu den Überlegungen zu einer Grundrechtcharta der EU, in: http://www.cducsu.bundestag.de/texte/altm 1i.htm.
3. Améry, Jean, Wieviel Heimat braucht der Mensch, in: Jenseits von Schuld und Sühne. Bewältigungsversuche eines Überwältigten, München 1966.
4. Arendt, Dieter, Polens Geschicke und Geschichte in der deutschen Literatur oder "Noch ist Polen nicht verloren!", in: Hebbel Jahrbuch 1983.
5. Arnold, Heinz Ludwig (Hrsg.), Blech getrommelt. Günter Grass in der Kritik, Göttingen 1997.
6. Auer, Annemarie, Gegenerinnerung, in: Sinn und Form. Beiträge zur Literatur, 23(1977), H. 9.
7. Aussage zur Person. Zwölf deutsche Schriftsteller im Gespräch mit Ekkehart Rudolph, Tübingen – Basel 1977.
8. Bach, Dieter / Lesiuk, Wiesław, Ich sah in das Gesicht eines Menschen. Deutsch-polnische Begegnungen vor und nach 1945, Wuppertal 1995.
9. Bachmann, Klaus / Kranz, Jerzy (Hrsg.), Verlorene Heimat. Die Vertreibungsdebatte in Polen, Bonn 1998.
10. Baier, Lothar, Volk ohne Zeit. Essay über das eilige Vaterland, Berlin 1990.
11. Barańczak, Stanisław, Droga Christo Wolf! Proszę nas już więcej nie straszyć, in: Dialog, H. 11, 1993.
12. Barloewen, Constantin von, Weltzivilisation und Weltethos: Auf dem Wege zu einer interkulturellen Identität, in: Praxis interkultureller Germanistik.
13. Barnouw, Dagmar, Autorenstrategie und Leser im Gedankenroman. Zu Fragen von Perspektivik und Bedeutung, in: Erzählforschung 3. Theorien, Modelle und Methoden der Narrativik, hrsg. von Wolfgang Haubrichs, Göttingen 1978.

14. Bastian, Andrea, Der Heimat – Begriff. Eine begriffsgeschichtliche Untersuchung in verschiedenen Funktionsbereichen der deutschen Sprache, Tübingen 1995.
15. Bauer, Matthias, Romantheorie, Stuttgart 1997.
16. Baumer, Franz, Christa Wolf. Köpfe des 20. Jahrhunderts, Berlin 1988.
17. Bautista-Banos, Alfredo, Die Trennung von der Heimat. Eine psychoanalytische Studie, Dissertation 1987.
18. Behl, C.F.W. / Voigt, Felix A., Chronik von Gerhart Hauptmanns Leben und Schaffen, München 1957.
19. Bekasiński, Jan, Christa Wolfs Konzeption einer modernen Prosa, Toruń 1992.
20. Belschner, Wilfried; Grubitzsch, Siegfried; Leszczynski, Christian; Müller – Doohm, Stefan (Hrsg.), Wem gehört die Heimat? Beiträge der politischen Psychologie zu einem umstrittenen Phänomen, Opladen 1995.
21. Berger, Peter L./ Berger, Brigitte/ Kellner, Hansfried, Das Unbehagen in der Modernität, Frankfurt/M – New York 1987.
22. Bergfleth, Gerd, Erde und Heimat. Über das Ende der Ära des Unheils, in: Schwilk, Heimo/ Schacht, Ulrich (Hrsg.), Die selbstbewußte Nation. "Anschwellender Bockgesang" und weitere Beiträge zu einer deutschen Debatte, Frankfurt/M – Berlin 1994, S.101 – 123.
23. Berliner Appell 10.09.1998, in: home.t-online.de/home/hans.Proemm/bdv.htm
24. Berndt, Günter; Strecker, Reinhard (Hrsg.), Polen – ein Schauermärchen oder Gehirnwäsche für Generationen, Reinbek bei Hamburg 1971.
25. Biehl, Peter, Heimat in theologischer und religionspädagogischer Perspektive. Plädoyer für ein eschatologisch gebrochenes Heimatverständnis, in: Jahrbuch der Relogionspädagogik, Bd. 14, Heimat – Fremde, Neukirchener 1998.
26. Bienek, Horst (Hrsg.), Heimat. Neue Erkundungen eines alten Themas, München 1985.
27. Binder, Dieter, Heimat – Heimaten. Marginalien zu einem komplexen Thema, in: Gotthart Wunberg; Dieter A. Binder (Hrsg.), Pluralität. Eine interdisziplinäre Annäherung, Festschrift für Moritz Csáky, Wien – Köln – Weimar 1996.
28. Bleicher, Thomas, Literarisches Reisen als literaturwissenschaftliches Ziel, in: Komparatistische Hefte, 3 (1981).
29. Blumenwitz, Dieter (Hrsg.), Recht auf die Heimat im zusammenwachsenden Europa. Ein Grundrecht für nationale Minderheiten und Volksgruppen, Frankfurt am Main 1995.

30. Błażejeski, Tadeusz, "Polenreise" w najnowszej prozie Niemieckiej Republiki Demokratycznej, in: Prace Polonistyczne XXX, 1974.
31. Bock, Sigrid, Christa Wolf: Kindheitsmuster, in: Weimarer Beiträge 23 (1977), H. 9.
32. Böll, Heinrich, Heimat und keine, in: Heinrich Böll Werke. Essayistische Schriften und Reden 2, 1964 – 1972, Bd. 8, Kiepenheuer – Witsch 1979.
33. Borchmeyer, Dieter / Zmegac, Viktor (Hrsg.), Moderne Literatur in Grundbegriffen, Tübingen 1994.
34. Brecht, Bertolt, Ergebnisse der Realismusdebatte in der Literatur, in: Der deutsche Roman im 20. Jahrhundert, Bd. II, hrsg. von Manfred Brauneck, Bamberg 1976.
35. Bredow, Wilfried von; Foltin, Hans-Friedrich, Zwiespältige Zufluchten. Zur Renaissance des Heimatgefühls, Bonn 1981.
36. Brettschneider, Werner, "Kindheitsmuster". Kindheit als Thema autobiographischer Dichtung, Berlin 1982.
37. Breyer, Richard, Die Deutschen und die Polen. Geschichte der deutsch – polnischen Beziehungen, Köln 1980.
38. Breyer, Richard; Nasarski, Peter Emil (Hrsg.), Erfahrung und Zeugnis der Deutschen aus Polen, Berlin – Bonn 1987.
39. Brunner, Manfred, Europa und Nation. Über die Notwendigkeit der Souveränität, in: Schwilk, Heimo/ Schacht, Ulrich (Hrsg.), Die selbstbewußte Nation. "Anschwellender Bockgesang" und weitere Beiträge zu einer deutschen Debatte, Frankfurt/M – Berlin 1994, S. 381 – 392.
40. Bruyn, Günter de, Das erzählte Ich. Über Wahrheit und Dichtung in der Autobiographie, Frankfurt/M 1995.
41. Bundeszentrale für politische Bildung, Heimat: Analysen, Themen, Perspektiven, Bonn 1990.
42. Chen, Linhua, Autobiographie als Lebenserfahrung und Fiktion. Untersuchungen zu den Erinnerungen an die Kindheit im Faschismus von Christa Wolf, Nicolaus Sombart und Eva Zeller, Frankfurt/M 1991.
43. Chodera, Jan, Literatura niemiecka o Polsce w latach 1918–1939, Wydawnictwo Śląsk – Katowice 1969.
44. Christa Wolf zum 60. Geburtstag, in: Weimarer Beiträge 35 (1989) H.3.
45. Christa Wolf. Materialienbuch, hrsg. von Klaus Sauer, Sammlung Luchterhand 1979.
46. Ciemiński, Ryszard, I szukam ziemi Polaków, Warszawa 1989.
47. Clement, Hans-Jörg, Die Sehnsucht nach Heimat als Vorwegnahme der nationalen Frage, in: Langguth.

48. Cowen, Roy C. von, Der Poetische Realismus. Kommentar zu einer Epoche, München 1985.
49. De Zayas, Alfred – Maurice, Anmerkungen zur Vertreibung der Deutschen aus dem Osten, Stuttgart 1986.
50. Deutsche Polenliteratur. Internationales Kolloquium Karpacz 3-4 Oktober 1988, Wrocław 1991.
51. Diersch, Manfred / Orłowski, Hubert, Annäherung und Distanz. DDR-Literatur in der polnischen Literaturkritik, Halle – Leipzig 1983.
52. Diskussion mit Christa Wolf, in: Sinn und Form. Beiträge zur Literatur, 1976, H.4.
53. Domin, Hilde, Heimat, in: Aber die Hoffnung. Autobiographisches. Aus und über Deutschland, München 1982.
54. Dominiczak, Henryk, Granica polsko – niemiecka 1919 - 1939. Z dziejów formacji granicznych, Warszawa 1975.
55. Dönhoff, Marion Gräfin, In Polen wurden aus Romantikern Pragmatiker, in: Der Effendi wünscht zu beten. Reisen in die vergangene Fremde, Berlin 1998.
56. Dönhoff, Marion Gräfin, Polen und Deutsche. Die schwierige Versöhnung, Hamburg 1993.
57. Dönhoff, Marion Gräfin, Weit ist der Weg nach Osten. Berichte und Betrachtungen aus fünf Jahrzehnten, Stuttgart 1985.
58. Drafz, Helge, Heimatkunde als Weltkunde. Provinz und Literatur in den achtziger Jahren, in: Walter Delabar (Hrsg.), Neue Generation – neues Erzählen: deutsche Prosa – Literatur der achtziger Jahre, Opladen 1993.
59. Dreschner, Andrea (Hrsg.), Christa Wolf: ein Arbeitsbuch: Studien, Dokumente, Bibliographie, Frankfurt/M 1990.
60. Driedger, Eckbert, Wanderungen durch die alte Heimat, in: Mennonitisches Jahrbuch 1997.
61. Driedger, Eckbert, Was und wo ist Heimat, in: BRÜCKE – Mennonitisches Gemeindeblatt, Oktober 1999.
62. Dyoniziak, Ryszard, Obraz spraw polskich w świadomości ludości RFN, in: Studia Niemcoznawcze. Studia nad językiem i literaturą 1, 1979.
63. Ecker, Gisela (Hrsg.), Kein Land in Sicht. Heimat – weiblich?, München 1997.
64. Eckert, Gerhard, Ostpreußens Literatur entdecken und erleben. Erinnerung an 25 Dichter mit vielen Leseproben aus ihren Werken, Husum 1994.
65. Eicher, Thomas/Wiemann, Volker (Hrsg.), Arbeitsbuch: Literaturwissenschaft, Paderborn 1996.

66. Eisert, Joachim H., Das Menschenrecht auf die Heimat in der Landesverfassung von Baden-Württemberg, Dissertation, Tübingen 1991.
67. Engelhardt, Michael V., Sprache und Identität. Zur Selbstdarstellung und Selbstsuche im autobiographischen Erzählen, in: Sprache, hrsg. von Henning Kößler, Erlangen 1990, S. 65 – 88.
68. Ernst Bloch und die Heimat. Vorträge des interdisziplinären Kolloquiums Ludwigshafen/Rhein 1989, Jahresheft der Ernst – Bloch – Gesellschaft 1990.
69. Finck, Almut, Autobiographisches Schreiben nach dem Ende der Autobiographie, Berlin 1999.
70. Friedman, Filip / Hołuj, Tadeusz, Oświęcim, Warszawa 1946.
71. Gabzdyl, Marek, Gliwice wczoraj. Gleiwitz gestern, Gliwice 1994.
72. Gauß, Karl – Markus, Heimat, in: Das Europäische Alphabet, München 2000.
73. Gerlach-Damaschke, Renate, Dichtung im Kontext der Geschichte. Zur Literatur der Deutschen in und aus Polen, in: Beiträge zur deutsch-polnischen Nachbarschaft. Festschrift für Richard Breyer, hrsg. von Csaba János Kenèz, Helmut Neubach und Joachim Rogall, Berlin/Bonn 1992.
74. Glaser, Horst A. (Hrsg.), Deutsche Literatur zwischen 1945 und 1995, Bern, Stuttgart, Wien 1997.
75. Główna Komisja Badania Zbrodni Hitlerowskich w Polsce, Rada Ochrony Pomników Walki i Męczeństwa, Obozy Hitlerowskie na ziemiach polskich 1939-1945, Warszawa 1979.
76. Görner, Rüdiger (Hrsg.), Heimat im Wort. Die Problematik eines Begriffs im 19. und 20. Jahrhundert, München 1992.
77. Gössmann, Wilhelm; Roth, Klaus-Heinrich (Hrsg.), Literarisches Schreiben aus regionaler Erfahrung: Westfalen – Rheinland – Oberschlesien und darüber hinaus, Padeborn 1996.
78. Grass, Günter, Ich erinnere mich. Was ein Schriftsteller mit den Deutschen teilt, in: Frankfurter Allgemeine Zeitung, 4.Oktober 2000, Nr. 230, S. 65.
79. Grass, Günter, Werkausgabe in zehn Bänden, Bd. IX., Essays, Reden, Briefe, Kommentar, Darmstadt – Neuwied 1987.
80. Grass, Günter, Werkausgabe in zehn Bänden, Bd. X., Gespräche mit Günter Grass, Darmstadt – Neuwied 1987.
81. Gregor-Dellin, Martin, Verloren und gefunden. Horst Bieneks Kommentar zu den Gleiwitz-Romanen, in: Die Zeit 09.09.1983.
82. Greverus, Ina-Maria, Auf der Suche nach Heimat, München 1979.

83. Grimm, Jacob und Wilhelm, Deutsches Wörterbuch, Nachdruck München 1984, Bd. 10.
84. Härtl, Heiz, Entwicklung und Traditionen der sozialistischen Reiseliteratur, in: Erworbene Tradition. Studien zu Werken der sozialistischen deutschen Literatur, Hrsg. Günter Hartung, Thomas Höhle, Hans-Georg Werner, Berlin – Weimar 1977.
85. Hartung, Harald, Hier fällt niemand aus Gottes Hand. Christine Brückners Roman "Nirgendwo ist Poenichen", in: Frankfurter Allgemeine Zeitung 14.10. 977.
86. Havel, Vaclav, Was "Heimat" heißen könnte, Rede Präsident Havels vor dem Bundestag – Auszüge – wie sie in der taz vom 25.04.1997 veröffentlicht wurde, in: http://homepages.munich.netsurf.de/Doris.Ruppert/havel.htm.
87. Hecht, Martin, Das Verschwinden der Heimat. Zur Gefühlslage der Nation, Leipzig 2000.
88. Heidegger, Martin, Sprache und Heimat, in: Denkerfahrungen 1910 – 1976, Frankfurt/M 1983.
89. Heimatworte. Eine Anthologie. Gedichte und Geschichten um den Heimatbegriff, hrsg. vom Literaturbüro NRW – Süd in Verbindung mit West – Ost – Kulturwerk e.V., Bad Honnef 1995.
90. Hein, Jürgen, Heimat in der Literatur und Heimatliteratur, in: Josef Billen (Hrsg.), Identität und Entfremdung, Bochum 1979.
91. Helbig, Louis Ferdinand, Der ungeheure Verlust. Flucht und Vertreibung in der deutschsprachigen Belletristik der Nachkriegszeit, Wiesbaden 1996.
92. Hermsdorf, Klaus, Wende zum Übernationalen. Motive und Motivationen des Polenbildes in der deutschen Literatur zwischen den Weltkriegen, in: Weimarer Beiträge 16(1970), H.12.
93. Hieber, Jochen, Die zweite Polka. Horst Bieneks neuer Roman "Septemberlicht": Kleine Leute im Großen Krieg, in: Die Zeit 14.10.1977.
94. Hillebrand, Bruno (Hrsg.), Zur Struktur des Romans, Darmstadt 1978.
95. Hilzinger, Sonja, Christa Wolf, Sammlung Metzler. Realien zur Literatur Bd.224, Stuttgart 1986.
96. Hinck, Walter, Auf der Suche nach der verlorenen Kindheit. Horst Bieneks "Wiedersehen mit Schlesien", in: Frankfurter Allgemeine Zeitunt 04.10.1988.
97. Hinck, Walter, Heimatdichter, Weltbürger, Schutzpatron. Zum sechzigsten Geburtstag des Schriftstellers Horst Bienek, in: Frankfurter Allgemeine Zeitung 07.05.1990, Nr. 105.

98. Hinck, Walter, Ins Mythische entrückt. Horst Bieneks Gleiwitzer Tetralogie ist abgeschlossen, in: Frankfurter Allgemeine Zeitung 30.10.1982.
99. Hohendahl, Peter Uwe (Hrsg.), Sozialgeschichte und Wirkungsästhetik, Frankfurt/M 1974.
100. Hohendahl, Peter Uwe/Herminghouse, Patricia, Literatur der DDR in siebziger Jahren, Frankfurt/M 1983.
101. Hörnigk, Therese, Christa Wolf, Göttingen 1989.
102. Holdenried, Michaela, Im Spiegel ein anderer. Erfahrungskrise und Subjektdiskurs im modernen autobiographieschen Roman, Heidelberg 1991.
103. Honsza, Norbert, Kulturbegegnung zwischen Deutschland und Polen. Beispiel: Karl Dedecius, in: Praxis interkultureller Germanistik.
104. Honsza, Norbert, Literarische Wechselbeziehungen zwischen Deutschland und Polen, in: Dietrich Papenfuss/Jürgen Söring (Hrsg.), Rezeption der deutschen Gegenwartsliteratur im Ausland, Stuttgart 1976.
105. Honsza, Norbert, Zwischen Zeithistorie und Privathistorie. Zum Umgang mit Heimatgeschichte bei Günter Grass, Siegfried Lenz, Horst Bienek und Christa Wolf, in: Begegnung mit dem "Fremden". Grenzen – Traditionen – Vergleiche, Bd. 6, Akten des VIII. Internationalen Germanisten Kongresses, Tokyo 1990.
106. Honsza, Norbert / Kuczyński, Krzysztof Andrzej / Dzikowska, Elżbieta / Wengerek, Bernard, Obraz Polaka w literaturze NRD i RFN oraz obraz Niemca w literaturze polskiej po 1945 roku. Próba typologii, in: Śląski Kwartalnik Historyczny Sobótka, 1978, H.2.
107. Honsza, Norbert / Światłowski, Zbigniew, Wschodnie podróże niemieckich pisarzy, in: Życie Literackie, 1978, H. 19.
108. Huelle, Paweł, Pani Steinbach do sztambucha, in: Gazeta Wyborcza, 26-27.09.1998, S. 12.
109. Iser, Wolfgang, Der Akt des Lesens, München 1994.
110. Jacobaeus, Margaritha, "Zum Lesen empfohlen". Lesarten zu Christine Brückners Poenichen-Trilogie. Eine rezeptionsästhetische Studie, Stockholm 1995.
111. Jäckel, Günter, "Polenreise" – Aspekte deutsch – polnischer Beziehungen in der neueren DDR – Literatur, in: Acta Universitatis Wratislaviensis No 498, XLI, Wrocław 1979.
112. Jäckel, Günter, Nachdenken über Polen. Zu "Kindheitsmuster" von Christa Wolf, in: Acta Universitatis Wratislaviensis No 431, XXXIV, Wrocław 1978.

113. Janion, Maria, Das "Polentum" bei Günter Grass, in: Elvira Gröziger / Andreas Lawaty (Hrsg.), Suche die Meinung. Karl Dedecius. Dem Übersetzer und Mittler zum 65. Geburtstag, Wiesbaden 1986.
114. Jeggle, Utz, Lebensgeschichte und Herkunft, in: Maurer, Friedemann (Hrsg.), Lebensgeschichte und Identität. Beiträge zu einer biographischen Anthropologie, Frankfurt/M 1981, S. 11-30.
115. Jurgensen, Manfred, Erzählformen des fiktionalen Ich. Beiträge zum deutschen Gegenwartsroman, Bern 1980.
116. Karski, Sigmund, Albert (Wojciech) Korfanty. Eine Autobiographie, Herausgeber: Stiftung Schlesien, Hannover, Dülmen 1990.
117. Klin, Eugeniusz, Deutsch – polnische Literaturbeziehungen. Bausteine zur Verständigung von der Aufklärung bis zur Gegenwart, Köln – Wien 1988.
118. Klotz, Volker (Hrsg.), Zur Poetik des Romans, Darmstadt 1965,
119. Knoch, Peter/ Leeb, Thomas, Heimat oder Region? Grundzüge einer Didaktik der Regionalgeschichte, Frankfurt/M 1984.
120. Kobylińska, Ewa / Lawaty, Andreas / Stephan, Rüdiger, Deutsche und Polen. 100 Schlüsselbegriffe, München 1992.
121. Koch, Till / Uebach, Christian, Nie wieder Heimat, in: www.jungefreiheit.de/archiv98/388aa07.htm
122. Koczy, Karol, Sprawdzanie pamięci, in: Poglądy, H.21, 1981.
123. Kohl, Stephan, Realismus: Theorie und Geschichte, München 1977.
124. Köhler, Oskar, Heimat, in: Staatslexikon, hrsg. von der Görres – Gesellschaft, Bd. 4, Freiburg 1959, S. 56-59.
125. Kramberg, K. H., Gleiwitz, Karfreitag 1943. "Zeit ohne Glocken" – Horst Bieneks Fortsetzung seiner Schlesischen-Romane, in: Süddeutsche Zeitung vom 15/16.9.1979, S. 132.
126. Krieger, Gerd, Ein Buch im Streit der Meinungen. Untersuchung literaturkritischer Reaktionen zu Christa Wolfs "Kindheitsmuster", in: Weimarer Beiträge 31(1985), H. 1.
127. Krockow, Christian Graf von, Heimat. Erfahrungen mit einem deutschen Thema, Stuttgart 1989.
128. Krogmann, Werner, Christa Wolf. Konturen, Frankfurt/M, 1989.
129. Kroll, Frank-Lothar (Hrsg.), Flucht und Vertreibung in der Literatur nach 1945, Berlin 1997.

130. Krüger, Horst, Ostpreußen. Nachworte auf eine Provinz, in: Tiefer deutscher Traum. Reisen in die Vergangenheit, München 1986.
131. Krüger, Horst, Preußen persönlich. Kleine Heimatkunde, in: Tiefer deutscher Traum. Reisen in die Vergangenheit, München 1986.
132. Krüger, Horst, Von Breslau bis Danzig, polnisch, in: Stadtpläne. Erkundungen eines Einzelgängers, Reinbek bei Hamburg 1971.
133. Krüger, Michael, Bienek lesen. Materialien zu seinem Werk, München 1980.
134. Kuczynski, Jürgen, Probleme der Autobiographie, Berlin – Weimar 1983.
135. Kuczyński, Krzysztof A.; Schneider, Thomas (Hrsg.), Das literarische Antlitz des Grenzlandes, Frankfurt/M 1991.
136. Kuczyński, Krzysztof Andrzej, Temat polski w literaturze NRD, in: Prace Polonistyczne XXXIV, 1978.
137. Kuczyński, Krzysztof Andrzej, Temat polski w literaturze RFN, in: Nurt, H.9, 1979.
138. Kunert, Günter, Heimat als Biotop. Versuch einer Definition, in: Die letzten Indianer Europas, München/Wien 1991.
139. Kunne, Andrea, Heimat im Roman: Last oder Lust? Transformationen eines Genres in der österreichischen Nachkriegsliteratur, Amsterdam – Atlanta, GA 1991.
140. Kuriozalny dokument, in: Gazeta Wyborcza, 19/20.09.1998, S.20-22.
141. Lämmert, Eberhard, Bauformen des Erzählens, Stuttgart 1993.
142. Lange, Günter, Heimat – Realität und Aufgabe. Zur marxistischen Auffassung des Heimatbegriffs, Berlin 1973.
143. Langguth, Gerd, Suche nach Sicherheiten. Ein Psychogramm der Deutschen, Stuttgart 1995.
144. Leppmann, Wolfgang, Gerhart Hauptmann. Leben, Werk und Zeit, Bern, München, Wien 1086.
145. Levi-Mühsam, Else (Hrsg.), Arthur Silbergleit und Paul Mühsam. Zeugnisse einer Dichterfreundschaft. Ein Zeitbild, Würzburg 1994.
146. Lisicka, Iwona, O trudnościach zmiany skóry, in: Radar, H. 34, 1982.
147. Loebel, Hansgeorg, Heimat – Raum konkretisierter Freiheit, Hannover 1981.
148. Lubos, Arno, Geschichte der Literatur Schlesiens, Bd. III, München 1974.
149. Luckscheiter, Roman, Zweimal zwei Ansichten. Zur Diskussion über die deutsche Teilung in der Literatur der 50er und 60er Jahre, in: Gerd Langguth (Hrsg.), Die Intellektuellen und die nationale Frage, Frankfurt am Main 1997.

150. Lützeler, Paul Michael, Die Schriftsteller und Europa. Von der Romantik bis zur Gegenwart, Baden – Baden 1998.
151. Madajczyk, Barbara, "Nauczyłem się żyć bez nadziei i wiary." Z pobytu Güntera Grassa w Gdańsku, in: Literatura na Świecie, H.9, 1989.
152. Madela, Andrzej, Motywy polskie w prozie NRD lat osiemdziesiątych, in: Literatura na Świecie, H.7, 1991.
153. Maron, Monika, Die Zumutung, eine Heimat haben zu müssen, in: Nach Maßgabe meiner Begreifungskraft, Frankfurt/Main 1995.
154. Martini, Fritz, Realismus, in: Reallexikon der deutschen Literaturgeschichte, Bd. III, Berlin 1977.
155. Mast, Peter (Bearb.), Deutsche Literatur in Polen nach dem Zweiten Weltkrieg. Zur Möglichkeit und Unmöglichkeit geistiger Brückenbildung, hrsg. Von der Kulturstiftung der Deutschen Vertriebenen, Bonn 1998.
156. Mauser, Wolfgang (Hrsg.), Erinnerte Zukunft. 11 Studien zum Werk von Christa Wolfs, Würzburg 1985.
157. Mazurczak, Dorota, Temat polski w literaturze zachodnioniemieckiej 1949-1980, Poznań 1988.
158. Mazurkiewicz, Jolanta, Zwischen deutsch – polnischem "Grenzland" und "verlorener Heimat": von literarischen Rückreisen in die Kindheitsparadiese, Frankfurt/M 1998.
159. Mecklenburg, Norbert, Die grünen Inseln. Zur Kritik des literarischen Heimatkomplexes, München 1986.
160. Mecklenburg, Norbert, Erzählte Provinz. Regionalismus und Moderne im Roman, Königstein / Ts. 1982.
161. Meyer – Gosau, Frauke, Sehnsucht nach der Vormoderne. Christa Wolfs "arger Weg" zur gesamtdeutschen Autorin, in: Walter Delabar; Erhard Schütz (Hrsg.), Deutschsprachige Literatur der 70er und 80er Jahre. Autoren, Tendenzen, Gattungen, Darmstadt 1997.
162. Metzger, Simone, Verlusterfahrung und literarische Erinnerungstrategie. Die Darstellung von Heimat, Flucht und Integration in den Ostpreußen-Romanen Arno Surminskis, Dissertation, Heidelberg 2000.
163. Müller – Funk, Wolfgang (Hrsg.), Neue Heimaten – neue Fremden. Beiträge zur kontinentalen Spannungslage, Wien 1992.
164. Nawrocki, Witold, Niemiecka pamięć jako powtarzalny akt moralny, in: Życie Literacki, H. 11, 1982.

165. Nayhauss, Hans-Christoph Graf, Aspekte und Tendenzen deutschsprachiger Gegenwartsromane und Erzählungen von 1968 bis in die 80-er Jahre, in: Germanica Wratislaviensia XCVIII, Literarische Streifzüge, Wrocław 1994.
166. Nayhauss, Hans-Christoph Graf, Deutsch-deutsche Wahrnehmung des polnischen Nachbarn in Romanen über Heimat und Kindheit von J. Bobrowski und Ch. Wolf, S. Lenz und H. Bienek, in: Germanica Wratislaviensia CIV, Studien zur DDR – Literatur, Wrocław 1994.
167. Nayhauss, Hans-Christoph Graf, Europa als Herausforderung für die deutsche Literaturdidaktik, in: Praxis interkultureller Germanistik.
168. Neumeyer, Michael, Heimat. Zu Geschichte und Begriff eines Phänomens, Kiel 1992.
169. Niehaus, Michael, "Ich, die Literatur, ich spreche..." Der Monolog der Literatur im 20. Jahrhundert, Würzburg 1995.
170. Niggl, Günter (Hrsg.), Die Autobiographie. Zu Form und Geschichte einer literarischen Gattung, Darmstadt 1998.
171. Ohrgaard, Per, Ein Foto mit Hut – Bemerkungen zu Christa Wolf: Kindheitsmuster, in: Orbis Litterarum 42, 1987.
172. Olschowsky, Heinrich, Poetische Bilder von Polen, in: Sinn und Form. Beiträge zur Literatur 41 (1989), H.3.
173. Orłowski, Hubert (Hrsg.), Heimat und Heimatliteratur in Vergangenheit und Gegenwart, Poznań 1993.
174. Orłowski, Hubert, "Polnische Wirtschaft": Zur Tiefenstruktur des deutschen Polenbildes, in: Dietrich Harth (Hrsg.), Fiktion des Fremden. Erkundung kultureller Grenzen in Literatur und Publizistik, Frankfurt am Main 1994.
175. Orłowski, Hubert, Überwachung und Ausgrenzung. Horst Bienek: Das allmähliche Ersticken und Schreien. Sprache und Exil heute, in: Paul Michael Lützeler, Poetik der Autoren. Beiträge zur deutschsprachigen Gegenwartsliteratur, Frankfurt/M 1994.
176. Orłowski, Hubert, Współczesna literatura NRD, Poznań 1982.
177. Orłowski, Hubert, Zur Bedeutung Eichendorffs in den Romanen von Horst Bienek, in: Aurora 47 (1987), S. 77-87.
178. Ortmann, Dorothea, Christa Wolfs "Kindheitsmuster" als Beitrag zur individuellen Faschismusauseinandersetzung für christliche Leser, Essen 1987.
179. Orzechowski, Marian, Wojciech Korfanty. Biografia polityczna, Wrocław 1975.
180. Parin, Paul, Heimat, eine Plombe. Rede am 16. November 1994 beim 5. Symposion der Internationalen Erich Fried Gesellschaft für Literatur und Sprache in Wien

zum Thema "Wieviel Heimat braucht der Mensch und wieviel Fremde verträgt er.", Hamburg 1996.
181. Paulsen, Wolfgang, Das Ich im Spiegel der Sprache. Autobiographisches Schreiben in der deutschen Literatur des 20. Jahrhunderts, Tübingen 1991.
182. Pieczara, Marek, Reprywatyzacja historii, in: Więź, H. 7, 1982.
183. Piontek, Heinz, Oberschlesische Polka, in: Das Handwerk des Lesens. Erfahrungen mit Büchern und Autoren, Frankfurt/M – Berlin – Wien 1982.
184. Plat, Wolfgang, Deutsche und Polen. Geschichte der deutsch – polnischen Beziehungen, Köln 1980.
185. Połczyńska, Edyta (Hrsg.), Der Weg zum Nachbarn. Beiträge zur Thematisierung deutsch – polnischer Beziehungen in der Literatur des 20. Jahrhunderts, Poznań 1982.
186. Połczyńska, Edyta, Günter Grass in Polen. Zur Rezeption seiner Werke, in: Studia Germanica Posnaniensia XII. Neue Aspekte der Grass – Forschung, Poznań 1983.
187. Połczyńska, Edyta, Polnische Thematik in der jüngsten DDR – Literatur, in: Studia Germanica Posnaniensia 8, Poznań 1979.
188. Pott, Hans-Georg (Hrsg.), Literatur und Provinz. Das Konzept 'Heimat' in der neueren Literatur, Padeborn 1986.
189. Preisendanz, Wolfgang, Wege des Realismus. Zur Poetik und Erzählkunst im 19. Jahrhundert, München 1977.
190. Quernheim, Mechthild, Das moralische Ich. Kritische Studien zur Subjektverwendung in der Erzählprosa Christa Wolfs, Würzburg 1990.
191. Rasmus, Hugo, Von westpreußischen Dichtern und Erzählern nach 1945, in: Westpreußen – Jahrbuch. Aus dem Land an der unteren Weichsel, Band 47, Hrsg. Hans-Jürgen Schuch, Münster 1997.
192. Reich-Ranicki, Marcel, Entgegnung. Zur deutschen Literatur der siebziger Jahre, Erweiterte Neuausgabe, Stuttgart 1981.
193. Richter, Hans, Moralität als poetische Energie, in: Sinn und Form, H. 3. 1977.
194. Riedel, Wolfgang (Hrsg.), Heimatbewußtsein. Erfahrungen und Gedanken. Beiträge zur Theoriebildung, Husum 1981.
195. Rietsch, Jörn, Versuch über einen Versuch. Gedanken über den Blick auf Geschichte in Christa Wolfs Roman "Kindheitsmuster", in: Weimarer Beiträge 38(1992), H. 1.

196. Roden, Johanna, "Hat der Mensch Wurzeln?" Der Heimatbegriff in Christine Brückners *Poenichen Romanen*, in: Herbert Herzmann (Hrsg.), Literaturkritik und erzählerische Praxis. Deutschsprachige Erzähler der Gegenwart, Tübingen 1995.
197. Rosenstein, Doris, "Heimat" – Bilder, in: Helmut Kreuzer (Hrsg.), Pluralismus und Postmodernismus. Zur Literatur- und Kulturgeschichte in Deutschland 1980 – 1995, Frankfurt am Main 1989.
198. Rospond, Stanisław, Polszczyzna Śląska, Wrocław 1970.
199. Rossbacher, Karlheinz, Heimatkunstbewegung und Heimatroman. Zu einer Literatursoziologie der Jahrhundertwende, Stuttgart 1975.
200. Rothe, Hans, Fremd- und Eigenbilder von und über Slaven, vornehmlich bei Polen und Russen, in: Hugo Dyserinck, Karl Urlich Syndram (Hrsg.), Europa und das nationale Selbstverständnis. Imagologische Probleme in Literatur, Kunst und Kultur des 19. Und 20. Jahrhunderts, Bonn 1988.
201. Schäuble, Wolfgang, Die polnische Heimat. Nach Anerkennung der deutsch-polnischen Grenze, in: Die politische Meinung 35 (1990), H.252.
202. Schäuble, Wolfgang, Heimat als Gegengewicht zur Globalisierung. Festansprache in Buchhagen zum "Tag der Heimat" 13.09.1998, in: http://cducsu.bundestag.de/texte/schae431.htm.
203. Schlatter, Heike, Untersuchungen zur individuellen Art und Weise epischen Darstellens bei Armin Müller, Dissertation 1988.
204. Schlink, Bernhard, Heimat als Utopie, edition suhrkamp Sonderdruck, Frankfurt/M 2000.
205. Schmid, Peter, Heimat als Voraussetzung und Ziel der Erziehung, Bern 1970.
206. Schmidt, Martin, Schrille Töne und Morgenluft, in: www.jungefreiheit.de/archiv98/298aa14htm
207. Schmidt, Thomas E., Heimat. Leichtigkeit und Last des Herkommens, Berlin 1999.
208. Schmitz, Walter, Regionalität und interkultureller Diskurs: Beispiele zur Geschichtlichkeit ihrer Konzepte in der deutschen Kultur, in: Praxis interkultureller Germanistik.
209. Schröder, Gerhard, Rede anläßlich des 50. Jahrestages der Charta der deutschen Heimatvertriebenen am Tag der Heimat am Sonntag, 3. September 2000, in Berlin, in: Pressemitteilung Nr. 419/00, in: http://text.bundesregierung.de/nurtext/dokumente/Pressemitteilung/ix_17202.htm

210. Sebald, W. G., Unheimliche Heimat. Essays zur österreichischen Literatur, Frankfurt/M 1995.
211. Seliger, Helfried W., Der Begriff "Heimat" in der deutschen Gegenwartsliteratur, München 1987.
212. Serke, Jürgen, Frauen schreiben. Ein neues Kapitel deutschsprachiger Literatur, Fischer 1982.
213. Sill, Oliver, Zerbrochene Spiegel. Studien zur Theorie und Praxis modernen autobiographischen Erzählens, Berlin 1991.
214. Sługocka, Ludmiła, Die deutsche Polenliteratur auf dem Gebiet der Deutschen Demokratischen Republik in der Zeit von 1945 bis 1960, Poznań 1964.
215. Sługocka, Ludmiła, Polen in der Literatur der DDR, in: Weimarer Beiträge 16 (1970), H.6.
216. Sługocka, Ludmiła, Polska i Polacy w powojennej twórczości pisarzy niemieckich, in: Miesięcznik Literacki, H.6, 1970.
217. Sługocka, Ludmiła, Über die Grenzen hinaus. Deutsche Polenlyrik seit den Anfängen bis 1965. Auswahl, Łódź – Warszawa – Poznań 1966.
218. Smith, Colin, Deutsch – polnische Grenzüberschreitungen: Zu Christa Wolfs "Kindheitsmuster", in: Germano – Slavica. A Canadian Journal of Germanic and Slavic Comparative Studien 6 (1989), No3.
219. Sorell, Walter, Heimat Exil Heimat. Von Ovid bis Sigmund Freud, Wien 1997.
220. Stanzel, Franz K., Theorie des Erzählens, Göttingen 1985.
221. Steiner, George, Martin Heidegger. Eine Einführung, München Wien 1989.
222. Steinmetz, Horst, Interpretation und fremdkulturelle Interpretation literarischer Werke, in: Bernd Thum; Gonthier-Louis Fink (Hrsg.), Praxis interkultureller Germanistik. Forschung – Bildung – Politik. Beiträge zum II. Internationalen Kongreß der Gesellschaft für Interkulturelle Germanistik Straßburg 1991, München 1993.
223. Stephan, Aleksander, Christa Wolf, Verlag C.H. Beck 1979.
224. Stolt, Birgit, Empfehlenswerte Lektüre: Zweimal Reise in die Vergangenheit, in: Moderna sprak, LXXI, 1977.
225. Strelka, Joseph, Der literarische Reisebericht, in: Jahrbuch für Internationale Germanistik, Jg.3, H.1, Frankfurt am Main 1971.
226. Strzelczyk, Florentine, Un–Heimliche Heimat. Reibungsflächen zwischen Kultur und Nation, München 1999.

227. Stüben, Jens, Aspekte des Polenbildes in der deutschen Literatur, in: Christof Dahm, Hans-Jakob Tebarth (Bearb.), Deutsche und Polen. Beiträge zu einer schwierigen Nachbarschaft, Bonn 1994.
228. Szewczyk, Wilhelm, Gliwice, Katowice 1971.
229. Szczypińska, Irena, List otwarty do wypędzonych z Polski Niemców, in: Trybuna Śląska, 25.09.1998, S. 4.
230. Szyrocki, Marian, Das Bild des Polen in fremden Literaturen, in: Acta Universitatis Wratislaviensis No 400, XXXII, Wrocław 1978.
231. Światłowski, Zbigniew, Der Polenbezug im Werk von Günter Grass, in: Rudolf Wolff (Hrsg.), Günter Grass. Werk und Wirkung, Bonn 1986.
232. Światłowski, Zbigniew, Repräsentanten und Tabuverletzer, Die Romanliteratur in der DDR nach 1960, Rzeszów 1990.
233. Tank, Kurt Lothar, Gerhart Hauptmann in Selbszeugnissen und Bilddokumenten, Hamburg 1959.
234. Thadden, Rudolf von, Nicht Vaterland, nicht Fremde. Essays zu Geschichte und Gegenwart, München 1989.
235. Thüne, Wolfgang, Die Heimat als soziologische und geopolitische Kategorie, Würzburg 1987.
236. Tietz, Gunther (Hrsg.), Über Christine Brückner. Aufsätze, Rezensionen, Interviews, Frankfurt/M – Berlin 1989.
237. Urbach, Tilman (Hrsg.), Horst Bienek. Aufsätze. Materialien. Bibliographie, München – Wien 1990.
238. Vertrag zwischen der Bundesrepublik Deutschland und der Volksrepublik Polen über die Grundlagen der Normalisierung ihrer gegenseitigen Beziehungen vom 7. Dezember 1970; ("Warschauer Vertrag"), in: www.auswaertiges-amt.de/ 6_archiv/1/6-1s.html
239. Vertrag zwischen der Bundesrepublik Deutschland und der Republik Polen über die Bestätigung der zwischen ihnen bestehenden Grenzen vom 14. November 1990, in: www.auswaertiges-amt.de/6_archiv/1/6-1ao.html
240. Vertrag zwischen der Bundesrepublik Deutschland und der Republik Polen über gute Nachbarschaft und freundschaftliche Zusammenarbeit vom 17. Juni 1991, in: www.auswaertiges-amt.de/6_archiv/1/6-1aq.html
241. Vogt, Jochen, Aspekte erzählender Prosa. Eine Einführung in Erzähltechnik und Romantheorie, Opladen/Wiesbaden 1998.

242. Walser, Martin, Erfahrungen beim Verfassen einer Sonntagsrede, Friedenspreis des Deutschen Buchhandels 1998, Frankfurt/M 1998.
243. Was man liebt, kann nie vergehen. Gedanken über Heimat, Hrsg. Jost Perfahl, München 1992.
244. Watrak, Jan, Gestern und heute. Studien zur deutschen Literatur der Zeit, Gdańsk 1991.
245. Weidenfeld, Werner, Was ist nationale Identität?, in: Gerd Langguth (Hrsg.), Die Intellektuellen und die nationale Frage, Frankfurt am Main 1997.
246. Weigand, Katharina (Hrsg.), Heimat. Konstanten und Wandel im 19./20. Jahrhundert. Vorstellungen und Wirklichkeiten, München 1997.
247. Weigelt, Klaus (Hrsg.), Heimat – Tradition – Geschichtsbewußtsein, Studien zur politischen Bildung, Bd. 11, Frankfurt/M 1986.
248. Weigelt, Klaus, Heimat – der Ort personaler Identitätsfindung und sozio-politischer Orientierung, in: Heimat und Nation. Zur Geschichte und Identität der Deutschen, Hrsg. Klaus Weigelt, Mainz 1984.
249. Weinrich, Harald, Tempus. Besprochene und erzählte Welt, Stuttgart 1977.
250. Wild, Henk de, Bibliographie der Sekundärliteratur zu Christa Wolf, Frankfurt/M 1995.
251. Wilke, Sabine, Ausgraben und Erinnern. Zur Funktion von Geschichte, Subjekt und geschlechtlicher Identität in den Texten Christa Wolfs, Würzburg 1993.
252. Woodmansee, Martha / Lohnes, Walter F.W. (Hrsg.), Erkennen und Deuten. Essays zur Literatur und Literaturtheorie. Edgar Lohner in memoriam, Berlin 1983.
253. Wuermeling, Henric L., August '39. 11 Tage zwischen Frieden und Krieg, Berlin, Frankfurt/M 1989.
254. Wydmuch, Marek, Rachunek sumienia, in: Kultura, H. 3. 1981.
255. Zaprucki, Józef, Dwie ojczyzny, in: Miesięcznik Literacki, H.9, 1989.
256. Zehetmair, Hans / Zöpfl, Helmut (Hrsg.), Heimat heute, Rosenheim 1989.
257. Zenke, Thomas, Eine Polka – aber nicht auf dem Vulkan. Horst Bieneks oberschlesische Familienchronik, in: Frankfurter Allgemeine Zeitung 21.10.1975.
258. Zimnik, Jerzy, Echa Polnofilskie w literaturze niemieckiej, Opole 1963.
259. Zitzewitz, Hasso von, Das deutsche Polenbild in der Geschichte. Entstehung-Einflüsse-Auswirkungen, Köln – Weimar – Wien 1991.

www.ingramcontent.com/pod-product-compliance
Lightning Source LLC
Chambersburg PA
CBHW072124290426
44111CB00012B/1762